CIÊNCIA FELIZ

CIP-BRASIL. CATALOGAÇÃO NA PUBLICAÇÃO
SINDICATO NACIONAL DOS EDITORES DE LIVROS, RJ

B732c
4. ed.

Borges, José Souto Maior
Ciência feliz / José Souto Maior Borges. - 4. ed., rev. - São Paulo : Noeses, 2021.

394 p. ; 23 cm.
ISBN 978-65-89888-38-3

1. Direito - Filosofia. I. Título.

21-74165 CDU: 340.12

Meri Gleice Rodrigues de Souza - Bibliotecária - CRB-7/6439

José Souto Maior Borges

CIÊNCIA FELIZ

4ª edição revista

2021

editora e livraria
NOESES

Copyright © Editora Noeses 2021
Fundador e Editor-chefe: Paulo de Barros Carvalho
Gerente de Produção Editorial: Rosangela Santos
Arte e Diagramação: Renato Castro
Revisão: Caroline Costa e Silva
Designer de Capa: Aliá3 - Marcos Duarte
Arte de capa:

Autora: Suanê
Título: As três
Técnica: têmpera sobre tela
Dimensão: 94x69cm
Ano: sem data
Acervo: da artista

2021

editora e livraria
NOESES

Editora Noeses Ltda.
Tel/fax: 55 11 3666 6055
www.editoranoeses.com.br

EXCERTOS DA ADVERTÊNCIA PRÉVIA À 1ª EDIÇÃO

O PORQUÊ DA DIVERSIDADE TEMÁTICA

Uma leitura mais atenta revelará, na diversidade das partes constituintes deste livro, a unidade que lhe dá um caminho do pensamento: "No que é fixado por escrito desaparece o que é pensado, se o escrever não é capaz de permanecer – mesmo ainda não escrito – uma marcha do pensamento, um caminho" (Heidegger). Esse caminho é, por assim dizer, duplamente uno: é só do autor e não mais de uma trilha, uma senda. Para se afirmar autônomo, não receia atacar a ortodoxia teórica que impera imobilizante. Nem muito menos, incidir no erro. Não será por outro motivo que um dos estudos esboça uma "apologia do erro". Estudo que teve, sua publicação no jornal, uma aceitação muito transcendente às expectativas do autor. Todos esses estudos se reencontram, contudo numa única via: o caminho do coração. Porque a meta de todo caminho do pensamento deve ser o saber do coração: um ensaio de felicidade. E se o caminho escolhido for o da ciência, que seja uma ciência feliz.

A ORIGEM DOS TEMAS VERSADOS

Os diversos estudos extrajurídicos – matéria do pensamento – insertos neste trabalho, foram originariamente publicados em nosso tradicional "Diário de Pernambuco", ele mesmo tema de uma das meditações. E onde elas tiveram acolhida, graças à compreensão e estímulo do jornalista Marcos Prado. De quem, aliás, partiu a ideia de sua publicação. Não lhe pareceu que esses artigos devessem ficar, como as rosas de Malherbe, restritos ao espaço de uma só manhã.

À revelia de seu autor, mas contando de antemão com a sua indulgência, resolveu-se incluir, neste livro, artigo publicado naquele mesmo jornal, do professor José Rafael de Menezes. Como se fora um prefácio porque, na sua generosa empatia, é muito mais do que uma apresentação convencional. A sua inclusão agora em livro faz a minha responsabilidade intelectual agravar-se. E justifica, a ressalva, tão convencional quanto verdadeira, de que nenhuma culpa lhe cabe pelos meus próprios desacertos.

Os primeiros onze ensaios desta coletânea permaneceram ao aguardo do décimo segundo durante muito tempo. E doze era o número mínimo que me impusera. Qual o motivo dessa decisão? Qual a razão para esse apego quase cabalístico a um simples número? Sinceramente não sei: também aqui o dito não pode ser explicado e fundamentado. Permaneci então à espera de que a inspiração intuitiva me indicasse a temática. E ela só veio quando ela mesma quis. É o resultado desse esforço de meditação que ora submeto à apreciação do leitor.

Recife, 1994

O autor

PALAVRAS DE APRESENTAÇÃO DA 2ª EDIÇÃO

As construções do espírito permitem à criatura humana não simplesmente existir, que é manter-se dentro dos limites físicos da natureza, sendo abrangido pelo espaço, mas sobretudo viver, que é abranger o tempo, rompendo com aquilo que nos parece ser a ordem natural das coisas, para expandir-se livremente no infinito, onde podem fluir todos os sonhos e são acolhidas as nossas aspirações e devaneios. Efetivamente, o homem não cabe no mundo... Há de transportar-se, transcendendo, em busca do impossível, do inefável, justificando a proposição segundo a qual durar é tentar, em vão, a eternidade. O contorno material do homem, como ser vivente, é-lhe muito pouco. Oferece apenas o apoio físico indispensável para as aventuras do espírito. Basta examinar a tela de um pintor famoso: seu valor estético não descansa na base empírica que recebe o impacto do desenho e das tintas que lhe são aplicadas, porém no desempenho do artista que, na genialidade dos seus traços e na combinação inusitada das cores, deixa marcas no objeto. São as marcas da enunciação no enunciado, como índices da criação artística e modo de objetivação do belo. E o calor palpitante da vida misturando-se à fria condição material do suporte físico, naquela síntese do ser com o dever ser, presente na composição de todo o objeto da cultura. Quero lembrar, também, que tais objetos acontecem no curso da história, arrastando consigo os dados que o passado vai acumulando. Lourival Vilanova, a propósito, refletindo sobre a *quantum* de historicidade que os acontecimentos sociais carregam, declara com linguagem penetrante e expressiva: "Os entes históricos são assim: num ponto do tempo, repousam todos os pontos antecedentes, que se fazem presentes sem perderem seu modo de ser pretéritos. Confluem todos para o presente, que se converte em ponto de intersecção do que já se foi com o que está por vir. Com isso, o tecido histórico vai se constituindo ponto por ponto, tornando-se cada vez mais espesso, mais resistente, mais denso".

Este livro que o leitor tem em mãos, já agora em segunda edição, dista de ser mais uma obra científica produzida por essa figura ilustre que o Brasil sobejamente conhece. Não. Reúne pensamentos esparsos sobre a missão do homem imerso na complexidade de sua trajetória nesta vida, vida compreendida aqui "como um grito que Deus ouve", na imagem grandiosa de Teixeira de Pascoaes.

Alegra-me pensar que Mestre Souto, durante os trinta anos de nosso relacionamento, jamais se ateve às fronteiras de seu respeitável perfil de jurista. Suas inquietações intelectuais, irradiando-se em múltiplas direções, não deixaram de contemplar a marcha dos acontecimentos que o envolviam e acompanhavam silenciosamente todos os seus passos. Uma coisa, porém, favoreceu imensamente a qualidade de suas indagações sobre a existência que o cerca: o quase compulsivo interesse pela Filosofia, de tal sorte que os grandes pensadores desfilaram pelo seu espírito, "impregnando-o". Ora um, ora outro, mas sempre andou de mãos dadas: aqui com Popper, ali com Heidegger; neste passo com Rilke, naquele com Hölderlin, contudo, invariavelmente livre, deixando seu estro vagar à procura do que melhor convinha aos "caminhos do coração" ou à cata de procedimentos metodológicos que consultassem ao rigor da melhor postura científica. Creio que Souto deixa bem claro nas entrevozes de seu pensamento que, por maior admiração que viesse a ter pela obra ou pela vida de um autor, jamais se permitiria aprisionar nos cancelos do modelo oferecido. Isto, certamente, outorgou-lhe aos escritos um sentido de profundidade que lhe possibilitou voos a planos mais elevados, abrindo espaço à "ousadia da atitude intelectual", em nada comprometendo "a modéstia do estudioso". Agora, o traço de seriedade que atravessa radicalmente sua obra, isso é marca de seu peculiar modo de ser: é timbre de seu caráter. E não me refiro singelamente a este trabalho, mas à sua obra como um todo.

Aliás, numa apresentação como esta, não poderia menos do que salientar, dentre o farto material que a psicologia do estilo estaria pronta para recolher, duas sortes de ponderações que me parecem decisivas: uma, a sensibilidade do autor perante o "mundo da vida", particularmente em face do outro, manifestada pelo amor à natureza, onde o ser humano comparece despojado, exibindo-se nu e ostentando apenas as virtudes e os defeitos ínsitos à sua condição; e outra, a disciplina mental de que é portador, privilegiado. Diga-se de passagem, e voltada ao interesse pela rigorosa determinação dos instrumentos mediante os quais o ser cognoscente se aproxima do objeto que pretende dominar, já que opera com as noções de conhecimento e de saber como formas de dominação, exercício de poder. Tudo, porém, banhado nas fontes onde murmuram a emulação e a ironia, o que dá leveza, plasticidade e graça aos meneios de sua frase. Vemo-nos, em alguns instantes, e falo por mim, enredado nas situações pouco recomendadas pelo autor, mas sem que tais cutiladas, agudas e penetrantes, assumam feição agressiva ou pouco lisonjeira. Eis outro componente que atribui ao discurso aquele tom polêmico cuja ausência tolhe, muitas vezes, a maneira autêntica de expressar-se com liberdade acerca de assuntos delicados e controvertidos. Curioso perceber, ao mesmo tempo, sua insistente preocupação com a procura dos rumos, dos atalhos, das veredas, dos caminhos, "caminhos do coração" e caminhos da ciência, mas sempre "caminhos", porque chegar é parar, estagnar, morrer.

Por fim, devo dizer que o título é sobremodo sugestivo. Na multiplicidade das representações possíveis, uma delas bem pode ser aquela que imagina a felicidade experimentada pela ciência por virtude de ter de permanecer sempre calada, enquanto os cientistas, cada qual à sua maneira, tecem longos discursos em nome dela, a pretexto de progredirem em direção àquilo que pensam ser a verdade. Não podendo expressar-se, tornando partido entre as várias correntes, resta-lhe sorrir, cheia de sabedoria, sentindo-se, portanto, feliz.

Fazenda Santo Antonio de Palmares (SP),

17 de junho de 1999.

Paulo de Barros Carvalho

ADVERTÊNCIA PRÉVIA À 2ª EDIÇÃO

Esta nova versão do *Ciência Feliz* mostra-se de tal modo alterada que é como um outro livro, persistindo, entretanto, intocados todos os ensaios versados na 1ª edição, de circulação muito restrita.

A inovação mais importante foi a supressão de todos os estudos jurídicos que integravam a edição anterior. Com isso, a obra ganhou imunidade.

Os juristas que se dedicam ao Direito Tributário não costumam preocupar-se com temas extrajurídicos. Sob esse aspecto, este livro representa uma exceção. Poderá suscitar interesse entre os que ainda cultivam uma ciência humanizada e não se deixam seduzir e enganar pela falácia, o falso ideal de uma ciência desprovida da emoção e sensibilidade do estudioso.

Uma leitura mais atenta revelará, na diversidade das partes constituintes deste livro, a unidade que lhe dá um caminho do pensamento. Esse caminho é, por assim dizer, duplamente uno: é só do autor e nada mais que uma trilha, uma senda. Para se afirmar autônomo, não receia atacar a ortodoxia que impera imobilizante. Nem muito menos incidir no erro. Não será por outro motivo que um dos ensaios esboça uma "Apologia do erro". Estudo que teve, quando de sua publicação, uma aceitação muito transcendente às expectativas do autor. Todos esses estudos se reencontram, contudo, numa única via: o caminho do coração. Porque a meta de todo caminho do pensamento deve ser o saber do coração: um ensaio de felicidade. E se o caminho escolhido for o da ciência, que seja uma ciência feliz.

As "Cinco Grandes Nostalgias" e "O Trabalho Intelectual e o Trabalho Manual" são publicados agora, pela 1ª vez. Só o autor sabe o quanto lhe custou a gestação e elaboração desses ensaios e quantas vezes os textos tiveram de ser revistos e refeitos. A simplicidade estilística ao final lograda oculta essas dificuldades redacionais.

Todos os demais "ensaios de circunstância" – matéria do pensamento – insertos neste trabalho, foram originariamente publicados no tradicional "Diário de Pernambuco", ele mesmo tema de uma das meditações. E onde elas tiveram acolhida, graças à compreensão e estímulo do jornalista Marcus Prado. De quem aliás partiu a ideia de sua republicação. Não lhe pareceu que esses artigos devessem ficar, como as rosas de Malherbe, restritos ao espaço de uma só manhã.

Foram acrescidos aos testemunhos iniciais outros sobre juristas de minhas relações de amizade: Alfredo Augusto Becker, Geraldo Ataliba, Gilberto de Ulhôa Canto e, na linha de comemoração pensante, meditações sobre a Faculdade de Direito do Recife, que constituem um ponto de partida – não um ponto terminal do caminho do pensamento percorrido pelo autor. A partir delas, poderão ser pensados temas universais e por isso mesmo que dela originários, relacionados, na sua pura universalidade, com a terra natal: "Se queres ser universal, descreve a tua província", bem poderia corresponder à sua consigna. Se não o soubesse, Fernando Pessoa ter-me-ia ensinado no dizer poético de um dos seus heterônimos:

> "DA MINHA ALDEIA vejo quanto da terra se pode ver o Universo...
>
> Por isso a minha aldeia é tão grande como outra terra qualquer,
>
> Porque eu sou do tamanho que vejo
>
> E não do tamanho da minha altura." (Alberto Caeiro, *Ficções do interlúdio*)

Não perdem, então, tais meditações o seu direito à universalidade, antes se nutrem de fidelidade à província e ao provincial. Que nada tem a ver com algo superficialmente provinciano. "O que é da terra, é da terra e fala da terra" (Evangelho de São João, 3, 31).

As invocações e evocações dos temas versados, se abstraídos os personagens neles identificados, bem o imagino, poderiam dirigir-se também à Faculdade de Direito da Universidade de São Paulo, que detém com a Escola do Recife a primazia do ensino do Direito no Brasil. E por que não à Faculdade de Direito da PUC-SP? A essa instituição plena de méritos o autor está hoje institucional e não apenas sentimentalmente ligado, porque dele recebeu título – o de Professor Honorário – que é hoje o galardão maior de sua vida universitária.

As paredes dessas instituições são veneráveis e permeadas de eternidade no seu silêncio e recolhimento monásticos. Testemunham a ausência – presente dos grandes vultos que dentro delas um dia habitaram.

Recife/ São Paulo, 1999

O autor

PREFÁCIO BREVE À 3ª EDIÇÃO

Esta edição do *Ciência Feliz* introduz alguns acréscimos a textos já integrados às edições anteriores e novos ensaios, originários da inspiração fortuita e ocasional – o que possibilitou ao autor escrevê-los sem a pressa dos compromissos profissionais de advocacia. A maturação do pensamento tem o seu ritmo próprio. Pode-se dizer que nos ensaios – todos eles – que compõem este livro, a palavra falou quando ela própria o quis, não quando o autor pretendeu que ela viesse ao seu encontro. Nem sempre a inspiração vem quando se pretende. Há momentos fastos e momentos nefastos na vida intelectual. Em grande parte, este livro é produto da intuição, e foram desdobrados os seus estudos a partir dela e da inspiração que a acompanha.

No essencial, entretanto – a metodologia expositiva –, este livro, cujas edições anteriores receberam surpreendente acolhida, permaneceu inalterado. Não devem ser produzidas obras literárias com pretensão à perfeição estética intemporal, ou seja, com acabamento conceitual imune à ação corrosiva do tempo, que lhes ditasse a imutabilidade. As obras do pensamento, como quaisquer manifestações culturais do gênero humano, são timbradas – já em seu nascedouro – pela imperfeição e o erro. Erradicá-los é um objetivo sem fim. E sem embargo é dever ético de todo escritor aspirar atemporalidade e universalidade ao seu pensamento. Essa universalidade é característica fundamental que informa todas as grandes produções do espírito humano.

Além de aperfeiçoamento de tópicos preexistentes, foram acrescidos a esta edição os seguintes textos:

Novos Ensaios: I – Hegel *versus* Hegel ou sobre as divergências de opinião e o envelhecimento temático, II – Sobre a lógica simbólica, III – Sobre os paradoxos, IV – Filosofia e ciência, V – Os limites da representação do divino, VI – O amor do próximo e a ética das relações humanas, VII – Intuição e criatividade juvenil na ciência.

Pensamentos soltos, a rigor cada um deles um miniensaio.

Todos os ensaios são autônomos, independentes entre si, podendo ser lidos sem observância da ordem de sua inserção no livro. A opção pela leitura de cada um dependerá do interesse temático do leitor, que me honre com a solidariedade no duro, mas gratificante, ofício de pensar. O advento do pensar, coisa de pensamento, é uma fonte de alegria para o espírito. Assim se exerce a ciência feliz – única que vale a pena.

Recife, primavera de 2006

José Souto Maior Borges

P.S. O autor agradece ao Prof. Heleno Tôrres o solidário acompanhamento dos procedimentos de conclusão desta 3ª edição.

SOBRE ESTA EDIÇÃO EM LÍNGUA CASTELHANA

O estado inacabado de um pensamento em vir a ser, mudança e superação de si mesmo, transparece ainda nesta nova edição do "Ciência Feliz". Ela inclui os "pensamentos soltos" de n.º 29 e segs., não integrantes das edições anteriores.

Além disso, são introduzidos vários "novos ensaios" inéditos, a saber:

"VI – Sobre os campos da ciência e da religião: como identificá-los e distingui-los";

"VII – Sobre alguns questionamentos religiosos";

"X – Sobre o conhecimento e a ignorância";

"XI – Sobre o acesso de todas as pessoas à dignidade";

"XII – Dois modos opostos de insurgência: resistência civil e beligerância";

"XIII – O fluir das coisas no tempo e a metamorfose da semente";

"XIV – O cérebro humano e a trajetória do espírito em suas manifestações concretas";

"XV – A educação para a liberdade".

Ao texto de ensaios já editados foram acrescentados tópicos de aperfeiçoamento e notas de atualização, que o leitor inteligente identificará, sem dificuldade.

Agradeço aos meus amigos, José Roberto Vieira e André Folloni, do Paraná e Roque Carrazza, de São Paulo, pelo estímulo generoso e contribuições desinteressadas à minha produção extrajurídica, sintetizada no fundamental por este livro. Jamais serei suficientemente grato a Paulo de Barros Carvalho, pelo belíssimo prefácio com que ele enriqueceu a publicação destes ensaios. Desnecessário insistir, como de estilo, que nenhuma responsabilidade lhes cabe pelos desacertos acaso identificados ao longo dos textos.

Nesses caminhos do pensamento, o autor sempre se inspirou no exemplo edificante e vida exemplar dos seus amigos de eleição; mestres não apenas de dignidade, mas também do trabalho intelectual. Esses testemunhos da amizade foram fator estimulante da inspiração para escrever esses ensaios. Inspiração sempre rebelde aos nossos propósitos e aspirações intelectuais. Inspiração que aparece em nossa consciência e some tão arbitrária quanto fortuita. Inspiração insubmissa a qualquer intento de discipliná-la. Assim, cada um desses ensaios, na ordem das intenções, representa a doação de bens culturais a indagações fundamentais da humanidade. E transparecem assim como a natureza humana os fez, com seus altos e baixos. Graças sejam dadas, porque significam o melhor possível ao autor. E, sobretudo, dá sentido à sua existência. Os temas abstratos são de regra subvalorizados ou mesmo desconsiderados de todo pela opinião pública, porém, não se contribui para a nossa herança cultural apenas com retumbantes realizações concretas e espetaculares proezas esportivas. No abstrato reside a grandeza e é dever dos estudiosos procurar identificá-la. E assim pondo-se a serviço de construções intelectuais dignas de recordação e enaltecimento. Sob esse aspecto, pensar e agradecer o legado da tradição, o que antes de nós foi pensado, dizem o mesmo e não coisas diversas.

Ciência Feliz é ainda, nesta edição e como sempre, livro de inspiração fortuita e imaginação em voo largo.

O erro será o justo preço a pagar por uma obra caracterizada pela sua heterodoxia e insubmissão à "satelitização da inteligência", tema de um dos ensaios que o integram. Quando se assume a ousadia intelectual, que é uma virtude da inteligência, dificilmente serão afastadas as hipóteses do erro. Porém, como o autor vem insistindo, é melhor errar em profundidade do que acertar na superfície.

Recife/Aldeia – 2010

José Souto Maior Borges

NOTA DE ATUALIZAÇÃO À 4ª EDIÇÃO

Foi com imensa alegria e satisfação que recebemos a notícia da publicação desta 4ª edição[1] em português do *Ciência Feliz* (o denominado "livro do coração" do Mestre Souto) pela Editora Noeses.

Agradecemos de logo ao Prof. Paulo de Barros Carvalho, não somente pela publicação, mas principalmente pelo acompanhamento – sempre bastante próximo – de toda a atividade intelectual do Mestre Souto (conforme por ele próprio salientado no Obrigação Tributária[2]), ao longo de mais de quatro décadas de uma amizade que ultrapassou os limites da academia. O Mestre Paulo é autor do prefácio desta obra, que conta com a rara sensibilidade que lhe é peculiar, num de seus prefácios mais inspirados.

A despeito do curto espaço de tempo para uma revisão mais acurada – o que se deveu ao louvável intuito de promover o seu lançamento durante o XVIII Congresso Nacional de Estudos Tributários do Instituto Brasileiro de Estudos Tributários – IBET –, o trabalho nos foi bastante facilitado, em virtude da revisão prévia (ortográfica, gramatical e contextual)

1. A última edição foi publicada em língua espanhola pela Ediciones Olejnik, após generosa tradução de Juan Carlos Panez Solórzano.

2. No prefácio é feito agradecimento ao Prof. Paulo de Barros Carvalho "pelas observações críticas resultantes do solidário interesse no acompanhamento da obra".

efetuada pela competente equipe da Editora Noeses, de modo que a atualização foi realizada tão somente quanto a alguns poucos pontos.

Buscando parafrasear os melhores (no caso, a Profa. Misabel Derzi na sua nota de advertência quando da atualização do livro "Direito Tributário Brasileiro, de Aliomar Baleeiro): "esta obra conserva fielmente o pensamento do seu Autor, sem quaisquer cortes, reduções ou ampliações discrepantes do texto original."

A obra de José Souto Maior Borges, seu pensamento mais adensado e boa parte de sua filosofia de vida continuarão assim a orientar e encantar aqueles que já se conscientizaram da importância de se viver *do* direito tributário e não *para* o direito tributário (Becker).

Importante esclarecer também que esta 4ª edição nada mais é do que a reprodução da anterior edição em língua castelhana, publicada pelas Ediciones Olejnik, a qual conta assim com vários ensaios inéditos em língua portuguesa.

SUMÁRIO

EXCERTOS DA ADVERTÊNCIA PRÉVIA À 1ª EDIÇÃO V

PALAVRAS DE APRESENTAÇÃO DA 2ª EDIÇÃO VII

ADVERTÊNCIA PRÉVIA À 2ª EDIÇÃO XI

PREFÁCIO BREVE À 3ª EDIÇÃO XV

SOBRE ESTA EDIÇÃO EM LÍNGUA CASTELHANA..... XVII

NOTA DE ATUALIZAÇÃO À 4ª EDIÇÃO XXI

I – ENSAIOS DE CIRCUNSTÂNCIA 1

1. Apologia do erro 1
2. A satelitização da inteligência 7
3. O predomínio da lógica e o domínio da poesia 15
4. Acumular conhecimento e acumular riqueza 19
5. Ciência e poder 23
6. Ciência feliz 28
7. O caminho do coração 34
8. Martin Heidegger: um filósofo rural 39

9. A educação para o brilho 45
10. Entre o destino e a vontade 54
11. Konrad Lorenz: Um caminho do coração 62
12. Que é isso – a impregnação? 68
Nota de atualização 77
13. Sobre a democracia e seus paradoxos 78
14. Cinco grandes nostalgias 83
15. Trabalho intelectual e trabalho manual 104

II – PENSAMENTOS SOLTOS **109**

III – NOVOS ENSAIOS **173**

1. Hegel *versus* Hegel ou sobre as divergências de opinião e o envelhecimento temático 173
2. Sobre a lógica simbólica 186
3. Filosofia e ciência 187
4. Sobre os paradoxos 192
5. Os limites da representação do divino 193
6. Sobre os campos da ciência e da religião: como identificá-los e distingui-los 208
7. Sobre alguns questionamentos religiosos 225
8. O amor ao próximo e a ética das relações humanas 233
9. Intuição e criatividade juvenil na ciência 248
10. Sobre o conhecimento e a ignorância 251
11. Ensaio de uma ontologia da dignidade 257
12. Dois modos opostos de insurgência: resistência civil e beligerância 267

13. O fluir das coisas no tempo e a metamorfose da semente ... 275

14. O cérebro humano e a trajetória do espírito em suas manifestações concretas ... 279

15. A educação para a liberdade ... 288

16. Sobre a ideologia e metafísica da liberdade ... 293

17. Sobre o erro, o paradoxo, a ética da ciência e a infidelidade ao pensamento ... 301

18. Invenção da palavra (a epopeia de Guimarães Rosa) 307

IV – TESTEMUNHOS ... 313

1. Aliomar Baleeiro: homenagem da Associação Brasileira de Direito Financeiro ... 313

2. Sobre a concessão do título de Professor Emérito a Lourival Vilanova ... 316

3. Gilberto de Ulhôa Canto – Um Microtestemunho sobre um Macrojurista ... 321

4. Presença de Alfredo Augusto Becker ... 322

5. Geraldo Ataliba: mestre de dignidade ... 337

6. Luiz Delgado ou a fidelidade ao pensamento ... 341

7. A pretexto do aniversário da Faculdade de Direito do Recife ... 351

ÍNDICE REMISSIVO ... XXI

I - ENSAIOS DE CIRCUNSTÂNCIA

1. Apologia do erro

Hierarquização do erro

Há diferentes graus de extensão conceitual no erro. Um erro nos princípios – ensina Kant – é maior que um erro na sua aplicação: "Irrtum in principien ist grosser als in ihrer Anwendung" (*Manual dos Cursos de Lógica Geral*, ed. bilíngue, pp. 16-17). E por que é assim hierarquizado o erro? Porque um erro nos princípios é conceitualmente generalizado ou universalizado. Reversamente, o erro na aplicação dos princípios é particularizado ou individualizado. O primeiro atinge uma generalidade de pessoas; o segundo, uma determinada classe restrita de indivíduos.

Há também graus de hierarquia conceitual no próprio erro. Quando o erro se interpõe na aparência manifesta e recai sobre algo de conhecimento – pela sua superficialidade mesma – até dos ignorantes, atinge as raias do absurdo. É inescusável o erro em face da aparência de circunstâncias triviais e, pois, de conhecimento comum do povo. A dado bruto já não se encontra, em tais circunstâncias, no estado de ocultação, mas de manifesto. Denunciar um raciocínio absurdo é por isso mesmo um agravo a quem pratica o erro respectivo. Uma acusação incômoda de superficialidade agride a autoestima individual.

O erro decorre da consciência individual equivocada, mas se aloja e identifica objetivamente nas proposições descritivas do real. Sua motivação, a razão do seu eclodir, é a aparência (*der Schein*) com foros de verdade. É, porém, fenômeno subjetivo: tem-se, na consciência, por transparente o que é apenas aparente. E às vezes a aparência é enganosa. Ensina doutamente Kant: Um juízo errôneo (*ein irriges Urteil*), o erro, assim como verdade, só se encontra no juízo – é, portanto, aquele que confunde a aparência de verdade com a própria verdade (op. cit. p. 109).

INVIABILIDADE DE COMPROVAÇÃO DEFINITIVA DAS HIPÓTESES CIENTÍFICAS

A ciência nada pode antecipar ou garantir quanto ao conteúdo-de-verdade de uma teoria. Há sempre que contar com a eventualidade do erro na pesquisa científica. Sabemo-lo – hoje, mais que nunca – com a superação da física newtoniana pela relativista. Qualquer físico, até o início do século XX, juraria contritamente sob a mecânica newtoniana, como se fosse uma bíblia. Cenáculo do conhecimento teórico intransitivo e absoluto. A física relativista, contudo, a partir de 1905, lhe abalou os fundamentos e pôs a descoberto a sua margem de erro, que nada obstante possibilitou assombroso progresso tecnológico do qual somos herdeiros e beneficiários. A razão dessa seleção darwiniana de teorias é até extremamente simples: não há simetria lógica entre verificação (no estilo do positivismo lógico do Círculo de Viena) e falseamento de uma construção teórica. Pode-se conclusivamente refutá-la. Não, porém comprovar a sua verdade. As proposições científicas universais incidentes sobre dados empíricos serão invalidadas por um só enunciado individual com elas incompatível. Assim sendo, a hipótese teórica apenas pode ser corroborada provisoriamente, isto é, se e enquanto algum teste crucial de refutação não a infirmar. A afirmação, universalmente estrita, de que todos os cisnes são brancos é falseada pela constatação de algum cisne preto (o exemplo é de Popper). Perde, assim, o direito a essa universalidade.

A expressão "conteúdo de erro" de uma teoria é metafórica e imprecisa. Ao erro não corresponde um "conteúdo", no sentido de Tarski: uma classe de consequências, um sistema dedutivo. Por quê? Precisamente porque de uma asserção falsa é sempre possível extrair deduções verdadeiras. Ex.: se afirmo que são doze horas e são apenas onze horas e cinquenta e cinco minutos, posso extrair desse enunciado falso a conclusão verdadeira de que ainda não são quatorze horas.

Mas a conotação pejorativa imemorial que persegue o erro oculta o que de positivo nele deveria ser investigado, pois, se o erro é uma presença biologicamente inelutável no conhecimento humano, há muito deveríamos ter aprendido a conviver com ele e reconhecer que ele demarca por exclusão o conteúdo de verdade de uma hipótese científica, fornecendo o critério de demarcação do conteúdo-de-verdade (parcial) de uma teoria. Ali, onde está a verdade no interior das proposições descritivo-explicativas que a ciência tece está também o erro de uma teoria. Não há hipóteses científicas insuscetíveis de erro. Elas são como redes lançadas ao mar, podem recolher um conteúdo-de-verdade, mas também o erro, que o esforço crucial de refutação revela.

Temos muito que aprender com Churchill, comandante da resistência inglesa ao nazismo, nessa feliz apologia do erro: "Eu nada teria feito se não houvesse cometido erros" (*apud* John Lukács, Churchill, p.14).

Audácia intelectual

Se a ciência, caracterizada como processo de apreensão conceitual e sistema dedutivo circunscrito a uma região material de objetos, pretender uma aceleração do seu progresso, terá que evoluir para a formulação de hipóteses tão ousadas e grandiosas que a sua margem de erro não possa ser descartada. A ciência não tem por meta qualquer verdade proposicional trivial e simplória, mas ambiciona, isso sim, verdades relevantes. Uma verdade tautológica superficial, p. ex., a afirmação "Esta árvore é uma árvore" não interessa à ciência, posto que tal afirmação seja mais verdadeira (consistente) que a mais grandiosa das hipóteses científicas. A esse respeito, caberia recordar os versos irônicos de Wilhelm Bush, os quais Popper deliciosamente batizou de "canção para o berçário da epistemologia": "Duas vezes dois são quatro. É certo, / mas é trivial, sem importância./ O que procuro é um ramo aberto / para questões de maior substância".

A audácia teórica é uma virtude intelectual que em nada compromete a modéstia do estudioso. Por isso mesmo o ideal de erradicar erros deve ser extirpado da ciência como erva daninha. Quem se propuser à formulação de hipóteses científicas ousadas, abertas ao falseamento, deve aprender a conviver com o erro. Quanto mais ousada a teoria, maior a possibilidade de insinuação do erro, mas, em contrapartida, maior será o progresso científico se esse erro for rapidamente identificado. Acertadamente já se afirmou que todo o nosso problema consiste em identificar o erro o mais depressa possível (John Archibald Weeler). E se não ousarmos atacar problemas tão complexos que o erro da solução seja quase inevitável, radicalmente não haverá progresso do conhecimento científico. Quem pensa profundamente não deve temer o profundamente equivocar-se. Conclui-se, portanto, que a busca apaixonada da verdade é de todo incompatível com a timidez intelectual: "Aquele que busca a verdade deve ousar ser sábio – ele deve ousar ser um revolucionário no campo do pensamento" (Popper).

O destino do erro

Mas o destino do erro, no pensamento científico ocidental, é o errar (vagar) de uma teoria para outra como um hóspede indesejável. As teorias procuram refúgio contra o erro numa espécie de idolatria do preestabelecido e quiçá do preconceito. É dizer: na exaltação do imobilismo intelectual. Albergando-se na disputa do prestígio teórico (o êxito social da teoria) e adotando posições tão antagônicas quanto inconciliáveis. Esse processo de imunização contra os riscos do erro atua como um antídoto contra a investigação profunda. E assegura o domínio e predomínio do oculto frente ao descoberto nos fenômenos de que a investigação científica se ocupa. Mas a imunização contra o erro cobra da atividade científica um altíssimo preço: a recusa obstinada à investigação em profundidade. É, pois, em última análise, a negação da própria cientificidade. Mais enaltecidas serão as teorias – sobretudo as teorias jurídicas – se funcionarem como simples utensílios – literalmente algo de útil ao exercício do trivial. Algo apenas idôneo para o consumo do dia a dia. E, assim, as teorias, sob o pretexto da sua praticidade, se refugiam na vulgaridade do cotidiano. Esse horror ao erro corresponde a um modo de comportamento teórico habitual fundamentalmente típico. Mas esse comportamento ingênuo é no fundo um ataque à profundidade do pensamento. Quem pensa, erra e acerta. Por isso Leopold Infeld insiste, com razão, que uma solução errada de um problema fundamental pode ser incomparavelmente mais importante do que a solução certa de um problema trivial e sem interesse (cf. *Albert Einstein – A sua Obra e sua Influência no Mundo Contemporâneo*, pp. 107-108).

A INCLINAÇÃO PARA O BRILHO INTELECTUAL

Por um curioso fenômeno psicológico, explicável pelos métodos tradicionais de educação, temos uma propensão para a fulguração da inteligência no palco da vida profissional ou científica. Essa inclinação é também responsável pela timidez e autocensura da pesquisa científica. Como o erro é considerado incompatível com o brilho, e como a ousadia da hipótese teórica a torna vulnerável ao erro, a atividade científica se encastela no superficial. Reduzindo, assim, as possibilidades de advento do erro. No âmbito jurídico, o consumismo desenfreado de comentários superficiais a textos de leis traumatizantes e a avidez de novidades editoriais comprometidas com o superficial se opõem, como sua antípoda, à atitude de quem, como advertia Heidegger no fecho da sua "Introdução à Metafísica", reconhece com prudente sabedoria que saber pacientemente investigar é saber esperar. O que decisivamente importa não é a apressada preocupação com a prática, mas "o tempo certo", o "momento propício", a "duração devida" para a maturação do pensamento pensante: "Pois odeia/ o Deus sensato/ crescimento prematuro" (Hölderlin).

A educação do cientista é pervertida, porque é sempre voltada para o brilho intelectual. Por isso é que ele eventualmente se envolve na disputa pelo primado no seu anúncio e apressa-se a assumir a paternidade de teorias efetivamente, ou apenas na intenção, inovadoras. Disputa, essa paternidade, com uma sem-cerimônia edificante, porque cientificamente irrelevante. Num sentido objetivo, a ciência é sempre um trabalho impessoal e patrimônio comum da humanidade, mas é esse afã de afirmação pessoal que psicologicamente explica o pavor generalizado do erro, porque induz à autocensura, ao receio da mais fascinante aventura intelectual. E, enquanto essencialmente se destina à fulguração do talento pessoal do estudioso, é essencialmente degradada a educação. Inclinando o agir humano para a plateia e o aplauso, mostra-se eticamente indigente. E toma de assalto o último sítio da racionalidade: a atitude crítica rebelde diante do que é dito e feito. Instaura, em sua substituição, uma impessoal unanimidade ao redor do preestabelecido, do superficial e do meramente opinativo, como uma fortaleza do saber perfeito e acabado. Ali não há, pois, lugar para a morada do erro.

A arte de evitar os erros – averba-o esplendidamente Popper – deve ser substituída pela arte, muito mais elevada, que consiste em assumir-lhes a responsabilidade, aprender com eles e tentar evitá-los no futuro. O culto ao "ídolo" do conhecimento certo e infalível é responsável pela degradação do ideal da ciência: a busca apaixonada de verdades relevantes. Convertendo-a num simples esforço de imunização contra o equívoco. Mas a convivência com o superficial é recomendada para os iniciados em nossas faculdades como a virtude suprema: louvável manifestação de prudência. A degradação do magistério é o fermento do preconceito teórico.

O pensamento teórico aberto está a dever ao erro a sua reabilitação gnosiológica, que chega a confundir-se com a sua apologia. Mas isso somente será possível se o cientista ouvir, dócil ao seu apelo originário, o “sermão de humildade” que essa apologia do erro postula. Pensar em erradicar o erro do pensamento teórico é um intento rigorosamente utópico.

(1987)

2. A satelitização da inteligência

> “A maior parte dos filósofos, tanto os dogmáticos como os críticos, não fazem mais do que repetir as palavras do mestre Salomon Maimon: “Der groesst Teil sowohl der dogmatischen als der kritischen Philosophen tut nicht mehr als jurare in verba magistri” (*in* Juan Adolfo Bonaccini. *Kant e o Problema da Coisa em Si no Idealismo Alemão*, p. 75).

O problema – que deve ser prioritariamente encarado por uma pedagogia séria – da autonomia do pensamento conduz incontornavelmente à escolha individual do próprio caminho do pensar. Autonomia (do grego *autos,* por si e *nomos,* lei) é a faculdade de quem se governa por suas próprias leis; não pela “legalidade” do pensar alheio.

A necessidade de seguir cada um o seu caminho do pensar

Num horizonte infinito de possibilidades abertas ao pensamento, cada um deve escolher o seu próprio itinerário. Apenas uma via e nada mais. Por isso, há poetas, prosadores, filósofos e cientistas, e são eles necessários. Esse caminho pode implicar a superficialidade e a horizontalidade do pensamento indigente, que se recusa à meditação em profundidade, mas deve atender ao convite da verticalidade e à convocação da profundidade, que conduzam o pensador ao sem-fundo de um abismo e até ao santuário das estrelas: o seu destino – o mais eminente de todos os destinos. Porque a superficialidade do pensamento só brilha na aparência, tão pretensiosa quanto enganosa: – “Não se deixe enganar pela superfície” – aconselhava Rilke – pois é “nas profundidades que tudo se torna lei”.

Não há, contudo, estação terminal nas viagens e nos longes do pensamento. A própria linguagem que o expressa e formaliza está sempre em trânsito, mas a sua via é o pensamento quem a escolhe: "A linguagem está sempre a caminho. A própria palavra é, ela mesma, caminho, *Alles ist Weg.* Tudo é caminho, lembra-o, com acento heideggeriano, H. Birault.

A VIDA DO ESPÍRITO DEVE SER DOMINADA PELA EMOÇÃO

No pensamento do homem que pensa deve pulsar a vida. Nada substitui, na atividade intelectual, a meditação em profundidade, quando, originária da emotividade, persiste essa meditação dominada pela emoção. É enganoso supor um domínio e predomínio da compreensão dos fenômenos do universo sobre a emoção intelectual que a beleza da criação naturalmente provoca: "Juízo e compreensão frequentemente parecem – mas apenas parecem – dominar as emoções humanas, porém sobre as emoções humanas simplesmente não sabemos o suficiente para podermos guiá-las" (K. Lorenz).

O ideal de um conhecimento adiáforo, neutro e indiferente com relação à vida e que, portanto, se recusa ao entusiasmo e à emoção, é um ideal pobre. E, no pensamento indigente, prevalecem a ocultação da natureza (*physis*), o obscurecimento do mundo e de seus mistérios, a dessacralização do sagrado, a provocação tecnológica da terra, a massificação do homem, a preeminência da mediocridade. O espírito, como adverte esplendidamente Heidegger, é fogo, chama, arrebatamento, conflagração. É dizê-lo: o domínio da emotividade e sua fonte originária – portanto mais profunda – está no espanto que se manifesta até mesmo diante da magnificência do simples; simplicidade das circunstâncias – só na aparência – triviais, do nosso cotidiano.

Uma vez Heidegger fala platonicamente, recorda-o Hannah Arendt, do "poder de se espantar diante do simples", mas, à diferença de Platão, acrescenta: "e aceitar esse espanto como a sua morada". Pelo espanto, o pensar se detém diante do advento da ocasião para a meditação: "Pensar é a limitação de um pensamento que em algum tempo como uma estrela no céu do mundo permanece fixo" (Heidegger, *A Experiência do Pensar*, na tradução de Maria do Carmo Miranda).

Heidegger jamais pensa ao modo tradicional, "sobre" alguma coisa, mas sempre "pensa alguma coisa", ou seja, pensa sem a intermediação de um termo de ligação que, numa proposição linguística, expresse a relação de pertinência entre o pensamento e a coisa pensada. Mas ao mesmo tempo afaste e distancie o pensar da sua morada mais originária e que, portanto, abriga a própria verdade: a coisa em si mesma pensada, inconfundível com um simples e trivial objeto erudito e mais ainda com sua representação no âmbito da proposição que a descreve.

Compreende-se então que, pelo próprio pensar, sejamos convocados a pensar autonomamente. Não é, entretanto, possível – é dizer: viável – criatividade sem individualidade – do pensar. Originalidade do pensamento sem autonomia do pensar. Contudo, na economia da natureza, a pouquíssimas pessoas é dado meditar em profundidade.

De como a ciência se move no âmbito da hierarquia de problemas

A ciência empreende a dominação da natureza pela interpretação das coisas transformadas em objeto do conhecimento científico. Mas essa dominação da natureza é, ela própria, submetida no predomínio da lógica, da metodologia, da tecnologia e da pesquisa. E o conhecimento científico já implica uma demarcação artificial na esfera do conhecimento, ao confinar-se numa região material de objetos, com exclusão de todas as outras. Em ciência não deve o sapateiro passar além dos sapatos. Invadir outros setores de especialização. O estudo interdisciplinar, antes de negá-la, confirma essa regra metodológica.

Nada obstante, também nesse campo, é necessária uma hierarquização de problemas. O cientista deve selecionar os problemas que enfrenta, porque há problemas mais relevantes – infinitamente mais relevantes – do que outros. Questões mais dignas de serem questionadas e que consequentemente devem ser priorizadas. A hierarquização de problemas é uma exigência que deve nortear, como uma bússola, a investigação teórica. Buscar as indagações mais veneráveis. A investigação mais fundamental e decisiva, eis que o questionamento é a suprema devoção do espírito. Dessa exigência já se advertira, com luminosa antevisão, Galileu: "O problema ou questão do centro do universo, e se a terra está ali situada, está entre os mais dignos de consideração de toda astronomia". Implicitamente: é necessário então selecionar problemas.

Deveríamos todos, desde o início da nossa formação, ser educados como aprendizes-de-sábios e vocacionados para a sabedoria, prudente e consolidada em sua serenidade. Nunca acumuladora de erudição e escrava do memorizar. Que as grandes memórias são em geral inimigas da criatividade.

O estudioso deve obstinadamente recusar-se a engrossar as fileiras dos que encaram as hipóteses científicas como dogmas de fé ("Esta teoria é indiscutivelmente correta e verdadeira"). Desconfiar das hipóteses teóricas ("Qual o ponto decisivo em que será vulnerável essa teoria?") é recusar-se numa – atitude intelectualmente sadia – à anestesia do senso crítico. Nada tem a ver com a atitude de quem se aproxima do pensamento alheio com preconcebida hostilidade. Porém, não há lugar, no conhecimento científico objetivo, para as "corporações de elogios mútuos", tão expressivas da indigência do próprio pensar.

Quisera que o pensamento estivesse sempre inspirado por uma incorruptível aspiração de grandeza. Aquele que confunde a socrática exigência ética de modéstia pessoal do estudioso – recomendável por uma pedagogia elevada –, com uma nefasta proibição de ambição intelectual, nada entende nem de ética nem de vida do espírito. Esta deve firmar e confirmar o seu vínculo com a aspiração mais incontida de grandeza: o desejo de, pelo pensamento, subir aos céus, habitar o incomensurável e escutar-lhe as harmonias...

Em que consiste a satelitização da inteligência

Lamentavelmente, porém, na vida literária, há pessoas que se contentam em gravitar ao redor de um pensador ou escritor de talento, atraídas pelo seu brilho. Renunciam, por essa via, à ousadia intelectual, numa espécie de autorregulação mutiladora de suas próprias virtudes intelectuais adormecidas. Contentam-se com um papel "modesto", i. é., secundário na vida do espírito. Dá-se então o fenômeno, altamente perturbador pela sua persistência insinuante, da satelitização da inteligência. Essas pessoas gravitam em torno do pensamento alheio como satélites apenas iluminados pelo fulgor do astro-rei.

A província, a pátria local, em si mesma considerada, postula uma vocação para a grandeza, que se manifesta, para além dos seus limites físicos, numa aventura espiritual universalizadora dos seus horizontes. Mas essa satelitização implica uma concepção redutora e acanhada – e, portanto, "provinciana" em sentido pejorativo – da vida do espírito. Nessa atitude acanhadamente "provinciana" não têm vez as aventuras da inteligência.

O pensamento mais radicalmente satelitizado não se pretende apenas fiel ao pensar alheio: indo além, se considera fiel até mesmo à pessoa do alheio pensador. Ele não reivindica tão só a fidelidade do pensar alheio e ao seu ditado. A sua pretensa fidelidade se transmuda, consciente ou inconscientemente, numa idolatria de um pensador qualquer. É assim que, em nome da fidelidade do pensamento, se consumam as maiores infidelidades ao próprio pensar. Pela simples razão de que nenhum pensamento autêntico pode ser fiel a um pensador, senão ao próprio pensamento. O pensamento deve ser fiel ao que é digno de ser pensado: o fundo abissal de onde brota o próprio pensamento. Chama-se, a reunião do pensamento fiel ao que se oferece a pensar: memória e memorial. O lugar sagrado onde se guarda o que é dado a pensar. Na essência do pensamento está uma atitude de retrospecção: reconhecimento, agradecimento e recolhimento monásticos diante do próprio pensamento. Nada que se confunda com uma exaltação repetitiva, mera glosa do pensamento alheio, precisamente no que ele nada tem de memorável e comemorável. Essa exaltação é a antítese da comemoração pensante. Caracteriza-se por ser um memorando burocrático de façanhas literárias alheias.

De como o pensamento se recusa à satelitização

Não que o pensamento alheio não possa destinar-se a uma meditação em profundidade. O próprio Heidegger nos oferta um exemplo admirabilíssimo de como um pensador pode voltar-se para outros sem sacrificar a meditação em profundidade. Após a avassaladora consagração mundial de *Sein und Zeit,* ele passou surpreendentemente a encaminhar a sua meditação para os pré-socráticos e sobretudo os grandes poetas: Stefan George, Trakl, Rilke, Hölderlin. Nada, porém, lhe é mais estranho do que o comentário no sentido corrente, tradicional, ou seja, "satelitizado". O que fundamentalmente lhe importa é permanecer à escuta do que a linguagem desses grandes pensadores e poetas por ela mesma fala. E, para além dela, pensar o que nela restou impensado. Não será por outra razão que ele retomou a obra de Rilke, percorrendo-lhe o mesmo caminho, sem afastar-se dos seus marcos, de suas trilhas e da clareira aberta pela sua poesia. Mas com a preocupação em deter-se diante do que nela fora expresso, para descobrir, a partir dela, o não expresso, porque impensado pelo poeta. Pois não é experiência do pensamento de certo modo a experiência do impensado? O impensado é a terra natal, a terra prometida do pensamento (H. Biraut). É como que um pensamento que só aflora tardiamente na obra de um grande pensador. Não manifesta, contudo, uma negligência do pensar, nem uma carência da tradição no seu próprio legado espiritual. O impensado seria antes a descoberta da riqueza latente e inominada de um pensamento que nos solicita porque – ainda incompreendido – resta a pensar (M. Haar).

Somente se mantém à espera quem persiste em vigília e, pois, desperto.

A espera é a prece natural do espírito. A vigília não é a ausência do sono – o que seria ainda uma maneira de se reportar ao sono. A vigília escuta e olha, mantém em guarda, porque a vigília – a palavra o diz suficientemente – é vigilante (M. Haar).

Em vigília, Rilke se recolheu, "magnificamente só", no castelo de Muzot, "num abuso da intimidade com o silêncio" (Valéry), à espera – até quando? – da poesia, que só viria quando os próprios versos quisessem. E, no castelo de Duino, em cujas falésias permaneceu o poeta à espera da mensagem que, lá embaixo, o mar agitado pela fúria de Netuno, das suas próprias estranhas lhe enviaria. Aguardando o momento propício para dizer o mistério da poesia: nomear o advento do sagrado. Eclodindo como "o sopro das origens vindo do mar", num cântico angustiado: "Quem se eu gritasse, me ouviria nas legiões de anjos?". Esse verso manifesta o sagrado que é poetizado no dizer poético.

Há, porém, que contar com as exigências e o prazo da maturação: Rilke soube esperar 10 anos, após as duas primeiras "Elegias de Duino", para completar as restantes em apenas 12 dias. A terra não dificulta o advento da primavera senão até quando esta há de vir; antes, recolhe a necessidade desse advento para o momento certo. É próprio do esperar o fecundar a vida do espírito. Por isso a eclosão do pensamento meditante é como uma erupção física. É como o vigor dominante da Natureza. A Natureza, celebrada por Hölderlin nesses versos imortais: "Ela, maravilhosamente onipresente/ A poderosa, a divinamente bela, a Natureza". Se o homem fosse subitamente varrido da face da terra, esses versos, pela sua imorredoura grandeza, sobreviveriam como vibrações sonoras no éter vazio, monótono e impenetrável. Porque somente eles expressaram a secreta relação entre onipresença, poder e beleza divina, reunidos pela Natureza.

O pensamento profundo não receia a vertigem do abismo ou o ar rarefeito das alturas a que o conduziu o pensar guiado pela ousadia intelectual. Nem deve recusar o combate com as dificuldades que o ofício do pensar envolve. Ensina-o ainda e insuperavelmente Rilke: "Os homens, com o auxílio das convenções, resolveram tudo facilmente pelo lado mais fácil da facilidade; mas é claro que devemos agarrar-nos ao que é difícil... O fato de uma coisa ser difícil deve ser um motivo a mais para que seja feita".

17.06.88

A respeito da publicação original deste artigo, o Prof. José Rafael de Meneses, sob o título *A maturidade intelectual*, teceu as seguintes considerações, agora reproduzidas parcialmente:

> "Observe-se a límpida e transcendida didática do longo artigo *A satelitização da Inteligência*, que o Diário publicou a 27 de maio. 'Num horizonte infinito de possibilidades abertas ao pensamento, cada um deve escolher o seu próprio itinerário. Apenas uma via e nada mais.' A ética intelectual do Souto Borges começa clara e incisiva. A prolongar-se no didata clássico. Dos alemães a Kant ou a Scheller, os grandes pensadores. Mas Souto Borges cita abundantemente Martin Heidegger, sem se acanhar pelo momento processual que se instalou contra o mestre que teve a fraqueza de colaborar com o nazismo. A técnica do pensador, vulnerável político, é reconhecida ao lado da do poeta Rainer Maria Rilke, que foi tão frágil em face da vida. Souto Borges avança, entre uns e outros, apto a advertir, senão a denunciar: 'Lamentavelmente na vida literária, há pessoas que se contentam em gravitar ao redor de um pensador, ou escritor de talento, atraídos pelo seu brilho'. Como isto esteve a acontecer por meio século, em Pernambuco! Souto Borges tem outros temas e outros horizontes. A satelitização da inteligência tem outros riscos, na dispersão, na insuficiência da fidelidade. Importa então uma **vigilatura**: termo tão caro a Ascendino Leite e a Evaldo Coutinho, nossos pensadores de hoje, sem místicas e sem escolas, no entanto irradiando a grandeza de obras que se imporão no século, 'Na essência do pensamento está uma atitude de retrospecção: reconhecimento, agradecimento e recolhimento monásticos (*sic*) diante do próprio pensamento. A **maturidade intelectual** assim expressa reaviva as letras pernambucanas a se reconciliarem com os capítulos raros do intelectual autárquico (nada anárquico) que Andrade Bezerra e Luiz Delgado representaram, nos anos de 20 a 40. O artigo que utilizamos parece-nos capítulo de um ensaio, de um denso ensaio. À semelhança do que faziam

Tristão de Ataíde e Álvaro Lins, Souto Borges deveria comparecer semanalmente em nossa imprensa, antecipando o livro que comprova, com profundidade, sem pedantismo nem aulicismo, os potenciais de um pensador. De um professor universitário que sabe pensar e escrever".

Num ato de reconhecimento, dedico este ensaio à memória do Professor José Rafael de Meneses

3. O predomínio da lógica e o domínio da poesia

"Não se resolve com lógica o que é extralógico; o conteúdo material – a referência a fatos do mundo e a valores que procuram realizar-se através de normas". O domínio das formas lógicas não abrange, pois, todas as manifestações do pensamento. A lógica é apenas um ponto de vista, dentre tantos outros, sobre o conhecimento. Tal como modernamente concebida, ela é uma teoria formal: a teoria das formas lógicas. Por um "isolamento" temático, a lógica converte a proposição (juízo) em si-mesma – com abstração, portanto, de sua referência imediata à realidade – em objeto de investigação científica. São lições de Lourival Vilanova.

Mas a lógica não é uma ocupação e preocupação inocente. Há muito, ela exerce sobre as outras ciências um surpreendente domínio: sendo ela própria uma ciência, se arvora em tribunal para as regras do reto pensar (lógica no sentido estrito) e sua aplicação (metodologia). É, pois, no sentido mais rigoroso, normativa para o próprio pensamento. A filosofia não somente se afirma – di-lo Emmanuel Carneiro Leão – como algo lógico e racional, mas é a própria cidadela da lógica: a gerência da razão. O vocábulo "lógica" deriva do grego *logos,* expressão abreviada de *logike episteme:* ciência ou saber do *logos.* Entre outros significados, o *logos* significa precisamente "lei", "princípio", "norma". A lógica soberanamente decide sobre o que é *o logos* grego para o pensamento ocidental. Assim, quando a "ideologia" (Do grego: *idéa + logos)* é havida como uma teoria das ideias, *logos* e teoria se identificam. Quando, no entanto, a lógica procede a essa identificação, tem que submeter-se a uma redução no horizonte do próprio pensamento, ao considerar a lógica das proposições a única significação do *logos* originário. E porque originário, mais rigoroso e profundo. Quando as palavras fundamentais *(Grundwörter)*, como *logos*, eclodem numa estrutura de linguagem, manifestam a sua maior força de expressão e significatividade. A sua emergência é um desocultamento; clareira iluminada entre as sombras da floresta.

O pensamento lógico pensa o ente (ex.: esta mesa, aquela árvore, a montanha, um leão, este homem, tudo que é ou existe), ao lume das ideias platônicas. É esta precisamente a sua proveniência metafísica; o pensar metafisicamente o ente por meio das ideias. Não por outro motivo, Heidegger afirmou: "A lógica é a metafísica do *logos*". Sob o império dessa significação derivada, a verdade e o erro insinuam-se no interior das proposições explicativas do real. No *logos* como enunciado (teoria) habita a verdade proposicional: a verdade como correspondência, adequação entre nossa inteligência e a coisa pensada *(adequatio intellectus et rei)*. A verdade como *aletheia*, desvendamento do que ama ocultar-se, ou seja, a natureza (Heráclito), a desocultação impondo-se sobre o primado da ocultação dos entes, é essencialmente distinta da verdade proposicional. Mas a expressão "*lógica alética*", a que manifesta a verdade/falsidade das proposições descritivas do real pelos modais "necessário", "contingente", "possível" (do grego: *alethes*, verdade + *logos*, discurso) apropriam uma significação derivada do *jogos*. Este significou, desde os primórdios, "dizer" e "falar". Mas é esta apenas uma das significações possíveis do *logos*. Não a única. E decerto não a mais originária. É apenas derivada. É, no entanto, num sentido não cronológico, senão fundamentalmente originário, que se caracteriza aquela determinação do *logos* como derivada, porque cronologicamente a significação originária e a derivada sempre coexistiram. Ver a significação derivada como exclusiva é equivocadamente equiparar a preponderância à exclusividade. Dizê-la preponderante (no sentido secundário) para a nossa vista e ouvidos modernos, não é o mesmo que nomeá-la no sentido – embora esquecido – mais próprio.

A significação mais originária do *logos* permanece abandonada pelo pensamento ocidental como uma coisa imprestável. A lógica não está submetida ao seu governo. Antes dele se liberta ao alojar-se nas proposições descritivas do real. Qual é então o sentido mais originário do *logos?* HEIDEGGER adverte que, se a lógica provém do *logos,* no sentido de discurso, provém muito mais originária e radicalmente do verbo *legein*, reunir, colher, recolher. *Legein* é, nesse sentido primevo, uma colheita. "Recolhendo-se" ou "reunindo-se" as palavras, como na leitura, tem-se a significação, o discurso. A ideia de colheita, em sua secreta intimidade, está, pois, na origem do *logos.* Mas o ato de recolher comporta três ideias inconfundíveis entre si: 1°) colher, isto é, extrair algo do solo; 2°) reunir (juntar) o que se coletou; 3°) conservá-lo. É esta última, a conservação, que condiciona os atos, cronologicamente anteriores, de colher e reunir. O pensamento colhe e recolhe, conservando os aspectos dispersos do Ser, identificando-lhes os rastros e sulcos nos caminhos do próprio pensar. *Logos,* forma substantivada de *legein* designa mais originária e fundamentalmente: o que, "recolhendo" o presente, assim o "preserva" (conserva), abrigando-o na mesma presença. Conforme a experiência grega, pelo dizer, a coisa é posta diante, aparente e transparente. Dizer é tão-só um modo de fazer aparecer. Consiste em "mostrar, deixar aparecer, deixar ver e ouvir algo" (HEIDEGGER). *Logos* significa então deixar ver algo; tornar manifesto aquilo de que o enunciado fala. Como se explica, entretanto, essa revelação? Pelas palavras de HERÁCLITO, o pensador matinal, as quais ecoam até hoje para nós como os ecos apenas audíveis de uma distante litania: "É sábio que os que ouvirem não a mim, mas as minhas palavras (*logos*) reconheçam: todas as coisas são um" (frag. 50). Estranhas palavras! Se não consegue compreendê-las, amigo leitor, não culpes a ti, nem ao teu entendimento. Sobre elas recai e repousa um esquecimento de cerca de dois mil e quinhentos anos, período no qual elas permaneceram impensadas pelo pensamento ocidental todo.

Pensar, no sentido mais elevado, é recordar, isto é, memorar e comemorar o Ser na sua revelação iluminada. É manifestar o espanto e a abissal impotência do entendimento diante da estonteante pergunta: por que existem os entes e não antes o nada?" Esta é a questão das questões. A mais digna, dentre todas, de ser questionada. A primeira na ordem de importância (HEIDEGGER).

Porque a lógica consiste no *logos* das proposições explicativas do real lhe é tão caro o conceito. Mas conceito (em alemão: *Begriff*, da mesma raiz etimológica de *greifen*, agarrar) não é uma expressão do pensar que preserve em si mesma a incorruptível verdade do Ser dos entes. Antes a ciência moderna, sob o império da lógica, procede pelo conceito a uma apreensão intelectual que corta e recorta a realidade, seccionando abstratamente o objeto da investigação científica. Pois bem: esse seccionamento a ciência da lógica o efetua no seu mais acentuado nível ao despojar-se da referência imediata ao real pela abstração formalizadora. Pois é ela fundamentalmente uma teoria de objetos formais.

Os pensadores gregos primitivos, pré-socráticos, não eram lógicos, sequer filósofos. Seu pensar e dizer meditantes, no toque de alvorada do pensamento ocidental, era de certo modo poético e mítico. A lógica das proposições ônticas (das ciências da natureza, como a física moderna) ou deônticas (das ciências normativas, como o direito) se instaura em épocas posteriores. Sem o reconhecimento de que o pensar pode sujeitar-se a "leis" que condicionam a sua retitude – e que por isso mesmo o constrangem a um certo limite, o de aplicabilidade dessas "regras" ou "princípios" como o da identidade, o da razão suficiente, o da contradição – seria impossível a eclosão da ciência da lógica.

A lógica expulsa, nas proposições representativas do real, a contradição (p. ex., "Todos os A são não A"). Nesse campo, portanto, mas só nele, o princípio de contradição reveste a sua autoridade. O pensamento poético e místico se movimenta, contudo, noutra direção e não se sujeita a essas "leis".

Ouçamos o que dizem as palavras memoráveis de Ravaisson: "Acredito que as mais altas verdades não devem ser expressas senão em versos: efetivamente, como elas exigem o enunciado de contradições, a prosa as faz parecer absurdas". Desconcertante afirmação: o pensar mais profundo exige enunciados eventualmente contraditórios! Contudo, deve-se recordar que, "se a contradição é a fonte viva da dialética hegeliana, ela não convida a fecharmo-nos em grosseiras contradições" (MARX). Não repugna por isso aos poetas, eles que "fundam o duradouro", a contradição. E quem melhor que Rilke a celebrou, no belíssimo epitáfio que para si mesmo elaborou? "Rosa, oh pura contradição! Voluptuosidade de não ser o sono de ninguém sob tantas pálpebras". O poeta saúda a pura contradição – e a celebra com transbordante entusiasmo.

Dentre os princípios lógicos tradicionais, o mais eminente, o princípio dos princípios – tardio, aliás, porque só enunciado formalmente no século XVII por LEIBNIZ –, é o da razão suficiente. Assim afirmativamente enunciado: "Todo ente tem sua razão de ser". Apesar de sua eminência lógica suprema, esse princípio é frontalmente desautorizado pelos versos do místico alemão ANGELUS SILESIUS: "A rosa é sem porquê; floresce porque floresce. Não cuida de si mesma, nem deseja ser vista".

A rosa prescinde de explicações. Não tendo "porquê", não tem fundamento nem em que fundar-se. Não está sob o império da razão suficiente. Seu florescer é, digamos, tautológico: ela floresce porque floresce. Essa tautologia não diz nada e tudo diz. No território da lógica, porém, essas afirmações constituem uma insensatez.

(1987)

4. Acumular conhecimento e acumular riqueza

A degradação da pedagogia moderna é responsável pelo afã subjetivista de acumular conhecimentos, não importa se e o quanto desordenadamente. Contanto que seja, essa acumulação, a preocupação predominante do estudioso. Essa preocupação move-se em torno da acumulação de saberes, associada a uma superficialidade teórica de que não consegue se libertar. Sob esse ponto de aplicação da vista, não há diferença essencial, senão acidental, entre acumulação de saber e acumulação de bens e riquezas. Porque a sua distinção radica apenas na diversidade de objetos – saber e riqueza – sobre que se volta a preocupação acumulativa. Mais ainda: o próprio saber é encarado como uma riqueza. Por isso são enaltecidos os "tesouros do saber", expressão, só na aparência, pedagogicamente elevada; não desvinculada, contudo, desse sentido utilitarista que a amesquinha. Porque chega a equiparar conhecimento e riqueza, reduzindo o saber a um bem quase materializado. Nela, portanto, o fundamental não é o saber, nem a riqueza, mas a acumulação que a ambos governa. Psicologicamente, a motivação do saber, como a da riqueza, é a mesma: a de acumulação em si e para si mesma. Nesse ponto, portanto, um e outra se identificam. Porque o que decisivamente importa, para o conhecimento acumulativo, é a própria acumulação, convertida num instrumento de afirmação e promoção pessoal do estudioso. O êxito social se insinua aí como sendo mais importante do que a profundidade da investigação científica.

Acumulação de saber e acumulação de bens explicam-se como fenômenos subjetivistas. Enquanto desencaminhado para o subjetivismo, o saber individual é infértil, porque não é criativo, e socialmente inútil, porque, assim sendo, não acarreta nenhum progresso para o conhecimento objetivo. Essa acumulação de conhecimento representa precisamente a antítese da sabedoria da velha processualística quando ensinava: "O que não está nas atas, não está no mundo". Para esta, só o que estivesse formalizado teria juridicamente relevância. É dizer: o conhecimento objetivo e impessoal é o único que cientificamente importa.

O saber acumulativo não consegue evitar tendência à frustração que lhe é congênita. Por mais rico que alguém seja, há sempre alguém que mais o seja. Por mais erudição que se acumule, há sempre um outro alguém mais erudito. Há que contar com alguém que consiga reter mais conhecimento que o mais obstinado e voraz "rato de biblioteca". E nesse traço, reside a decisiva distinção entre erudição e cultura. Observou-se com fina ironia que cultura é o que resta quando se esqueceu tudo, exceto o essencial. E para quem esqueceu tudo e só reteve o essencial, a emulação subjetivista em torno de quem mais ou menos sabe não é sequer considerada.

Quem quer saber tudo acaba por saber muito pouco acerca de muita coisa, porque não é possível saber tudo com profundidade. É dizer: acaba por não saber praticamente nada. Esse conhecimento acumulativo contrapõe-se essencialmente ao pensar meditante, que é livre, porque insubmisso até às regras estereotipadas do reto pensar. Poucos, no entanto, muitos poucos, se dedicam ao duro ofício de profundamente pensar. Bem por isso HEIDEGGER já o advertira: "Poucos são experimentados suficientemente na diferença entre um objeto erudito e uma coisa pensada" *(Da experiência do pensar)*.

O saber acumulativo se explica a partir da necessidade de afirmação pessoal pela superação do outro. O saber alheio é então olhado com reservas. Mede-se pela sua precariedade no confronto com o saber pessoal, sempre irrepreensível numa autoavaliação complacente. E tanto mais rigoroso é o saber acumulativo com o saber dos outros, quanto benevolente consigo próprio. Por definição, o reinado da emulação. Mas essa emulação se manifesta geralmente pela rivalidade em torno do que é banal e superficial. Não por outra razão, o conhecimento acumulativo é impermeável à escuta do dizer alheio. Os seus adeptos recordam a admoestação de HERÁCLITO: agem e falam como os que dormem e acabam por ser ouvintes que parecem surdos. A preocupação exclusiva com a afirmação e o brilho pessoal inviabiliza essa escuta, desviando a atenção apenas para o que sofregamente e aos borbotões se afirma. Instaura-se assim um "diálogo de surdos". Por isso, a sabedoria do senso comum ironicamente aconselha: "Antes de entrar numa discussão, verifique se vale a pena convencer o seu interlocutor". (PANDIÁ CALÓGERAS).

A indigência do pensamento é uma contingência a que se não conseguem furtar sequer os que geralmente pensam grandiosa e ousadamente. Porém, essa indigência se insinua mais facilmente onde predomina a preocupação com a acumulação acelerada do conhecimento. A leitura dinâmica é adversária do pensar meditante e da serenidade amadurecida do pensar. Por essa via, o conhecimento é consumido como um artigo descartável. Tão depressa como é apropriado por quem o acumula, pode ser desperdiçado no verbalismo vazio do discurso cotidiano.

O pensamento acumulante não corresponde, ao contrário do saber socrático, a um ato de humildade e sabedoria, de quem reconhece só saber que nada sabe. Corresponde, antes, à atitude de quem sabe que ainda não sabe o suficiente – e decerto nunca o saberá – para satisfazer a própria vaidade intelectual com a consequente desobrigação do ato de profundamente meditar. Precisamente o contrário que ensinava serenamente HEIDEGGER, no testemunho autorizado de eminente discípula: "Não se reconhecia sábio, sabia, porém, da missão de que estava incumbido: a de fazer pensar, a de provocar o pensar, e reclamar que cada um tivesse o seu próprio caminho do pensar" (MARIA DO CARMO MIRANDA). Nada mais que um caminho – entre muitos outros é dado a cada um. A preocupação do saber meditante não é como o da acumulação, senão com as margens da sua própria estrada e as pedras do caminho: os seus próprios limites e os obstáculos ao ato-de-pensar.

É célebre a distinção dos três mundos no pensamento popperiano. O primeiro é o mundo dos objetos físicos; o segundo, o dos estados de consciência; o terceiro, o dos conteúdos *objetivos* de pensamento (científicos, artísticos, poéticos etc). Pois bem: para o pensar acumulativo, só o segundo mundo – o dos estados mentais – é levado em consideração. Subjuga-o a subjetividade mais desenfreada e descomedida. E sob o domínio da subjetividade, ele instaura a sua regência. O saber não é encarado como uma dádiva do recolhimento pensante, mas como um território inóspito a ser apropriado pelo sujeito cognoscente.

O conhecimento acumulativo é inimigo da criatividade, este produto mais elevado da intuição. A imaginação criadora é o fenômeno mais fascinante e imperscrutável do mundo espiritual. Quem pode sondá-lo? Mas ela pode ser simplesmente anulada pela exclusiva preocupação com a memorização dos dados de conhecimento. Transformando a mente humana num terminal de computação. Não será por outra razão que os períodos mais estéreis, não-criativos, na vida do espírito são os de intensa e desordenada concentração em leituras dispersas e dispersivas. Até porque é aí que se instaura o germe do preconceito doutrinário.

Somos herdeiros e beneficiários do processo de acumulação da cultura, mas também vítimas dele. Porque os descaminhos da própria ciência, em torno dos quais se instaura a unanimidade, muitas vezes, na comunidade dos sábios, são o fermento dos nossos próprios descaminhos teóricos. Diz-se que EINSTEIN não conhecia bem a física clássica. Se a conhecesse, talvez não tivesse chegado à formulação da teoria da relatividade restrita.

(1987)

5. Ciência e poder

O pensamento calculante – já se observou – não recorre necessariamente a máquinas de calcular, como as calculadoras eletrônicas. Nem se utiliza irrefragavelmente de números, porque o cálculo não consiste necessariamente em tudo reduzir a fórmulas numéricas.

O pensamento produtor das ciências ditas impropriamente "exatas" se põe a serviço do cálculo. Quando se calcula, obtém-se a exatidão. A hipótese científica é, em certo sentido, um cálculo. Sendo também antecipatória, porque prediz o acontecimento de um certo fenômeno. Um exemplo famosíssimo é o da relatividade geral: dado um campo gravitacional numa região do espaço, ocorrerá uma curvatura que altera a trajetória de um raio luminoso (a curvatura do espaço de EINSTEIN). Essa predição consiste, portanto, numa descrição-explicação racional de um fenômeno físico. E é rigorosamente controlável pela experimentação. A ciência é uma antecipação racional do que deve presumidamente ocorrer. Que é por ela, levado em linha de conta. Calcula-se, isto é, presume-se, que ocorrerão determinados fatos sob certas condições. Mas o que presumidamente deve ocorrer, nem sempre realmente ocorre. Por isso deve-se fazer o "desconto" da eventual margem de erro que impregna toda construção científica. E essa margem é, também ela, calculável. ("o cálculo do erro").

O pensamento calculante é infinitamente mais relevante que o conhecimento acumulativo (conhecimento no sentido subjetivo). Até porque o conhecimento acumulativo é, a rigor, inimigo do pensar. Na proporção em que acumula, se distancia da meditação em profundidade: sendo ele próprio uma forma assumida pelo pensamento, é de certa forma adversário do pensar.

A ciência moderna, havida como teoria do real, está submetida à fórmula de MAX PLANK: "Não há real, senão o mensurável". Assim, todo o objeto do conhecimento científico é reduzido à sua calculabilidade (mensurabilidade). E o real só é cognoscível "à medida" da sua mensurabilidade mesma. Só o que é calculável pode então ser corroborado ou infirmado pela ciência. Para a ciência moderna assegurar-se o domínio do real, este deve ser levado, "em linha de conta". A coisa sobre a qual recai a teoria deve "prestar-lhe contas". A natureza é assim, toda ela, submetida à razão.

A ciência movida pelo pensamento calculante dirige as suas investidas contra o real, como um alvo preconcebido. Pelo conceito, o real é aprisionado nas garras do pensamento calculante, como se este fosse uma ave de rapina. A física moderna, p. ex., é regida por cálculos antecipatórios de acontecimentos causal ou probabilisticamente condicionados (os fenômenos físicos). A ciência necessita, pela seleção de seus objetos, repartir o próprio conhecimento em áreas de especialização. A objetivação representativa do real, teorizado pela ciência opera pelo monismo epistemológico: a cada ciência, tão só um objeto. Pois bem: o pensamento calculante está submetido à ânsia de dominação de todos os entes a partir da lógica.

Ciência e dominação

Não é sem motivos que se proclama a essencial identidade entre ciência e dominação. Ciência e dominação o mesmo. Significa dizer: quem sabe pode e pode o que e porque sabe. O saber nos converte em senhores da natureza: "Sereis como Deus – dissera a serpente aos protagonistas da primeira aventura do saber, ao pé da árvore da sabedoria, como o seu fruto proibido. Desde então, a relação entre saber e poder vem regendo a história do mundo. Quem sabe, pode. Quem sabe, arma a sua máquina de dominação, como o poder real – o poder fundado no saber – o único que não é falso, nem frágil, nem efêmero" (GERARDO MELLO MOURÃO).

A ciência é, pois, um instrumento do poder. A utilização da energia atômica para fins bélicos fornece apenas um dramático exemplo dessa relação. A ciência pode então converter-se em "caução do projeto de dominação tecnocrática".

Rigorosamente falando, a técnica moderna não se põe a serviço da ciência; ao contrário, é a ciência que se submete à tecnologia e à tecnocracia. Por isso mesmo as forças políticas, econômicas e militares podem eventualmente ditar à ciência a finalidade que ela deve perseguir. E, a esses objetivos extracientíficos, a pesquisa científica é, não raro, subserviente. E não lhe é de todo estranha a ideia de que a ciência somente se justifica na medida da sua utilidade. Convertendo-se, assim, o saber em um utensílio que se tem à mão; uma ferramenta do espírito para a escavação do real. Mas o objeto desse saber não é a felicidade, e sim o poder, ensina-o, exemplarmente, GERARDO MELLO MOURÃO. É detendo o saber que se preserva o poder.

Poder e saber dizem a mesma coisa

Essa relação entre saber e poder não é, porém, reflexiva, como o enunciado formal: "A igual a A". Se fora reflexiva, obter-se-ia, com a conversão, o mesmo significado. O enunciado converso: "poder e saber, o mesmo" é de uma relação inteiramente diversa. Tampouco são as relações mútuas entre esses dois enunciados simétricas ("Se A é igual a B, então B é igual a A"). Consequentemente "saber e poder, o mesmo" e "poder e saber, o mesmo" expressam conteúdos de significação inteiramente diversos, irreflexivos e assimétricos. E da última decorre estranha conclusão: quem pode sabe e sabe precisamente porque pode. A relação de identidade entre saber e poder não pode destarte ser convertida numa relação de identidade entre poder e saber, sem alteração substancial do seu conteúdo. A afirmação: "poder e saber são a mesma coisa" manifesta um fenômeno de degradação do próprio conhecimento. O poder se insinua na vida da *polis,* da cidade, e não na vida doméstica, do *domus,* do lar, reservada a esta apenas a reprodução da espécie. A vida da *polis* prima sobre a vida do *domus,* como instrumento de afirmação individual. Por isso, o poder efetivo finda por identificar-se com o poder político. Todos são convocados a servir a vida política ou dela servir-se ou nela afirmar-se. Mas é nessa indistinção de habilitações e habilidades que se instaura o reinado do trivial e do repetitivo, a serviço da busca irrefreada de poder. Dá-se então um fenômeno de "deselitização" da vida pública, somente possível porque todos os que nela exercem elevadas investiduras são gratuitamente havidos como depositários e guardiões intimorados do saber. Ninguém reconhece ou proclama esse fenômeno. E, sem embargo, ele governa toda a vida pública nacional. Mesmo a eventual irrelevância do que é dito pela classe política se converte na quintessência do saber consolidado. "Quem pode, sabe" é afirmação que no fundo mascara a indigência do pensar. Os enunciados oriundos da classe política são recebidos e consumidos pela nação toda, como se fossem oráculos ditados por sábios e iniciados nos mistérios de Eleusis. Se tens poder, a tua mensagem será só por isso relevante.

Do contrário, sequer será ela ouvida. A voz dos deserdados da política clama no deserto e para surdos. E se todos tomamos conhecimento de ostensivas trivialidades ditas e ditadas por homens públicos, elas passam a ter, por isso mesmo, relevância. Porque, quem pode, sabe. Se não pudesse, sequer saberia. HEIDEGGER acrescenta, com exuberante profundidade: "A assim chamada existência privada não é, entretanto, já o ser-homem essencial e livre. Ela simplesmente crispa-se numa negação do que é público. Ela (...) alimenta-se apenas do recuo diante do que é público. E atesta assim, contra a sua própria vontade, sua subjugação à opinião pública". A por ele denominada "ditadura da opinião pública" decide previamente sobre o que é compreensível e o que deve ser desprezado como incompreensível.

O PRIMADO DO MÉTODO

A ciência moderna, que é, ela própria, um instrumento de poder, está, contudo, submetida à tirania do método. Sobre ela, o método exerce o seu domínio indisputado. Pois é pelo método que a ciência se assegura o domínio dos objetos do conhecimento. Esse primado do método sobre a ciência foi muito bem apercebido por NIETZSCHE, ao afirmar do século XX – numa fórmula lapidar e só na aparência superficial hermética – que ele "consagrou não o império da ciência, mas o triunfo do método científico sobre a ciência". Foi ainda NIETZSCHE quem proclamou a sua rebeldia contra o método científico, quando assinalou a sua ambição em dizer num breve aforismo o que outros não conseguiam expressar em todo um livro, concluindo: "O pensamento que é para muitos uma corveia, para mim, nos meus dias felizes, é uma festa e uma orgia". Mas a ciência moderna se embriaga com seu rigor metodológico e êxitos vertiginosos. Por isso ela se apregoa, com manifesta inexatidão, "exata". O mais dramático resultado da pesquisa científica, não é, contudo, a dominação planetária incondicional da técnica moderna, é a correspondente submissão incondicional da humanidade. Não se sabe sequer onde colocar sem riscos os "dejetos" atômicos. Não se discute, porém, a necessidade de sua acumulação. A síndrome e a fascinação do niilismo parecem imperar em toda a parte. E para esse niilismo, a humanidade acredita inexoravelmente tender ao perder o controle da tecnologia moderna.

(1988)

6. Ciência feliz

A opção pelo que se gosta de fazer

A dedicação ao trabalho de toda uma vida exige uma persistência somente possível de se obter quando o próprio trabalho – seja manual, artesanal, científico ou profissional – corresponde ao secreto apelo da nossa própria vocação. É assim chamado a preencher uma exigência vital que, para cada um de nós, se expressa numa decisão originária e condiciona toda a nossa vida. Quantas vocações perdidas não derivam de escolhas profissionais infelizes e equivocadas? Só pela escolha certa, a nossa profissão se converte, ela mesma, numa profissão de fé. A divisa de LORD HALIFAX sintetiza admiravelmente essa exigência de fidelidade: "Amo a minha escolha" *(I Like my choice)*, deveria figurar como um convite à reflexão, no pórtico de todas as nossas faculdades de ensino superior.

Mas a capacidade de doação pessoal ao trabalho depende da correspondência das nossas ocupações como o nosso projeto de vida. Tanto maior seja essa correspondência, tanto maior será a nossa capacidade de fielmente exercitá-lo. Característica fundamental do gênio de EINSTEIN era dedicar-se a um problema físico anos a fio. Ele próprio afirmava, entre modesto e bem-humorado, que apenas tinha a teimosia de mula e um certo faro... Lembro ainda, a propósito, episódio narrado por KONRAD LORENZ, o discurso de despedida, aos 71 anos, do naturalista HOCHSTETTER, da Universidade de Viena. Quando o deão lhe agradeceu o longo e benéfico exercício de suas funções, a resposta do homenageado concentrou todo o paradoxo da valia ou desvalia das nossas inclinações naturais: "Vocês me agradecem por uma coisa pela qual eu não mereço nenhum reconhecimento. Agradeçam antes aos meus pais e meus ancestrais que me transmitiram minhas inclinações, e não outras. Porque se me perguntarem o que fiz durante toda a minha vida no domínio da pesquisa e do ensino, devo confessar francamente que tenho em verdade feito sempre o que me divertia mais em cada momento".

Quem assim procede, demonstra capacidade espontânea de dedicação e doação ao trabalho. Deveria adotar como lema: *age quod agis*. Dedica-te exclusivamente ao que fazes, nenhuma dispersão é tolerável. Porém, quanta alegria nos resultados obtidos pelo trabalho intelectual.

O RITMO FRENÉTICO DE TRABALHO DO HOMEM MODERNO

Nada obstante há que guardar uma certa proporcionalidade e alternância entre trabalho e repouso. Proporcionalidade necessária ao próprio equilíbrio das relações vitais e à convivência em sociedade. Mas é igualmente necessária a doação total quer a um quer a outro. Por isso, e pedagogicamente aconselha GUITTON: "Não tolere nem o semitrabalho, nem o semirepouso. Dê-se por inteiro ou detenha-se absolutamente". Noutras palavras: há horas reais para o trabalho, a demandar todas as nossas forças e a nossa concentração toda, e horas sagradas que convocam à hibernação as nossas energias vitais mais profundas. Se tivéssemos sensibilidade para tanto, aprenderíamos a nos relacionar com as plantas, as flores, os animais, as pedras do caminho, a totalidade de entes que integram a nossa circunstância. E se tivéssemos olhos para vê-las e ouvidos para escutá-las, as próprias plantas nos ofertariam admiráveis lições. O sono hibernal e o longo período de repouso em que elas permanecem, na sua tranquilidade vegetal, pela redução do seu metabolismo ao mínimo, como uma harmoniosa adaptação específica às necessidades vitais, testemunham a imprescindibilidade do ócio para a harmonia da própria criação. Seu silêncio verde, como ensina a metáfora insuperada, é povoado de vozes. Mas, para pensar grandiosamente – plantar carvalhos e não abóboras – deve-se contar com longo período de maturação do próprio pensamento pensante: "Entrementes, a consistência e o odor do carvalho começavam a falar, já perceptivelmente, da lentidão e da constância com que a árvore cresce. O carvalho mesmo assegurava que só semelhante crescer pode fundar o que dura e frutifica; que crescer significa: abrir-se à amplidão dos céus, mas também deitar raízes na obscuridade da terra; que tudo o que é verdadeiro e autêntico somente chega à maturidade se o homem for simultaneamente ambas as coisas: disponível ao apelo do mais alto céu e abrigado pela proteção da terra que oculta e produz" (HEIDEGGER, *O caminho do campo*).

Só o repouso possibilita a recuperação das energias necessárias à retomada do trabalho. Uma noite de repouso prepara o advento de soluções até então impressentidas para os problemas do cotidiano. Mas o homem moderno, no seu afã do que é novo, a "neofilia" que o assalta (o neologismo é de LORENZ), parece não apenas desdenhar do repouso. Degradado o lazer numa simples suspensão, no simples vazio da interrupção do trabalho. Com isso, já está perdida para ele a essencial dignidade dos momentos de ócio, a resvalar consequentemente para o tédio e a banal monotonia do cotidiano. Ele sente-se incomodado, e mesmo envergonhado, por necessitar do repouso. Assalta-o a síndrome de *motu* perpétuo. Não é sem razão que se introduziu, no linguajar cotidiano, a expressão "fazer carreira", literalmente entendida como a busca feroz, desenfreada, emulativa e violentamente compulsiva do sucesso social, venha ele como e de onde vier, seja qual for a sua proveniência. A expressão pragmática *"time is money"* expressa uma lamentabilíssima verdade da decadência: a suprema degradação de meditação sobre o tempo.

"Dedica-te inteiramente ao que fazes" – aconselhava WERNER HEISENBERG – "porque não é senão a esse preço que tua ação será fecunda e poderás desfrutá-la (cf. ELISABETH HEISENBERG, em seu ensaio, *Heisenberg – Le Temoignage de sa Femme*, p. 29).

Decerto a dedicação ao trabalho, o zelo profissional pelo próprio nome, corresponde a uma virtude que tem, em contrapartida, a preguiça como um vício. Quando, porém, uma moral arrogante – lembra-o ainda LORENZ – nos reclama mais trabalho do que podemos prestar sem lesão à nossa saúde, o zelo se torna, como qualquer outro excesso, um vício funesto.

ARION KELKEL, em página memorável, comemora o advento do sagrado que impregna os dias de festa: "O dia de festa, o feriado, dia santo *(Feiertag)* é mais que esse dia onde se encontra suspensa toda agitação ocupada. É antes o dia onde os homens se liberam para o insólito e o inabitual e se abrem à luminosidade do dia, onde se torna possível o reencontro com os deuses que interdita a triste e fria atmosfera do dia de trabalho". Esse dia é celebrado pelo hino do poeta como o anúncio da palavra primordial do sagrado: "Eis o dia. Esperava-o, vi-o chegar. E do que vi, o sagrado seja a minha palavra" (HÖLDERLIN).

A corrida da humanidade contra si mesma

A corrida armamentista resulta do fenômeno mais originário da corrida da humanidade contra si mesma, ou seja, a competição do homem não só "com" mas sobretudo "contra" o homem. Ela não consegue deter-se sequer diante da ameaça de holocausto nuclear. E se acelera, cada vez mais intensamente, acompanhando o desenvolvimento da tecnologia moderna. A tecnologia moderna é, em sua essência, um desvendamento. Como, porém, assinala HEIDEGGER, esse desvendamento fundamental não é, ao contrário do que se supõe, uma simples produção de bens, coisas e artefatos pela ação do homem. Consiste antes numa provocação acumuladora que se nutre da desnutrição e mesmo da destruição da terra. E que, portanto, atenta contra a sacralidade do meio ambiente. Essa provocação corresponde ao oposto da fidelidade ao apelo do campo, que o camponês outrora cultivava. Seu trabalho não provocava a terra cultivável, antes, administrava a sua integridade: "Quando semeia o trigo, confia as sementes às forças do crescimento e vela para que prosperem". O desvendamento da técnica moderna, enquanto possibilidade de exterminação técnica, não é um perigo qualquer – é o supremo perigo a que se submete a humanidade.

O ÓCIO COM DIGNIDADE

Grandes pensadores e cientistas, contudo, não têm constrangimento de desdenhar da agitação tensa e descontrolada da vida moderna, nem muito menos de proclamar a necessidade de alternar trabalho e ócio. LORENZ, prêmio Nobel de Medicina e Fisiologia de 1973, quando se sente à beira da neurose, em decorrência de intensíssimo trabalho intelectual – de que é testemunho eloquente sua vastíssima obra – se coloca sob a proteção do que ele chama "o signo do cão". Eis o curioso e surpreendente significado dessa expressão: "Retiro-me da sociedade humana e não aceito senão a dos animais. Uma boa razão: não conheço um ser humano capaz de me acompanhar nesse estado". No seu delicioso "verão dos gansos", LORENZ se alegrava de poder ficar só, "nu e selvagem", entre os jovens gansos, "nadando e rastejando com eles", enquanto lhes observava o comportamento, sob as vistas paternas complacentes e inquietas. Às vezes atravessava a nado o Danúbio com os seus cães, desvinculado inteiramente dos problemas do cotidiano. Nascia o que ele chamou uma "ciência feliz", a Etologia. E seu fundador tinha excelentes motivos para maravilhar-se e, portanto, dedicar-se inteiramente a ela: "O maravilhoso dessa vida e trabalho de observação pura dos animais vivendo na selva é que os próprios animais são admiravelmente preguiçosos *(sic)*. Essa pressa imbecil de trabalho, que existe no homem civilizado, que por isso não encontra tempo para ter uma verdadeira cultura, é totalmente desconhecida dos animais".

Tanto o ócio quanto o trabalho necessitam então de uma doação integral, que só a opção pelo que se ama viabiliza. Mas essa opção não envolve a pressa desordenada com que são feitas as coisas pelo homem moderno. Esse ritmo frenético de trabalho nada tem de paradigmático. Socorremo-nos, ainda aqui, do testemunho de LORENZ: "Meu mestre HEINROTH costumava dizer, na sua linguagem imaginosa: "O produto mais estúpido da seleção intra-específica é, depois das asas do faisão *argus* macho, o ritmo de trabalho do homem moderno".

O EXEMPLO E TESTEMUNHO DOS GRANDES HOMENS

KELSEN, o genial criador da Teoria Pura do Direito, que alguns insensatamente acusam de frio e estéril formalismo, distante dos fatos, seria acaso indiferente à natureza quando o lazer o afastasse das meditações sobre o dever ser jurídico? Ele descrevia, assim emocionado, as circunstâncias em que lhe fora possível adquirir um lar e desfrutar o ócio, no seu exílio americano: "Consegui comprar uma casa aqui na bela Califórnia. Através da grande janela aberta, vejo do meu escritório a magnífica Baía de São Francisco e até o Oceano Pacífico. Em meu jardim nascem rosas, maravilhosas rosas vermelhas, que alegram o meu coração".

E HEIDEGGER? Denunciaria o seu semblante traços de tensão ou angústia, pela constatação da nossa finitude, do ser-para-a-morte? Nada disso. Assim o descreve GUITTON, em página na qual relata o seu encontro com ele na sua "cabana" (*das Hütte*), da Floresta negra, onde, em contato direto com a natureza, lhe aprazia a proximidade dos elementos mais primordiais do ser: "É um homem da terra, que lembra um trabalhador, um ceifador, ou melhor, um lenhador, um guia de montanha e, na sua modéstia, um jardineiro atento ao crescimento das flores de que cuida com um certo mistério". E conclui GUITTON: "Vejo um homem cujo corpo procura o suntuoso do silêncio e da simplicidade, que necessita da grande calma das coisas, como de oxigênio, sem o qual não poderia pensar nem respirar."

Deve-se a ARISTÓTELES o seguinte relato: "Narra-se de HERÁCLITO uma palavra que teria dito aos forasteiros que queriam chegar até ele. Aproximando-se, viram como se aquecia junto ao forno. Detiveram-se surpresos, isto, sobretudo porque HERÁCLITO ainda os encorajou – a eles que hesitavam –, convidando-os a entrar, com as palavras: "Pois também aqui estão presentes os deuses..." Decerto os forasteiros esperavam encontrá-lo envolto em meditações profundas. Pois não é esse o ofício do pensador? Procuravam essa coisa insólita, um pensador, e, desapontados encontraram apenas um homem comum, preocupado com algo trivial. Mas o forno tanto serve ao trabalho (assar o pão), quanto ao lazer (aquecer o corpo). Ali, na sua trivialidade onde habita o homem, os deuses e o sagrado estavam também presentes. E, com a consumação do domínio planetário da técnica, os deuses e o sagrado batem em retirada.

(1987)

7. O caminho do coração

É sobre o caminho do coração o ensinamento capital, não de um literato erudito e convencional, mas de um índio "ignorante", Dom Juan: "Qualquer caminho é apenas um caminho e não constitui insulto algum – para si mesmo ou para os outros – abandoná-lo quando assim ordena o seu coração (...) Olhe cada caminho com cuidado e atenção. Tente-o tantas vezes quantas julgar necessárias... Então faça a si mesmo e apenas a si mesmo uma pergunta: possui esse caminho um coração? Em caso afirmativo, o caminho é bom. Caso contrário, esse caminho não possui importância alguma" (Carlos Castañeda, *The Teachings of Don Juan).*

Por que o caminho do coração?

O caminho do coração é simples metáfora que não se explica pelas categorias lógicas. Acessível à nossa intuição e sensibilidade e inacessível à definição e ao conceito. A lógica é impotente para defini-lo. Pode ele ser mencionado; não, porém, explicado. Não sendo um conceito, não agarra e secciona o real como um animal de presa. Nem corresponde a uma realidade topográfica. É análogo, não idêntico ao real. Mas, onde está a sua deficiência, está a sua grandeza; dando-se asas e voo largo à imaginação é possível compreendê-lo. Pode-se antever e antecipar alguns passos – não todos – que conduzirão a ele. A alternativa de não alcançá-lo está sempre presente. O primeiro passo é pleonástico: um caminho não é mais que um caminho (Não há, porém, como dizê-lo melhor). E qualquer caminho não é um caminho do coração. Como qualquer caminho não é mais que um caminho, não há afronta – nem a si mesmo, nem aos outros – em largá-lo, se é isso que o seu coração ordena. Portanto é a "lógica" do coração que indica se um caminho deve ser perseguido ou abandonado. E o coração tem suas razões que a razão desconhece (Pascal). Como, no entanto, decidir entre o avançar no percurso ou o seu abandono? Responde-o o próprio Dom Juan: a decisão deve não só ser isenta de medo, mas também de ambição. Medo e ambição não condizem, portanto, com o caminho do coração. Onde há medo, há parada, estancamento, desistência, retrocesso e infidelidade. Onde há ambição, há simplesmente descaminho. O caminho do coração não é alcançado ao primeiro intento e à primeira tentativa. Múltiplos caminhos devem ser experimentados e malogrados, antes que o do coração seja atingido. Como orientar a própria busca desorientada? Apenas a resposta a uma pergunta norteia o caminhante, como bússola ao marinheiro: esse caminho, tem ele um coração? Se afirmativa a resposta, o caminho é bom; caso contrário; não presta para nada; não conduz a parte alguma. Diz-se que onde há uma vontade, há um caminho. Mas o problema não é bem esse. Responde a diversa indagação a decisiva: esse caminho, tem ele um coração? Indagação que resiste sempre à indigência do pensar e retoma sempre, mesmo que sequer tenhamos consciência dela. Mas se, em nosso caminhar, o alcançamos, interpõe-se a mais intrigante advertência do "bruxo" Dom Juan, sobre o caminho do coração, a mais desconcertante e ao mesmo tempo a mais grandiosa: "enquanto você o seguir, será um com ele". É quase a identificação entre via e viandante. E, nos casos extremos, sobretudo os das grandes amorosas não correspondidas, como Soror Mariana (Ah! mistério imperscrutável da sensibilidade feminina!) caminho e coração se fundem e identificam de todo. Não mais "um-com", pois meu caminho é o meu coração, diriam com todos os motivos e todas as razões. Mas aí é a dor mesma a única forma de nobreza (BAUDELAIRE).

Em tempo de busca

A única busca, a tentativa que vale a pena, consiste em percorrer e perscrutar o caminho do coração. Tendo coração, qualquer caminho deve ser percorrido. Este é o único desafio que realmente importa e compensa as penas do percurso. Caminho do coração implica fidelidade à vocação, ao apelo que convoca todo um projeto de existência. Mas a alternativa do descaminho não pode ser descartada. Nem será o caminho do coração necessariamente tranquilo. É apenas desejável que assim o seja. Pode esse caminho ser percorrido, como no-lo adverte Dom Juan, arquejante. Mas a armadilha mais insidiosa ao descaminho é fazer o viandante supor que é ele o único caminho possível, e assim se despedaça a nossa existência no descaminho do caminhar às tontas pela indigência do cotidiano: "É inútil desperdiçar a vida num caminho, especialmente se esse caminho não tiver coração". Um caminho sem coração é o grilhão dos mortais. De tal sorte que prosseguir nele é extremamente penoso. Mas um caminho do coração não necessita sequer de esforço para gostar-se dele; é um conosco. E a sua finitude incontornável em nada prejudica a dignidade do próprio caminhar.

A dominação planetária da técnica parece absoluta, a indicar todos os caminhos, porque nós nada podemos contra ela. Mas ela nada obstante está subordinada à economia. Dócil, põe-se a seu exclusivo serviço. E não nos indica nenhum caminho do coração.

Os caminhos do caminho do coração

Um caminho do coração pode – e deve – ser retomado tantas vezes quantas necessárias. E, no caminho do coração, não há lugar para a abominação irracional do erro. Quanto o medo de erro contribui para a superficialidade teórica e indigência do pensamento! Algo não possível do ser medido. A rigor, o erro não é sequer indesejável na vida do espírito: é apenas inevitável. Por que então o medo de errar? Como ensina FRITZ PERLS, erros não são pecados: "Erros são formas de fazer algo de maneira diferente. Talvez criativamente nova". A física newtoniana não é menos criativa por ter-se mostrado errada em algum ponto. É último degrau, antes da relatividade. Imperecíveis seus títulos de glória.

Refazer e retomar o caminho do coração é alegrar-se dele. Essa retomada só é possível quando se faz o que se gosta, e assim sendo aprende-se o exercício da paciência, na qual amadurece a grandeza, como ensina HEIDEGGER (*A experiência do pensar*). Mas quando se pensa que o início da caminhada ainda tardará muito, o caminho do coração vem ao nosso encontro, ele próprio: "O que procuras, está próximo e já vem ao teu encontro" (HÖLDERLIN).

O descaminho do coração

Um dos exemplos mais expressivos – mais que de um caminho tortuoso – de um descaminho do coração foi a vida de ARTHUR RIMBAUD, "um místico em estado selvagem, uma fonte perdida que brotou dum solo saturado" (CLAUDEL). Na sua carta a PAUL DOMENY, conhecida como a "carta do vidente", RIMBAUD dá o seu receituário poético: para ser poeta é preciso tornar-se vidente por um imenso e racional desregramento de todos os sentidos. Só assim o poeta alcançaria o *desconhecido*. Pensou que – andarilho – tinha um pé perto do coração *(Ma Bohème)*. Acabou por frequentar uma temporada no inferno. As suas eram virtudes enlouquecidas. A poucos mortais foi dado conhecer em vida o inferno. RIMBAUD foi um deles.

Jacinto rural

Exemplo de inesperado encontro como caminho do coração nos é dado por Jacinto de Tormes, o afortunado personagem de EÇA DE QUEIROZ. Vivia em Paris num dandismo insípido e entediante (a cidade), antes de reencontrar a paz (as serras). Entre os campos que lhe pertenciam e as águas sagradas colheu inesperadamente sombra e paz. Nada no campo o entediava, nem a tranquilidade vegetal, nem o silêncio, não mais tido como um despovoamento do universo, observara

Eça. E restava-lhe sempre o conversar com o castanheiro, "um conversador sublime". Recuperara o amor à terra e aos seus cânticos. Era este o seu caminho do céu. O texto do próprio Eça é aqui inelidível: "Jacinto lançara raízes, e rijas, e amorosas raízes na sua rude serra. Era realmente como se o tivessem plantado d'estacas naquele antiquíssimo chão, donde brotara a sua raça, e o antiquíssimo humus refluísse e o penetrasse todo, e o andasse transformando num Jacinto rural, quase vegetal, tão do chão, e preso ao chão, como as árvores que ele tanto amava".

Assim, ele transformou-se no afortunado Jacinto, "um homem do campo", reconciliando-se com a própria vida. Revolver um torrão com a sua mão o restituía a uma função superior. E o seu caminho do campo era o caminho do céu.

Consolidação da raça

A recriação da raça de cavalos crioulos foi a paixão de EMÍLIO SOLANET. Diz-se que o Crioulo circulava no seu sangue como um vírus. Não sem razão, ele costumava afirmar – "Este é o trabalho do meu coração". SOLANET foi a alma, o coração, "um-com-ela", da raça crioula: viveu bastante para ver a sua recuperação, reconhecimento e divulgação. Tornou-se, como proclamou SÉRGIO BECK, a alma e o coração do crioulo: "Ao longo dos seus profícuos noventa e três anos de idade, realizou muitas obras, umas com o suor de seu rosto e outras com a força da inteligência, mas o Crioulo, como ele mesmo gostava de dizer, foi a obra do coração". Assim ele escreveu a saga do cavalo crioulo. Como poderia tê-lo feito se o seu caminho não fosse o do seu coração?

Caminhos e não obras

O caminho do coração pode ser o caminho do campo heideggeriano. Na epígrafe de suas obras completas, HEIDEGGER insculpiu a fórmula famosa: *Wege – nicht Werke* ("caminhos – e não obras"), porque não admitia que viessem os resultados (a obra) a prevalecer sobre o caminho do pensador. Afirmava, numa litania, que nunca é a meta final o fundamental e decisivo. Pode muito bem ser mais importante o primeiro passo com que o pensador inicia a sua jornada. Mas os seus caminhos confluíram para a busca do Ser, a indagação de sua vida toda. Como poderia tê-lo feito se o seu caminho não fosse o do seu coração?

(1990)

8. Martin Heidegger: um filósofo rural

A fisionomia integral de um pensador autêntico será demasiado rica para definir-se em função de um só atributo de sua personalidade (p. ex., vaidade ou modéstia) ou de sua obra (p. ex., vinculações com uma ideologia política). A sua individualidade será pleonasticamente indivisível: "indivíduo" é etimologicamente o que não pode ser dividido. A abordagem de um aspecto isolado de sua vida ou de sua obra corresponderá, portanto, a uma opção algo arbitrária de quem a empreende. Mas o crítico das ideias filosóficas políticas de um grande pensador é, também ele, retratado pela sua própria seleção temática. A pesquisa das relações não de todo esclarecidas de HEIDEGGER com o nazismo terá algum interesse histórico-político. Quase nenhum para a história das ideias e do pensamento. Quando, no entanto, um livro se volta exclusivamente para esse tema, é porque ele particularmente agrada ao seu autor. Do contrário, como o teria privilegiado? É o caso do livro de VICTOR FARIAS ('Heidegger et le nazisme'). Mas aqui se insinua a indagação decisiva: será esse questionamento o mais importante a permear a vida e obra do filósofo? A resposta é seguramente negativa.

Todo esse macarthismo que se instaurou *post mortem* contra HEIDEGGER oculta uma tendência à compensação e acomodação psicológicas. Sendo ele um dos maiores pensadores do século XX, a sua "desmoralização" política contaminaria sua obra; nos desobrigaria de reter seu pensamento e o que nele convoca a nossa própria meditação. Em suma: esconderia um comodismo intelectual e rebeldia precisamente ao que significa pensar: "Pensadores são pessoas que repensam e que pensam nunca ter sido o pensado suficientemente pensado" (VALÉRY). Ao cabo das contas, trata-se de tendência à destruição de um pensador cuja influência – sobretudo na França – é avassaladora. Contudo, essas críticas mais recentes parecem normais, e temos a propensão de aceitá-las como a manifestação de um elevado ideal ético-político. Será, no entanto, que tal efetivamente ocorre? Certas pessoas – adverte-o LORENZ – só parecem "normais" porque a voz do humano nelas já emudeceu. É o que sucede quando, sob o pretexto do exercício "normal" da crítica, se intenta definir negativa e decisivamente tanto o pensador quanto a sua obra, com fundamento exclusivo na sua – aliás secundaríssima – atuação política. Despreza-se com isso, mutilando-a, a sua riqueza. Pratica-se um falso testemunho contra o próximo, sob aparência de isenção de ânimo, um ato de doutrinação, que consegue ocultar a sua parcialidade. Infinitamente mais grave e ruinoso do que essas acusações contra HEIDEGGER (que apenas confirmam as misérias e grandezas da condição humana) é essa politização da filosofia, reduzida então a uma ideologia dissimulada. É o cavalo de Tróia que se introduz na cidadela do pensamento. Este trabalho opta por outro caminho para a contemplação da vida e obra de HEIDEGGER. Procura apenas reviver as circunstâncias que o cercaram e influenciaram. É como o seu autor o vê. Não necessariamente como os outros o veem.

O FILÓSOFO E A SUA CIRCUNSTÂNCIA

As circunstâncias que envolvem a morada do filósofo já de si confirmam a descoberta que inspirara o seu opúsculo sobre "A experiência do pensar": as coisas do espírito (pensar) e da terra (a natureza) coincidem. JEAN GUITTON, em página comovedora, descreve como lhe foi possível ter contato com Heidegger: "Para me preparar para esse reencontro, tentei encontrar na Floresta Negra, perto de Todtnauberg, a pequenina casa de madeira por ele construída onde buscara a solidão e que apelidara sua 'cabana'. Não seria despropositado abordar um filósofo pelos seus caminhos interiores, conhecer antes seu *antro,* passar um dia no seu *lugar*". Mas faz-se noite e é difícil encontrar o chalé encoberto pela neve. Necessário o retorno. Eis as primeiras impressões do pedagogo francês: "Entrada do pequeno jardim. À noite mal distingue-se uma casa de madeira, completa, simétrica, bela nas suas proporções, com um pequeno alpendre, alguns degraus e uma inscrição que me foi possível ler. Reconheço-a bem: é extraída do Livro dos Provérbios; minha mãe a citava frequentemente: 'Guarda o teu coração sobre todas as coisas, porque dele escoa a fonte da vida'. E este clima espiritual emociona e contagia o visitante. E inicia-se o diálogo. E do diálogo, nasce o depoimento: 'Heidegger antes me falava deste símbolo do ser que era para ele o simples *caminho do campo.* Este homem que teve muito tempo a vocação para ser padre, isto é, consagrador, me parecia agora inclinado sobre esta eucaristia natural que é o ser considerado como ser. Sobre sua mesa, ao lado da imagem de sua velha mãe, somente dois objetos: um cronômetro e uma rosa solitária num vaso, 'o Ser' e 'o Tempo'. E em volta as obras de poesia, de filosofia, de mística (muito menos de filosofia) e seu olhar de coruja sobre tudo isso, como um jardineiro extasiado diante do arcano da existência despojada de qualquer outro atributo gramatical reduzida a si mesma na sua finitude". Não foi vã, portanto, a espera. Friburgo, lá embaixo, com sua iluminação lembrando um céu tombado. E lá fora o silêncio convidando à meditação.

O GERMINAR DA FAMA

Recluso em sua "cabana" na solidão da Floresta Negra, convivendo com pastores e camponeses pachorrentos, ele colhia frutos da fama desde "Ser e Tempo". Mais de um testemunho sobre a simplicidade da habitação. Seu trabalho – dizia – era da mesma espécie do trabalho camponês conduzido e guiado pelo mundo das montanhas e dos camponeses (uma tese fundamental de GANDHI: a igualdade em dignidade de todas as formas de trabalho). Daí o seu contínuo isolamento nas montanhas, entre os campos e que ele assim justificava:

"Nas grandes cidades o homem pode estar com efeito mais facilmente isolado que em qualquer outra parte. Mas aí ele não pode estar só. Porque a solidão tem o poder absolutamente original não de nos isolar mas ao contrário de lançar a existência toda na ampla proximidade da essência de todas as coisas". Imagine-se, pois, que não lhe custou em indecisão convite reiterado para abandonar a província. Teria ele, no entanto, para adotar a decisão, se aconselhado com os seus colegas de magistério? De modo nenhum! Foi de outra circunstância que ele extraiu resposta a uma reiterada oferta de nomeação para a Universidade de Berlim: "Nessas ocasiões, deixo a cidade e me recolho à minha cabana. E escuto o que as montanhas e as florestas e as herdades dizem. Assim, visitei um velho amigo, um camponês de 75 anos que lera no jornal a oferta de Berlim. Que diria? Ele lança lentamente o olhar convicto de seus olhos nos meus, balança imperceptivelmente a cabeça. Isto quer dizer: inexoravelmente não!". E ao mesmo tempo responde à indagação que ele próprio se fizera: por que permanecemos nós na província? Quem, pensa você leitor, recolheu essas palavras? Nada menos que VICTOR FARIAS, o autor do livro-libelo contra HEIDEGGER. É realmente muito difícil esconder a grandeza. Tanto quanto é difícil esconder-se dela. HERÁCLITO, o pensador matinal, já o advertira: "Quem poderá esconder-se da luz que nunca se deita?" (frag. 16).

VICTOR FARIAS procura, contudo, amesquinhar esse episódio. Afirma que, contrariamente a seu partido, um ministro social-democrata convidou Heidegger para ser professor em Berlim. Convite recusado não porque quisesse ficar na Floresta Negra, mas porque em Berlim teria que conviver professores como SPRANGER e MAX PLANCK. Qual, no entanto, a base documental para essa asserção? Nenhuma, absolutamente nenhuma. A crítica do crítico desnuda a sua parcialidade.

A caminho do campo

Os pensadores urbanos costumam expressar certa nostalgia de vida rural, como de um paraíso perdido. Mas HEIDEGGER não é um pensador urbano. Dada a sedução pelo apelo do campo na sua temática (o amanho da terra pelo lavrador, as coisas simples da vida rural, tão eloquentes na grandeza da sua simplicidade), já se começa a falar num HEIDEGGER rural. Como acentua, com toda propriedade, GEORGE STEINER, imagens da floresta povoam os seus escritos; campo e floresta estão no âmago do seu mundo: "São o lenhador, o caçador, o agricultor atuando em afinidade imemorial com o seu meio ambiente que lhe proporcionam o padrão de aferição da integridade existencial". Célebre opúsculo seu leva por título "O caminho do campo" *(Der Feldweg).*

Mas o caminho heideggeriano é a trilha do madeireiro. E se nos pusermos a caminhar com o seu pensamento, guiados através de suas sendas, a reconstituição etimológica, a escavação do significado das palavras-chave como *logos, aletheia, physis,* em sua origem, será uma "emergência", uma "eclosão", uma "desocultação", um movimento para a clareira da floresta. E compreende-se que assim o seja, porque é no começo – na aurora, no toque de alvorada do pensamento ocidental em sua eclosão grega – que reside a maior força dessas palavras veneráveis. Heidegger não apenas se põe a caminho de algo; em busca de uma certa meta. Para ele, é o próprio caminho que fundamentalmente importa. Se cobrássemos da tradução vernácula as suas ressonâncias germânicas, a estela que abriga as suas obras completas seria até intraduzível: "*Wege nicht Werke*" (caminhos e não obras). Muitos dos seus títulos dizem da sua peregrinação agrária: *Holzwege,* aceiros ou trilhos de madeireiros, que não levam a parte alguma; *Wegmarken,* indicadores ou marcas de estrada; *Unterwegs zu Sprache,* a caminho da linguagem. A sua obra é uma caminhada por esses lugares sombrios (a floresta) ou iluminados (a clareira nela aberta). E é, afinal, dessa temática rural que decorrem os vínculos do pensamento tão abstrato do misantropo da Floresta Negra com a realidade palpável e concreta das suas circunstâncias cotidianas. Como o arado na terra, o pensar pouco mais pode fazer que deixar os seus sulcos, as suas marcas, na linguagem (onde mais indaga STEINER – poderia deixá-las?). Esses sulcos assemelham-se aos rastros do trabalhador rural, que permanecerão na terra muito tempo após a sua jornada e – quem sabe? – após a sua morte. Não admira então que a obra de Heidegger esteja marcada pelo seu enraizamento (termo este já de si expressivo de uma metáfora campestre) na Floresta Negra. Natural, portanto, que ele tenha definido o homem como o "pastor do ser", em fórmula famosa. A verdade como *aletheia* (desocultação do originalmente oculto) se manifesta na clareira *(die Lichtung) da* existência. E o que é a linguagem? É a casa do Ser, habitação onde mora e permanece o homem. Os pensadores e os poetas são os guardiães dessa habitação.

O universo heideggeriano, no qual somos compelidos a penetrar pelos caminhos silvestres, confundem-se com as próprias trilhas que eventualmente nos conduzem à clareira no âmbito mais espesso e denso da floresta. Nesse templo onde habita o sagrado, somos convocados a meditar a divisa pietista do século XVII, *Denken ist danken* (pensar é agradecer). O que se manifesta mais claramente assim no aberto da clareira, são os elementos fundamentais da natureza maternal, o seu vigor dominante nas águas dos regatos, a nudez das rochas, as vozes dos animais silvestres, o desabrochar das flores na primavera, o bailado alegre das árvores. A natureza, mais antiga do que o tempo e as idades, em comunhão mística com o sagrado.

A questão da técnica

É um equívoco monstruoso supor-se possa o homem sobreviver à degradação do meio-ambiente, da fauna e da flora terrestres. Ou nos salvamos todos, com a nossa circunstância, ou pereceremos todos. Lembra-o profeticamente LORENZ: "O dinheiro pode ser quantificado com extrema facilidade, com dinheiro podem ser feitas contas, valores pecuniários podem ser manipulados. Não é de se admirar pois o fato de que os ecologistas sejam taxados de sonhadores nostálgicos quando advertem que dinheiro e ouro são meros símbolos, que as reais necessidades para a vida – como o ar puro e água não envenenados – em pouco tempo não poderão ser compradas nem com todo ouro do mundo". O canto da terra contrapõe-se serenamente à agressão tecnológica do meio-ambiente. Uma reação contra a técnica, considerada como instrumento de modernização, pode no entanto chegar até certo conservadorismo agrário. É comovedora defesa de HEIDEGGER da santidade do meio ambiente, a nossa missão de custódia da terra e dos organismos vivos. Nada tem de uma nostalgia pastoral ingênua. É a indignação pela voz de um profeta. A essência da técnica moderna é uma provocação da terra, denuncia ele no seu ensaio sobre a questão da técnica (*Die Frage nach der Technik*). A técnica do agricultor, em contraposição ao uso e significado da técnica moderna, quando a existência rural ainda está em harmonia com o mundo, não é uma provocação da terra. É uma dádiva (a semeadura) e uma aceitação (a colheita), custódia e renovação. A agricultura não passa hoje de uma indústria alimentar motorizada (síntese poderosa e inexorável). A represa que atravessa a corrente viva do rio é uma escravização e uma desconstrução. As suas energias colocam-se a serviço escravo das turbinas. A fauna e a flora são degradadas, num dispositivo de agressão e dominação, que HEIDEGGER denuncia como monstruoso: a utilização do sagrado para fins de profanação, que a técnica insensivelmente possibilita. E o dramaticamente inquietante é que nada podemos contra essa dominação planetária da técnica. A mutilação ou destruição da arborização de uma cidade, determinada por uma companhia de eletricidade, sob o pretexto de "proteger" a rede elétrica, exemplifica essa dominação da técnica sobre a natureza. Só um Deus (proclama-o tardiamente Heidegger) poderá ainda salvar-nos. Quando o controle da energia atômica for conseguido – desafia ele –, significará tal fato que o homem se tornou o senhor da técnica? De modo nenhum.

(1988)

9. A educação para o brilho

Para os meus netos Marília, Alice, Miguel e Pedro, com o ardente desejo que recebam e pratiquem a educação para o amor ao próximo.

É fenômeno que enferma gravemente a prática pedagógica, na família ou na escola. Sintetiza-o admiravelmente POPPER: "E, na verdade, nossa educação intelectual, assim como a nossa educação ética, é corrupta. É pervertida pela admiração do brilho, do modo por que são ditas as coisas, o que toma o lugar de uma apreciação crítica das coisas que são ditas (e das coisas que são feitas). É pervertida pela ideia romântica do esplendor do palco da história, em que somos atores. Somos educados a agir com os olhos para a plateia". Esse texto denuncia a conversão dos métodos educacionais em instrumentos da ética da fama, ou seja, da adoração do sucesso. E inspira as subsequentes reflexões, centradas nas principais consequências (todas nefastas) da educação para o brilho.

A DOMINAÇÃO DA VIDA PÚBLICA

Vida pública e vida privada não são modos iguais de afirmação da personalidade. Que se distinguissem pelo âmbito onde essas formas de vida se manifestam. Ao contrário: são campos essencialmente desiguais. A educação para o brilho não é destinada à vida privada. Como brilhar sem a plateia? O brilho é incompatível com o recato da vida privada. Mas governa a vida pública, onde impera a necessidade de afirmação pessoal e reconhecimento coletivo do mérito individual. Pretensas virtudes individuais são transmudadas em virtudes sociais pelo reconhecimento coletivo. A educação para o brilho habita, portanto, a vida pública. Diversamente, a vida privada é destinada ao recato. No lar, apenas se perpetua a espécie humana: "O *domus*, a casa, é uma espécie de tabernáculo, dentro do qual se cumpre o prodígio da geração" (CARNELUTTI).

Mas a vida privada tem literalmente o sentido de uma subtração à luz da vida pública. Porém, a vida pública não implica jamais em privação da vida privada. Ela predomina sempre sobre a vida privada: simples privação à publicidade. Natural que a educação para o brilho reine onde coativamente se manifesta a necessidade de afirmação pessoal, isto é, no inter-relacionamento social. Ao imperialismo da vida pública corresponde uma retração na vida privada; ocultando-se, ela se subtrai à luz da publicidade. A vida privada será um esbanjamento dispersivo do tempo que, tanto mais dedicado à vida pública, mais bem aproveitado. Consequentemente a educação para o brilho necessita da vida pública para afirmar-se. No âmbito social, a vida privada é mera curiosidade; p. ex., os gostos e preferências de homens públicos, pessoas célebres, artistas, atores, esportistas, suas excentricidades. Na vida pública, o caminho para o saber é vertiginosamente encurtado. Poder pessoal é estranhamente sinônimo de saber individual. Nela se estabelece a identificação entre poder e saber, na medida em que o dito e feito em nome da publicidade da vida pública – seja o que for e por quem for – é de logo publicamente discutido. O brilho da vida pública não necessita da relevância do dito e feito, para socialmente afirmar-se. A posse do saber pelo amor à sabedoria é uma experiência pessoal, a rigor, interminável. Seu destino é o inacabamento. Nossa vida será, sob esse aspecto, até o fim, um projeto inacabado. Mas a posse do saber pelo poder é tão depressa adquirida quanto mais depressa se perde com a perda do poder político. Todos os detentores do poder podem opinar sobre praticamente tudo – e ordinariamente o fazem com incontinência verbal. Legitimidade artificial que decorre de um mandato político. Essa artificialidade corresponde no fundo a uma forma de irracionalidade.

A AFIRMAÇÃO PESSOAL POR MEIO DA PROLE

Uma consequência inapercebida da educação para o brilho é a exaltação da sua prole como instrumento de afirmação pessoal e projeção da personalidade de cada um. Se não é possível a alguém (dado que a muito poucos o é) afirmar-se, pelos seus excepcionais méritos, a menos o seja através da sua descendência. A família é a célula mater da sociedade civil; sua forma microscópica; o elemento mais simples da organização social. É, pois, a base biopedagógica da sociedade, porque nela o homem recebe a vida e a educação (TRISTÃO DE ATAÍDE). A primeira sociedade, como ensina exemplarmente CÍCERO, está no matrimônio *(prima societas in conjugio est)*. O amor recíproco entre pais e filhos é indispensável à formação de uma personalidade ajustada à convivência humana. Todavia, existem modos de relacionamento humano, não confinados ao âmbito familiar, incomparavelmente mais grandiosos. Porque um certo egocentrismo narcisista (naturalmente ingênuo) macula o amor dos pais pelos filhos se excludente de um outro amor que se revista de maior dignidade e da mesma intensidade: o amor pela humanidade. Num grau ético muito superior ao amor possessivo dos pais pelos filhos (precisamente porque implica num desapossamento pessoal), interpõe-se o amor à humanidade, suas misérias e grandezas. O amor universal, ensina-o ainda CARNELUTTI, é *uma universitas*, ou seja, uma *versio in unum*, a redução à unidade da universidade dos homens que integram a humanidade. Sentimento que se insere no amor à obra da criação e a todas as criaturas, vivas ou inominadas, aos animais e às plantas – e até às pedras do caminho. Por isso mesmo acentua LORENZ: "O único amor dos animais que seja perfeitamente belo e edificante é o que proceda do amor mais vasto da criação em geral: sentimento cujo traço central e dominante não pode ser senão o amor à humanidade". Contudo, só os iniciados, os eleitos, os apóstolos das grandes causas são capazes de perseguir o amor à humanidade como a forma mais elevada da afirmação, aperfeiçoamento e engrandecimento pessoais. A maioria dos pais projeta nos filhos talentos que ela sabe não possuir: excepcional vocação para estudo e pesquisa; dotes intelectuais invulgares; desempenho esportista de recordistas etc. A necessidade de afirmação pessoal por meio da prole corresponde, sempre, a um certo desinteresse pelo destino do restante da humanidade, que a certas pessoas beira à irracionalidade se condicionado por fronteiras políticas arbitrárias; p. ex., o que acontece em Biafra ou no Haiti é indiferente, não raro, aos estrangeiros. E é tanto mais indiferente quanto mais distante das circunstâncias do nosso cotidiano eclodirem as tragédias que afligem a humanidade.

A exaltação da prole é compensação psicológica pela necessidade frustrada de autoafirmação. Cobra-se dos filhos êxito onde a paternidade fracassa. Se os pais não conseguem destacar-se, ao menos os filhos o conseguirão. E, quando os pais exigem dos filhos algo acima de suas próprias forças, convertem-nos em vítimas indefesas de traumatismos psicológicos. É esse um estilo de vida simplório. A natureza não é pródiga na atribuição da genialidade ou mesmo do simples talento. É, ao contrário, extremamente parcimoniosa. E cada filho há de escolher o seu caminho, com a concordância ou não dos pais. Independentemente, portanto, de deslumbramento paterno que os cerca. As suas potencialidades de realizações são insuscetíveis de predeterminação por interferência paterna. Seu estatuto autônomo não pode ser instituído pela autoridade paterna. Sobre o seu caminho, os filhos deliberarão, eles próprios, a seu tempo. O mais que os pais podem, e devem fazer, é orientá-los, respeitando-lhes a individualidade.

O SUCESSO PESSOAL COMO CRITÉRIO DE DECISÃO SOBRE A IMPORTÂNCIA DAS PESSOAS

A educação para o brilho implica a idolatria do sucesso social, econômico e político. O culto idólatra do sucesso é erigido em supremo critério de aferição da importância das pessoas. Precisamente, o oposto de uma atitude que desdenhe o sucesso. Mas, o desprezo do sucesso mundano não é incompatível com a busca de hipóteses científicas ousadas e criativas: "E é certamente possível conhecer uma atitude de extrema reserva e mesmo de desprezo para com o sucesso mundano, no sentido de poder, da glória e da riqueza, com a tentativa de fazer o melhor neste mundo e de promover os fins que se decidiu adotar com o claro propósito de levá-los o bom sucesso, não por causa do sucesso, ou para ser justificado pela história, mas por causa desses fins em si". (POPPER).

A DEVASTAÇÃO DA MODÉSTIA PESSOAL

A modéstia pessoal, um dos mais encantadores atributos do estudioso, passa a ter – quando não simplesmente desdenhada – um papel secundário na vida do espírito. Mesmo a autoproclamação de excelsas virtudes, dos méritos invulgares e da genialidade do estudioso não é censurada. Sequer censurável. Antes incondicionalmente admirada. Como poderia alguém cobrar do público o reconhecimento de seus incomparáveis atributos intelectuais se ele próprio não acredita neles ao ponto de desembaraçadamente proclamá-los? Como seria possível o sucesso sem o estímulo pessoal ao reconhecimento público da própria genialidade e mesmo excepcional talento? Essa depreciação da modéstia pessoal é um dos mais nefastos efeitos da educação para o brilho. A presunção intelectual não passa de um descaminho da ousadia teórica responsável. Uma virtude enlouquecida.

O fetichismo das pontuações

A educação para o brilho implica a aceitação acrítica do que é socialmente predeterminado como valioso. A ética pedagógica fica submetida à ditadura da opinião pública: uma pauta de valores a serem compulsivamente alcançados, pena de frustrar-se a autoafirmação das pessoas. Por toda parte impera o veredicto da opinião pública sobre nossas realizações. A impessoalidade do que é socialmente havido como valioso impõe-se a cada um como um produto destinado a ser, sem maiores indagações, consumido.

A láurea acadêmica é perseguida como a suprema recompensa. No entanto, o reconhecimento de méritos pelas instituições educacionais é muito relativo. A tradição familiar acolheu a informação de que o pai de EINSTEIN, ao procurar a direção do ginásio de Munique, para aconselhar-se sobre a profissão que o filho deveria seguir, obteve surpreendente resposta: “Tanto faz, ele nunca terá sucesso em nada”. No julgamento da produção universitária docente e discente só a nota máxima a rigor importa. Notas inferiores são apenas toleradas como algo inevitável. Necessário apenas à obtenção de algum efeito útil, p. ex., o acesso ao nível superior de ensino. Predomina a preocupação com as avaliações mais positivas; as que proclamam a nossa capacitação pessoal (p. ex., 10, “excelente”, “distinção”, “plenamente”). Não importa tanto se essa avaliação é procedida com tolerância ou rigor. Ela se impõe por si mesma, como uma consequência da idolatria do sucesso; da alimentação e exaltação da vaidade. O oposto de uma pedagogia socrática. Que afirme, portanto, o predomínio do desconhecido sobre o conhecimento ("Só sei que nada sei"). Uma nota inferior, mesmo atribuída com seriedade e justiça, é havida como um agravo pessoal. Quem, no entanto, atribui uma avaliação irresponsavelmente "generosa" a um trabalho intelectual medíocre incorre em pecado contra a inteligência. Porque nivela por baixo pequenos e grandes desempenhos. Ensina a tradição popular que o ótimo é inimigo do bom. Essa lição é literalmente verdadeira se encarada à luz da educação para o brilho.

Temática fechada à crítica: expediente contra o erro

Sob a tirania da educação para o brilho, a escolha de temas para o cumprimento de exigências universitárias docentes e discentes (p. ex., dissertações, teses, exposições orais e escritas etc.) é norteada pela opção por assuntos "fechados", impermeáveis à crítica e insuscetíveis de contestação. Quem não erra, brilha. Ignora-se que, se o dito não pode ser falseado, não será sequer científico, mas evita-se o erro, supremo agravo da vida do espírito. Como poderia o erro conviver com a educação para o brilho? Esse preconceito é nefasto porque a abertura à crítica é uma virtude do trabalho intelectual. E o destino de toda hipótese científica não é tanto a sua corroboração experimental, quanto o seu conclusivo falseamento, pela identificação do erro. Se este é impossível, a hipótese sequer será científica. Diz-se, na linguagem da ciência, que a classe dos seus falseadores potenciais será vazia ou igual a zero. Mas a identificação do erro será um êxito científico na medida em que indique o caminho para maior aproximação da verdade da hipótese teórica que lhe for oposta. Tudo isso é impossível se a teoria for irrefutável. A hipótese: "Choverá hoje em algum lugar" não é científica precisamente porque é impossível deixar de chover em algum tempo ou lugar. A sua irrefutabilidade (como a sua trivialidade) torna-se cientificamente imprestável: sua corroboração não tem nenhuma relevância para a meteorologia.

A CORRIDA DE OBSTÁCULOS

A educação para o brilho sobrecarrega as instituições educacionais menos com a preocupação de ensinar do que a de escolher os seus melhores alunos. E assim transforma o sistema educacional – como denunciou ainda POPPER – numa corrida de obstáculos: "Em vez de encorajar o estudante a dedicar-se a seus estudos por amor a estudar, em vez de encorajá-lo a amar realmente o objeto de sua pesquisa e a indagação é ele levado a fazer carreira e a adquirir aqueles conhecimentos que sejam úteis para transpor os obstáculos de que se deve livrar a fim de adiantar-se". Essa corrida de obstáculos se exacerba nas proximidades dos exames vestibulares às universidades e condiciona geralmente o último período do ensino de 2° grau. Tanto mais dentre os seus alunos o vestibular aprova, mais o colégio será credenciado à admiração pública. É a pedagogia a serviço do vestibular, ou seja, da afirmação pessoal dos alunos numa corrida de obstáculos. No esforço de transpô-los, alguns são literalmente havidos como mais "adiantados" e outros mais "atrasados". A própria vida é, ela própria, algo que se ganha (ou perde). "Ganhar a vida" é expressão significativa dessa institucionalização da rivalidade.

A EDUCAÇÃO PARA O AMOR AO PRÓXIMO

A educação para o brilho é inevitavelmente competitiva. Os que lhe estão submissos são escravizados a um processo emulativo de acumulação de conhecimentos e técnicas que lhes condiciona a existência inteira. Mas uma educação autêntica é uma educação para o amor, do qual a fórmula eticamente mais elevada é o amor do próximo, como ensinam os evangelhos. É por isso mesmo uma educação para a liberdade. A afirmação pessoal não está condicionada à vitória num processo acumulativo que a todos governe. E, porque destinada à expansão sadia das faculdades físicas e intelectuais do homem é uma experiência alegre: "Infortunado o jovem que não conheceu os prazeres do espírito e que não se alegrou no sonhar e na beleza. Não teve entusiasmos ideológicos, nem sentiu a intensidade do primeiro amor, do encantamento e da felicidade, na poesia e no conhecimento" (MARITAIN).

A RECUSA À CRÍTICA CONSTRUTIVA

A educação para o brilho é incompatível com a crítica de nossas realizações intelectuais. E quem é insensível à crítica alheia dificilmente exercerá a autocrítica, de resto nunca tão eficaz quanto a primeira. Essa impermeabilidade à crítica é o caminho mais curto para um dogmatismo empedernido; a crença na infalibilidade de nossas opiniões pessoais; a convicção de que se é portador da quintessência do saber intransitivo. O conhecimento subjetivamente acumulativo – compulsivamente acumulador – e que se contenta em reverenciar a memorização, é naturalmente egoísta. Incompatível com a abertura à crítica. Porque a crítica dos erros individuais não pode conviver com a tirania da educação para o brilho. Todavia, quem abdica da sensibilidade à crítica e se encastela nas suas próprias opiniões já se demitiu *ipso facto* da própria condição de cientista, mesmo que não o saiba.

O MEDO PÂNICO DO ERRO

Sem a educação para o brilho, o medo de errar não induziria a atividade intelectual à superficialidade teórica. Porque bem menores serão as possibilidades do erro enquanto ela se mantiver na superfície das coisas. Mas o medo de dizer coisas irrelevantes deveria sobrepor-se ao medo de errar. Toda pedagogia consequente deveria incentivar os jovens amigos da ciência a revolucionar o pensamento. Será incensurável essa vocação para a grandeza, porque estimula ambição absolutamente legítima: a ambição intelectual. Ambição que não se contrapõe à desambição do estudioso relativamente a bens materiais. A ousadia intelectual não é imprudência. É uma virtude teórica, uma categoria científico-metodológica fundamental. Mas ela cobra um preço, o de conviver com o erro. Com isso, não se superpõe o erro à verdade, dando-lhe em estatuto epistemológico privilegiado. Reconhece-se, isso sim, a sua inevitabilidade. Proclama-se tão só a sua incontornabilidade no esforço humano para a construção de qualquer ciência. Sob essa perspectiva é que deve ser experimentada a retração do erro e o predomínio da superficialidade na vida intelectual. Mas a recusa à profundidade é tida, para os iniciados nas aventuras da inteligência, como uma particular manifestação de prudência. Age-se como se fosse a timidez intelectual a meta da inteligência bem-comportada. A ousadia teórica, forma elevada de rebeldia, a quem devemos as mais grandiosas criações do engenho humano, somente é admirada depois de conhecidos e irreversíveis os seus resultados, depois de corroborada uma hipótese científica inovadora, como aconteceu com a Teoria da Relatividade Geral. Mas limitada, sempre, a poucos iluminados ou gênios.

(1989)

10. Entre o destino e a vontade

A saga do profeta Jonas, no antigo testamento, expressa e concentra toda a tensão entre a autodeterminação pela vontade humana e a inexorabilidade do destino, confundido com um decreto do sagrado. Deus o incumbiu de pregar em Nínive, a cidade-ímpia, para que esta se convertesse. Mas Jonas tentou escapar à determinação divina numa embarcação que o levaria para bem longe do lugar e missão para os quais Deus o havia destinado. Em decorrência de tempestade, Jonas, lançado ao mar, fica por três dias no ventre de um cetáceo e é conduzido precisamente para perto da cidade onde Deus queria que ele O testemunhasse.

A indagação sobre o que nos ensina esse episódio se situa além de toda crença religiosa. Transcende até o questionamento da verdade de asserções sobre fatos no seu acontecer histórico. Deus não determina que o profeta o explique senão que testemunhe a sua “lei”. E o sagrado se amesquinha, na sua incomensurável grandeza, quando apenas se tenta comprovar-lhe a veracidade. A sua dimensão prescinde de toda referibilidade “objetiva” a fatos que concretamente ocorreram. Sem essa autonomia diante dos fatos, a significação do sagrado se degrada até a mera insignificância. Intemporal, na sua universal constância e persistência, o sagrado não é problema apenas de crença religiosa. Quer se acredite ou não em crenças, a presença do sagrado se interpõe e impõe. Nem mesmo é o sagrado, afora a experiência mística, acessível à sensibilidade humana, como adverte o poeta sobre a fulminante presença dos anjos: "E mesmo que um deles me tomasse em seu coração, aniquilar-me-ia sua existência demasiado forte" (RILKE, *1ª Elegia de Duíno*).

VONTADE VERSUS DESTINO

Em profunda monografia (*Língua e Realidade*, p. 89), VILÉM FLUSSER nos esclarece sobre a peculiar riqueza do termo "destino" no idioma germânico: "O destino em alemão é *Geschick* (o mandado, o mandamento, o inevitável). Parentes próximos dessa palavra são *geschehen* (acontecer) e *Geschichte* (história): A história é, portanto, uma série de acontecimentos ligados inevitavelmente. É o processo do *werden*. O próprio futuro é *Zukunft* (o que se aproxima). Somos, portanto, passivos em face dos acontecimentos que se aproximam de nós, mandados".

A existência humana se move, toda ela, entre os extremos da autodeterminação pela vontade e o determinismo das circunstâncias, impostos pelo destino. Por isso, KARL JASPERS pôde intitular a sua autobiografia *Schicksal und Wille* ("Destino e vontade"). Na existência humana, dá-se uma tensão entre o destino e a vontade. O que pode decorrer de um ou outra não pode ser explicitado ou demarcado. Nesse tema, há muito mais coisas para serem ditas do que para serem explicadas. O profeta não explica; apenas testemunha o sagrado.

O destino de certas pessoas chega a confundir-se com uma predestinação; elas são conduzidas pelos acontecimentos. Outras são como que predestinadas a os conduzir. Na adversidade extrema – a fatalidade – a vontade individual nada pode contra o destino. Noutras circunstâncias, tem peso decisivo. Contudo, não há vida humana produto só do destino ou só da vontade. Não há vida humana só predestinada pelo determinismo das circunstâncias. Os extremos, o destino e a autodeterminação pela vontade se tocam na existência humana. Daí a advertência de ORTEGA Y GASSET, tão trivializada pelo uso superficial e até o mau uso, "Eu sou eu e a minha circunstância". Eu sou eu (produto de minha vontade) e a minha circunstância (circunstante é o que circunda, está em volta, presente, ou seja, o próprio destino). A circunstância aí não é senão um outro nome do destino. Mas a vontade pode adotar uma conformação simplesmente passiva diante do destino que se confunda com resignação: o modo pelo qual se manifesta a submissão total do seu destinatário ao próprio destino. Mas a conformação ativa diante do destino, aceitá-lo como convocação, é o cumprimento de uma missão. No geral, pouco podemos contra as nossas circunstâncias. Elas se desenrolam numa dinâmica própria e autônoma, insubmissa à nossa vontade: "Contudo é desarrazoado desejar em face do destino" – pondera HÖLDERLIN. E porque assim o é? Dada a inexorabilidade da destinação. Com a palavra destinação não se nomeiam certos acontecimentos de antemão fixados. Sequer o destino se confunde com algum acontecimento singular ou plural. Ele simplesmente os comanda. Nada é possível fazer no sentido de contornar os acontecimentos determinados pelo destino. Por isso, dizia VOLTAIRE: "Meu destino me segue em toda parte". Não que a vontade tenha perdido qualquer relevância no desenrolar dos acontecimentos pessoais. Mas ela nunca se sobrepõe totalmente ao destino. Nunca impedirá que as circunstâncias a contornem, determinando-lhe os limites de atuação. O destino é algo que se interpõe à vontade. Só se está na situação destinal na medida em que se é destinatário de um destino que, no seu acontecer histórico, ele próprio se destina. O destino governa a existência humana. Impossível à vontade contrapor-se aos desígnios do destino todo-poderoso.

Moira

Por isso, o pensamento grego da antiguidade nomeava o destino *Moira,* a decisão que é uma necessidade e um estatuto. A decisão do destino dá em partilha, mas privilegiando o negativo: à duração ela impõe limite; à ventura, catástrofe; à vida, morte. *Moira,* significa "partição", "parte", "quinhão". Não será por outra razão que somente é "feliz quem encontra um destino bem repartido" (HÖLDERLIN). *Moira* era a todo-poderosa, a forte. Mas ela não é uma pessoa, um ser personificado. A do destino não é uma potência personificada. A decisão é a essência da *Moira:* o decreto, a ordenação do destino. *Moira é* metaforicamente a fiandeira (tecelã), porque a faculdade dos deuses de decidir sobre o destino corresponde ao ato de fiar: "A decisão *(Moira)* dá aos mortais bens e males; inevitável é o que os deuses imortais destinam" (Solon).

Conforme acentua o filósofo, Pe. LIMA VAZ, "no coração da tragédia antiga está a revolta impotente ou a aceitação resignada do herói trágico diante da implacável trama do destino: o destino é força e os seus desígnios impenetráveis escreverão a vã história dos homens sobre o brônzeo fundo da necessidade" (Ética e Direito, p.177).

Contudo, à vontade sempre se reserva um papel em face do destino: "Não é sempre sob a forma de um raio inevitável que o destino toca a vida humana" (WALTER OTTO). Mas a decisão do destino não corresponde a uma fatalidade, no sentido atípico de que todo acontecimento seria decretado de antemão. E o destino não constitui uma personificação da fatalidade.

Significação originária e derivada do destino

Em fidelidade ao próprio pensamento, escutemos atentos ao que o pensador nomeou com a palavra destino: "Pela palavra 'destino' entende-se habitualmente o que é determinado e sentenciado pela sorte: um destino triste, ou funesto, ou feliz. Esta significação é derivada. Destinar significa originariamente: preparar, ordenar, atribuir a cada coisa seu lugar" (HEIDEGGER). Que o destino destina isso originariamente significa que ele reparte. Repartir é ordenar as coisas, atribuindo-lhes o seu lugar. E nisso consiste a ordenação originária do destino.

Pouco se obterá, na compreensão do destino, se havido em sua significação derivada, isto é, equiparada à "sorte", ao "azar", à "sina", ao "acaso". Por isso é que a sua significação originária muito mais nos concerne: o destino é a repartição das circunstâncias boas ou ruins, positivas ou negativas, felizes ou infelizes. Se bem repartido o destino, dar-se-á a felicidade individual.

Não há, contudo, simetria entre o destino e a vontade. O destino pode inexoravelmente impor-se à nossa vontade. E, na fatalidade, nenhum papel resta à vontade individual. Em tal circunstância, a vontade contrária nada pode contra o destino. Sem embargo, fora dessa hipótese-limite, a vontade humana algo pode desenvolver das circunstâncias (quando? como? até onde? Impossível determiná-lo!).

O PAÍS DA INFÂNCIA

Na casa da rua da União, morada de sua infância feliz, onde habitou poeticamente o mundo da infância, tudo parecia a MANUEL BANDEIRA "impregnado de eternidade". Intemporalidade, contudo, só aparente. A essa infância feliz se teria sucedido um destino perverso: "Sou bem-nascido. Menino/Fui, como os demais, feliz./Depois veio o destino/E fez de mim o que quis". A um tal destino não se interpõe e contrapõe qualquer influência da vontade. Frustram-se, portanto, a aspiração de amor (a estrela da manhã) e felicidade (a Pasárgada).

A alegria da infância, como toda alegria, requer eternidade: "Profunda é a dor, mas a alegria é ainda mais profunda. A dor diz: passa! Mas toda alegria requer eternidade" (NIETZSCHE). O destino, portanto, que desfaz a era primeva da felicidade, parece contrapor-se à concepção idílica da infância e sua destinação; concepção que era a de RILKE na 7ª *Elegia de Duíno*: "Não, não acrediteis que o destino seja mais do que a infância e o que nela se contém". Ainda aqui, a contraposição é apenas aparente, porque também RILKE estigmatiza "destino destruidor de rumo incerto". Em tais circunstâncias tudo o que implica um destino provém da infância. A linguagem poética assim nomearia esse condicionamento originário: "Dificilmente deixa seu lugar o que habita a proximidade da origem" (HÖLDERLIN). Mas a linguagem prosaica falaria aí em "impregnação" (LORENZ): somos todos condicionados, em nosso comportamento adulto, pela experiência da infância, da qual estamos impregnados e não conseguimos libertar-nos. Nos longos afastamentos, a impulsão tardia para retorno nostálgico ao solo natal não obedece a outro condicionamento senão ao da impregnação.

Amores de eleição

O impacto do destino tem um dos seus pontos culminantes na experiência do primeiro encontro entre os grandes amorosos. É emoção intransmissível e incomunicável: não pode ser sentida por outrem, nem reconstituída. Pode-se tão só imaginá-la.

Esse impacto, ao conhecer aquela que se tornaria sua esposa, e contemplá-la pela primeira vez, é maravilhosamente descrito por JASPERS: "Naquela visita caiu algo assim como um raio. E isso, já desde o primeiro momento, quando Gertrud, dando a volta, se pôs de pé e se dirigiu para mim. Ocorreu como se num instante se encontrassem duas pessoas unidas desde sempre". Desde sempre é o passado que não passou e não passa (o futuro ainda não chegou, e o presente passa: "desde sempre"). Nada substitui, em força de comunicação, esse fecho.

RAISSA MARITAIN é assim lembrada por PIETER VAN DER MEER DE WALCHEREN: "A jovem é uma judia muito pequena. Recorda-me um pequeno lírio dos vales, suavemente inclinado em sua haste pelos efeitos de um sol demasiado intenso". Como se deu o primeiro encontro de pessoas tão singulares, ela e Jacques Maritain? Eis como ela própria o descreve, ao recordar o dia em que, saindo de aula, vira um rapaz de fisionomia doce, abundante cabeleira loura, barba fina e meio curvo, que se dirigia ao seu encontro para identificação, insólita e imediata, entre ambos: "Pela primeira vez eu podia verdadeiramente falar de mim mesma, sair de minhas reflexões silenciosas para comunicá-las, contar meus tormentos. Pela primeira vez encontrava alguém que me inspirava, desde o primeiro contato, uma confiança absoluta; alguém que, eu o sabia desde então, não me decepcionaria nunca, alguém com quem podia entender-me muito bem, sobre todas as coisas". O que significou esse acontecimento para a sua vida é expresso em conclusão que antecipa o reconhecimento de um decreto do sagrado: "Um outro Alguém havia preestabelecido entre nós uma soberana harmonia, apesar das tantas diferenças de temperamento e de origem". Também nesse texto, o sagrado chega a confundir-se com um destino desconcertantemente personificado. Quem é esse "outro Alguém" senão o Deus dos católicos?

Pois bem: é ainda RAISSA quem nos recompõe as admiráveis circunstâncias em que, numa recepção, se deu o primeiro encontro de Jeanne Molbech, que viria a ser Madame Léon Bloy, e este pensador católico, que exerceu decisiva influência para conversão dela, RAISSA, e a de JACQUES MARITAIN ao catolicismo: "Viu entrar um convidado cujo aspecto a impressionou; perguntou à senhorita Coppée quem era ele – "É um mendigo!"– foi a resposta. E Jeanne Molbech disse no seu coração: "Eu me casarei com ele!" (*As Grandes Amizades*, p. 109).

Contudo, não é menos bela a descrição do primeiro encontro desse admirável católico que foi PIETER VAN DER MEER DE WALCHEREN com sua esposa: "Recordo o encontro com Cristina como o acontecimento decisivo que, em toda a eternidade de Deus, permanecerá vivo em mim. O amor cujo cósmico segredo eu buscara detrás e além das nebulosas apareceu prontamente diante de mim sob a figura de uma jovem cuja cabeça coroava uma cabeleira trigueira e que me olhava com a alma límpida dos seus olhos". À luz da fé cristã, ele podia ver Cristina, "com a mesma surpreendida delícia com que Adão viu, pela primeira vez, à distância da longitude do seu braço, o prodígio da vida, Eva".

Porém, o reconhecimento mais explícito da força do destino nos é ofertado por ELISABETH HEISENBERG, ao testemunhar o primeiro encontro com o seu marido WERNER: "Conheci Heisenberg no fim de janeiro de 1937, num concerto na casa dos Mittclstaedt. Aquela noite mudou o curso de nossa vida. Sentimos bem todos os dois que nos encontrávamos em face do nosso destino. Não sabíamos ainda qual a sua face, mas, desde aquela primeira noite, tivemos consciência de que não seríamos jamais os mesmos".

Em todas essas circunstâncias da vida do espírito, faltou à vontade qualquer participação. Mas elas são incompreensíveis, na sua emergência, sem a intervenção do destino desses personagens absolutamente singulares. E a delicadeza com que se desdobram ao ritmo do fiar do destino evoca a fragilidade das rosas. O emblema dos amores de eleição não deveria ser, na sua ostensiva beleza, a mística rosa azul ou a sensual rosa amarela, e sim, na sua recatada e delicada fragilidade, o singelo miosótis, de folhas miúdas e espiritualmente azuis; símbolo da amizade e da fragilidade, e que em inglês se nomeia *forget me not* ("Não te esqueças de mim").

Pensamento fiel

O passado é privilegiado diante do presente e do futuro. Porque o presente tende a não-mais-ser ("tudo flui" – dizia HERÁCLITO, o pensador matinal). No presente, ser e vir a ser chegam a confundir-se. E o futuro ainda não é. Mas do passado, enquanto origem, não cabe dizer-se que passou, ou mesmo que ainda não passou: ele simplesmente não passa. É o que, tendo sido, não cessa de ser. Pressente-o outro poeta, este também brasileiro: "Mais as coisas findas,/ muito mais que lindas,/ essas ficarão" (CARLOS DRUMMOND DE ANDRADE). Findar é aí algo essencialmente diverso do mero consumar-se na sua temporização finita: "mais que lindas", as coisas findas permanecem para sempre.

A eclosão do passado mais inicial, desde sempre, condiciona a tradição de um povo ou de uma pessoa pela impregnação de um destino. Por isso se afirma não passar jamais o inicial. O passado não se perde, nunca, nas brumas do "ter-sido". Ele é ainda – e será sempre – condicionante de toda a nossa existência. A radicalização dessas ponderações é procedida por HEIDEGGER: "O que chamamos ordinariamente futuro é o passado que vem ao nosso encontro" Nada de novo debaixo do sol, senão o antigo na inesgotável potência de metamorfose do inicial. O começo, não o fim, governa tudo o que, no seu desenvolvimento, dele promana. Por isso, o pensamento do começo é, na sua essência, memória e rememoração, comemoração pensante, pensamento fiel; recolhimento do espírito sobre o que foi dito de essencial e que por isso mesmo nos convoca a pensar ainda mais profundamente. Nesse sentido, pensamento é lembrança *(Denken ist Andenken)*. E porque somos destinatários e legatários desse pensamento, o nosso pensar somente será "moderno" na medida em que retrospectivamente envolva um ato de reconhecimento e agradecimento: pensar é agradecer *(Denken ist danken)*. E, porque ele mais se dá a pensar, a essência desse pensamento é a doação.

A existência humana, ao contrário do que se pretende, não se rege pela história, mas a história, ela própria, é governada pelo destino. O acontecimento histórico, o ter-lugar historial, deve ser pensado a partir do destino e não o inverso. Nesse sentido, o destino nada mais nada menos é senão a proveniência do histórico.

O impensado nasce da insuficiência congênita de todo pensamento. O ofício do pensamento é despertar o impensado, adormecido no sono dogmático; é pensar, no impensado, o que mais se dá a pensar. Não obstante a recusa obstinada ao pensamento o envolva como o véu da ocultação, dever-se-ia tomar o pensar em profundidade ainda mais profundo.

(1991)

11. Konrad Lorenz: Um caminho do coração

(À memória de HEINRICH KOENIG)

O silêncio que recaiu sobre o falecimento, em 27.02.89, de KONRAD LORENZ, é compreensível num meio cultural como o nosso, onde a etologia é totalmente ignorada, e a defesa do meio ambiente, havida apenas como incômoda manifestação de excentricidade. No entanto, LORENZ é o pai da etologia moderna, ciência que estuda comparativamente o comportamento animal. Deve-se-lhe obra de repercussão mundial. Sua importância é cada vez mais enaltecida. Agora mesmo, Antal Festetics acaba de dedicar-lhe, na Alemanha, notável biografia, com 250 fotografias (*Konrad Lorenz*, Deutscher Taschenbuch Verlag, 1988). Há, porém, outros excelentes estudos biográficos sobre LORENZ, a saber: Alec Nisbett, *Konrad Lorenz*, Belfond, Paris, 1976; Franz M. Wuketits – *Konrad Lorenz – Leben und Werke cines grossen Naturforschers*. 1990. Piper, Münschen; Antal Festetics: *Konrad Lorenz*, Deutscher Taschenbuch Verlag, 1988; Klaus Taschwer. Benedict *Föger, Konrad Lorenz – Eine Biografie*, 2003, Wissenschaftschiche Buchgesellschaft, Wien.

LORENZ entregou-se aos estudos que lhe trouxeram fama, com uma capacidade de doação somente possível em quem optou por uma vocação incoercível. Deles resultou a sua consagração do tribunal da ciência. Na convivência com os animais, se manifestou logo cedo, aos seus olhos atentos, a sacralidade da natureza. E dessa convivência nasceu a dedicação. E com a dedicação, a consagração mundial. Estudando-os no seu *habitat*, mais que descobertas marcantes sobre o comportamento animal, ele nos legou a crença na dignidade essencial de todas as criaturas vivas. Impossível compreendê-lo, e à sua obra, sem a presença dos animais, do campo e das florestas. “Não existe nada mais santo, mais exemplar do que uma bela árvore” – ensina-o lapidarmente HERMANN HESSE. LORENZ é o “cientista-camponês”, de quem poder-se-ia afirmar ser a “quintessência do homem feliz”. O seu era um caminho do coração. Não buscava no seu caminho a meta, “senão apenas o próprio prazer de caminhar”. Disse o mesmo Mario Quintana: “O encanto de viajar está na própria viagem.” Percorrer o seu caminho era, para LORENZ, uma questão de fidelidade à sua vocação e à convocação do mundo animal. Pois era dela que decorria a imperatividade da sua escolha. Não poderia abandoná-lo, sem quebra de fidelidade à via eleita pelo seu coração. Tentaria refazê-lo tantas vezes quantas necessárias. Nunca abandoná-la, porém. Não haveria então retrocesso. Hoje, esse caminho iluminado é recordação – memória e memorial (pensamento fiel). Também nós devemos tentar refazer o seu "caminho de gansos". Antes que nos convertamos, nós próprios, em "gansos de lata" (vigorosa metáfora), ou seja, pessoas "que a banalidade endureceu e que a vaidade converteu nos mais tediosos dos homens" (ALFREDO BECKER). A grande lição de vida, que LORENZ nos legou, foi a de que estudo e prazer não são necessariamente coisas distintas: podem ser aspectos diversos de um mesmo fenômeno. A lição do amor ao estudo como fonte de alegria. Sem a alegria fecundante, o estudo se esteriliza e acaba por frustrar-se. Para LORENZ, a observação dos animais era um ato de recriação do ambiente paradisíaco de sua infância. Curioso é que os anos mais fecundos de sua vida foram os da sua juventude. Entre 23 e 30 anos se situam as suas descobertas fundamentais. O verdadeiro cientista, por mais especializado que seja, deve ser um amador. Necessita amar o seu objeto de estudo. Nesse sentido, LORENZ foi um cientista-modelo e, como cientista, modelar.

Sobre os surpreendentes caminhos do destino

ADOLF, o pai de KONRAD, era um médico famoso em sua terra natal, a Áustria, tido como fundador da ortopedia moderna. Por isso, sempre indicado para receber o prêmio Nobel. Porém, cada distribuição deste lhe aumentava a frustração. Convenceu-se, afinal, que o Nobel não lhe viria. Mas, se ele não o recebera – quem sabe? –, seu filho o receberia. Não por outro motivo, fora ele desde cedo preparado para sucedê-lo na carreira médica. Pode-se então imaginar a frustração de ADOLF, o "quase" prêmio Nobel, quando percebeu que seu filho, ao invés de dedicar-se à medicina, passava os dias a observar, absorto, as gralhas no telhado e os gansos no jardim da sua mansão, quando não apenas nadando com estes nas águas do Danúbio. Muitos anos depois, KONRAD recordaria emocionado os anos da sua infância feliz: "Já se passaram vinte e quatro anos desde que a primeira gralha sobrevoou a cumeeira da casa de Altenberg e desde então perdi o coração para esses pássaros de olhos prateados". O seu era realmente um caminho do coração e só este poderia ditar-lhe as sendas. Seu pai, contudo, apenas tolerava a inclinação do filho pela zoologia e insistia na necessidade dos seus estudos de medicina porque "não havia prêmio Nobel para ornitologia". Desejava então que o filho seguisse uma profissão tradicional. Naquela época, ADOLF estava longe de supor que a paixão de KONRAD pelo estudo comparado do comportamento animal o levaria a alturas que ele próprio jamais haveria de galgar. Em 1973, KONRAD receberia o prêmio Nobel de Medicina. Como não havia premiação para a biologia e muito menos para a etologia, foi-lhe concedido o Nobel de medicina e fisiologia com base num artifício: o comportamento dos animais era uma função fisiológica. São realmente irônicos os caminhos do destino. E o destino de LORENZ era ao mesmo tempo predestinação.

Os gansos cinzentos

Aos gansos e seu comportamento dedicou LORENZ algumas das suas mais belas páginas. Um capítulo do "Falava com as bestas, as aves e os peixes", um livro leve, relata as vicissitudes do seu relacionamento com a sua gansinha Martina: 'Na carinhosa dependência de um filhote de gansos", escreve ele – "a coisa mais bonita é poder-se andar livremente na natureza com o animal, ficar em contato íntimo com a criatura selvagem que ainda não foi domada e poder observá-la". Os anos de sua juventude foram consagrados aos gansos, período que ele próprio batizara: "o verão de gansos". O voo livre dos gansos selvagens que, a um sinal convencional, retornavam para ele, era uma fonte de admiração. A sua era uma ciência nascida e renascida do espanto. Nas suas descrições do comportamento animal sopra a brisa leve das florestas. Elas exalam o cheiro rústico dos campos. LORENZ estudou o comportamento dos cisnes, gralhas, pombas, cães, gatos e peixes, mas o ganso cinzento foi o animal de sua predileção científica. Com o qual firmou uma aliança nunca rompida. A observação dos peixes nos charcos prolongava o encanto da sua juventude e lhe possibilitaria recompor, na maturidade, o ambiente mágico da sua infância; ambiente que lhe indicou o próprio destino: tornar-se naturalista. Seu método consistia em observar os animais em liberdade. Animais que (coisa espantosa), pelo simples fato de lhe pertencerem, tornaram-se, alguns deles, mundialmente famosos. Na organização familiar e social dos gansos, ele encontrou analogia com a dos humanos. Caber-lhe-ia demonstrar, aplicando a sabedoria chinesa imemorial, que, se todo o animal está no homem, o homem todo não está no animal. Pois não é o homem animal racional? Os estudos de HEINROTH evidenciaram que os gansos cinzentos, se criados, desde nascidos, entre os homens, seguiam-nos como se fossem os seus verdadeiros pais. Aí estava o germe da teoria fundamentalíssima da impregnação, fenômeno que se reveste de três características essenciais: 1°) trata-se de um esquema comportamental inato; 2°) consolida-se num período relativamente breve da vida do animal (a sua primeira infância); 3°) é irreversível. Sem a impregnação, não seria possível ao cão preservar a imemorial e legendária fidelidade ao homem. É em virtude dela que ele se liga ao homem para a vida e para a morte. Depois da fase de impregnação, apenas tolera o novo amo e aceita complacentemente a sua convivência. Mas amá-lo perdidamente será muito difícil. O animal não pode recuperar o que perdeu na infância: o esquema comportamental em que a impregnação consiste. LORENZ costumava abrir caminho, nas ruas idílicas de Altenberg e nos campos vizinhos, à frente de gansos impregnados dele. E esses animais lhe abririam o caminho para os estudos dos quais dedicou toda a sua vida.

O QUE OS ANIMAIS NOS ENSINAM

O tema de função pedagógica do convívio com os animais é retomado por LORENZ, que nos relata episódio tendo por protagonista ele próprio e sua cadela Stasi. Em dois meses de convivência, o adestramento tornou-a exemplarmente educada. Porém, nomeado professor de psicologia em Koenigsberg, ele teve de abandoná-la e retornar à sua casa em

Alterberg. A separação provocou-lhe uma depressão. Desesperada, ela como que retornou ao estado selvagem, matando galinhas, errando pelos campos, inteiramente rebelde e desorientada. Quando, após meses, ele voltou, Stasi, antes de reconhecê-lo, veio ao seu encontro como um raio enfurecido. Logo, porém aspirou o seu odor. Que aconteceu então? O sofrimento animal acarretado pela separação, a ponto de subverter a sua personalidade, não se dissiparia num segundo: "Ela curvou-se sobre as patas traseiras, apontou o nariz para o céu, alguma coisa parecia obstruir sua garganta, e toda a tortura mental acumulada durante meses encontrou saída, vertendo-se num longo, atroz e soberbo uivo de loba". Só depois Stasi envolveu Lorenz num turbilhão de alegria. E ele conclui extasiado: "Feliz natureza animal, invejável robustez do sistema nervoso! Um traumatismo cuja causa é extirpada, não deixa lesão alguma no espírito do animal, que um bom uivo de 30 segundos e uma dança de 1 minuto e meio não possam curar inteiramente". Que nos ensina esse episódio? Que o caráter áureo de um cão impõe a reconciliação sem reservas com o seu amado dono, sem restrições que a amesquinhem, reconciliação só integral; que assim devemos nos comportar diante dos agravos e injustiças sofridos; que devemos aprender a perdoar as deficiências humanas, quando não se trate de simplesmente compreendê-las. E, sobretudo, que devemos cultivar, como num tabernáculo, as bênçãos do esquecimento. Deixemos a observação final com o próprio LORENZ: "O que podem ensinar-nos os gansos. p. ex., à maneira de LA FONTAINE, é o modo de deter-se. O repouso e o adormecimento dos jovens gansos são, repito-o, a mais bela e mais eficaz cantiga de ninar que conheço. Apesar de leve, o sono desses pássaros selvagens, e vivos os seus sentidos de perigo, e seu ouvido fino, mesmo quando dormem muito profundamente, eles podem aprofundar-se no sono, relaxando-se totalmente como nós só sabemos fazer em geral na infância".

Para LORENZ, o animal é literalmente portador de uma mensagem. Cumpre-nos apenas decifrá-la, porque aos animais não é dada a linguagem, nem os meios de comunicação do homem. A linguagem, como ensinava HÖLDERLIN, o mais perigoso de todos os bens, é dada ao homem para que ele manifeste o que é, e finalmente porque:

> "O homem experimentou muitas coisas
> E bem nomeou os deuses,
> Desde que somos em diálogo
> E podemos escutar-nos uns aos outros."

(1989)

12. Que é isso – a impregnação?

Em que consiste a impregnação

Deve-se a KONRAD LORENZ a descoberta desse fenômeno fascinante, mas de difícil caracterização. Já foi considerado, aliás, um termo "bastante misterioso" (RICHARD EVANS). A impregnação *(Praegung)* é um processo especial de aprendizagem, verificado experimentalmente no mundo animal. Em fila indiana, jovens gansos cinzentos, que não conheceram sua verdadeira mãe, seguem LORENZ, impregnados dele, que os criou desde o nascimento, fazendo-se aceitar como um deles. O animal impregnado, num mecanismo de substituição da afeição materna, liga-se irreversivelmente ao homem: assim, a educação dos jovens gansos, órfãos da aprendizagem via materna, era, toda ela, condicionada pela impregnação ao homem. Graças à impregnação, os pássaros distinguem os membros de sua família dos estranhos, mesmo de sua própria espécie. O aprendizado do canto do pássaro se limita a um breve período e é irreversível (MARK KONISH). Se essa aprendizagem faltar, durante esse período, não poderá jamais recuperar-se.

A impregnação reveste então três características essenciais: a) corresponde a um esquema comportamental inato, b) é irreversível, c) se efetua em fase relativamente breve do desenvolvimento individual do animal. Ilustração dessa limitação a um breve período é a impregnação sexual. Pássaros e outros animais, desde a sua juventude, impregnados do homem se desinteressam sexualmente pelos de sua própria espécie. Estranho e intrigante fenômeno: o amor ao homem como um substituto do amor à própria espécie. Se a impregnação é limitada ou não a certas espécies animais é problema ainda não solucionado. A mais desconcertante forma de impregnação é a aliança homem/cão: "Uma das coisas mais maravilhosas e mais enigmáticas é a escolha do seu senhor por um bom cachorro. De repente, e frequentemente, se desenvolve uma união que é muito mais forte do que tudo, mas também do que todas as uniões que possam jamais existir entre nós, seres humanos. Não existe fidelidade que nunca tenha sido quebrada, com exceção à de um cão fiel" – quem o disse não foi um cinófilo convencional: foi prêmio Nobel de 1973 (LORENZ).

E mais entusiasmante é que acontece em poucos dias o período mais aberto para a instauração irreversível desse relacionamento – lembra-o ainda LORENZ. Este chegou a tentar o mais difícil: a delimitação do termo final da impregnação canina: aproximadamente entre o oitavo e o décimo-oitavo mês de vida, nos cães áureos, e em torno do sexto mês, nos cães-lupus. Passado esse período, o amor ao dono cede lugar à mera tolerância.

A FIDELIDADE À INFÂNCIA

Passeando nos jardins da sua mansão, em Altenberg, KONRAD e GRETL, que depois se tornaria sua esposa, eram então duas crianças que alegremente brincavam com patinhos: "As duas crianças faziam, naturalmente e sem pensar, exatamente o que os estudantes da etologia, trabalhando com os gansos no Instituto de Lorenz, iriam fazer mais de sessenta anos mais tarde: segundo o termo técnico, os patinhos estavam *impregnados* deles". "O que não sabíamos – depõe LORENZ, com 70 anos, a ALEC NISBETT – é que eu estava impregnado deles. E o estou ainda. E pretendo que o esforço de toda uma vida é determinado pela experiência vivida na infância. É, antes de tudo, o essencial da impregnação". Aqui, eclode a temática da impregnação em dois pontos capitais: a sua extensão ao homem e o condicionamento de toda a vida adulta pela experiência da infância. A impregnação tem, pois, grandes implicações também no comportamento humano, nada obstante a sua enorme distância do comportamento animal.

Testemunha ELISABETH, sua mulher, que WERNER HEISENBERG afirmava sempre a marca profunda de toda nossa vida pelos acontecimentos interpostos no curso de nossa infância e de nossa adolescência e pelas imagens que daí decorrem às quais sempre se retorna (*in Heisenberg – Le Temoignage de as Femme*, p. 21).

Jean Guitton teve uma certa ideia do fenômeno da impregnação, como se depreende do seu texto: "Peguy tinha razão de dizer que, aos onze anos tudo estava terminado: nossas inquietações, mas também nossas escolhas" (*cf.* JEAN GUITTON, *Ce que Je Crois*, p. 24).

Amor à natureza: prolongamento da infância

Consagrar o seu tempo, toda uma vida, a uma incontornável missão é fazê-lo sagrado. Por isso mesmo LORENZ sempre teve algo de profeta. Ao seu domínio de investigação – estudo comparativo do comportamento animal – somente lograria autêntica consagração uma vida de dedicação fiel. Só um "amador", no sentido mais literal do termo – o que ama – pode ser um naturalista, um observador da natureza. Sob esse aspecto, o amadorismo é o mais curto caminho – um caminho do coração para a especialização científica. Não será por outro motivo que estudo e prazer sempre estiveram associados na obra do grande naturalista austríaco: sua obra foi, a rigor, um ensaio de recriação do ambiente mágico de sua infância: "Para Lorenz, um voo de gansos selvagens, aproximando-se dele a seu chamado, é uma eterna fonte de espanto" (ALEC NISBET). O camponês-cientista, que era LORENZ, dedicou-se então alegremente a estudar os seus gansos e suas gralhas. E, nos seus trabalhos, guardou a nostalgia da infância, nele presente, nele impregnada, até o fim de sua vida. A sua liberdade de investigação consistia, a rigor, na vinculação às próprias raízes: fidelidade à convocação do canto da terra.

IRREVERSIBILIDADE DA IMPREGNAÇÃO

A irreversibilidade da impregnação é a característica que denuncia a singularidade do processo: animais de diversas espécies, artificialmente criados pelo homem, se mostravam inadaptados e inadequados para a criação domesticada. Seus comportamentos sexuais se fixavam irreversivelmente sobre o homem. Nesse campo, se interpõem as maiores perplexidades decorrentes da extensão da impregnação ao homem, ou algo tão próximo que se tornaria quase impossível distinguir uma da outra, a do homem e a dos animais superiores. Existirá a impregnação humana? Se existe, será ela irreversível? Determinadas qualidades e capacidades humanas, se não exercitadas durante a juventude, simplesmente desaparecem? Essas questões são tidas como ainda em aberto. Mas retornam e se insinuam sempre, mesmo que delas não tenhamos consciência.

Nos animais superiores, a impregnação, é delimitada no tempo, tal como – na demarcação e defesa do seu território – o instinto territorial é uma delimitação no espaço. Uma coisa, no entanto, é certa e nela reside a maior aproximação homem/animal da impregnação: "o jovem ser humano possui certamente, no momento da puberdade, uma aptidão "programada" filogeneticamente para rever os ritos e as normas do comportamento herdadas das gerações precedentes, para adaptá-la às novas condições de vida" (LORENZ). O apego à tradição é necessário à adaptação e sobrevivência de espécie humana, mas somente pode instaurar-se até um certo período da juventude do homem, que, se ultrapassado, não será possível recuperar. O entusiasmo pelos valores culturais da juventude, pró ou contra os dos pais, se frustrado, não poderá ser recuperado na maturidade. Não será por outra razão que a ruptura de gerações é também ela, continuidade. Rompida totalmente a continuidade, não haverá como recompô-la. Mas, a generosidade do entusiasmo juvenil é sem limites: todo amor juvenil é amor à primeira vista e sem as exigências críticas que acabariam por desfigurá-lo na sua incorruptível grandeza. Será, no entanto, a impregnação "verificável" no ser humano?

Impregnação e educação para a formação do caráter

Em filogênese, adverte-o LOUIS DOLLO, vigora a "lei da irreversibilidade da adaptação": uma vez atingido determinado estágio do processo evolutivo das espécies, não há marcha a ré. A irreversibilidade desse fenômeno manifesta, na ontogênese, certa analogia com a impregnação. Na impregnação animal, quando menos, constata-se analogia com certos comportamentos humanos. Será que são apenas semelhanças? LORENZ parece concedê-lo ao acentuar que existe uma fase no desenvolvimento individual do adolescente em que este tende a substituir a tradição paterna pelos seus próprios e antitéticos valores, no ritmo frenético de sucessão e superação das gerações; processo de doutrinação que ele entende semelhante à impregnação. Doutrinação seria um outro nome da impregnação na espécie humana: impregnação de ideias e sentimentos; apropriação doutrinária da generosidade dos moços, muitas vezes degradando-as num instrumento de reles manipulação.

Quem não viveu a experiência juvenil do entusiasmo por um filme romântico? Na maturidade, é impossível revivenciá-lo. Só é possível a nostalgia do entusiasmo perdido. E os romances de amor, da preferência dos adolescentes? Nada se lhes compara em explosão de sensibilidade. Não mais serão lidos, na idade adulta, com a mesma exacerbação generosa dos mais puros sentimentos.

Mas, para LORENZ, essa fase não é rigorosamente delimitada, e a escolha juvenil do objeto de entusiasmo não é irreversível. A ligação a ideais contestatários na puberdade é apenas análoga à impregnação animal. Todavia, esse "juramento de fidelidade" juvenil é irreversível. Não que ao jovem seja impossível abraçar novos ideais, mas porque, ao longo de sua vida, ele não o poderá com o mesmo entusiasmo da adolescência. Passado esse período da juventude, difícil de demarcar, porque não são ainda conhecidos os seus limites, o jovem, educado em família para o individualismo e o egoísmo, já estará perdido para a causa da humanidade. Enclausurado nos estreitos limites de um ambiente familiar degradado: a antítese de uma educação para a generosidade e a integridade do caráter. Essas bases etológicas nos indicam novos caminhos para o relacionamento familiar.

A ABERTURA PARA O HUMANO

Mas, o primeiro e o mais importante dever paterno, no tocante à educação, é despertar no seu filho a alegria da criação, o amor por todos os seres vivos: "Eu amo o que está vivo" (WILDMANN). Não haveria como expressar melhor esse entusiasmo cósmico do que o fez LORENZ: "É um pleonasmo falar-se das belezas do cosmos, dado que a palavra beleza já está incluída no sentido literal da palavra "cosmos". Não portanto o amor paterno egoísta, restrito à prole e, pois, mesquinho, que acaba por descaracterizar a família. Talvez desse traço – a educação para o individualismo – se originem certas atitudes hostis diante da família que se chega a pretender radicalmente extirpar da sociedade – é verdade que sem substituí-la por coisa nenhuma.

Hoje em dia, o jovem é predominantemente educado para o êxito social, numa seleção intraespecífica governada pela ânsia de acumulação de riquezas. Quanto mais rico, mais apto à sobrevivência – é uma lei de validade a qualquer custo. A educação familiar convertida num problema de contabilidade. Toda a concentração dos esforços paternos se volta para formas degradadas de educação: verdadeiras deseducações de jovens; presa fácil desses descaminhos familiares, que acabam por despojar a própria família de toda a sua dignidade.

A COMUNIDADE DOMÉSTICA

É nela que o homem recebe a vida e a educação. TRISTÃO DE ATAÍDE chama-a: "base biopedagógica da sociedade". A família é o ambiente natural para a aprendizagem da beleza, que se manifesta na verdade e no bem. Quando o adolescente, com a ausência de reservas à crítica, característica da juventude, exacerba o questionamento da cultura paterna, liga-se a um ideal que, se frustrado, ser-lhe-á impossível consagrar-se a um novo, com o mesmo impacto. Tal como na impregnação no jovem animal. Na educação, devem equilibrar-se tradição (a herança paterna) e mudança (as reivindicações do adolescente), porque a tradição é também um fator de adaptação. Se perdida, perde-se com ela todo um venerável patrimônio cultural e o saber de experiências feito, que o adolescente por si só nunca poderá ofertar. Que nunca poderá ser substituído pelas ruidosas aspirações da adolescência e pela idolatria do novo. Quando a família perde o sentido de comunidade, degrada-se numa sociedade de interesses divergentes, senão antagônicos. Um objeto, quanto mais cedo descartável pela emancipação da prole, melhor.

Inverificabilidade da impregnação

Contra-argumento interposto à projeção da impregnação à espécie humana é a sua inverificabilidade experimental. Não há como corroborá-la empiricamente, e há uma intransponível distância entre os domínios do comportamento humano e animal. O próprio LORENZ reconheceu que a impregnação humana não era verificável. Essa objeção, contudo, não tem peso decisivo.

Quando, na alvorada do pensamento grego (LEUCIPO e DEMÓCRITO), eclodiu a concepção do átomo, não seria de supor-se que o originariamente indivisível (átomo deriva do grego: *a-tomo,* o indivisível, a menor partícula da matéria) viesse a converter-se em objeto de testes experimentais rigorosos, que lhe provocariam a fissão. Na sua origem, a "teoria" atômica não cogitava, portanto, da divisibilidade do que para ela era "átomo". Essa divisibilidade somente veio a corroborar-se experimentalmente pela física moderna. Hipótese dantes inverificável e hoje verificabilíssima. Com a evolução do conhecimento, uma hipótese insuscetível de experimentação e nesse sentido "metafísica" (a do atomismo) se converteu numa hipótese "física" (a física dita atômica), suscetível, aliás, de testes empíricos dramáticos para o destino da humanidade: a mais dramática manifestação do domínio planetário da técnica e das possibilidades atuais da ciência física. O não ser uma teoria testável (= verificável) não será então um argumento decisivo em prol da sua rejeição. Ao contrário: basta um simples indício de que ela sinaliza para a verdade e dever-se-á desconfiar que ela antecipa o futuro – é uma hipótese ousada demais para o ritmo do seu tempo. Melhor que rejeitá-la, será dar-lhe uma chance. Haverá algo mais grandioso que um pensamento fiel ao passado e antecipador do futuro? Melhor suspender o juízo sobre a hipótese do que condená-la a prematuramente perecer. Negá-la envolveria a negação da própria evolução do conhecimento.

Mas será que não há efetivamente como verificar a impregnação? Comprovação "direta" decerto não existe. Mas há verificações "indiretas". Uma delas é o apego ao torrão natal. Um cidadão do mundo geralmente prefere envelhecer na sua terra natal, como um viajante que volta a habitar a terra de sua proveniência, a de sua infância, numa espécie de busca do tempo perdido. Esse fenômeno é inexplicável sem o recurso à impregnação. Por outro lado, é uma experiência individual muito nítida, embora indescritível, a intensidade da ligação com os animais na infância. A vinculação aos animais persiste na idade adulta, mas é quantitativa e qualitativamente irreversível a intensidade do amor pelos animais, como sentido na infância. Essa experiência jamais será então esquecida. Continuará o apego aos animais ao longo de toda a vida do homem que, num longínquo dia de sua infância, a vivenciou. A persistência das experiências da infância no adulto é um outro nomear da irreversibilidade da impregnação.

Comportamento humano versus comportamento animal

Se aceita, com a extensão pretendida neste ensaio, a impregnação será, portanto, um fenômeno intercorrente quer no animal quer no homem. As semelhanças entre ambos não se restringiriam aos planos anatômico e fisiológico: estender-se-iam até o comportamento humano e seus valores culturais. Recorde-se o velho provérbio chinês: "Há todo o animal no homem, não porém todo o homem no animal". Esse provérbio expressa a analogia – não identidade – homem/animal. Se identidade houvera, seus comportamentos não seriam análogos. Há notórias dificuldades para estudar-se experimentalmente a impregnação no homem, porque o comportamento humano, dada a sua complexidade, é, em regra, insuscetível de controle experimental (p. ex., testes em laboratório). Essas dificuldades não conseguem esconder a herança animal do homem. Como acentuou ALEC NISBETT, se um aspecto do comportamento humano é igualmente observável no comportamento animal, será razoável duvidar do valor de toda explicação unicamente "humana" e excludente das suas raízes animais. Impõe-se então um estudo comparativo – é dizê-lo: etológico – do comportamento humano e animal.

Novos rumos para a educação

Será então necessário instituir, ao lado das bases culturais e acumulativamente subjetivistas da educação – hoje predominantes – novas bases naturais ou intersubjetivas. É dizê-las comportamentais, como as entende a etologia. O modelo de visualização exclusivamente cultural da educação está saturado. Nesse ponto, a educação centrada nos estudos comportamentais – comparativamente comportamentais – do conhecimento social humano revela a sua heterodoxia. Mas todos os grandes avanços do conhecimento são devidos a opções por caminhos autônomos e inovadores, que até então ninguém ousara trilhar.

O dualismo natureza/cultura, como se fossem comportamentos estanques, é inaceitável, cabendo antes a quase paradoxal afirmação: "o homem é por natureza um ser de cultura" (ARNOLD GEHLER). A sabedoria do senso comum parece confirmá-lo: "o hábito é uma segunda natureza". Cultura e natureza são no homem indissociáveis: "O homem não é apenas animal da natureza, como o urso ou a cotovia. É também um animal de cultura, cuja espécie só subsiste com o progresso da sociedade e da civilização" (MARITAN). As origens mais remotas desse entendimento estão surpreendentemente em

DEMÓCRITO, o pensador matinal: "A natureza e a educação são algo semelhante. Porque a educação transforma o homem, mas através dessa transformação, cria uma natureza". A rigor, a ideia de "natureza do homem", como se fora uma ilha desligada da comunidade social, tão cara a certos autores modernos, não passa de um mito sem realidade" (MICHEL VILLEY).

(1992)

Nota de atualização

Segundo ROBERT HARE, na década de 20, JOHN B. WATSON, estudioso de psicologia comportamental, dizia que, ao nascer, nós somos como uma página em branco: o ambiente determina tudo (entrevista do primeiro à revista "VEJA", 01/04/2009, p.20). Dada como verdadeira a afirmação de que, ao nascer somos como uma página em branco, premissa indemonstrada, não se segue como consequência necessária nela implícita, que o ambiente determine tudo para a formação da personalidade individual, desconsiderando sua recíproca interação com a consciência individual. Esse determinismo, ambiental absoluto é contaminado pelo vírus de todo unilateralismo. A rigor, ele pré-exclui o livre-arbítrio. E explica apenas um aspecto do fenômeno que pretende descrever. Decerto não se deve desconhecer o papel do ambiente cultural na formação intelectual e moral da pessoa humana. Porém não se deve igualmente desconsiderar, na integração consciência-meio, o metaforicamente denominado "código genético" ou "programação genética", como a aptidão infantil para a aprendizagem da língua materna, e os componentes psicológicos que influenciam a formação do aprendizado juvenil etc. Esses dois aspectos reunidos explicam, até onde possível, a impregnação.

Sem que esse condicionamento envolva a preexclusão do livre arbítrio, somos geneticamente programados para a fixação definitiva na infância – é dizê-la irreversível – do comportamento futuro, ou seja, o da maturidade. Porque a nossa consciência se governa pelo livre arbítrio, a liberdade de escolha diante das circunstâncias alternativas, o determinismo do ambiente não é absoluto, senão relativo. Quem nasce numa família de celerados não será necessariamente um criminoso. São surpreendentes e admiráveis os casos da recuperação social de menores delinquentes, ou simplesmente desajustados, em virtude de programas assistenciais comunitários (artes em geral, inclusive música, ballet e esportes, corais leigos e religiosos etc.).

Se o ambiente determinasse tudo, seria impossível a ética, porque o comportamento humano não estaria caracterizado pela liberdade de escolha e, assim sendo, mostrar-se-ia eticamente inimputável. Sem o reconhecimento do papel da vontade individual (livre arbítrio), nenhuma ética é possível.

Passe o pleonasmo: a perspectiva da unidade conceitual unifica e, assim sendo, amplia o conhecimento. Porém, a abordagem unilateral separa. Esta última não distingue, no seu objeto, aspectos distintos para conceitualmente reuni-los. Por isso mutila a realidade pela ilusão reducionista, em razão da visão unilateral das coisas que empreende. Ambiente e consciência individual se distinguem, mas devem ser reunidos numa síntese superior que os englobe. Ou seja, na infância e juventude, a impregnação, que não é apenas uma relação, mas consiste na correlação integrativa entre ambos esses fatores atuantes para a formação da personalidade individual, em sua recíproca interação. A consciência ética inclui valores inatos, como a aspiração do bem e da conduta digna, inerentes a todo homem. O descaminho desses valores, na formação do indivíduo, é, sob esse aspecto, uma virtude enlouquecida. Decorre da eterna tensão dialética entre o bem e o mal nas ações humanas.

13. Sobre a democracia e seus paradoxos

O MAGNO PROBLEMA: CONSTRUÇÃO DE INSTITUIÇÕES LIVRES

Numa escala de hierarquização de problemas políticos, o mais eminente, a desafiar a argúcia e o patriotismo dos nossos homens públicos, consiste em construir instituições que resistam à ação deletéria de maus governantes. As instituições nacionais devem como que sobrepairar diante dos nossos governantes. Mas soa quase como uma irrisão pretender-se o questionamento público das instituições políticas e constitucionais – tais como parlamentarismo e presidencialismo – num país onde grande parte da população viva em condições precárias e outra literalmente passe fome. Não se tem, em decorrência desses fatores, educação política. Se se tivesse, não imperaria, na vida pública, a idolatria da liderança: a indagação sobre quem deve governar, privilegiada sobre as demais questões, numa espécie de subversão da eminência. Contudo, a questão sem questionamento e, pois, esquecida – a do controle dos governantes e não de sua escolha – persiste em estado de questão fundamental, autárquica e diversa: como organizar instituições democráticas sólidas, aptas a perdurar, porque só estas podem limitar os riscos da eleição de maus governantes. Será então decisiva a seguinte indagação: "Que podemos nós fazer para organizarmos as nossas instituições políticas de tal forma que governantes maus e ineficazes – que evidentemente tentamos evitar, mas a tarefa não é fácil – causem o mínimo dano possível e possamos libertar-nos de governantes incompetentes, sem derramamento de sangue?" (POPPER).

Uma engenharia política gradual postula, consequentemente, a organização de instituições sociais aptas a evitar demasiados danos praticados por maus governantes e, pois, que resistam à ação do tempo. Percebe-se que essa teoria política envolve a necessidade de um controle institucional dos governantes. A opinião pública por si só não basta. E desgraçado o país que tem de confiar na honrabilidade dos seus governantes como único penhor da preservação da liberdade individual e dos direitos da pessoa humana. Enquanto cidadãos livres, somos todos convocados a contribuir para a superação da debilidade e vulnerabilidade das instituições democráticas. Nenhuma outra habilitação nos será legitimamente exigível. Mas as instituições democráticas em si mesmas nada podem. Nem são elas autoaperfeiçoáveis. O seu aperfeiçoamento incumbe sempre às pessoas; aos habitantes da cidade dos homens. Pondera POPPER que todas as práticas sociais de longo alcance são institucionais: "Mas as instituições democráticas não podem aperfeiçoar a si mesmas. O problema de aperfeiçoá-las é sempre um problema das pessoas e não das instituições". A evolução política se desdobra então curiosamente: precisa-se dos homens para erguer as instituições sociais. Mas essas instituições devem lograr a independência e autarquização, ou seja, prescindir dos homens para a sua persistência e preservação, o seu perdurar no tempo. Um governo das instituições e não, a rigor, dos homens. Só assim será possível a consolidação das instituições políticas, pela sua adequação a aspirações nacionais generalizadas.

Uma falsa moeda: a vontade da maioria

A afirmação de que uma sã democracia deve assegurar o predomínio e domínio da vontade da maioria soa como um dogma da teoria política contemporânea: jamais é posta em questionamento. O princípio do governo da maioria é outro nome para a hegemonia política da maioria. Mas a vontade da maioria não passa de uma ficção operativa – porque socialmente eficaz – da teoria política. No sentido psicológico, e não metafórico, que é o da teoria política, a vontade é inerente aos indivíduos – nunca às coletividades. Mas a vontade coletiva é algo que só em precária analogia com a vontade individual pode ser entendida. Não pode então fundamentar uma teoria cientificamente rigorosa da democracia. Só uma ideologia: a do governo da maioria. O povo no poder é apenas um *slogan* enganoso. Em si mesmo, o poder político não pode identificar-se com o povo, que ele apenas governa.

O germe da autodestruição da democracia

Mas a idolatria do governo da maioria conduz a um impasse institucional: esse princípio, como advertiu ainda POPPER, exige que seus adeptos não se oponham a nada que represente o governo da maioria. Exige submissão incondicionada ao governo da maioria. Levado às últimas consequências, agasalha o germe da tiranização das minorias, que não terão como recusar qualquer decisão adotada pelas maiorias. Ele não admite oposição ao que foi deliberado pela maioria. Mesmo na hipótese extrema de um governo nefasto que chegue ao poder com o apoio da maioria nacional, como aconteceu com o nazismo, mas obstinado em oprimir certas minorias, como os judeus sob o nacional-socialismo alemão. Que sucederá então se um governo decide acabar com a democracia? É o supremo paradoxo: usar-se da democracia para extirpá-la da vida nacional. Não será por outra razão que historicamente minorias raciais, étnicas, religiosas etc., sempre estiveram gravemente expostas a riscos e perseguições. Essa possibilidade de autofagia do modelo democrático é incompatível com uma sociedade aberta, isto é, composta de homens livres e que livremente possam expressar as suas ideias. Por essa via, sob o pretexto de preservá-la, pode-se até destruir a democracia. É o "paradoxo da liberdade": se for vontade do povo (a maioria) não que ele próprio, mas que um tirano o governe? Essa é, contudo, uma hipótese-limite: a ruptura do modelo democrático pode não ser tão radical, mas gradativa e insidiosa. Para minimizar esses riscos, as instituições – se consonantes com as exigências da nacionalidade – contam muito mais do que os governantes. Elas são, em princípio, permanentes: os governantes, transitórios.

E AS MINORIAS POLÍTICAS ANTIDEMOCRÁTICAS?

Uma minoria política, étnica ou religiosa pode, também ela, atentar contra a democracia e tiranizar a maioria. Há muitos exemplos desse fenômeno na história política. Mas, numa decorrência mesma da sua maior expressividade quantitativa, uma maioria oprimida pode mais facilmente fazer valer as suas reivindicações por uma vida socialmente mais digna, é dizê-la: participante e integrada na sociedade. Mas a uma minoria oprimida. é muito mais difícil politicamente liberar-se. A postergação insensível das suas reivindicações pode induzir, como reação, à resistência armada como única alternativa para evitar a ação de governantes despóticos apoiados pela maioria. É o delicadíssimo direito de insurreição.

Uma reversão das perspectivas: os direitos das minorias

Como visto, levado às suas últimas consequências, o domínio da maioria põe a nu famoso paradoxo da democracia: se o poder político é essencialmente livre de qualquer controle, permitirá a ascensão ao poder até dos inimigos da democracia. Em teoria política, o fundamental é construir instituições que viabilizem a preservação dos direitos das minorias. A proteção do mais fraco, não do mais forte, é o mais digno de atenção, cuidado e questionamento. Significa afirmar, algo paradoxalmente, que o mais fraco é o que mais fortemente exige e convoca o pensamento político, sua criatividade. Se construirmos instituições que resistam aos descaminhos eventuais da vontade da maioria, teremos preservado a essência "evangélica" da democracia. Haverá algo mais santo que os direitos das minorias, sua fome e sede de justiça, fermento da paz social entre os homens? Às minorias está eventualmente vedado, enquanto tais, o acesso por meios pacíficos ao aperfeiçoamento institucional da democracia. Porque somente lhe é possível empolgar o poder quando não mais é uma minoria. Quer dizer: quando a minoria se converte em maioria. Restaurando-se a possibilidade de a antiga minoria, hoje majoritária, tiranizar também ela, a minoria, dantes majoritária...

As exigências da autenticidade

Os políticos convencionais e pseudo-estadistas de plantão lograriam avanços efetivos – e não apenas retóricos – no quadro institucional do país, se voltassem as suas atenções e preocupações para os direitos das minorias. Raramente assistimos às discussões sobre direitos das minorias, tais como a da melhoria da condição social dos paraplégicos...

Esse privilegiamento da preocupação com os direitos das minorias é, porém, acentuado num texto de capital importância, ao sustentar que a democracia não corresponde à lei da maioria, não só porque a maioria pode vir a ser tirânica, mas também porque, dado o "paradoxo da democracia", a maioria pode querer se despojar de seu poder e colocar no poder um partido antagonista de instituições livres: "Em consequência é necessário insistir sobretudo no respeito dos direitos intelectuais e políticos da minoria, na proteção dos indivíduos e de modo geral na manutenção de instituições livres quando se quer caracterizar a democracia" (RENÉE BOUVERESSE).

A CIVILIZAÇÃO TECNOLÓGICA

O maior inimigo da democracia é mesmo a civilização tecnológica, o império da técnica, a tornar imprecisa – se não precária – a demarcação entre vida pública e vida privada. O controle público se insinua sobre todos e em toda parte. Mas, sem a preservação da autonomia da pessoa humana diante do Estado, não há democracia. Registros ou bancos de dados oficiais incontroláveis, até porque se questiona a sua fidedignidade, são apenas um dos aspectos dessa intervenção estatal na vida privada. *O habeas data*, antes de negar esse fenômeno, o põe a descoberto. Haverá manifestação mais ostensiva do que, em si mesmo, já é manifesto: a intromissão do Estado em todos os aspectos da vida privada, num retraimento da democracia?

(1992)

14. Cinco grandes nostalgias

Como sempre, a etimologia fornece uma pista para a compreensão do fenômeno: nostalgia deriva do grego *nóstos*, regresso álgos, dor, vagamente equiparada à melancolia, saudade. A nostalgia é, p. ex., a dor de estar ausente da pátria com o desejo ardente de a ela retornar, como registra o *Novo Dicionário Etimológico* de JOAQUIM FERREIRA. Nesse sentido, a nostalgia está associada a algo que nos falta, a uma carência existencial.

Nostalgia é, assim, o vago, mas poderoso, sentimento de frustração pelo que não mais se tem (p. ex., o adulto nostálgico da infância); pelo que nunca se teve ou talvez nunca venha a ter (quem mora na cidade e aspira uma casa no campo); ou por algo que não se tem e se aspira vir a ter (p. ex., para um iniciante nas letras, nas artes ou na ciência, a consagração literária, artística ou científica). Também é nostálgico o sentimento de não mais se "ter" alguma coisa considerada relevante, geralmente ligado a bens materiais, como também o é sentimento de ainda ou talvez definitivamente não "ser", i. é, não lograr uma realização pessoal. A nostalgia está ainda ligada à frustração pela incapacidade de realizar grandes ações; façanhas dignas de admiração dos nossos contemporâneos (um feito esportivo notável). Decorre ainda da incapacidade de afirmação por uma conduta ética não apenas de acordo com os padrões médios da moral convencional vigente, mas exemplar e emblemática, transcendente – pela sua elevada dimensão – à conduta "normal" e "normalmente" exigível dos homens em sociedade. A nostalgia ética associa-se quase sempre ao desejo de reconhecimento dos nossos méritos pela sociedade, numa espécie de justiça comutativa: dou-lhes da conduta digna (impessoal porque não se dirige essa doação a nenhuma pessoa determinada) e proclamo a minha correção de comportamento para que sejam socialmente reconhecidos os meus méritos. Se os tenho, é *justo* que sejam reconhecidos. Dado que elas são manifestação de vida, há, porém, muitas outras nostalgias.

Em visita à Espanha, JEAN GUITTON, aos 94 anos, falou sobre três grandes arquétipos do gênero humano, com as respectivas associações: o gênio (testemunho da libertação pelo conhecimento), o herói (testemunho da verdade pela ação) e o santo (testemunho da alegria pela santidade).

Este trabalho pretende enfocar não apenas três grandes paradigmas de conduta, mas cinco grandes nostalgias:

1ª) a nostalgia moral – a de não sermos santos;

2ª) a nostalgia da inteligência – a de não sermos gênios, sequer sábios;

3ª) a nostalgia da imaginação – a de habitarmos a cidade e não o campo;

4ª) a nostalgia do heroísmo – a de não praticarmos grandes feitos, atos heroicos;

5ª) a nostalgia da felicidade – a recordação de dias alegres de impossível retorno.

A NOSTALGIA DA SANTIDADE

A comunhão com o divino não é dada a todos os mortais – só os santos e os iluminados conseguem atingi-la. A maior parte dos homens tem do sagrado uma visão profana, extremamente superficial e ingênua. Como é hoje entendida pela maioria das pessoas, a personificação do sagrado é de tal sorte ingênua que, dir-se-ia, corresponde a uma idade infantil da humanidade. Tinha razão PASTEUR quando ensinava: "Um pouco de ciência distancia de Deus, porém muita ciência devolve a Ele". Tornam-se, os ingênuos, presa fácil de inescrupulosas "empresas" religiosas em que o sagrado se degrada num instrumento de riqueza pessoal e até mesmo de poder político, pela exploração despudorada da crendice popular. A explosão de seitas religiosas demonstra esse fenômeno de decadência espiritual. É a apropriação do sagrado, em proveito próprio. A exploração da ingenuidade popular mostra-se um caminho rápido para o enriquecimento pessoal à custa da ingenuidade popular pelos óbulos (expropriações) a que é, sem escrúpulos, a população carente submetida. São capitais os pecados contra a boa fé popular pelos que exploram a religião como instrumento de ganhos pessoais. Por esse e muitos outros motivos, RILKE, o Poeta Angélico, proclamou o véu da ocultação do sagrado, essa carência de autêntica religiosidade, como algo necessário à preservação íntegra da própria divindade: "Que seria de Deus sem essa nuvem que o protege e recobre?". (Princesse de la Tour et Taxis, *Souvenirs sur Rainer Maria Rilke*, p. 49).

A TRISTEZA DE NÃO SERMOS SANTOS

Esse distanciamento do divino provoca a nostalgia da santidade. Como ser santo sem a consciência de que a santidade está nos planos de Deus para o homem? Mas essa consciência não é o bastante. Imprimindo-lhe sequência e coerência, é necessária uma doação pessoal que direcione o projeto de nossa vida para o bem do próximo e para a maior glória de Deus.

Pouquíssimos o conseguem (Madre Teresa de Calcutá, p. ex.). Daí a nostalgia da santidade. Por isso, dizia LEON BLOY, em página de rara beleza: "Não há senão uma tristeza, a de não sermos santos". A beatitude, como ensinava LEIBNIZ, "é um caminho por prazeres".

Que esplendor e testemunho de verdade quando a inteligência e a santidade se conjugam numa só pessoa, sabedoria e inteligência maravilhosamente fundidas, como em S. TOMÁS DE AQUINO! A sua santidade, muito bem lembrou RAISSA MARITAN, era a santidade da inteligência (*As grandes amizades*, p. 169). A rigor, a santidade da sua inteligência já era de si um milagre. E, assim sendo, dispensava outros testemunhos de uma vida edificante. Sua vida era, ela própria, o testemunho da sua santidade.

A nostalgia da inteligência

A nobreza da inteligência, seu grau mais elevado, não é o simples talento, mesmo excepcional, do artista ou do estudioso. E muito menos será a erudição autopromocional, individualista e até alienadamente egoísta. Meramente acumulativa de conhecimentos. É algo mais: a genialidade – esse capricho da natureza. Esse dom tão arbitrariamente distribuído e com tanta parcimônia na economia da natureza. Na ordem da inteligência, a genialidade é a perfeição do gênero humano.

Brilhar nos congressos e reuniões científicas, sobre manifestar um êxito meramente social do estudioso, só serve praticamente para abastecer a vaidade do participante ou expositor. O que vale realmente é a autêntica criação científica ou artística, não a *performance*. No fundo, a nostalgia da inteligência nasce da nossa incapacidade de produzir grandeza. Numa sociedade de semialfabetizados, o *best seller* é a consagração da superficialidade. Não sem motivo, NIETZSCHE destinou paradoxalmente o seu *Zaratustra*: "um livro para todos e para ninguém".

A serviço desse êxito meramente social, colocam-se as teorias expostas em linguagem exotérica, só acessível a uns poucos iniciados, construções complexas e complicadas. Desconsideram que a simplicidade é uma categoria metodológico-científica fundamental, expressa na fórmula da "navalha de Occam": "Se der no mesmo, a explicação mais simples é a certa". O simples não deve, portanto, confundir-se com o simplório.

A FRUSTRAÇÃO DE NÃO SERMOS GÊNIOS

A rigor só há uma nostalgia da inteligência: a de não sermos gênios. É essa nostalgia que no fundo incomoda a vaidade pessoal mal administrada. A genialidade é algo de dificílima, senão impossível, definição, mas de possível caracterização: o gênio é um contemporâneo do futuro. Talvez inconscientemente VILLA-LOBOS o confirmou, ao afirmar que compunha as suas músicas como quem escreve cartas para o futuro: "Considero minhas obras como cartas que escrevi à posteridade sem esperar resposta". Aí está a pedra de toque da genialidade, uma certa transtemporalidade. A atemporalidade do gênio se caracteriza pela superação do seu tempo – das suas circunstâncias e limitações. O gênio nega o seu tempo porque o supera.

Característica do gênio é ser, por isso mesmo, incompreendido pela maioria dos seus contemporâneos. Se o escritor, artista ou cientista é bem compreendido pelo seu tempo, gênio não é. A contemporaneidade é eventualmente consagradora de superficialidades, quando não de mediocridades. Certa feita afirmaram, em clara provocação a ARTHUR EDDINGTON, que apenas três pessoas no mundo compreendiam a relatividade. Ao que ele retrucou, entre bem-humorado e vaidoso: "- E quem é a terceira?".

FERNANDO PESSOA, com seu livro "Mensagem", concorreu a um prêmio literário. Logrou apenas prêmio de 2ª categoria, como de consolação, perdendo para um livro hoje relegado ao esquecimento. Mostrou-se algo agastado com o resultado. Não se apercebeu, porém, que esse resultado era no fundo uma consagração. Não poderia ele, que escreveu versos para o futuro, ser consagrado pelos seus contemporâneos. Pobre comissão julgadora...

Influência do gênio sobre a sua época

Outra característica inconfundível do gênio é marcar o panorama cultural do seu tempo: sem a física relativista, teríamos continuado – até quando? – regidos pela física newtoniana. Sem a relatividade, a ciência física do século XX teria sido inteiramente diferente. O mesmo se diz da física quântica de MAX PLANCK, WERNER HEISENBERG e NIELS BOHR. A sua saga confunde-se com a história da física moderna. Entre o macrocosmo (relatividade) e o microcosmo (teoria quântica), oscila a física de nosso tempo. Ambas, contudo, superam largamente a experiência do senso comum e a tentação do preestabelecido, com seus conceitos e preconceitos, seus obstáculos epistemológicos.

Sem KELSEN, o panorama jurídico contemporâneo se alteraria completamente (os adversários empedernidos e radicais do seu normativismo deveriam reconhecê-lo).

A dor, única forma de nobreza

Nobreza da inteligência é, portanto, a genialidade. Não, porém, no sentido metafórico em que a nobreza da realeza é o "sangue-azul", e a nobreza da elite econômica é o dinheiro – que exclusivamente lhe dá *status* social privilegiado. Há formas de nobreza muito mais elevadas que essas, como aquela referida exemplarmente por BAUDELAIRE: "A dor é a única forma de nobreza". A exaltação e purificação do ser humano pela dor, simbiose admirável, que só os poetas e os filósofos conseguem. Mas nobreza é também a generosidade, a retidão do comportamento, o desprendimento, a coragem e a renúncia – sobretudo de bens terrenos. Essas virtudes se contrapõem à mesquinharia e falta de caráter de certas pessoas, que, infelizmente, compõem a nossa circunstância. E como são estas toleradas, se não admiradas, pelas deformações do mundo!

A natureza joga dados

Biologicamente, a nobreza da inteligência é incrivelmente refinada e seletiva. Dir-se-á que a natureza é avara em distribuir os seus dons e os seus dotes. Excepcionalíssimos os gênios;

pouquíssimos os que são aquinhoados pela *iluminação*; os que nos maravilham em proezas de espírito ou de esportes. Eclodem como capricho da natureza. É como se ela jogasse dados na distribuição das aptidões da inteligência. Curioso observar que os gênios não têm uma ascendência familiar de talento privilegiado, que os anunciasse. EINSTEIN nasceu de uma família de comerciantes. Nada, em sua ascendência, que o sugerisse ou antecipasse. E quem, mais que ele, merece o epíteto de gênio? A relatividade especial e a generalizada não têm avós biológicos, como estimaria dizer BACHELARD.

O PAÍS DA INFÂNCIA

A genialidade se manifesta por uma intuição poderosa e privilegiada da qual resulta a espetacular eclosão e a criatividade do gênio. É curioso, porém, observar na criatividade algo que parece indicar um condicionamento biológico quando menos análogo ao da *impregnação*, descoberta por KONRAD LORENZ. Na impregnação, dá-se o desencadeamento de um fenômeno pelo qual o comportamento dos animais superiores é condicionado, desde a infância, dentre outros fatores, pelo território. No homem, ocorre fenômeno quando menos análogo: seu comportamento é influenciado pela infância e circunstâncias nela vividas. Mas a impregnação explica algo sem ela inexplicável: a necessidade de voltarmos sempre às circunstâncias da infância, a preferência de todos pelo país da infância. Deixa-se subitamente um país de 1° Mundo, no qual se vivia há anos, seus confortos e facilidades, para retornar, quase sempre na velhice, a uma longínqua província de país do 3° Mundo. Todos nós conhecemos exemplos nesse sentido.

CRIATIVIDADE E JUVENTUDE

Analogicamente, a criatividade parece estar ligada à causa biológica: a juventude do estudioso. Um "balanço" da faixa etária dos autores de grandes obras, das produções intelectuais que marcaram o pensamento humano, mostrará surpreendente característica: quase todas foram produzidas na juventude. Não existe gênio precoce como uma característica excepcional de alguém: a precocidade é a idade do gênio. Porque a eclosão do gênio não espera pela maturidade e é rara a criatividade na velhice. Maturidade e criatividade intelectual não estão, sob esse aspecto, associadas. A extrema maturidade não é propícia às grandes criações do espírito humano.

Entre o nascimento de MARTIN HEIDEGGER (1889) e a publicação de "O Ser e o Tempo" (*Sein und Zeit*), 1927, transcorreram 38 anos. Daí por diante ele publicou outras obras, nenhuma, porém, tão capital para o pensamento do Século XX, e logo iniciou o diálogo com os poetas (RILKE, HÖLDERLIN, STEFAN GEORGE, TRAKL).

EDMUND HUSSERL nasceu em 1859 e publicou a sua obra maior "Investigações lógicas" (*Logische Untersuchungen*) em 1900, quando tinha só 41 anos.

Entre nós, GILBERTO FREYRE, aos 33 anos quando publicou em 1933 a sua obra transcendental para a compreensão da sociedade patriarcal brasileira, *Casa Grande & Senzala*. Nenhuma obra sua posterior se lhe compara.

O próprio EINSTEIN é um exemplo disso. Sua teoria da relatividade restrita foi produzida aos 26 anos, e a generalizada, aos 36 anos de idade. Aí a sua obra, ou melhor dito: sua fecundidade, estava acabada. Daí por diante procurou ele em vão a teoria do campo unificado: frustrou-se sua tentativa de unificação do campo gravitacional e do campo eletromagnético. Uma teoria que unificasse o universo, porque explicaria desde as partículas elementares e suas interações até a estrutura global desse mesmo universo (BARRY PARKER). Outros poderão vir a obter êxito nesse intento unificador. É proeza científica reservada aos seus sucessores. Essa unificação é inobstante um bom caminho, uma aspiração razoável, porque supera a dualidade e até a pluralidade de teorias. A teoria unificadora terá necessariamente um conteúdo de descrição e explicação dos fenômenos observados mais abrangente que as teorias unificadas. E, portanto, será cientificamente melhor essa teoria que unitariamente pretender substituí-las. O próprio EINSTEIN lançou fórmula epistemológica lapidar: "é a teoria que decide o que devemos observar". Logo, a maior ou menor extensão de uma teoria depende de quem a formula. É algo convencional e estipulativo.

No campo artístico, outro exemplo: ORSON WELLES dirigiu *Cidadão Kane* aos 26 anos, e esse filme figura em qualquer relação da crítica especializada entre os 10 melhores de todos os tempos. A partir dele, nenhum outro filme produzido por WELLES se lhe compara. Já se havia como que esgotado o seu ciclo de genialidade.

É fácil indicar outro exemplo, colhido ao acaso. Quando HEGEL, nascido em 1770, publicou aquela que é para muitos a sua obra capital, uma obra-prima, tinha apenas 37 anos (*System der Wissenchaft. I Teil, Die Phanomenologic dês Geistes, 1807. Sistema da Ciência, I, Fenomenologia do Espírito*).

Como sempre, a criatividade está associada à juventude do pensador. Após 200 anos de sua publicação original, a *Fenomenologia do Espírito* é celebrada como uma das maiores obras do pensamento filosófico em todos os tempos. É um critério infalível para identificá-lo: o gênio é um contemporâneo do futuro. A História do mundo é o tribunal do mundo (*Wellgeschichte ist Weltgericht*). O reconhecimento da genialidade só acontece num tempo posterior à contemporaneidade do pensador ou do artista.

Mesmo os gênios são presa da nostalgia da inteligência, quando a criatividade os abandona para nunca mais retornar. A criatividade da juventude é antípoda da infertilidade para a criação científica, que geralmente se manifesta na maturidade. Dolorosa sensação de impotência diante do destino potente. Frustração irremediável pela perda da criatividade – o que para o cientista é a perda do paraíso perdido. É, porém, largamente tendencial, não irrefragável, a perda da criatividade na velhice. Há exceções, mas o milagre existe não para negar a existência da regra, e sim para confirmar a necessidade da exceção (CARNELUTTI).

A SANTIDADE DA INTELIGÊNCIA: FENÔMENO MORAL

Mas EINSTEIN tinha plena consciência de que a santidade da inteligência é um fenômeno *moral*, antes que intelectual. Gênio, sim, santo, não. É edificante o testemunho de WHEELER sobre uma visita de jovens estudiosos, entusiasmados pelo seu talento, à casa do criador da física relativista: "antes de sair, um dos alunos perguntou: 'Professor Einstein, o que vai ser desta casa quando o Senhor não estiver mais vivo?' Einstein abriu um sorriso iluminado e falou daquele jeito bonito, no seu inglês com sotaque, que podia ser imediatamente convertido em palavra impressa: 'Esta casa jamais se transformará num local em que os peregrinos virão visitar os ossos de um santo'. Mas a pergunta era mais que pertinente e mais ainda inspirada: sua casa, sem o seu espírito, seria um sepulcro caiado.

Também na casa de KONRAD LORENZ, em Altenberg, habitava o espírito do dono e, com o seu desaparecimento, antecedido por sua esposa, GRETL, tornou-se vazia. Ali, no entanto, cientista feliz, ele um dia habitou, viveu e conviveu com a sua família e discípulos, no relato nostálgico e emocionado de seu biógrafo FRANZ M. WUKETITS. Até o fim de sua vida, ele reviveu e recriou o ambiente de sua infância, numa atmosfera de estudo e prazer – como acentuou seu outro biógrafo, ALEC NISBETT. Ao ambiente de trabalho e de estudo, consagrou o seu tempo. Etólogo mundialmente renomado, de toda a sua circunstância feliz e seus testemunhos – os gansos cinzentos, gralhas e outros animais – só restavam, porém, após a sua partida para a viagem definitiva, alguns exemplares de cães *chow chow* mestiços, vagando como duendes, na casa abandonada. O sopro do espírito do dono já se afastara, restando uma casa desabitada e, portanto, sem alma.

NADA EXISTE ONDE FALTAM PALAVRAS

Somos tomados pela nostalgia da genialidade porque de certa forma nos faltam palavras para expressar as coisas grandiosas para as quais todos nós, os estudiosos, estamos convocados. A nostalgia da genialidade não decorre tanto da falta de inteligência. De pouca profundidade na investigação científica, mas da carência de palavras para expressar o seu resultado. Os gênios encontram sempre seu "sistema" de linguagem, as palavras de que necessitam para expressar-se, normalmente tão insubmissas e que por isso mesmo não são dadas ao comum dos homens. E, com a invenção (descoberta) da palavra, penetram os gênios num território até então inexistente. Acabam por expressar-se numa linguagem própria, como que um idioma individual, o *idioleto*. Os autênticos pensadores são fundadores de um idioma próprio. Mesmo os grandes escritores, como GUIMARÃES ROSA, contista e romancista, logram essa apropriação de linguagem individual. Porque a palavra não é apenas doadora de sentido às coisas do universo. Sem ela, a palavra exata, nenhuma coisa existe. Desconhecer e inexistir, nesse sentido, dizem o mesmo. Por isso, STEFAN GEORGE, em quem se reconheceu um mestre e um vidente, pode expressar-se no dizer poético:

> "Assim aprendi, triste a resignação
>
> Nenhuma coisa existe, ali onde a palavra falta"

Todo descobrimento pela palavra (*logos*, no sentido mais originário) é no fundo uma ação de graças. Manifesta a gratidão do conhecimento pela coisa que se deu a conhecer. Quem não vê aí a ocasião para o advento do sagrado? Como ensinam os Evangelhos, "no princípio era o Verbo".

Nostalgia da imaginação (a cidade e o campo)

O campo, em contraposição à cidade, sempre esteve tradicionalmente associado a uma forma natural de vida – de paz, inocência e virtudes simples. Diversamente, a cidade associa-se à ideia de centro de realizações – de saber, comunicação e luz. RAYMOND WILLIAMS o anteviu com visão clara, clarividência (*O campo e a Cidade*, p. 11). Como lembra esse autor nostálgico, o campo era a ideia de um passado mais feliz e ordenado em contraposição aos distúrbios e desordens da cidade. Mas essa ideia do campo não se vincula apenas à de um passado mais feliz, apoiando-se noutra ideia, a de inocência rural dos poemas bucólicos (op. cit., pp. 68/69). O cultivo do campo significava outrora rodear a cerca de cuidados: quando o agricultor semeava a terra cultivável, não a provocava e confiava a semeadura à força do crescimento para que ela frutificasse (HEIDEGGER).

A natureza é então a deusa *Gaia*, dos gregos, a mãe-terra, organismo vivo, ser vivente a necessitar de cuidados desvelados para exercer a sua capacidade de autorregulação: *auto-poiese* – diria FRANCISCO VARELA, que a empregou para definir, na célula viva, "a capacidade de um sistema organizado de criar e renovar constantemente seus próprios constituintes". Essa terminologia foi apropriada, sem nenhuma ressalva ou cerimônia, por certos juristas modernos.

Na cidade, o cimento armado está em quase toda parte, impossibilitando uma relação direta com a natureza. No mundo da cultura, que é das construções urbanas, seus edifícios e meios de transporte modernos, há apenas campo para uma certa nostalgia pastoral. Não há lugar para espigas, mas para "espigões". Recorde-se, porém, o ensinamento de JOSÉ MARTÍ, herói nacional de Cuba: "Toda glória do mundo cabe num grão de milho". O artificialismo da vida urbana contrasta com a naturalidade originária da vida campestre. Dela não pode brotar o amor à sacralidade da natureza. Veda-o o artificial do próprio estilo e vida citadinos. E um sentimento que não possa ser vivenciado por todos os homens – como o de isolamento individualista nas cidades – não é um sentimento digno de ser vivenciado por ninguém. É sentimento infra-humano – demasiado infra-humano. Na vida urbana, só há lugar para sociedades e associações civis e comerciais, não para a comunidade, a vida em comum dos homens. Todo sentimento autenticamente humano é por essência universal e evangélico.

A casa originária

Para o habitante do campo, originariamente a casa era o *domus*, o lar, a "lareira" aquecedora, onde ele se postava ao abrigo dos elementos naturais, como as chuvas e tempestades, o frio, o calor, os animais predadores e mesmo contra a noite e seu reinado de sombras. A casa abriga, em tais circunstâncias e como advertia BACHELARD, "valores de proteção", é a casa que nos protege contra as circunstâncias que lhe são exteriores (*A Terra e os Devaneios do Repouso*, p. 87). No espaço interior, estão igualmente alojados "valores de intimidade" (BACHELARD, *A Poética do Espaço*, p. 23). Na intimidade doméstica, a casa era, como dizia VAN GOGH, "o ninho dos homens". Para o habitante das cidades, das nossas metrópoles (às vezes megalópoles), a casa é, antes de tudo, um abrigo contra os seus próprios semelhantes, a agressão e a pilhagem, o sequestro, os atentados à estética urbana, cometidos, não sem poderosos motivos de exclusão social, pelos "grafiteiros" e outros fenômenos característicos da progressiva violência e decadência urbanas. A casa é "máquina de morar" (LE CORBUSIER). A serviço do conforto artificial e da segurança individual, coloca-se a automatização funcional de ambientes internos e externos sofisticados pela arquitetura moderna. Certos imóveis não passam hoje de um objeto de computação eletrônica, o que os circuitos internos de TV, para segurança dos condôminos, demonstram. É a "casa inteligente", com o que se transfere às coisas materiais a inteligência, atributo até então reservado ao humano. Esse fenômeno, além do característico artificialismo da vida urbana, confirma a dominação planetária da técnica, que a todos governa, provocando o desenraizamento do homem diante da natureza. O artificialismo é a lei nas comunidades urbanas.

O IDÍLIO RURAL: EXERCÍCIO DE IMAGINAÇÃO CRIADORA

Não é de admirar, pois, que o habitante da cidade veja no campo a alternativa de uma vida idílica, cantada e decantada, até no cancioneiro popular inspirado ("Eu quero uma casa no campo..."). A desejada e nem sempre alcançada casa no campo, muito menos uma realidade concreta do que uma habitação dos nossos devaneios, em cujo jardim as plantas manifestam o esplendor da beleza mística: "Um girassol se apropriou de Deus: foi em Van Gogh" (MANUEL DE BARROS). Uma pintura de Van Gogh? Não seria possível descrevê-la melhor que BACHELARD: "Um amarelo de Van Gogh é um ouro alquímico, ouro colhido de mil flores, elaborado como um mel solar. Não é nunca simplesmente o ouro do trigo, da chama ou da cadeira de palha: é um ouro para sempre individualizado pelos intermináveis sonhos do gênio".

A propriedade rural como um sonho a realizar: o campo é para o citadino o retorno à inocência perdida e de certa forma ao país da infância, nos braços da imaginação. É assim uma visão da imaginação nostálgica, antes de ser uma realidade existencial e concreta, nem sempre em correspondência com essa nostalgia. A "casa onírica", a casa dos nossos sonhos, não tem nenhum compromisso com a realidade. Porque é um produto da imaginação, mostra-se mais bela, e sua beleza, incorruptível.

O mundo da imaginação não é coextensivo ao mundo em que estamos imersos, seres-no-mundo. A imaginação não é apenas algo que espontaneamente se exerce, em maior ou menor escala, mas um mundo a descobrir e explorar, com a sua legalidade própria, inconfundível com a realidade "natural". GASTON BACHELARD foi um argonauta em busca dos tesouros da imaginação. Acabou por descobrir, ele próprio, esse outro mundo e a explorá-lo em páginas magistrais, num permanente exercício de exacerbação da sua sensibilidade. Deve ter sido surpreendente, quando não chocante para os que com ele conviveram, constatar que o cientista rigoroso trocara sua ciência pelo país dos sonhos. Nunca, porém, ele renegou a ciência, apenas descobriu um mundo novo. A razão e a imaginação coexistem – não se contrapõem. Quem ler os seus ensaios sobre a imaginação não terá dúvidas de que ele é literalmente um desbravador: terra, ar, água e fogo, os elementos fundamentais são por ele visitados e revisitados, em devaneio de pensador acordado. "Elemento" nomeia poeticamente o mais alto (os elementos sagrados da natureza, os deuses, as estações do ano, a colheita) e, na linguagem coloquial do cotidiano, o mais superficial ("Elementar meu caro Watson").

O pensamento filosófico é, porém, sempre um retorno às origens; um retorno às fontes naturais da meditação sobre o universo. Para EMPÉDOCLES DE AGRIGENTO, os elementos primordiais eram as quatro grandes províncias-matrizes do cosmos: ar, água, terra e fogo. Nada se compara em grandeza originária, a esse vigor cósmico pré-socrático.

O campo dos sonhos acordados do sonhador urbano

A legitimidade conceitual da nostalgia do campo não depende de nenhuma correspondência com a realidade do espaço rural, aqui e agora, nenhuma superposição com a realidade dos nossos municípios rurais, autônomo que é o universo da imaginação criadora e sempre em expansão. Não perdeu o homem do campo a inocência primeva? Não importa. No mais nobre sentido, o campo é sempre o produto dos nossos sonhos, dos devaneios da imaginação. Não importa que, devido sobretudo à expansão dos meios de comunicação, a cidade lhe tenha transmitido os seus antivalores, e o camponês tenha perdido aquela primitiva inocência. No devaneio do campo, estaremos sempre em comunicação com a natureza, e os limites desse mundo vegetal e animal são os limites da nossa imaginação. Certa feita, uma repórter entrevistou um ermitão que vivia no fundo de uma gruta, praticamente sem contato com o mundo exterior. E indagou então ao entrevistado: "- O sr. não se sente tentado a conhecer outro lugar, visitar outros países, outros lugares, cidades modernas, como p. ex., New York?". A resposta foi pronta, imediata e magnífica: "- Minha sra., eu sou New York!". Este era um que sabia viajar guiado pela sua imaginação. Bela lição de serenidade e sabedoria.

Metáforas campestres do pensamento

Na vida do espírito, a nostalgia rural está sempre presente. As metáforas do pensamento estão ligadas à vida campestre e não à vida das cidades. "Seminário" provém de semear (plantar) e seus cognatos: semeadura, disseminação, disseminar, semente, sêmen. O universo é uma sementeira de ideias. Cultiva-se, como se fora uma horta, a palavra, o pensamento.

O homem culto é um cultivador de ideias. A cidade não inspira essas metáforas rurais do pensamento.

O conhecimento científico produzido em geral nas cidades, sobretudo nas suas universidades, nada tem de universal. Ao contrário, já se disse que a ciência não pensa no sentido do pensar originário dos autênticos pensadores (HEIDEGGER). É um saber fragmentado e confinado em áreas de especializações. Mutilação metodológica do saber: "Para cada coisa se requer um *especialista*, o profissional de uma especialidade, isto é, o indivíduo que sabe cada vez mais sobre cada vez menos, segundo a severa observação de Ortega y Gasset" – é a advertência de GERARDO MELLO MOURÃO sobre essa perda da visão cósmica do universo (*A Invenção do Saber*, p. 15).

O conhecimento científico é um saber tecnológico no seu imediatismo pragmatista. Vale somente o que é útil. Nenhum saber escapa a essa exigência de praticidade. É o saber para o mercado de trabalho. O conhecimento científico convencional e burocrático, longe de constituir um autêntico amor à sabedoria, caracteriza-se pela sua dócil submissão às tecnologias, à dominação planetária da técnica, um universo em expansão. A ciência é governada pela técnica. Assim, a própria ciência do Direito não é mais um conhecimento da justiça, da *res justa*, mas converte-se em um instrumento tecnológico de controle social fundado no ordenamento jurídico positivo. No mundo do dever-ser normativo (*Sollen*), i. é, das normas de conduta, a uma distância abissal do ser-aqui-e-agora da sociedade e suas legítimas aspirações (*Sein*), ou seja, das condutas normadas, o valor justiça é substituído "pelo" e não coincidente "com" o valor segurança jurídica. Vale somente o que é juridicamente eficaz. O controle social efetivo é o bezerro de ouro do direito moderno a serviço sobretudo do autoritarismo governamental. Com luminosa antevisão, HEIDEGGER advertiu: desnecessário ser um profeta para reconhecer que as ciências modernas não vão tardar a ser determinadas e pilotadas pela nova ciência de base, a cibernética (*Questions*, IV, p. 116).

Natural, portanto, que, no artificialismo da vida urbana, a nostalgia da vida rural sempre se insinue e retorne como uma exigência da autenticidade de que estamos despojados, por uma vida artificial de segregação, de qualquer contato mais íntimo com a Mãe-Natureza.

Os dias de festa

A rotina das cidades exige um ritmo de trabalho absorvente e estressante que acaba por condicionar a formação de hábitos e estilos de vida. Para alguém "viciado em trabalho", o ócio acarreta uma incontrolável inquietação psíquica, próxima à tortura mental, porque dela esse alguém não consegue libertar-se. Estamos habituados a uma vida de alta tensão. Cessar temporariamente o trabalho, para retemperar as energias vitais, é uma abominação. Como vencer os desafios da ociosidade, sem lutar contra a cessação do trabalho? Superando-se o tédio inevitável e aborrecido, quando nos invade e assalta um vago e indefinido sentimento de melancolia confundido com uma frustração nostálgica trazida pela lembrança da paz campestre em contraposição ao burburinho das cidades.

Como são diversas as motivações psicológicas do homem do campo. Nos dias de feira que se realizam até hoje semanalmente em nossos municípios do interior, muito mais próximos da vida rural e por ela condicionados, dá-se uma paralisação praticamente total das atividades produtivas. Só os feirantes trabalham em dias de feira, com um comércio no geral incipiente e artesanal.

Os feriados são dias de descanso, de suspensão dos dias oficialmente dedicados ao trabalho. Feira deriva do latim *feria*, "dia de festa". Em sentido litúrgico, como adverte ANTÔNIO GERALDO DA CUNHA, o latim *feria* corresponde a "dia de festa", "dia feriado", dias em que era costume oferecer as mercadorias em praça pública, como em nossas feiras, aos frequentadores das festividades religiosas. Essa significação originária foi, porém, esquecida e passou-se a denominar, com as expressões *secunda feria, tertia feria* etc., os dias da semana, perdida a significação original de "dia de repouso" em decorrência do predomínio das "feiras" comerciais sobre as feiras litúrgicas. Originariamente, entretanto, o sagrado (dia feriado) e o profano (a feira) estavam intimamente associados; os feriados não eram apenas dias festivos, mas de celebração e comemoração litúrgicas. "Dias de festa" e "dias feriados" nomeavam a mesma coisa.

O domingo é, nesse sentido, por excelência, o dia feriado, dia dedicado ao Senhor, consagrado à oração e repouso. O substantivo deriva do latim *(dies) dominicus*, dia do Senhor, em substituição à expressão *(dies) solis*, dia do sol, que até hoje persiste no alemão *Sonntag* e no inglês, *sunday*.

A NOSTALGIA DO HEROÍSMO

O gênio, o herói e o santo são seres de eleição, arquétipos do gênero humano; suas manifestações mais elevadas. Modelos ou paradigmas de perfeição da humanidade do homem. A genialidade, o heroísmo e a santidade são valores insuscetíveis de uma hierarquização. Todos transcendem, cada um à sua maneira, a superficialidade da convivência cotidiana, a rotina tediosa do preestabelecido, a tirania do hábito e da acomodação. A vida desses arquétipos testemunha a sua transcendência em relação às próprias limitações da condição humana. No fundo, rebelam-se todos eles, contra essas limitações. A transcendência do heroísmo dá-se com relação à média do comportamento humano convencional e socialmente aceito.

Radicalizando, dizia CHE GUEVARA que o guerrilheiro, revolucionário, era o escalão mais elevado do gênero humano. Renunciando ao conforto acomodado e à tranquilidade alienada das cidades, o guerrilheiro romântico, seja de que matriz ideológica fosse, não importa, era o homem que não hesitaria em embrenhar-se nas selvas e a sacrificar a própria vida na busca de um ideal político a ser alcançado. Às vezes ele obteria êxito, como na revolução cubana, às vezes, não, como ocorreu com o próprio GUEVARA, que acabou encontrando morte honrosa nas selvas da Bolívia. Com ela, comprovou a autenticidade de sua consigna, ao mesmo tempo máxima de atuação do "homem novo", que ele preconizava: "No momento em que fosse necessário, estaria disposto a entregar minha vida pela libertação de qualquer dos países da América Latina, sem pedir nada a ninguém, sem exigir nada, sem explorar a ninguém". Impossível desconhecer-lhe a retidão de caráter, a coragem de imolar-se por um ideal. Não se deve aceitar incondicional e acriticamente, porém, a sua metodologia de ação política, a opção pela luta armada. GANDHI decerto a repudiaria em prol de uma resistência não violenta à tirania. Será esta, no entanto, *sempre* eficaz?

EXISTE UM HEROÍSMO MORAL?

O heroísmo está frequentemente associado à coragem. Herói é quem não tem medo de dar a vida pela pátria ou por uma nobre causa. Mas o heroísmo pode ser também referido à conduta moral de alguém. Assim sendo, tanto é herói quem se imola por um ideal, quanto aquele que pratica um ato de extrema esportividade. A atleta que em maratona à televisão mostrou chegar à meta, para ela quase inatingível, recusando ajuda, aos tropeções, cambaleante, semidesacordada pela exaustão, à beira de um esgotamento físico e psíquico, praticou um feito, sob o ponto de vista da ética esportiva, digno da maior admiração, infinitamente superior àquela que chegou em 1° lugar na competição, em perfeitas condições físicas. Mais que uma façanha, um exemplo inesquecível. O caminhar, não o prazer de caminhar, mas o dever de caminhar, se sobrepondo à primazia da chegada. Em tais condições, a meta importa pouco. O seu sacrifício faz jus à etimologia dessa bela palavra: sacrificar deriva de *sacru(m) + facere*, converter em sagrado, oferecer algo em holocausto, no caso, em imolação pessoal. Experiência exemplar foi vivenciada pela atleta suíça GABRIELE ANDERSEN, 37º lugar na maratona de Los Angeles, em 1984. Ela cruzou a linha de chegada trôpega, cambaleando num quase desmaio: um momento inesquecível. A propósito: quem tirou o 1º lugar naquela competição? Moralmente, um atleta que sacrifica a sua própria corrida para amparar um competidor que tombou ao seu lado é muito mais digno de admiração do que o vencedor da competição. E, no entanto, só os vitoriosos são enaltecidos e celebrados. Triste subversão na hierarquia dos valores morais. Deveria haver uma premiação especial, a mais alta, medalha de ouro, para gestos de notável desportividade nas competições. Só a insensibilidade mercantilizada dos dirigentes esportivos é que permite a essa falta de imaginação e até de dignidade ocultar-se nas dobras da indiferença e até mesmo hostilidade. A vitória nas competições – tanto no esporte como na vida – é sempre o supremo critério. A vida como uma corrida de obstáculos. Por isso, o atleta que joga a bola de futebol para fora do campo, a fim de que seja atendido o adversário machucado, é estupidamente hostilizado. Hostilidade chocante a um mínimo de sensibilidade. Deveria ser enaltecido. Essas condutas antiesportivas têm de ser denunciadas e desestimuladas – nunca aceitas como padrão normal e desejável nas quadras esportivas.

A NOSTALGIA DA FELICIDADE

A nostalgia da felicidade está sempre correlacionada a um sentimento de frustração pela perda de uma vivência do passado, que não mais pode ser recomposta. Não apenas o tempo, que inexoravelmente flui, a explica; é o homem, que, numa certa idade (p. ex., a velhice), já não consegue vivenciar sentimentos experimentados noutra (p. ex., a juventude). A morte biológica é sob esse aspecto um pormenor, um acabamento existencial, sobrepondo-se ao inacabamento existencial. Perdemos certas características de vida (p. ex., o vigor físico, a acuidade dos sentidos, a capacidade de entusiasmar-nos) ao longo de toda a nossa existência. Algo que nos deslumbrou na juventude (um livro, um filme, uma peça teatral, p. ex.) é visto com reserva tediosa na maturidade ("mudou o Natal ou mudei eu?" indaga profundamente MACHADO DE ASSIS). E é precisamente essa sensação de impossibilidade diante do nosso destino individual a fonte de toda a melancolia, que pode, nas hipóteses extremas, degenerar em angústia, a perda de sentido da vida e a sensação de vacuidade da própria existência, porque, como ensinava HEIDEGGER, a angústia não se dirige a coisa alguma.

Se a decadência física fosse sempre associada à decadência espiritual, a vida humana seria insuportável. Por isso é que o nosso corpo declina, mas o espírito ascende em direção às estrelas, se o pensar é experimentado sempre em profundidade.

Os dias felizes, porém, somente são identificados após a sua perda. Só quando não mais somos jovens é que aprendemos a valorizar a juventude. Só quando não mais somos felizes é que valorizamos a felicidade perdida. Enquanto jovens, o sentimento enganoso é o da eterna juventude.

Os jovens esposos se entregam um ao outro com os ardores da juventude. Tudo para eles é intensidade. Na velhice, comportam-se como irmãos ou bons amigos – é a serenidade da consolidação conjugal. Uma relação conjugal, se autêntica e duradoura, pode e deve ser o período mais enriquecedor de uma vida. Por isso, quando um cônjuge sofre a separação definitiva, que há de vir, a sua vida se destroça, e o seu próprio desenlace se antecipa. Os poetas, como sempre, sabem expressar esse sentimento, que a nós só é dado apenas experimentar com frustração: "Nenhuma dor maior que recordar na miséria o tempo feliz" (DANTE, *A Divina Comédia*, Canto V: "*Nessun maggior dolore, / che ricordarsi del tempo felice / nella miseria...*").

Essa vinculação entre felicidade e desdita decorre de que há uma noção de felicidade para o duradouro e o perene, enquanto a infelicidade é vocacionada para o transitório, o que não permanece, o que é superável. NIETZSCHE o expressou, com rara profundidade, na sua *Canção da Embriaguez* e não nos será dado dizê-lo de modo mais apropriado:

> *Weh spricht: Vergeh!*
>
> *Doch alle Lust will Ewigkeit –*
>
> *– will tiefe, tiefe Ewigkeit!*
>
> A dor diz: passa!
>
> Toda alegria porém, quer eternidade –
>
> – quer profunda, profunda eternidade!

15. Trabalho intelectual e trabalho manual

O pensamento moderno move-se na contraposição de dualismos: público/ privado, material/formal, nacional/ internacional, objetivo/ subjetivo, ciência natural/ ciência cultural, e tantos outros. Dentre esses dualismos, a contraposição entre trabalho intelectual e trabalho manual parece de tal sorte evidente que nunca são postas em discussão as bases nas quais ela se assenta. Não há, contudo, classificação mais arbitrária e artificial do trabalho humano.

Há sempre um resultado efetivo para o conhecimento humano quando se dá a superação desses e de outros dualismos numa superior unidade. A ciência moderna não pode prescindir da distinção radical entre natureza e cultura. Entretanto, na aurora do pensamento ocidental, HERÁCLITO proclamava sua insubmissão aos dualismos: "Correlações: completo e incompleto, concorde e discorde, harmonia e desarmonia, de todas as coisas um, e de um, todas as coisas". O pensamento grego, na antiguidade clássica, preconizou a unificação entre natureza e cultura: "O homem é por natureza um animal social" (ARISTÓTELES).

Sob o ponto de vista evolutivo, a vinculação entre mãos e cérebro é acentuada por FRANZ SETELBERGER: com a ereção do corpo, num determinado estágio do processo evolutivo, sendo o cérebro humano ainda muito pequeno, as mãos se libertaram das funções de locomoção que até então executavam e a boca, dantes prestando-se só à alimentação, passou também a ser utilizada para a comunicação, inclusive comunicação emocional, pela expressão e pela fala. Resquícios da vinculação entre mãos e conhecimento persistem até os dias atuais, no idioma germânico, a entremostrar-lhes o parentesco. Daí a similitude fonética entre o substantivo *Begriff*, conceito e o verbo *begreifen* conceber e mais ainda *greifen*, conceituar, compreender, tomar, pegar, agarrar. O conceito apreende, agarra a realidade, adequando-se aos fenômenos. Kant ensinou profundamente que a mão é o exterior do conhecimento.

Difícil, se não impossível, determinar os limites entre trabalho intelectual e trabalho manual. O trabalho intelectual não está desvinculado, como que em compartimento estanque, do trabalho manual. Da operação mental mais sofisticada participam sempre as mãos, e no trabalho manual mais simples é requerida uma atenção que é produto da inteligência. Tanto isso é verdade que, na atividade intelectual dos tetraplégicos ou mutilados, há sempre um substituto cibernético das mãos para tornar possíveis certas construções, algumas admiráveis, do espírito e da ciência. Em tais hipóteses, o computador faz as vezes das mãos.

O artificial e mesmo o arbitrário dessa distinção não se mostra apenas sob esse aspecto. Ela não se funda somente no modo de atuação do homem, diversificado pelo trabalho: busca uma base axiológica, i. é, uma hierarquia de valoração. O trabalho intelectual seria muito superior, em importância social, comparado com o trabalho manual – este, subalterno e pedestre, como que um trabalho de 2ª classe. Mas quantos resultados admiráveis não decorrem, p. ex., da atividade dos artesãos, verdadeiras obras de arte? E a obra de arte é produto apenas da habilidade manual ou talento intelectual do artista ou desses dois? Qual o papel preponderante: o das mãos ou o da inteligência numa tela de VAN GOGH?

O trabalho das máquinas, em sua expansão na era industrial, é análogo, não-idêntico, ao trabalho manual porque lhe falta o componente psíquico a que está indissoluvelmente ligado o trabalho artesanal.

A melhor e a mais bela definição de mão que conheço: "A mão é o cérebro em movimento". Essa definição supera radicalmente o dualismo entre trabalho manual e trabalho intelectual, numa síntese de rara beleza poética.

Dada a solidariedade entre as partes componentes do organismo humano, sua convergência para um fim comum, um sistema com os componentes interligados (seus diversos órgãos), já se colocou a pergunta: o cérebro existe porque temos mãos ou as mãos existem porque temos cérebro? Essa pergunta fora antecipadamente respondida por ANAXÁGORAS: "O homem pensa porque tem mãos". A mão a serviço do trabalho intelectual, do ofício de pensar – é o sentido profundo desse fragmento pré-socrático. Mais tarde, diriam os sensualistas e com eles Santo Tomás de Aquino: "Não há nada no intelecto que não estivesse previamente nos sentidos (*Nihil est in intellectu quod non prior fuerit in sensu*).

GANDHI, que foi em vida um político em busca da santidade, proclamava a essencial identidade em dignidade do trabalho manual e trabalho intelectual, indicando um caminho do coração para a fraternidade humana: "Da mão ao cérebro e do cérebro ao coração e a Deus". As crianças deviam dedicar-se ao trabalho manual, que desenvolveria a sua faculdade de atenção e sua habilidade manual (cf. CAMILLE DEVRET, *Gandhi*, p. 55).

Essas elevadíssimas considerações éticas envolviam para ele o reconhecimento da identidade entre trabalho intelectual e trabalho manual: o trabalho de um advogado tem valor igual ao de um barbeiro, na medida em que todos e cada qual têm idêntico direito de ganhar a vida com seu trabalho (Gandhi, *Autobiografie ou mes Expériences de Verité*, 1994, p. 379).

Na produção científica, artística ou literária, porém, mão e cérebro são comandados por uma faculdade que lhes é, sob esse aspecto, superior: a *vontade*, transformadora da natureza pelo trabalho humano. Sem a interposição da vontade, mão e cérebro estariam governados pela inércia e pelo inercial. Assim, o trabalho humano, a mão artesã, a mão trabalhadora, como anteviu BACHELARD, decorre de uma *vontade de potência*, o desejo de participar da obra de criação e das transformações da natureza. Essa criação é produto da mão *feliz*, por criar livremente e unir trabalho à liberdade. O poeta da mão possui toda a glória do operário (*O Direito de Sonhar*, p. 42).

Deve-se a BACHELARD a celebração dessa admirável epifania do trabalho manual:

> "A maior conquista moral jamais feita pelo homem é o martelo operário. Pelo martelo, a violência que destrói é transformada

> em potência criadora. Da clava que mata ao malho que forja, há todo o trajeto dos instintos para a maior moralidade." (*A Terra e os Devaneios da Vontade*, cit., p. 107).

E HEIDEGGER assim descreve o ato de martelar:

> "O martelar não se limita simplesmente a ter um saber do caráter de útil do martelo, mas apropriou-se desse 'útil' como mais adequadamente não é possível. O próprio martelar é que descobre a manejabilidade do martelar, a forma de ser do útil, em que este se faz patente em si mesmo, chamamo-la 'ser à mão'" (*El Ser y el Tiempo*, p. 82).

Quando se tem suficiente sensibilidade, a grandeza do cotidiano, que se esconde aos espíritos superficiais, eclode em toda a sua magnificência. Os gestos aparentemente triviais recuperam a sua essencial dignidade: "Mesmo o martelo do cantoneiro, de gesto tão pobre, deve evitar o muito e o muito pouco. Esse trabalho monótono precisa de uma *destreza*: é preciso quebrar sem estilhaçar, e desfrutar delicadamente, como artista, uma pancadinha seca" (*Bachelard, A terra e os devaneios da vontade* cit, p. 109).

No campo não do pensamento, mas das nossas instituições políticas e para sua honra à glória, a Constituição Federal 1988 surpreendentemente contemplou, dentre os direitos sociais dos trabalhadores, a superação do dualismo cidade/ campo, trabalho manual/ trabalho intelectual, no seu art. 7°, ao prescrever que são direitos de trabalhadores, urbanos e rurais, além de outros que visem à melhoria de sua condição social, a proibição de distinção entre trabalho manual, técnico e intelectual ou entre os profissionais respectivos (item XXXII).

Na aplicação dos direitos sociais, esses dualismos somente podem ser considerados enquanto submissos a um critério de exclusão, em prol da unidade de seu regime jurídico.

Pode-se inobstante percorrer uma outra via para identificar a relação entre trabalho manual e trabalho intelectual. Dá-se essa relação quando uma pessoa dedicada a trabalho intelectual, por motivos ideológicos, entrega-se a trabalho manual. Isso aconteceu, por exemplo, no primeiro período da revolução cubana. Aos domingos, os burocratas oficiais, à frente CHE GUEVARA, Presidente do Banco Nacional de Cuba, dedicavam-se a trabalho voluntário e não remunerado de corte de cana. É ensinar com a vida e o exemplo e não com as teorias gestadas nos gabinetes de trabalho.

Concluo este brevíssimo ensaio invocando a afirmação de RIMBAUD: "A mão que usa a caneta é equivalente à mão que usa o arado".

II - PENSAMENTOS SOLTOS

(1) **O exemplar e o repulsivo** – O comportamento das pessoas, no exercício da função pública, varia desde a mais extrema degradação até a mais elevada dignidade. Parlamentares desonestos cobraram ao governo brasileiro estranha forma de "fidelidade": o pagamento de propina mensal. Esse dinheiro provinha, diz-se, de empresas públicas e privadas e assegurava a continuidade de apoio no Congresso Nacional aos atos do Poder Executivo Federal. Gestores da administração governamental direta (serviço público centralizado) e indireta ou descentralizada (empresas públicas) foram flagrados, por câmeras fotográficas ocultas, recebendo propinas. Um espetáculo degradante. No outro extremo, o comandante cubano/argentino Ernesto ("Che") Guevara, sem a mais leve tinta de demagogia, é visto em trabalho voluntário e gratuito, no início da revolução cubana, cortando cana, operando máquina colheitadeira e executando serviços de pedreiro. Ministro das Indústrias, e Presidente do Banco Nacional, deu belo exemplo de dignificação da função pública. Há comprovação documental, inclusive fotográfica, dessas atividades. E ele não foi o único a delas participar. Por isso eu digo: há homens que preenchem cargos públicos, outros são como que pelos cargos públicos preenchidos. Dependem da investidura em cargos e funções de governo para afirmar a sua personalidade. Na função pública, há geralmente políticos de mais e estadistas de menos. Entre nós, há casos de Ministros, indignados pelo

que consideram uma preterição: reivindicam poltronas que não lhes foram garantidas por companhias aéreas em classes executivas (é o mesmo dizer: lugares economicamente privilegiados). Tais pessoas não estão à altura de suas altíssimas investiduras. Esquecem a lição sublime do evangelho: "- quem se eleva será humilhado e quem se humilha será exaltado".

Recentemente, tivemos o caso de um comandante militar que fez retroceder uma aeronave, já iniciado o procedimento de decolagem, induzindo à cessão para si de lugar de passageiros já instalados em suas poltronas. Isso em nome do exercício regular de um direito... triste exemplo de pessoas que são preenchidas pela sua alta investidura – da qual não estão à altura.

(2) **Dois hinos num só país** – Afortunado país a minha querida Argentina. Dois hinos nacionais e não apenas um, como os demais países. O primeiro é o seu hino oficial. O segundo (privilégio que só ela possui) está no espírito e no coração do povo, em admirável harmonia: "No llores por mi Argentina". Na sua individualidade, este hino reveste uma dimensão universal. A nossa sensibilidade é tocada por sua beleza incomparável. Transcende, portanto, qualquer interpretação político-ideológica, tornando descabida objeção, p. ex., de peronismo. Sua pátria é universal. Ali onde for a nossa sensibilidade, estará a emoção que provoca a sua beleza.

(3) **Equívocos do pensador** – Mistério impenetrável da condição humana. Heidegger, um dos maiores pensadores do século XX, teve dificuldade de compreender as grandezas do catolicismo, nas quais a sua família o iniciara quando jovem, tendo mesmo sido destinado ao sacerdócio. Porém, ele não teve dificuldades (ao menos aparentes) de aderir ao nazismo, um monstruoso equívoco, não sem um certo oportunismo, porque a sua adesão foi concretizada como exigência do regime para o exercício do seu reitorado na Universidade de Freiburg. Ao longo de sua vida, ensinou os "caminhos do pensamento", mas lhe faltou a experiência da estrada de Damasco, que lhe fosse tirada, como a São Paulo, a trave dos olhos. Transigiu com o totalitarismo sem que tivesse manifestado qualquer retratação, mesmo tardia.

(4) **Assimetria entre o físico e o espiritual** – O tempo é um fator de isonomia biológica. Todos envelhecemos. Ninguém escapa à ação do tempo. Sob esse aspecto, não há privilégios biológicos na ordem temporal.

São, porém, arbitrariamente distribuídos pela natureza atributos tais como o talento excepcional e a genialidade de certas pessoas. Quase sempre os grandes nomes das ciências e das artes nasceram de famílias sem nenhuma tradição científica filosófica, artística ou literária. Einstein é apenas um exemplo, Heidegger outro.

É manifesta, porém, a sabedoria da natureza. Aos vinte e poucos anos já está a pessoa humana incapacitada para certos esportes, como a natação. Mas as faculdades da inteligência continuam a desenvolver-se e podem acompanhá-la, nesse desenvolvimento, ao longo de toda a sua vida. Se a capacidade de intelecção decaísse com o mesmo ritmo temporal acelerado da incapacidade física para a prática de esportes, a vida humana seria insuportável. Admirável harmonia dos contrários preserva essa capacidade humana para o cultivo das faculdades individuais do espírito até a idade mais avançada. Equilíbrio sem par da obra filogenética da criação.

(5) **O apenas dito e o explicado** – Na vida, como ensinava Heidegger, há mais coisas para serem ditas do que para serem explicadas. Não há como explicar-se a criatividade. A nossa compreensão do mundo se amplia ao longo dos anos, e sua evolução nos acompanha até idade mais avançada. Porém, com a criatividade, não é bem assim. A criatividade, quer a criação artística, quer a criação de teorias científicas grandiosas ou a criação musical, estanca depois da juventude. Por isso, digo: a juventude é a idade da criação e da inventividade. A partir de certa idade, em torno dos trinta e até quarenta anos, a imaginação criadora vai decrescendo. Há só exemplos de criação longeva que, por serem excepcionais, confirmam esse fenômeno. Fenômeno análogo à impregnação da terra natal na infância. Sente-se e não se descreve. Ao gênio de Einstein não passou desapercebido esse condicionamento da

criatividade. Uma pessoa – lamentou-se ele – encontra coisas verdadeiramente novas somente na juventude. Mais tarde, ele se torna mais experiente, mais famosa e mais inapta. (v. Dennis Overbye – *Einstein Apaixonado – Um Romance Científico*, pp. 418-419).

(6) **Astúcias da imaginação** – A imaginação é uma faculdade "democrática", com equidade distribuída pela natureza humana: pode atuar contra ou a nosso favor, dependendo tão só do uso que dela façamos. Se a imaginação é usada com expectativas de otimismo pode receber – e não raro recebe – confirmação na vida cotidiana. Porém, é surpreendente constatar que expectativas pessimistas da imaginação podem ser contrariadas na evolução dos acontecimentos concretos do dia a dia, agora-e-aqui. Assim, a imaginação é neutra: (a) nossa amiga, quando se põe a serviço da capacidade de autoafirmação, correspondendo, assim, a uma expectativa otimista, ou (b) nossa adversária, quando corresponde a um pessimismo de expectativas que nem sempre encontra confirmação na prática. Recorde-se, a propósito, a lição pragmática da neurolinguística: diante de um desafio, se você pensa que pode vencê-lo, ou que não o pode, de qualquer modo você está certo (Henry Ford). Mas a diferença entre o otimista e o pessimista pode ser expressa e compreendida pela lição de sabedoria popular: o otimista vê a metade da garrafa que sobra, o pessimista, a metade que falta. A garrafa é uma só – variáveis são apenas as perspectivas de sua visualização. O pensamento otimista é, porém, criativo, não-conformista. Algo que não sucede com o pensar pessimista. Do primeiro dependem – e nele estão imersas – as grandes criações do espírito humano. Sem a emoção que a contemplação das harmonias da criação suscita no ser humano, a ciência e a arte não teriam origem e nascedouro. Seu ponto inaugural é a admiração que a contemplação da natureza provoca no pensador ou artista. Por isso, deve-se fazer a opção pelo otimismo e pela crença no poder criador da nossa imaginação. A essência da natureza, sua invariância, é a beleza, e como não nos maravilharmos diante dela? Apostemos no otimismo. Pois é ele que constrói as civilizações.

(7) **Conhecimento e ignorância** – Quanto mais estudo e aprendo, tanto mais me convenço da minha colossal ignorância e confirmo o meu desconhecimento a respeito de todo o potencial de conhecimentos incorporados ou não ao gênero humano e que permanecem para mim em aberto. Correspondem ao campo incomensurável da minha ignorância. Quanta dignidade e elevação moral na perene lição socrática: "só sei que nada sei".

É um notabilíssimo paradoxo, porque se apenas se sabe isso, decerto algo se conhece. E se algo se conhece, não se desconhece tudo. Porém, quanta força de comunicação nesse ensinamento socrático!

(8) **Autocrítica** – Eu sou o crítico mais implacável de mim mesmo – o que mais exige do meu desempenho e de tudo que eu faço.

(9) **Passado que não passa** – Eu sou um contemporâneo do passado. O que mais me encanta no passado é o que fica do que passou, ou seja, o que no passado não passa – a permanência que rege e condiciona o nosso destino. A minha admiração diante das obras clássicas da literatura e das artes é um modo de oração.

(10) **Oração matinal –** Os melhores livros são os que reduzem o universo da nossa ignorância, pelos novos conhecimentos que nos trazem. Acrescentam algo às nossas concepções de mundo. Enriquecem a nossa vivência e o nosso relacionamento com as maravilhas do universo. Um grande livro não é fria "máquina de leitura", ao contrário do que pretendia Paul Valéry, mas a leitura é uma amizade – como nos ensinou Marcel Proust (*La lecture est une amitié*). A rigor, toda leitura atenta deveria começar por um hino de louvor à beleza da criação e às criaturas vivas, animais e plantas, às estrelas do céu e pedras do caminho. Toda leitura é um ato de circunspecção e de agradecimento, porque o que nos é formalmente dito contribui para o progresso do gênero humano na longa caminhada da humanidade.

A leitura como uma prece. Eu poderia repetir, como numa oração matinal, a prece de Bachelard: "Desde a manhã, diante dos livros acumulados sobre a minha mesa, faço ao Deus da leitura uma prece de leitor ávido: Dê-me hoje a nossa fome cotidiana" (*A Poética dos Sonhos*). A fome de livros – que bela metáfora.

(11) **Sobre a amizade** – Surpreendente fenômeno de empatia: basta um único contato para firmar uma amizade. Um relacionamento amistoso de anos não é, porém, suficiente para consolidar uma amizade. O intercâmbio de ideias com um amigo inteligente e fiel é uma dádiva do universo; fermento que contribui para a harmonia do mundo. Mas a amizade e o gênio são atributos fortuitos nas relações humanas, que a natureza distribui com parcimônia. Um político brasileiro costumava dizer que, por valorizar tanto a amizade, era um homem de poucos amigos. Só quem perde um amigo sabe o que representa a privação de um interlocutor: um empobrecimento pessoal.

(12) **Profundidade do pensador** – A súbita compreensão de um texto difícil, mas profundo, é enriquecedora do nosso espírito, uma alegria para o entendimento.

(13) **Precariedade das avaliações humanas** – Relatividade que se traduz na precariedade dos juízos humanos. Considerado um dos maiores, se não o maior físico teórico do século XX, Albert Einstein teve a sua indicação para o Prêmio Nobel rejeitada por oito vezes e durante onze anos, segundo informa o seu biógrafo Denis Bryan (*Einstein – A Ciência da Vida*, pp. 159-160). E quando o recebeu, em 1921, não foi por suas maiores realizações no campo da Física, a teoria da relatividade restrita (1905) e a teoria da relatividade geral (1915), mas "por serviços prestados à Física Teórica e especialmente pela descoberta do efeito fotoelétrico". Importantíssima, porém secundária.

(14) **Monólogo e diálogo** – Há pessoas – e não são poucas – que recusam qualquer atenção ao dito por outrem. Os que assim procedem são imunes ao diálogo e contaminados pelo monólogo. Quando muito, o seu é um diálogo de surdos. Ignoram, tais pessoas, que a parte mais importante da nossa aprendizagem decorre do que nós ouvimos, ou seja, da transmissão de experiências alheias, p. ex., em salas de aula ou em conversações privadas. O ouvido tem, na aquisição de

conhecimentos novos, um posto privilegiado. É necessário, porém, ouvir com ouvido atento ao que as outras pessoas dizem. Os expositores compulsivos das próprias ideias, para além da necessidade de autoafirmação, praticam ingenuamente uma economia de conhecimentos novos. Uma recusa de enriquecimento pessoal. É como se estivessem satisfeitos com seu o próprio nível estacionário de conhecimentos, dispensando-se da aquisição de novos saberes. Essa intolerância à escuta do que é expresso pelas outras pessoas é apenas manifestação de vaidade mal administrada e até de educação precária, vícios de formação da personalidade. Encantou-nos, a mim e minha esposa, que Alfredo Augusto Becker, em sua obra *Carnaval Tributário*, tivesse reproduzido, com incrível fidelidade, diálogo informal que mantivemos na sua casa, cerca de cinco anos antes da publicação desse livro. Ele era, porém, um exemplo de atenção ao que diziam os seus circunstantes. Um mestre de conversação em diálogo.

(15) **A racionalidade do homem** – Supremo privilégio na obra da criação: o pensamento humano. O homem é um animal racional, e esse atributo – a racionalidade – faz a diferença que o individualiza diante das outras criaturas vivas. Ninguém melhor que Pascal, com toque de gênio, o anteviu: o homem é um caniço, o mais frágil da natureza, mas é um caniço pensante. Admirável que essa frase comece pela concessão dialética à caracterização adversa (sim, é o mais frágil caniço) e só no fim lhe interponha a essência do humano (mas é um caniço pensante). Essa formulação linguística mereceu ser aplaudida de pé.

(16) **Dignidade da vida espiritual** – A vida humana é demasiada curta para ser desperdiçada no ócio sem dignidade. Quem pode contribuir para a elevação espiritual da humanidade deve fazê-lo com todas as suas forças e de todo seu coração. Devemos dedicar-nos com alegria a criar bens de cultura, como produções intelectuais e artísticas que venham a legitimar a nossa existência. E isso implica compromisso com a seriedade e profundidade na vida do espírito. Nenhum

desperdício de tempo deve ser tolerado por uma pessoa que pratique uma existência autêntica – é dizê-la solidária com os destinos da humanidade. O que se inicia pela fidelidade à exigência legítima de sua circunstância: a província é a terra natal do pensamento. Essa preocupação, do ponto de vista individual, envolve a necessidade de prestação de contas a si próprio: que fizemos com a vida que nos foi dada?

(17) **Erudição e sapiência** – Há diferenças sensíveis, apreendidas por uma percepção mais aguçada, entre uma pessoa apenas erudita e um sábio. Como ensinava Heidegger, deve-se distinguir entre um objeto erudito e uma coisa pensada. O apenas erudito acumula conhecimentos – com sofreguidão e cada vez mais – para utilizá-los só na afirmação de seu brilho pessoal. Nenhuma preocupação com a destinação social do conhecimento. O sábio, num exercício de encantadora humildade, reconhece e proclama, geralmente – ao modo socrático –, que nada sabe. E busca aprofundar a sua experiência do pensar, como que processando os conhecimentos adquiridos, visando a uma síntese criativa e incorporando-os amadurecidos à sua personalidade. A sabedoria é um atributo de certas personalidades, ofertada pelo estudo e experiência, que contribui para o enriquecimento da nossa vida psíquica. No sábio, a dimensão do mundo é mais ampla e profunda do que a das demais pessoas e a do senso comum. O seu é um mundo privilegiado. A sua é uma atitude elevada diante do mundo, dos animais e plantas, da natureza e de todas as criaturas vivas – da obra da criação enfim. O apenas erudito é um mero acumulador de conhecimentos, sem saber o que fazer com eles; estimulado pela preocupação individualista e possessiva em acumular saberes, como um entesouramento de moedas valiosas. Assim, a diferença entre o sábio e o erudito não é de graduação, mas de essência. Erudição e saber não são coisas idênticas, mas distintas. O saber que perpassa a individualidade do sábio está interdito ao escravo da erudição, uma prática nefasta de automutilação intelectual. Quanto mais se acumula, menos se sabe de relevante. E mais se acumulam conhecimentos inúteis. Esse processo de acumulação do conhecimento pela acumulação em si

geralmente está associado a memórias privilegiadas. Porém, as grandes memórias são inimigas da criatividade. Entre a capacidade de memorizar e a de criar algo novo na vida do espírito não deve haver indecisão possível: deve-se optar por um papel nobre e elevado de nossa atividade espiritual, que a memória é por si só impotente para ofertar-nos, ou seja, a criatividade e a profundidade.

(18) **Mário Peixoto e a relatividade do tempo** – Pensar em sentido contrário ao preestabelecido; ousar pensar até o impossível, para que o impossível seja possível – eis o desafio e o mérito maior de um autêntico pensamento. O cineasta Mário Peixoto, em documentário apresentado pela televisão sobre a sua obra, que está na origem do cinema brasileiro, nos forneceu admirável lição sobre a relatividade do tempo. Fixando o olhar nos ponteiros de um relógio, como que à escuta do tempo que passava, observou desafiante para o jovem cineasta Walter Salles, que o visitava: não se trata de mais um segundo, um minuto a mais e assim sucessivamente. O relógio não indica um avanço do tempo, mas nos oferta uma contagem redutora do tempo disponível pelo homem, numa cronologia regressiva para a nossa existência. Não é de "mais um" segundo que dispomos quando o tempo passa, porém "menos um" segundo na duração da restante vida do homem. Aliás, toda a humanidade está sujeita a essa contagem regressiva.

A ponderação de Mário Peixoto tem o enorme mérito de instigar e estimular o nosso pensamento – pela surpresa e inusitado da colocação. Precisamente pela antítese ao conhecimento tradicional e preestabelecido. O relógio não avança, mas retroage – que observação surpreendente! É lição de sabedoria, porque nos recomenda otimizar o restante do tempo de que dispomos em nossa existência. Nesta, o desperdício do tempo é irreversível ("Que fizeste da vida que eu lhe dei?" – indaga o Deus da religião revelada). Dignificar a nossa existência é um dever para conosco mesmos e para com a humanidade. Entretanto, maior parte das pessoas passa o seu tempo no desperdício fútil do cotidiano.

O tempo é sempre relativo. Se tomarmos como ponto de partida outro centro de referência, p. ex., a data de nosso nascimento, o tempo avança, não retroage; ele marcha inexorável em direção ao futuro, é irreversível. Por isso, o desperdício da nossa inexistência, quer pela inatividade, quer pelo discurso vazio, característico do linguajar cotidiano, acarreta prejuízos em nossa formação que não podem mais ser recuperados. No máximo, é possível estancar essa dispersão pela instauração do pensamento em profundidade – o que a pouquíssimas pessoas é dado.

(19) **Sobre a decisão judicial** – A decisão judicial não é apenas um ato de conhecimento do dado-de-fato constante do processo; as circunstâncias sociais nele emergentes. É também um ato de vontade.

Entre múltiplas alternativas de aplicação do direito, opta o juiz por uma delas. Por isso tal decisão é influenciável pelos fatores e injunções do poder político; interferências governamentais podem pressionar o Judiciário. O juiz não é um autômato, que tão só pronuncie as palavras da lei. Sua atividade rege-se por regras de ponderação do direito a aplicar aos interesses em choque. Nele, há sempre um ato de valoração. E dessa valoração decorre determinada manifestação de vontade: a norma aplicada pela decisão judicial.

Essas considerações demonstram que decisão judicial não é um silogismo jurídico. A lógica é por si só impotente para descrever e reconstituir, nos seus múltiplos aspectos, o ato jurisdicional. Mas é com essa margem de liberdade que se instaura e restaura (ou se perde) a dignidade da função judicial.

(20) **As palavras e as coisas** – Não se tem consciência disso – porém não há diferença substancial entre filosofia e poesia. Ambas são, desde a origem, matéria de pensamento. Tanto para a filosofia, quanto para a poesia, a matéria-prima é o pensamento. E não é possível demarcar conceitualmente o universo do pensamento. A diferença entre filosofia e poesia é meramente formal. O pensamento poético obedece a certas formas tradicionais de exposição. Assim, o soneto é uma composição poética de 14 versos, dispostos em 2 quartetos e dois

tercetos. A identidade substancial entre pensamento poético e filosófico fica mais ostensiva na técnica moderna dos versos livres, versos libertos de exigências formais preestabelecidas, como a métrica e as rimas. Não se deve cometer o erro de se indistinguir entre o que é essencial e acidental no pensamento. Um pensamento de Wittgenstein, no seu *Tractatus Logico-Philosophicus*, 5.6, ilustra essa correlação essencial: "Os limites de minha linguagem significam os limites do meu mundo" (*Die Grenzen meiner Sprache bedeuten Die Grenzen meiner Welt*). Significa isto, dito noutras palavras, que nenhuma coisa existe quando falta a linguagem.

Pois bem: impressiona a similitude desse pensamento com o verso de Stefan George, último do poema denominado "A palavra" (*Das Wort*): "Nada existe sem a palavra" (*Kein ding sei wo das Wort gebricht*). A palavra é, para esse poeta, a morada onde se instala o pensamento. Nenhuma coisa existe aí onde falta a palavra. Na sua essência, o dito por Wittgenstein, um filósofo e Stefan George, um poeta, nomeiam a mesma coisa. Heidegger permaneceu no meio do caminho quando descreveu a relação entre poesia e pensamento por intermédio de metáforas. Assim, ele fala, sobre relações entre poesia e pensamento, de "vizinhança" e "aproximação", características físicas, topográficas (v. o art. sob o título *Le Deploiment de la Parole, in Acheminement vers la Parole. Título original: Unterwegs zur Sprache*). Ora, a filosofia é obra de pensamento em profundidade, assim como a poesia o é. As diferenças entre uma e outra, como acreditamos haver demonstrado, são meramente formais. E até essas diferenças formais são inessenciais à poesia, pois esta não tem de necessariamente ser rimada, nem metrificada. Deve-se ir além do que o pensador da Floresta Negra pensou quando recorreu a tais metáforas e pensar o que nele restou impensado: a identidade, sob o ponto de vista de uma lógica material, entre filosofia e poesia. Fracassará qualquer tentativa de demarcar limites entre uma e outra.

(21) **O abstrato e seu atributo fundamental** – No abstrato habita a grandeza. Todas as grandes leis da natureza,

descobertas pela ciência física, como a relatividade de espaço-tempo e a velocidade-limite de propagação da luz, são produtos de abstrações da concretude. Uma hipótese científica descritiva é sempre abstrata. O concreto é apenas uma expectativa de confirmação da hipótese. Mas a grandeza do abstrato das leis físicas está na sua universalidade.

(22) **Cibernética** – Dizia Heidegger, com razão, que não era necessário ser profeta para reconhecer que as ciências modernas não tardariam a ser pilotadas pela nova ciência de base – a cibernética.

(23) **Múltipla significação** – A polivalência de sentidos ou multissignificação semântica não expressa uma pobreza, mas a riqueza do vocábulo.

(24) **Primado do oculto sobre a claridade** – Assim como a natureza, o ordenamento jurídico ama ocultar-se: é o absconso do sistema jurídico.

(25) **Sobre a racionalidade do homem** – Um provérbio chinês nos ensina: "Há todo animal no homem, não, porém todo o homem no animal." Esse provérbio enuncia ao mesmo tempo a identidade e diferença entre o homem e o animal. É pequena, muito pequena mesmo, a diferença, sob pontos de vista orgânico e fisiológico, que separa o homem dos animais superiores, como os macacos. Essa proximidade, aliás, nos oferta uma lição de humildade. Porém, o ponto decisivo, na escala biológica, para firmar a diferença entre o homem e o animal, está na racionalidade humana. Por isso diz-se que o homem é um animal racional. É pela razão que o homem se converte em senhor do universo, desvendando-lhe as supremas leis nas ciências físicas e biológicas.

(26) **Sobre a genialidade** – A precocidade dos gênios, a explosão do seu talento já na juventude provoca em nós uma certa admiração, porém não conseguimos explicá-la. Por que a natureza escolheu um Newton ou Einstein, dotando-os da genialidade e é tão parcimoniosa em atribuir esses talentos excepcionais a outras pessoas? Não o sabemos. Só o

constatamos. É esta mais uma coisa que pode ser dita, não, porém explicada. Na origem do gênero humano, está o desconhecido e o impenetrável sem o auxílio da fé religiosa.

(27) **Elogio da heterodoxia** – Segundo Jean Guitton, a fórmula para a descoberta da verdade pelos exploradores do universo, heróis e santos, é: "Mesmo que todos o façam, eu não o faço" (*Ce que Je Crois*, p. 74). Vejo nessa lição um elogio da heterodoxia do pensamento, sua rebeldia diante do pensar preestabelecido e bem-comportado. Aquela insubmissão ao saber oficial que Einstein colocou no ápice do conhecimento humano, quando nos legou bela lição, ao proclamar ser insensato fazer as mesmas coisas que sempre fizemos ou que os outros fazem e pretender lograr resultados diferentes.

(28) **Idioleto** – Todo grande pensador, na literatura romanesca, como na arte poética, acaba por exprimir-se num sistema de linguagem individual, insubmisso às rígidas regras de morfologia e sintaxe do idioma vernáculo. É a criatividade mesma que exige o rompimento dessas barreiras formais. Chama-se a esse fenômeno: idioleto, o idioma de um só indivíduo. Entre nós há vários exemplos. Guimarães Rosa é, porém, o mais expressivo e característico. A rigor um escritor intraduzível, embora paradoxalmente tivesse sido objeto de várias traduções (*traduttore, traditore*). Não vejo como transpor para o espírito de outro idioma o dialeto do sertão dos Gerais, que foi com excepcional talento apropriado por Guimarães Rosa, como se os seus olhos fossem câmeras fotográficas, e seus ouvidos, gravadores de alta sensibilidade. Assinale-se, por exemplo, a expressão com que se inicia a epopeia do *Grande Sertão: Veredas,* "Nonada", uma fusão dessa outra de três termos "Não é nada". A primeira não pode ser traduzida sem a perda do seu sentido semântico vigoroso, que decorre de sua vinculação ao linguajar dos Campos Gerais. Traduzi-la por algo equivalente à negação do nada, "Não é nada", é descaracterizar o espírito da palavra que inspirou o pensador-escritor. É banalizar o conteúdo frástico da síntese: "Nonada". Para cunhar essa expressão, era preciso o espírito dos

iluminados, isto é, dos gênios, que são – no dizer de Tristão de Athayde – os grandes isolados. O que se isola não se traduz. O que se traduz não se isola. Decerto são úteis e necessárias as traduções. Devem, contudo, ser apercebidas e compreendidas as suas limitações e condicionamentos. Estou convencido de que as traduções de Guimarães Rosa tiram o viço poético com que o seu pensamento se expressa.

(29) **Idealismo prático** – Um idealista utópico já se coloca, só por essa atitude diante do mundo, em elevado plano moral. Falta-lhe, contudo, objetividade de atuação. Um idealista prático (pragmático) é muito mais que isso. A sua não é uma atitude passiva, de acomodação ou omissão diante das circunstâncias negativas que o cercam. Ele formula hipóteses de trabalho (*working hypotheses*) e lhes dá sequência. É por isso construtor de civilização. Gandhi, em fórmula sintética, exemplifica essas diferentes atitudes: *"Eu não sou um visionário. Pretendo ser um idealista prático"* (*Lettres à l'Ashram*, p. 136)". Com isso teve participação decisiva na libertação da Índia do domínio inglês.

(30) **Política e religião** – Não há novidade nessa afirmação. Pretendo fazê-la, no entanto, com a maior clareza possível. Quem pensa que política e religião devem ser radicalmente separadas apenas demonstra não entender nada de política, nem de religião. Gandhi já o afirmou antes de mim: "posso dizer, sem a menor hesitação, mas também com toda humildade, que nada entendem de religião os que pretendem que a religião nada tem em comum com a política" (Tarcísio de Nadal – *A Opção Religiosa de Gandhi*, p. 73).

A religiosidade está presente em todas as formas – mesmo as mais embrionárias e primitivas – de organização social. É por isso um dado socioantropológico. Aí onde está uma *polis*, estão as suas crenças religiosas. Na vida dos povos, há um exemplo dramático da vinculação entre política e religião. A separação política, pela independência recíproca, da Índia (hinduísta) e do Paquistão (muçulmano). Seu desmembramento originou-se sobretudo de motivos religiosos. Para a minoria muçulmana, viver sob domínio da maioria indiana era substituir uma forma de dominação (a do domínio inglês) por outra (a da Índia). A dramática cisão desses povos afinal consumou-se pela criação dos dois Estados independentes.

(31) **Genialidade: recado para o futuro –** A superação das circunstâncias dele contemporâneas, ir além delas, é uma característica sempre presente a marcar o toque da genialidade. Sequer a surdez – ironia dramática e cruel do destino – foi obstáculo a que Beethoven compusesse as suas sinfonias, verdadeiras obras-primas. Diz-se que ele teria retrucado a um crítico: "Não são para você, mas para uma era futura". Ele tinha consciência do seu encontro marcado com o futuro. Em tais condições, as plateias do seu tempo e seu reconhecimento passaram a ter importância secundária.

(32) **Língua e realidade –** Na sua pequena-grande obra, Vilém Flusser divide as línguas atuais em três grandes classes: (i) flexionais, (ii) aglutinantes, (iii) isolantes. Descabe aqui analisar esses três tipos de línguas. Cabe, entretanto, determinar em breves traços, as características das línguas flexionais, dado que o português e o espanhol pertencem ao mundo dessas línguas, como o alemão, grego e latim (cf. *Língua e Realidade*, 2ª ed., p. 221).

Ensina esse autor que o mundo das línguas flexionais consiste em elementos (palavras) agrupados em situações (frases – pensamentos). Dentro da situação, o elemento conserva a sua identidade e entra em relação com outros elementos (op. cit., p. 62). É esse o campo da sintaxe gramatical. Nenhuma linguagem flexional é por si lógica – acrescenta Vilém Flusser -, mas toda língua flexional é redutível à lógica (*ib.*). Até aí nada que contrarie o saber preestabelecido, isto é, o paradigma normal do conhecimento. A revolução, no sentido de quebra desse paradigma científico (universalidade da lógica), começa logo em seguida. Trata-se de uma redução (subtração conceitual) no campo de validade das proposições lógicas, que decaem de uma universalidade estrita (inexceptuada) para uma universalidade restrita ao campo (i) das línguas *flexionais*, como o português, alemão, latim, grego etc. Há, como exposto, outros grupos de línguas, (ii) as *aglutinantes*, como o finlandês, húngaro, japonês, esquimó etc; (iii) *isolantes*, como o tibetano, o chinês etc. A análise lógica só é aplicável, e ainda assim com reservas, ao mundo das línguas flexionais. Vilém Flusser não é um ingênuo. A sua conclusão é, porém, desconcertante para o nosso intelecto acostumado a aceitar a validade universal irrestrita das leis lógicas: "Se considerarmos que a lógica é a base da matemática e da ciência, para as quais reclamamos a validade universal, compreenderemos quão difícil é abandonar a análise clássica (lógica) da frase. É verdade que a nossa matemática e a nossa ciência continuarão válidas, mas num sentido epistemológico restrito. Nada mais afirmarão da "realidade em si", somente de realidades tais como a portuguesa (Vilém Flusser, *op.* e local *cits*).

Como o próprio autor reconhece, este é um passo audacioso, mas deve-se aqui invocar, mais uma vez, a autoridade de Bachelard: "Na vida do espírito, a ousadia é um método".

(33) **Como a ciência pode prejudicar a criatividade** – É surpreendente a manifestação de Poincaré, em 1987, pela sua analogia com os pressupostos conceituais da relatividade restrita. Porque ele estacionou, praticamente ao fim do caminho, com a sua afirmação: "O espaço absoluto, o tempo absoluto e mesmo a geometria euclidiana não são condições a serem impostas pela mecânica". Decerto "travou" o avanço do seu raciocínio o conhecimento que ele tinha da física clássica, impedindo o desdobramento e conclusão dessas premissas. No texto acima, a terminologia é muito semelhante à da teoria da relatividade. O espaço e o tempo absolutos de Newton ruíram por terra com o advento da física relativística e a geometria não-euclidiana de Riemann, substituiu a geometria euclidiana na fundamentação da relatividade. Linguagem relativística, portanto, a de Poincaré. Como ele ficou no fim do caminho sem alcançar a meta, não lhe foi dado instaurar o novo mundo dos fenômenos físicos que só eclodiria a partir de 1905 (relatividade restrita). Os preconceitos tradicionais impediram

que ele, um grande sábio, obtivesse esse resultado – a relatividade restrita. A formulação dessa teoria espantosamente revolucionária, com a maturação do tempo, necessária ao seu conhecimento generalizado, deslumbrou o mundo, mas foi reservada a um jovem e obscuro funcionário de um escritório de patentes, Albert Einstein. Aos 26 anos não lhe era dado ainda conhecer inteiramente a física clássica e esse desconhecimento paradoxalmente lhe foi favorável. Correspondeu ao que Jean Guitton denominava "ajuda do desfavorável". Chegou à relatividade restrita porque não estava impregnado dos preconceitos da física clássica.

(34) **Abstração implica subtração –** A abstração manifesta um conhecimento universal somente possível dada a repetitividade do dado bruto no qual ela se embasa. Mas necessariamente, ao desconsiderar determinadas características do dado bruto, a abstração deforma a realidade. Por isso, Vilém Flusser afirmou com fina ironia e senso de realidade: "abstrair é subtrair". Nenhum dado bruto é apreensível sem abstração. Por isso ele é abordado como fenômeno: algo cognoscível pelo aspecto determinado como se mostra – desconsiderados os demais. É esta uma consequência dos limites da nossa faculdade de intelecção dos fatos observados. E explica a compartimentalização da ciência em campos e disciplinas especializadas.

(35) **Pensar por si mesmo –** A autonomia do pensamento é a mais nobre virtude da inteligência. Atitude de quem ousa pensar nas alturas, com as forças do seu intelecto; de quem empreende a aventura que Hegel denomina: "a viagem da descoberta". Pensar por si mesmo *(selbst zu denken)* é atitude antípoda do pensamento satelitizado em torno do pensamento alheio. É atitude que soa como um hino de louvor às criações heterodoxas do espírito humano – assim na arte, como na ciência. Melhor errar em profundidade do que acertar na superfície.

(36) **Sobre a relação de amizade** – Sublime paradoxo da relação de amizade. Ela não necessita de convivência prolongada no tempo como condição *sine qua non* para firmar-se. Dir-se-á mesmo que ela é não raro incompatível com essa

duração prolongada de relacionamento interpessoal. As implicações afetivas que decorrem do inter-relacionamento prolongado e gradativamente consolidado entre os homens são no geral relações amistosas – não necessariamente de amizade. Porque, para a instauração da amizade, basta um único contato entre pessoas que, só com ele, se tornam – às vezes irreversivelmente – amigas. Assim instalou-se de súbito a amizade entre Albert Einstein e Paul Ehrenfest, como o primeiro relata: "em poucas horas nos tornamos amigos, como se a natureza houvesse criado um para o outro". O tempo pode consolidar ou desfazer uma relação de amizade. Porém grandes amizades nascem de um contato súbito entre as pessoas, independente de consolidação pela ordem temporal. É um fenômeno psicológico de empatia.

(37) **O apenas dito e o demonstrativamente explicado** – Há como dizê-lo, porém não há como explicá-lo. É possível dizê-lo, porque é fácil constatá-lo com exemplos que se multiplicam: a criatividade está associada à juventude. Um testemunho dos mais eminentes: "Uma pessoa só inventa coisas inovadoras durante a juventude. Mais tarde, fica-se mais experiente, mais famoso – e mais *cabeça-dura*". (Einstein). Conforme salienta Heidegger, há mais coisas para serem ditas do que para serem explicadas. Não há como explicar porque é a juventude a idade da criação. Assim, perde sentido rigoroso a questão: "por que Einstein foi mais criativo antes dos quarenta anos?", levantada por Walter Isaacson (*Einstein – sua vida e seu universo*, p. 328).

A velhice é idade no geral associada à esterilidade e estagnação, no labor científico como nas artes plásticas e na literatura.

(38) **Muita ciência aproxima do divino** – A genialidade se manifesta pela capacidade de deslumbrar-se, acima do comum dos homens, com a beleza da criação, da natureza e da cultura. Não estanca, porém aí. Pretende descobrir as legalidades do universo – e às vezes o consegue. Tocar com os dedos o ponto certo. Esse é o ponto de intercessão entre

ciência, arte e religiosidade. Como ensinava Einstein: "Um espírito manifesta-se nas leis do universo – um espírito vastamente superior ao do homem, e diante dele nós, com nossos modestos poderes, só podemos sentirmo-nos humildes. Dessa maneira, o trabalho científico leva a um sentimento religioso de um tipo especial" (v. Walter Isaacson – *Einstein – Sua Vida e seu Universo*, pp. 560-561). Essa afirmação aproxima-se da síntese clássica de Louis Pasteur: "Pouca ciência afasta de Deus. Muita a ele reconduz".

(39) **Elogio da autonomia do pensamento** – É atitude típica das revoluções científicas, com o transcurso do tempo, mais cedo ou mais tarde, se convertem em cidadela para defesa de uma ideologia conservadora. Porém, as fronteiras entre a teimosia obstinada e a convicção legítima na reafirmação de pontos de vista não é nítida. Um rebelde a certas inovações pseudocriativas não deve ser confundido com um conservador, mas depositório fiel de tradição venerável. Em tais circunstâncias, a rebeldia confunde-se com a autonomia de pensamento, que é uma virtude da inteligência. Considerar o princípio da indeterminação ou incerteza (Heisenberg) como sendo uma teorização incompleta, como sustentou Einstein contra a física quântica, não tem nada a ver com uma atitude conservadora. É uma hipótese científica alternativa. Uma crítica crucial.

A resistência a teorias modernas tem, a seu prol – se e enquanto unicamente modernas – uma presunção de legitimidade que somente pode ser infirmada por novas teorias mais abrangentes e testes empíricos rigorosos, nunca pela acusação por jovens cientistas da senectude de um pensador. A seu tempo, Einstein foi vítima desse preconceito cronólatra. Alguns físicos jovens alegavam que sua resistência às teorias de moda não era equivocada, porém manifestação de senectude. É a saga dos revolucionários no campo da ciência, Einstein foi acusado também de tornar-se conservador (reacionário) diante das inovações científicas. Físicos, como Lenard, se opuseram à teoria da relatividade – denominada pejorativamente "física judaica" – só por motivos ideológicos (no caso, adesão ao nazismo). O revolucionário aos 26 anos, se tornara um velho reacionário, para uma visão distorcida (velhice = reação). Porém persistiu ele defendendo as leis da causalidade física, sem que as acusações de superado o abalassem. Para ele a incompletude, o estágio insatisfatório do conhecimento, era característica da mecânica estatística.. Daí a sua famosíssima afirmação metafórica: "Deus não joga dados". A incerteza da física quântica seria uma forma qualificada de incompletude no conhecimento científico. Regido este conhecimento por uma lei fundamental que ousamos assim anunciar: "Em ciência, só o provisório é definitivo". As probabilidades da física quântica encobririam leis de causação universal que a ciência dos fenômenos físicos ainda desconhece.

(40) **Indução e ciência** – Na formulação inicial de hipóteses científicas, o método indutivo – que parte da observação de um número limitado de fatos para alcançar a generalidade das leis da natureza, não tem papel algum. No início estão a imaginação do cientista e uma certa intuição dos fatos observáveis. Einstein o reconheceu, com toda a simplicidade e clareza de gênio: "É uma iluminação súbita, quase um arrebatamento. Depois, é claro, a inteligência analisa e as experiências confirmam ou invalidam a intuição. Mas de início há um grande salto de imaginação" (cf. Walter Isaacson, Einstein – *Sua Vida e seu Universo*, p. 559).

(41) **A genialidade como antecipação do futuro** – Todo gênio é um antecipador do futuro. Porém, como o futuro é aberto para um horizonte indeterminado de possibilidades na evolução da humanidade, a questão de saber se essa previsão é concretizável permanece, ela própria, em aberto. É literalmente uma pré-visão, sujeita às vicissitudes de toda antecipação. Einstein, ao longo de sua vida, sustentou a necessidade de um governo mundial, inspirado no modelo federalista. Se um dia, num futuro distante da humanidade, essa proposta virá a concretizar-se não há como, em antecipação cronológica, saber. Porém não há, tampouco, como negar *a priori* a sua possibilidade em extensão e limites que só o futuro distante

poderá esclarecer. Já se manifesta, na vida dos povos o fenômeno comunitário ou de integração regional, unindo blocos de Estados num processo de integração (p. ex., União Europeia, Mercosul). É um estágio intermediário entre o isolamento estatal autista da soberania (superado) e o pretendido governo mundial de Einstein. A Europa, porém, é hoje governada, nesse estágio intermediário, por uma ideia parafederal (= análoga ao Estado Federal), em que os Estados-membros da União Europeia abrem mão parcialmente de seus poderes soberanos como condição *sine qua non* para a integração comunitária.

(42) **Elogio da simplicidade** – Ensina-o belamente Mario Quintana: "O verdadeiro fruto da árvore do conhecimento é a simplicidade".

Uma teoria dos fenômenos físicos ou culturais será mais digna de créditos científicos quanto mais amplos se manifestarem os seus fundamentos e as premissas de que ela parte. É nos fundamentos da teoria que reside sua profundidade, onde tudo se torna lei, como advertia Rilke. Disse sobre a simplicidade um dos maiores gênios da história da humanidade: a natureza ama a beleza e simplicidade (Einstein). É um elogio do valor estético (beleza) e epistemológico (simplicidade) das teorias na descrição do real. A respeito do 1º ensaio de Einstein, sobre a teoria da relatividade restrita, Dennys Overbye ponderou admirado: "O artigo inteiro é um testemunho do poder da linguagem simples para transmitir ideias profundas e intensamente perturbadoras" (*in* Walter Isaacson, *Einstein – Sua Vida e sua Obra*, p. 144). Este elogio da simplicidade é, para nós modernos, uma herança da física clássica: "A natureza ama a simplicidade (Isaac Newton, *Principia*, livro 3). Um legado da tradição doutrinária de que não devemos abrir mão, mas apenas agradecer. Pensar, como ensinou Heidegger, não é apenas comemorar ou recordar o acervo cultural que nos antecedeu. (*Denken ist Andenken*). Pensar é agradecer (Denken *ist Danken*). A proximidade morfológica do jogo de palavras em alemão é fórmula, numa avaliação estética, muito mais bela do que em português, onde pensar e agradecer são termos morfologicamente distanciados.

(43) **A maturação do pensamento** – É uma sensação de inquietação e incerteza permanecer em vigilante espera que os pensamentos venham à nossa consciência, quando eles próprios quiserem. É a espera paciente e insegura do pensamento pelo pensador. É como se fora uma lei psicológica: o pensamento não tem data marcada para o seu advento. Depende do momento propício para a sua eclosão. Não é possível marcar data para a intuição de um pensamento profundo. São necessárias, para que um dia ele advenha, a intuição do pensador e uma aspiração de grandeza do ato de pensar. Insubmisso a determinações temporais, o pensamento se manifesta caprichoso na ordem da natureza. É esta quem "decide" sobre aquele que mais profundamente há de pensar.

(44) **Indeterminação e incerteza na eclosão do pensamento** – Quanta alegria quando um pensamento súbito irrompe em nosso espírito, como um recado para os nossos circunstantes e para as gerações futuras. Pois o magno desafio do pensamento é o tempo, o maior fator de desgaste da coisa pensada. Mas também de seleção da qualidade do próprio pensamento. Se não fosse preservado pela tradição, como um legado venerável, o pensar em profundidade perder-se-ia, dissipando-se na noite dos tempos. O tempo é o grande teste da qualidade do pensamento humano. A resistência à sua ação corrosiva é uma garantia da qualidade superior do pensamento, expresso em obras científicas e artísticas de alto valor. Se resistiram a esse teste em períodos que é impossível prefixar, essas obras serão cada vez mais admiradas. É o fenômeno da preservação da cultura. Vigora, para o tempo necessário a essa preservação cultural (quantos anos?) um princípio de indeterminação ou incerteza. Mas sabemos quando o reconhecimento da excelência do pensamento e da obra de arte, com o decurso do tempo, está consolidado pela sua aceitação geral.

(45) **Pensar grandioso e pensar superficial** – O tempo é o palco da história do mundo, onde se desenrolam os

acontecimentos culturais. Não é possível, entretanto pensamento grandioso e profundo em quem se contenta com o pensar em superfície. Pensar não é coisa para literatos satisfeitos com o êxito apenas social de seus pobres escritos. E muito menos o será para críticos superficiais de precárias obras de arte. Nesse campo, o êxito social substitui o êxito científico e artístico, numa subversão de valores as que infelizmente não estão imunes às pessoas incultas ou mesmo pouco esclarecidas. Fenômeno característico das sociedades é que – por isso e não por outro motivo – os *best sellers* são, em regra, critério indicativo de precariedade espiritual. Amigo leitor: quando você se deparar, numa livraria, com as listas de livros mais vendidos, passe ao largo. Muito dificilmente haverá um que mereça a atenção da sua leitura.

(46) **Hermenêutica histórica –** No âmbito da física, a necessidade da hermenêutica histórica, que reconhece os condicionamentos e limitações do conhecimento produzido em épocas passadas, foi proclamada implicitamente por Einstein, um dos maiores cientistas – se não o maior – do século XX. Sua teoria da relatividade restrita (1905) abalou e demoliu alicerces da física clássica. Einstein, porém, sempre reconheceu em Newton um dos físicos mais iluminados de todos os tempos. Ao seu tempo, não era, entretanto, possível a Newton ir além de suas próprias descobertas. E isso ficou claro em deliciosa "desculpa" de Einstein, pelas suas descobertas de que as leis do universo newtoniano tinham sido retificadas pela teoria da relatividade: "Newton, perdoe-me. Você encontrou a única forma que, em seu tempo, era possível para um homem do mais elevado poder criativo e de pensamento." (*in* WALTER ISAACSON, *Einstein – Sua Vida e seu Universo*, p. 275, *in fine*). É esta a atitude fundamental da hermenêutica histórica.

Oculta por essa formulação simples está uma lei decisiva da epistemologia histórico-hermenêutica: "Não se deve interpretar uma teoria desconsiderando as suas circunstâncias históricas". Essa lei, formulada assim negativamente, "veda" ao conhecimento posterior ignorar os condicionamentos circunstanciais da época anterior, isto é, aquela em que a teoria foi produzida. Ela é, porém alternadamente conversível em proposição afirmativa: "Deve-se interpretar uma teoria considerando as suas circunstâncias históricas". É característica da hermenêutica histórica a fidelidade à tradição doutrinária – o que nada tem a ver com subserviência doutrinária ou imobilismo reacionário, nem com insuscetibilidade à crítica. É apenas uma fórmula metodológica para interpretar adequadamente uma teoria: não cobrar modernidade aos ecos do passado.

Leopold Infeld escreveu, em parceria com Einstein, uma obra de divulgação científica sob o título *A Evolução da Física*. Infeld foi biógrafo de Einstein, noutro livro, onde sustenta de passagem, em estágio embrionário, a necessidade da hermenêutica histórica no campo da física e da ciência em geral. Ouçamo-lo com ouvido atento:

> "Revoluções em ciência, tal como todos os acontecimentos históricos, surgem quando as ocasiões estão preparadas para eles. Para compreender o que elas são e a razão por que aparecem, é necessário analisar a época em que ocorrem" (L. INFELD, *"Albert Einstein – Sua Obra e sua Influência no Mundo Contemporâneo*, p.23).

À luz da hermenêutica histórica, todas as teorias são circunstanciais. Recebem a influência da época em que foram produzidas.

É dever do hermeneuta, situá-la, porém como um elo jamais perdido na corrente do pensamento, porque, nessa evolução tudo está preservado pelo espírito humano. Interpretar uma teoria com desconsideração dos seus condicionamentos histórico-culturais é incidir no que Jacques Maritain denominava "preconceito cronólatra": o presente é sempre superior ao passado e assim sendo pode exercer sem limites o papel de juiz no tribunal da história. É negar os eventuais retrocessos na vida da cultura: recusar uma evidência que a evolução histórica demonstra. Se essa negação maniqueísta do passado fosse verdadeira, não haveria por que preocupar-se o pensamento moderno em dialogar com os pré-socráticos, como o fez Heidegger.

(47) **Hierarquização da pedagogia** – Os grandes mestres são aqueles que aliam competência, severidade e justiça nas avaliações acadêmicas. São eles os que mais contribuem para impregnar nossa formação intelectual.

De todos esses atributos, a severidade é, porém, o mais desconsiderado e nada obstante é critério de decisiva importância para a avaliação do desempenho docente. Um mestre pode ser competente e justo; se não for severo na avaliação dos discentes, não será um bom professor.

Ninguém aceita injustiça ou incompetência no desempenho docente. Mas poucos se preocupam com a degradação do magistério que o "afrouxamento" em avaliações dos discentes provoca. Mas os que foram submetidos e aprovados em testes exigidos com severidade e justiça pelo docente ficam agradecidos ao mestre por toda a sua vida. E a sua aprovação é um a alegria para o espírito.

(48) **Experiências ideais** – Não foi até hoje devidamente avaliada a fertilidade do experimento mental na gestação das teorias (*Gedankenexperiment*). E descabe identificá-lo aos testes concretos e cruciais que infirmam ou confirmam as teorias físicas. A teoria da relatividade restrita inspira-se no exemplo imaginário de um homem deslocando-se na velocidade da luz, o que é sabidamente impossível. Na teoria da relatividade geral é clássica a experiência mental do elevador em queda livre. Todos esses experimentos mentais são fundamentais para a teoria da relatividade. Outro experimento ligado à relatividade restrita é o da velocidade de um foco de luz visualizado por um observador num trem em movimento, que seria diferente se este se deslocasse na mesma direção (adição de velocidade à do comboio) ou em sentido contrário (redução de velocidade). Ambas essas hipóteses estão erradas, pois não foram corroboradas experimentalmente, como Einstein o antecipou na teoria da relatividade restrita. A velocidade da luz é a mesma (constante) em ambas as hipóteses. E a mesma para um observador estacionário situado na plataforma da estação, portanto fora do trem.

(49) **O poder das ideias** – O que, mais intensamente, desperta a atenção, na arquitetura de Brasília, são as formas arredondadas das abóbadas dos edifícios públicos e particulares, a curva presente no edifício do Congresso Nacional, a concepção arquitetônica dos Palácios da Alvorada e do Planalto, as colunas de sustentação do prédio do Supremo Tribunal Federal. Um destaque especial para a Catedral cujas colunas, voltadas para o infinito, assumem a forma de mãos em prece. É uma arquitetura antropomórfica! Produto da imaginação criadora de um gênio. E pensar que essa obra foi concebida por um agnóstico – Oscar Niemeyer: "Na catedral, por exemplo, evitei as soluções usuais, as velhas catedrais, escuras lembrando pecado. E, ao contrário, fiz escura a galeria de acesso à nave e esta, toda iluminada, colorida, voltada com seus belos vitrais transparentes para os espaços infinitos" (*As Curvas do Tempo – Memórias*, p.267).

A arquitetura de Brasília é, pela sua originalidade, sem similar nas concepções urbanísticas que a antecederam. É a exaltação e celebração da curva "livre e sensual" (sic), como o próprio Niemeyer a qualificou (op. cit. p. 94). Existirá alguma cidade no mundo com soluções arquitetônicas alheias inspiradas na sua concepção? Não tenho como respondê-lo. Simplesmente desconheço.

Quando contemplo, porém, a cidade, a sua pujança política e econômica, o que mais me impressiona é a confirmação, nela manifesta, do poder germinativo das ideias. No início, Brasília estava em projeto na cabeça de um homem – o Presidente Juscelino Kubitscheck de Oliveira – ele próprio a encarnação de ideias convertidas em ação e concretude. Tudo começou com a sua aspiração de grandeza, a decisão de cumprir essa meta fundamental – a construção de Brasília – por isso denominada meta-síntese de seu programa de governo.

Há algo mais abstrato que as ideias? E, no entanto, elas constroem civilizações, a partir da origem do processo civilizatório. E na origem está o mais grandioso, como demonstrou Heidegger. Mas, em nossa consciência, residem tanto a aspiração de coisas grandiosas, quanto as limitações congênitas de nossas perspectivas de atuação. Por isso, nunca seremos suficientemente gratos à lição de Henry Ford sobre a legitimidade do pensamento alternativo diante do desafio: "Quer se você pense que pode, quer se você pense que não pode, de um jeito ou de outro você estará certo".

E a lição de que as coisas grandiosas estão facultadas à nossa imaginação criadora. Optar pela grandiosidade é ambição legítima ("eu penso que posso"), como é legítima, mas indesejável, uma atitude acanhada diante de um desafio ("eu penso que não posso"). Não é fácil conceber antítese de pensamento mais fecunda para nortear a nossa atuação.

(50) **A consciência de erro do conhecimento e a consciência de erro moral** – A consciência do erro no conhecimento não envolve nenhum problema ético, porém, implica sérios problemas epistemológicos, isto é, na ordem do conhecimento humano. É inevitável cometer erros. O erro é assim contingência e consequência das limitações de nosso conhecimento. Atributo que não pode ser em caráter absoluto afastado, mas deve ser o quanto antes, em cada desafio ao conhecimento, evitado e superado. A percepção do erro, sua identificação, nos indica um caminho de pensamento que deve ser abandonado e aponta para outro que deve ser trilhado na busca incessante da verdade. O erro descoberto permite concluir que um caminho diverso pode estar aproximado da verdade. Essa superação depende não só de quem erra, mas também de quem descobre o erro alheio. Ela pode corresponder ou não a um pensamento (a) unilateral, como Einstein demonstrou com sua criação individual, a teoria da relatividade diante da física newtoniana, ou (b) plural, como a física quântica, produto de uma escola de físicos eminentes e revolucionários.

Mas a superação do erro moral – suposto que a moral nos impõe regras de conduta – não é nunca unilateral em suas implicações. Porque a percepção do erro moral implica a consciência infeliz do dano causado pela nossa conduta aos nossos semelhantes. A esse drama da consciência, oriundo do arrependimento, chama-se, no Cristianismo, pecado; o que impõe a necessidade de sua superação pela via do arrependimento e do perdão. Não há praticamente limites para o perdão numa ética cristã. Como nos ensina o Evangelho de S. Mateus, 18.21, na sublime resposta de Cristo a S. Pedro: "Senhor, até quantas vezes poderá pecar o meu irmão contra mim, que eu lhe perdoe? Até sete vezes? Jesus responde-lhe: Não te digo que até sete vezes, mas até setenta vezes sete".

O erro moral, se encarado sob prisma etológico (comportamental) é também inevitável e insuperável em absoluto. Em nossa juventude – não, porém exclusivamente nela – somos particularmente vulneráveis a erros comportamentais. O desdobramento de nossa vida pela maturidade pode melhor avaliar os erros do passado. Sua superação pode decorrer do arrependimento, já que o erro moral não tem marcha a ré no tempo. Esse arrependimento estará conjugado ou não com um ato de misericórdia alheia, que nos reconcilie com o mundo ético. Não há pior castigo para o pecado do que a sua reprovação pela consciência infeliz.

A misericórdia é tanto ato divino quando ato humano. A diferença entre um e outro está nos graus de misericórdia. É inadmissível à razão humana conceber Deus sem a plenitude da misericórdia. Diante da mulher adúltera, Cristo, como sempre, toca o ponto decisivo, ao vergastar, com lição insuperável, a prática mosaica de apedrejar os adúlteros: "Quem de vós está sem pecado, seja o primeiro que lhe atire a pedra" (João, 8.5).

Assim sendo a nossa consciência não deve ser governada para sempre pelos juízos morais condenatórios, porque, se assim o fora, não haveria absolvição eficaz do pecado pelo arrependimento ou pelo perdão de erro moral. A reprovação da consciência individual, a pesar como um fardo, já é condenação suficiente para quem pecar contra o próximo. O arrependimento é em si condição necessária e suficiente para a absolvição do erro moral pelo crente numa confissão religiosa elevada, como o Cristianismo. "Vai e não peques mais" - diz Cristo à pecadora.

(51) **Paradoxo da democracia** – Sobre a democracia Churchill cunhou uma frase de impacto: "A democracia é pior de todas as formas de governo, com exceção das demais". A exceção, formulada *in fine*, a rigor nada tem de excepcional. A fórmula tem, contudo, o efeito de provocar o nosso espanto: o melhor é o pior? Nada disso, pois se assim o fora a frase seria contra-significativa. Desconsiderando-se o seu aspecto formal, essa proposição pode ser assim enunciada: "A democracia é a melhor das formas de governo". Essa enunciação perde, contudo, o seu aspecto provocativo, que lhe dá força conceitual e estimula o nosso pensamento.

(52) **A fé religiosa como um placebo** – Algumas confissões religiosas – precaríssimas em seu conteúdo espiritual – promovem pelos cultos em geral, particularmente pela mídia, espetáculos da cura milagrosa de doenças pela intermediação dos oficiantes, igualmente precários. E não só as curas. Também melhorias substanciais na saúde e nas relações financeiras e familiares são apregoadas como produto de transcendência divina. Porque tais curas são atribuídas e trombeteadas como resultado da intervenção de Deus.

As hipóteses de autoajuda e até de encenação, em tais casos, não devem ser *a priori* descartadas. Mas a intervenção divina, como causa eficiente dos efeitos de cura das doenças ou no mínimo melhoria das condições de saúde, deve ser em definitivo explicação recusada. Supondo-se que tais efeitos não são produto de encenação simulada do oficiante e adeptos, tem-se, ainda assim, de recusar as apregoadas banalizações de milagres em atacado, e precárias condições espirituais. Como então explicar o seu efeito benéfico, se for efetivo, e não simulado?

Uma explicação satisfatória, porque não agride a nossa razão. A religião atua aí como um placebo, provocando um efeito psicológico de autoajuda, pela via da só crença fervorosa, causando melhoria de saúde e condições de trabalho. Mais recentemente, esse campo vem sendo explorado pela neurolinguística. Nada de sobrenatural. E essa constatação não implica a absolvição ética da conduta de oficiante, que, no íntimo tem plena consciência do engodo que pratica.

O termo placebo tem origem medicinal. Trata-se de fórmula farmacologicamente inativa cujo aspecto exterior (por ex., uma pílula ou xarope) é idêntico ao de outra, essa sim, ativa. O resultado benéfico do placebo é assim resultado de fatores psicológicos. Nada que postule uma causa sobrenatural. O placebo religioso recai aí como uma luva, embora seja explicação analógica. A referência ao divino, no placebo religioso, flutua no vazio, mas tem grande eficácia como efeito de persuasão. Sem o qual a pseudo-intervenção divina não poderia manifestar-se.

Ao homem do povo não é dado penetrar em estudos refinados de sociologia das religiões. Por isso ele aceita sem mais o efeito de placebo religioso como um fenômeno transcendente. Característica que o placebo religioso em definitivo não tem. Mas sua eficácia social comprovada estimula a expansão de seitas religiosas preocupadas, sem escrúpulos, em explorar crendices populares. Abstraída, entretanto, a avaliação ética da conduta dos oficiantes ("abstrair é subtrair") o efeito de placebo acaba por resultar em algo positivo nas relações sociais. Esse é – não outro – o caráter benéfico dessas sessões pseudo-religiosas. Só identificável quando se abstrai o caráter religioso no fenômeno analisado.

(53) **Sobre os políticos e a política** – Não sem motivos, derivam da opinião pública inconformada, avaliações críticas negativas quanto ao comportamento dos políticos, porque estes visam de regra tão só o poder, a qualquer preço e a qualquer custo. Inclusive ao custo da dignidade pessoal, sacrificada no tabernáculo do culto de interesses políticos inconfessáveis.

Porém a vida pública não é, em sua essência, incompatível com os comportamentos éticos exemplares e até – num âmbito mais elevado – com a santidade da inteligência ativa. É ela, aliás, um campo privilegiado para o exercício da dignidade, porque a vida política mostra-se mais ampla e severamente fiscalizada pela opinião pública. Esse controle social inexiste de regra nas relações privadas, ao sabor da consciência individual e decorrente de relações éticas estimuladas, em geral, nas relações familiares.

Há exemplos históricos de vocação para a dignidade na conduta de certos políticos – decerto excepcionais, como Gandhi e Martin Luther King. Esses líderes foram, a seu tempo exemplos e, como exemplos, exemplares.

Gandhi celebrizou-se como um político a serviço da santidade. É surpreendente, quase inacreditável, que tenha existido alguém com o seu excepcionalíssimo senso de dignificação da política, até com o sacrifício da saúde e da própria vida. Sem nunca ter assumido cargo público, exerceu a mais eficaz liderança dos povos hindus. Martin Luther King sonhou um sonho igualitário, a fraternidade entre brancos e negros na sociedade americana. E tanto quanto Gandhi foi consequente até ser assassinado em decorrência de sua luta em torno desses ideais. É motivo de orgulho para todo homem que ele tivesse pertencido à raça humana. E, uma vergonha para a humanidade, tivesse sido imolado pelo radicalismo racial e político.

Se Gandhi não foi o criador, pelo menos terá sido o maior apóstolo da metodologia de não violência na ação política. Para ele, a libertação da Índia deveria começar, – como condição *sine qua non* para o desdobramento da reação (desobediência civil) ao governo inglês – por uma reforma moral dos indianos. Sobretudo dos seus métodos de ação e integração entre a vida privada e pública. Sem essa reforma de costumes políticos, a revolução nacionalista indiana não seria uma autêntica revolução moral, mas o produto de uma frustração social generalizada. Não adianta ganhar a batalha contra outrem, se se perde a batalha para si mesmo. Era a opinião da Grande Alma (*Mahatma*).

(54) **Saber sem saber** – Estranho paradoxo. Toda luta contra a ignorância é de antemão perdida, porque, quanto mais sabemos, mais se amplia o universo do nosso desconhecimento: com o acréscimo do saber, teremos maior conhecimento daquilo que desconhecemos e nisso reside o paradoxo. E essa constatação em nada desmerece a alegria do conhecimento. Essa luta é necessária porque, sem a vitória da nossa inteligência sobre o erro, não haverá evolução da espécie

humana no pertinente à cultura. Mas a constatação do universo da nossa ignorância impõe ao homem culto um exercício de humildade. Como o saber dos objetos não atinge a coisa em si, na sua complexa intimidade constitutiva, mas apenas o fenômeno, o modo como a coisa transparece à luz do conhecimento (aparência), todo saber é um não saber. É assim que se formam os domínios de especialização nas ciências modernas. O que se sabe leva em si o estigma do desconhecimento; é saber que não se sabe. Conhecimento e ignorância estão assim dialeticamente coimplicados. No fundo é a consagração da modéstia socrática: "Só sei que nada sei".

(55) **Questionamento incontornável da verdade** – Estranha injunção conceitual do problema da verdade. Para quem afirme a existência da verdade, o problema será encontrar as vias de acesso ao verdadeiro. É uma questão metodológica.

Conceder que a verdade existe, mas é inacessível ao nosso intelecto, importa em monumental petição de princípio. É uma premissa indemonstrável, mais que indemonstrada. Vale, pois tanto quanto negar a verdade.

Para os céticos quanto à possibilidade de o nosso intelecto atingir a verdade, interpõe-se uma aporia insuperável: no plano lógico, a verdade é necessariamente pressuposta por aqueles argumentos que a negam. Só é possível negar-se algo até certo ponto conhecido. Portanto, a questão da verdade retorna sobre a perspectiva de sua negação. Só afirmando-se implicitamente o acesso à verdade, pode-se negá-la. É o paradoxo da verdade. Não é, pois, o verdadeiro, mesmo sob sua negação, algo que possa equiparar-se, nunca, ao mero inexistente. A verdade existe, assim alternativamente, sob os modos de sua afirmação ou rejeição. Sublime paradoxo: a verdade é como um alimento do qual não pode o espírito humano prescindir.

(56) **Lições das crises** – A velha sabedoria nos ensina: "Para algo de bom a desgraça serve". As crises econômicas cíclicas nos dão exemplo de como é procedente essa lição de sabedoria. Porque essas crises sempre retornam e sua

sucessividade é incontrolada no tempo. Nesse sentido, a inevitabilidade é a sua principal característica. No mundo globalizado, são devastadores os seus efeitos sobre as economias estatais e empresariais em geral. Mas, não obstante esses efeitos desastrosos, as crises econômicas servem de ocasião para soluções empresariais criativas, visando contorná-las, algo de bom. Não houvesse a crise, a repetitividade estagnada no funcionamento estatal e das empresas tenderia a prevalecer.

Nas relações interestaduais, as crises econômicas provocam um reconhecimento saudável da solidariedade entre os povos porque todos sofrem os seus efeitos nefastos. E sozinhos os Estados não conseguem. Esses são apenas alguns exemplos de algumas coisas de bom suscitada pela desgraça. Esse algo bom possibilita que as crises econômicas sejam contornadas ou superadas.

(57) **A lei de conservação da vida** – A noção de vida está expressa na biologia por um conceito-chave para compreensão do fenômeno vital. É o conceito de vida. Qual é, no entanto, a sua principal característica? A natureza é governada por uma lei biológica aglutinante e, portanto, suprema: a lei de conservação da vida. Ela tem campo de aplicabilidade amplíssimo. Quem é vivente, tende a permanecer vivendo, se não sobrevém uma causa impeditiva que se interponha para perturbar e superar essa tendência. Em psicologia, uma depressão pode superar no homem deprimido essa tendência e impor uma inclinação patológica ao suicídio. A degradação ambiental é outra causa perturbadora da vida animal, provocando a mortandade de animais terrestres e aquáticos. O uso descontrolado de pesticidas pode eliminar a resistência das plantas. Fatores climáticos adversos podem dizimar rebanhos de gado equino e bovino. São causas impeditivas, múltiplas e variadas.

Mas, sem essas interferências negativas, a vida prossegue preservada pelos viventes. Essa lei de conservação vital viabiliza a continuidade da vida em nosso planeta. Ela pode ser anunciada pelo seguinte axioma: “O que é vivo tende a persistir vivendo em condições normais”.

O magno desafio ecológico do homem consiste em não perturbar esse delicado equilíbrio nas relações vitais com o ambiente.

(58) **Caráter universal da honestidade** – Não há exceções que devam ser razoavelmente contrapostas à conduta digna. Honesto ou se é ou não se é radicalmente. A ninguém é dado ser digno numa circunstância de indigno, ou não tão digno, noutras. O dever ético universal não comporta exceções. Pois a retidão de caráter exige a uniformidade da dignidade, em todas as manifestações da conduta humana. Esse é o legado que os pais têm o dever de transmitir – com a vida e o exemplo – aos seus filhos. E quem o recebe, nas relações familiares, pela efetiva retidão de conduta dos pais, é herdeiro de um tesouro. Que o acompanhará pela vida inteira, inspirando-lhe o próprio comportamento. Não sujeito às oscilações em bolsa de valores. A dignidade é, pois, um valor absoluto que deve pautar a nossa conduta durante toda a nossa vida, em quaisquer circunstâncias.

Inútil, sob esse aspecto, mascarar ou ocultar de alguma forma a indignidade de uma certa conduta. Ela será sempre em hipótese, i. é, independente de sua constatação e identificação, reprovável e, se concretamente evidenciada, criticável. É, pois, uma conduta sempre reprovada pela nossa consciência.

Dado o caráter irrepreensível de certos homens e mulheres, pode-se dizê-los: mestres de dignidade. É o maior elogio que um ser humano pode merecer. Nenhum outro se lhe compara na ordem das relações éticas. As premiações, medalhas, títulos, honrarias em geral são pó se comparadas com esse reconhecimento por alguém dos méritos de outrem, do seu comportamento exemplar.

(59) **Implicações mútuas da fé e razão** – Não são campos de conhecimento contrapostos, mas complementares, fé e razão. Decerto os pressupostos da revelação, no Cristianismo, se situam num plano inacessível à demonstração racional, que é (a) próprio da Filosofia como ciência rigorosa (Husserl), investigação extraordinária do extraordinário (Heidegger) e

(b) apanágio das ciências experimentais, desmembradas em disciplinas especializadas, desenvolvidas pelo homem. Produto, enquanto tais, de um saber relativo e limitado, que condiciona o conhecimento humano.

Mas, a partir de revelação indemonstrada e, pois, do âmbito da teologia dogmática, abre-se espaço plenamente legítimo para as especulações racionais. Que seria de um Deus se a eficácia dos seus decretos e mandamentos estivesse condicionada à comprovação de seus poderes ilimitados?

Ao instituir o sacramento da eucaristia, Cristo proclamou que o pão, distribuído por ele, era o seu corpo, a ser imolado pela salvação dos homens e o vinho no cálice era o seu sangue, a ser derramado pelo perdão dos nossos pecados. Até aí tudo é matéria de revelação e, portanto, interdito à demonstração racional ou comprovação experimental. Paradoxalmente é a própria razão quem nos ensina: o que é revelado, na transcendência divina, é suprarracional e, por isso mesmo, insuscetível de corroboração racional. Pretender a razão invadir esse domínio não passa de irracionalidade mal dissimulada.

Pressuposta, entretanto, a autenticidade da revelação, abre-se um campo racional incomparável. Por que não deveríamos pressupor essa autenticidade? Nada a estranhar em razão do caráter revelado do Cristianismo. Também o conhecimento científico, em notável analogia com o conhecimento religioso, parte de hipóteses indemonstradas. A revelação cristã não é constituída por hipóteses (etimologicamente o prefixo "hipo" denuncia uma tese fraca, hipossuficiente). A revelação cristã não se funda em hipóteses, mas no absoluto e ilimitado da manifestação divina. Também aí não se vislumbra a menor agressão à racionalidade.

É corrente a afirmação de que nós, os humanos, fomos resgatados por um magno preço. E é verdade, porém só meia-verdade, não a verdade toda. A razão, não algo diverso, nos autoriza a concluir que o preço da imolação de Cristo é o maior preço. E não é a rigor preço, mas sacrifício. O termo "preço" tem aí sentido metafórico. Não há sacrifício maior do que dar a vida por outrem alguém que tinha o poder de evitar a sua própria imolação. Ele, porém, não recorreu, para salvar-se, às legiões de anjos, nem à intervenção divina, porque, como ele próprio afirmou, seu reino não era deste mundo. E aceitou a própria imolação.

A razão nos ensina que nós, humanos, não temos poder de evitar a nossa imolação, a subtração violenta da nossa vida em circunstâncias adversas as mais diversificadas: homicídios, guerras, guerrilhas, sequestros etc. O máximo que conseguimos são tentativas de evitar o nosso sacrifício, às vezes com uma coragem admirável, ao expormos voluntariamente a riscos a própria vida. Nunca será, entretanto, possível ao homem evitar, em caráter absoluto, o seu eventual sacrifício. Por isso só um Deus poderia salvar-nos, ele que está como que imune, acima – incomparavelmente acima – das contingências humanas, com a licença dessa linguagem metafórica. É a razão que grita pela consciência dessa ilimitação do divino e limitação do humano. Não se deu na cruz apenas um sacrifício, porém o maior e o mais incomparável sacrifício pela salvação do gênero humano. É isso que precisa ser dito.

Quem o nega, demonstra, só por isso, nada entender quer de revelação divina, quer de racionalidade humana. Com essa atitude, mostrar-se-á vítima fácil das astúcias da razão, no encobrimento de seu âmbito próprio e seus próprios limites, ao transbordá-los, com injustificada arrogância.

Dizem os exegetas dos evangelhos que o Cristo assumiu em tudo, exceto o pecado, a condição humana. Esse atributo – a condição humana – explica a sua invocação desesperada no Calvário ao Deus-Pai: "Meu Deus, meu Deus, por que me abandonaste?" (Marcos, 15,34). É a sua investidura da condição humana que dá a medida descomunal do sacrifício de Cristo – a morte na cruz.

Seus atributos divinos lhe permitiriam escapar do sacrifício pessoal da imolação. Mas, aí então, não se cumpriria o que está escrito nas Escrituras Sagradas: ele deveria morrer para resgatar os pecados do gênero humano.

Em Cristo, a tensão dialética homem-Deus se dá pela sua morte (o homem) e ressurreição (o Deus encarnado). Como ensinou S. Paulo, em momento de notável lucidez, se o Cristo não tivesse ressuscitado, a nossa fé recairia no vazio (1. Coríntios, 15, 15-16). Sem a razão exercitada na fé, não seria possível lograr essas conclusões.

O dualismo fé/razão, encarando-as como se fossem compartimentos estanques, (a fé é interdita à razão e vice-versa), provoca estragos incontornáveis na compreensão adequada das mútuas relações; no inter-relacionamento entre elas.

(60) **Não reagir ao mal com o mal –** Dá-se uma tendência pré-reflexiva do homem para reagir ao mal com o mal. Por ser pré-reflexiva, dir-se-ia que essa tendência é instintiva. Se essa reação comutativa não é racional, pode, por exclusão, ser considerada produto do instinto. Ela é, no entanto, repudiada por uma ética social elevada. O Cristianismo não nos ensina a adotar uma atitude passiva diante do mal, sobretudo nos proíbe reparar uma injustiça com outra injustiça, pretensamente reparadora. O ato injusto deve provocar sempre a nossa indignação e o nosso repúdio. Diante dele, nenhuma acomodação ou transigência é tolerável. Mas, a ninguém é dado praticar injustiça, nem mesmo à pessoa que a suportou.

Não-reação, pura e simples, seria colaborar, pela omissão, com a consumação do injusto. Para o Cristianismo, não se deve – isso sim – reagir ao mal com o mal. E essa atitude é radicalmente diferente de mera passividade acomodada diante de uma iniquidade.

Não se deve reagir a um homicídio, praticando outro homicídio. Aí não tem hora e vez a pena de talião, simetria comutativa absoluta entre o mal e a reparação: “olho por olho e dente por dente”.

A pena capital é uma versão moderna, institucionalizada, da violência social contra o criminoso. A sanção da pena de morte padece, porém, entre outros, de dois vícios que a enfermam: a) *irreversibilidade do erro judicial.* Uma vez aplicada, a pena capital é irreparável. Pode recair, essa pena, sobre alguém posteriormente inocentado, sem possibilidade de reparação, porque uma vida subtraída não pode ser restituída. Indenizações para familiares da vítima de erro judiciário são um paliativo, e não infirmam essa primeira objeção à pena de morte; b) *desigualdade social diante da pena.* Embora não possa ser justificada, a violência de um marginalizado social, p. ex., o homicídio, é um grito desesperado de protesto pela sua exclusão social. Reação desmedida e destemperada contra as injustiças sociais. Reagir contra a violência sem violência é uma virtude, porém com violência a reação decorrerá de uma virtude enlouquecida.

Observa com acerto Viktor Frankl sobre o *mysterium iniquitatis* que, em última análise, um crime permanece inexplicável na medida em que não puder ser completamente investigado em suas origens biológicas, psicológicas e/ou sociológicas (*Em Busca do Sentido*, 21ª Ed., p. 126).

O furto famélico (causa social) não deve ser equiparado ao furto de um cleptomaníaco (causa psicológica). O furto praticado por um indigente não deve ser equiparado ao furto praticado, em mero diversionismo, por um membro das classes abastadas etc. Quando a distinção de situações se impõe, o pecado maior contra a nossa inteligência e o nosso próximo será indistingui-las. Por isso, tem sua margem de acerto a síntese crítica de fina ironia: "o direito civil existe para os ricos; o direito penal, para os pobres".

Não há, porém, exemplo concreto mais esclarecedor da inutilidade da pena – enquanto retribuição do mal com o mal – que as nossas instituições penitenciárias. Ao invés de ressocializar o infrator, o cárcere agrava a sua revolta contra a sociedade que, para o apenado, só o oprime. Se a cadeia resolvesse o problema da criminalidade – e não simplesmente o agravasse – esta já teria regredido a níveis toleráveis de violência nas sociedades modernas, sobretudo as megalópolis. Construções de cadeias, solenemente proclamadas como realizações governamentais, são sintomas de doenças sociais e psíquicas. A questão de sua inevitabilidade é inteiramente diversa.

A execução da política penitenciária expansiva, como alternativa na repressão à criminalidade, deve encarar-se em função da sua inevitabilidade, como um mal necessário. Não deve, pois, ser motivo para autoproclamação de excelência dos governos. Quanto menos penitenciárias tivermos, mais sadias se mostrarão as instituições sociais.

Assim, fica escancarado um paradoxo oculto: o cárcere não é eficaz para combater a violência porque ataca apenas os seus efeitos (o crime), não as suas causas sociais e sem embargo é necessário para enfrentar a criminalidade. Combate-se a criminalidade com o que é no geral fator de seu agravamento.

Nunca foram consideradas as causas etológicas (biologia comportamental) da violência social. Por exemplo, as relações entre (a) o agravamento da criminalidade numa população concentrada nos grandes centros urbanos, sujeitos a explosão populacional e (b) a manutenção ou redução da criminalidade em números reduzidos nas localidades com população rarefeita. O trânsito é, sob esse aspecto quantitativo, muito mais violento nas cidades do que nas rodovias de pouca circulação etc. O estudo das causas etológicas da violência social é, mais que necessário, urgente. Serem difíceis as soluções para esses problemas é razão preferencial para que os desafios sociais sejam enfrentados.

(61) **Inexistência de limites entre poesia e prosa** – Não há diferença essencial entre a poesia e outras formas de pensamento, expressas em prosa. A maior ou menor profundidade afeta tanto uma quanto a outra. Quando muito, ocorrem, entre elas, só diferenças formais e, às vezes, nem isso. Os versos ditos livres não estão submetidos à tirania das formas poéticas ortodoxas e tradicionais. A poesia nem sempre é rimada e metrificada.

Supondo que houvesse alguma diferença entre poesia e prosa, essa diferença seria conceitualmente inapreensível dada a sua elevadíssima indistinção de limites. Significa, na prática, o mesmo dizer então: inexiste diferença essencial entre poesia e prosa.

Num pensador-poeta, como Nietzsche, essa indefinição de campos é perceptível, sobretudo no que o seu tradutor brasileiro denominou "aforismos em versos" (cf. *A Gaia Ciência*, trad. de Paulo César de Souza, Companhia das Letras, SP, 2001, p. 338). Aí a forma poética expressa o que se exprime, ao longo do livro, sob a forma prosaica de aforismos. A opção pela forma poética depende tão só do arbítrio do pensador.

(62) **O que mais devemos evitar na vida do espírito** – A superficialidade de perspectivas e o gravitar em torno do pensar alheio. Na vida intelectual, a ousadia é uma virtude e, a acomodação diante do desafio de pensar, uma abominação. Esta última deve ser evitada numa pedagogia responsável. Para Gaston Bachelard, a ousadia é, na vida intelectual, um método. Não me seria possível expressá-lo melhor. Pela sua profundidade, este ensinamento tem uma dimensão intemporal. Vale hoje como daqui a duzentos anos – e muito mais.

(63) **Razão e fé não se contradizem** – Conforme as Sagradas Escrituras, a humanidade primeva, constituída de um só casal, Adão e Eva, vivia feliz e inocente no jardim do Éden, que Deus lhe havia destinado. Mas Deus lhe proibiu que comessem os frutos da árvore da ciência do bem e do mal. A proibição divina foi desobedecida quando o casal cedeu à tentação insinuada pela serpente ("sereis como Deus"), cometendo assim o pecado original. Adão e Eva não só foram expulsos do paraíso, mas as consequências da impregnação do pecado original foram transmitidas à humanidade, nas sucessivas gerações.

Vejamos como a compreensão desse fato religioso – o pecado original – está imensamente acima da sua apreensibilidade pela razão. Não cabe nos limites do racionalmente possível. Não há como explicar, com os recursos humanos, esse episódio na vida do homem primitivo. Para intentar essa explicação, seria necessário abandonar o campo da fé religiosa e explicar um fato religioso – a instituição de normas religiosas – com os recursos da razão. Uma inversão de perspectivas e mistura insensata de campos entre fé e razão.

Dir-se-ia assim – numa análise superficial e com indeterminação dos campos entre ciência e religião – que a transmissão do pecado original pelas sucessivas gerações é uma sanção penal, que vai além das pessoas dos responsáveis pela transgressão da determinação divina, Adão e Eva, contra as conquistas das modernas ciências criminais (Não passe a pena para além do delinquente). Essa objeção é inaceitável precisamente em decorrência da confusão de campos em que incorre. Não se está aí no campo da ciência, mas no da religião como revelada no Livro do Gênesis, a alvorada da humanidade. O exemplo do pecado original não necessitaria ser mais ilustrativo da incapacidade das ciências experimentais para explicá-lo.

A transmissão do pecado original aos descendentes de Adão e Eva não é uma penalidade aplicada por uma autoridade humana, porque decorre de uma determinação divina. Assim, ela mostra-se inacessível à razão. É, no sentido mais eminente, um *mistério*. Característica desse mistério é situar-se num campo claro-escuro para a razão. Claro porque lhe revela, sem ambiguidades, o sentido da determinação divina; escuro porque essa determinação impõe, por si só, limites intransponíveis à razão, já que está sob custódia da fé religiosa.

O mistério do pecado original contrapõe-se assim ao niilismo e sem-sentido e ao agnosticismo dos que se opõem à religião cristã. É limite e obstáculo à investigação científica no campo experimental desta. Mas, as limitações do conhecimento humano, essas a razão as identifica claramente. A ciência não tem como explicar a origem e finalidade do universo.

Conclusão surpreendente: não é, pois, irracional o dogma do pecado original porque, muito pelo contrário, ele vem em socorro da razão, indicando-lhe os seus limites e condicionamentos. Para a ciência, esta é uma lição de humildade e reverência à sabedoria divina.

Identificar o mistério na fé religiosa é um dos atributos mais eminentes da razão. Também, sob esse aspecto, religião e fé não se contradizem. Antes dir-se-á que ambas se complementam. Se fosse contraditória à razão, a fé religiosa seria vã.

Será uma arrogância da razão – como se mais uma vez o homem cedesse à astúcia da serpente – pretender explicar, com nossas próprias forças, o mistério da criação, insondável pelos humanos na construção da ciência.

Que nos oferecem os agnósticos em troca dessas ponderações sobre a revelação divina, inspiradas como se fossem um hino de louvor à fé religiosa? Absolutamente nada. O que resta do agnosticismo é uma terra devastada. Na descrença radical, somente se salva a eventual sinceridade de intenções presente na argumentação ateia. Mas o equívoco está sempre nas suas bases e nos seus princípios. É tão impossível demonstrar cientificamente o pecado original, como fato histórico-religioso, quanto negá-lo no campo da ciência. Quaisquer investigações científicas nesse âmbito se opõem e contrapõem à regra dialética da pertinência. Seriam, portanto, questões impertinentes nesse campo.

É surpreendente observar que a ciência recusa, aí com toda razão, uma explicação religiosa dos fenômenos naturais, como a causalidade física, e sequer estranha quando se pretende explicar fatos religiosos com base e fundamento nas conquistas científicas. Ocultar os seus limites é uma astúcia da razão.

Não deve a ciência nem desconhecer, nem desconsiderar, as prerrogativas da metafísica. No âmbito dos fatos cosmológicos, ou bem (i) a cosmologia reconhece o mistério religioso, que está na origem do universo, como um campo vedado ao seu acesso e, obedecido esse limite, ela situa-se no seu campo científico próprio ou bem (ii) a cosmologia pretenderá descrever e explicar a criação do universo e então deixará de ser ciência pura. Suas proposições serão, sob esse aspecto, metafísicas. Porém, nenhuma ciência física poderá corroborar ou infirmar um dogma de fé, como o pecado original. Não é da ciência que a religião recebe a sua validade e não é na religião que a ciência se fundamenta. A simetria de oposições é, no particular, perfeita. O objetivo do conhecimento humano é assim evitar a confusão conceitual entre ciência e religião, e entre física e metafísica. É a magna questão dos limites da ciência, que lhe ministra um sermão de humildade, contra a arrogância e a prepotência conceitual de muitos, que os desconsideram. A origem do universo e a questão se o mundo foi criado por Deus ou por si mesmo são, para a ciência, um insondável mistério. Não são, essas indagações, apreensíveis pela ciência experimental da natureza (cosmologia). Elas interferem com as concepções religiosas e são, pois, metafísicas.

No Cristianismo, assim como a transmissão do pecado original afetou o gênero humano, desde os nossos mais remotos antepassados; a remissão dos pecados, pelo sacrifício de um só, o Cristo, derramou com abundância a graça sobre todos os homens. É a misericórdia divina ofertada pela eucaristia. A transubstanciação do pão e vinho no corpo e sangue de Cristo é, também ela, um milagre e um mistério. Não se trata, entretanto, da condenação de todos pela desobediência em que o pecado original consiste, mas da salvação de todos pela obediência de um só homem, o sacrifício de Cristo na cruz. Esta manifestação da graça divina é outro mistério inacessível à nossa razão, mas que não entra, de modo algum, em coalizão com as exigências do racional. Pelo ato de um só homem, beneficiou-se a humanidade inteira.

Assim como pela desobediência dos nossos mais remotos antepassados a humanidade sofreu os efeitos da condenação divina, por intermediação de um só homem, toda a humanidade teve acesso à misericórdia divina pela eucaristia e sacrifício na cruz. Sublime mistério. Não há sacrifício maior que o daquele que poderia tê-lo evitado, chamando em seu socorro legiões de anjos. Nem há maior demonstração de docilidade e obediência. Assumindo, em sua plenitude, a condição humana, no seu sofrimento incomparável, o Cristo pede, porém não exige: "Pai, se é de tua concordância, afasta de mim esse cálice; não se faça porém a minha vontade, mas a tua" (Lucas, 22,39).

(64) **Sobre a função cerebral humana** – O homem não se destaca, no reino animal, quer pela sua estrutura corpórea, quer pela fisiologia do seu organismo. Sob o aspecto anatômico, p. ex., o fenótipo do homem é bem menor que o do elefante

ou baleia. O olfato dos cães é muito superior ao do homem. E nenhum outro animal sofreu, mais que o cão, manipulação genética e comportamental em experiências humanas de criação (domesticação). Mas, sob prisma fisiológico, é marcante a analogia entre homem e os outros animais superiores, sem o que seria infrutífera a utilização de cobaias animais em laboratórios, com tanto progresso e benefícios para a humanidade ao longo da evolução da medicina.

Há, porém, em prol do homem, a função cerebral – que lhe concede destaque ímpar na escala zoológica. A espécie humana não se destaca no mundo animal e é submetida até a maiores deficiências. Não é dado ao homem voar como os pássaros. Só a técnica permitiu ao homem superar a lei da gravitação universal, pela construção cada vez mais sofisticada, de aeronaves, inclusive interplanetárias. A fisiologia do organismo humano não alcança tampouco diferença substancial diante dos outros animais, que povoam este nosso mundo sublunar (Aristóteles). Mas o homem é, em sua anatomia, semelhante e diverso, não idêntico, aos outros animais superiores (p. ex., gorilas e chipanzés). As sociedades das abelhas e cupins permanecem inalteradas e uniformes desde épocas imemoriais. É, de certo modo, o eterno retorno do mesmo. As alterações no reino animal são ditadas, sob a inspiração de Darwin, pelas leis da evolução, lenta, mas inexorável. Evolução que, às vezes, se dá por saltos qualitativos, mas também por sobressaltos, como os grandes cataclismos que, segundo se pretende, extinguiram os dinossauros. Se essa hipótese for verdadeira, ter-se-á que a natureza tolera os saltos e os sobressaltos. "Sabemos, por exemplo, que 96% das espécies vivas desapareceram durante um cataclismo no início da era secundária e algumas outras também desapareceram por causa do meteorito que provocou a extinção dos dinossauros no fim do secundário" (Edgar Morin, *Os sete saberes, in Educação e complexidade*, Cortez Editora, 5ª ed., 2009, p. 61). Acrescenta esse autor que é alta a probabilidade dessa catástrofe, em conjugação com uma grande irrupção, que provocou o escurecimento do céu e acabou com a vegetação que alimentava os dinossauros" (op. cit., p. 96).

A função cerebral é, porém, muito superior à dos restantes animais e responsável pelas mais elevadas criações do espírito humano, o desenvolvimento da cultura e das grandes civilizações. Assim, o homem se torna senhor do planeta Terra e se aventura por viagens interplanetárias. O caniço mais frágil da natureza, como adverte luminosamente Pascal, é um caniço pensante. Na função cerebral, irrompeu a invenção da linguagem, o mais precioso atributo da espécie humana, o que decisivamente a individualiza diante dos outros animais. Respondendo assim pela essencial dignidade ontológica da espécie humana: nós somos em linguagem e consequentemente em diálogo uns com os outros homens. A linguagem, como nos ensinou Hölderlin, é o mais perigoso dos bens, dado ao homem para que ele testemunhasse aquilo que ele é. O mais perigoso dos bens é, contudo, ainda assim, um bem (Paulo Quintela). Por isso, di-lo ainda Hölderlin – os poetas fundam o que permanece (*Was bleibet aber, stiften die Dichter*).

Mas essa apologia da função cerebral envolverá – se for havida em exclusividade – uma redução indevida na riquíssima complexidade do fenômeno humano, por desconhecer outros atributos específicos do homem. Por ser principal, a função cerebral não exclui, por isso mesmo, outras funções características do homem. Dito noutros termos e mais claramente, não se deve atribuir ao cérebro o privilégio exclusivo na descrição do humano diante das outras espécies animais. Neste tópico, assumimos o desafio da complexidade do fenômeno humano, nele presente uma rebeldia à redução simplificadora de fenômeno complexo. Já no título da obra de Teilhard de Chardin, *O fenômeno humano*, ele assim pondera e esclarece: "Nada mais que o Fenômeno, mas o Fenômeno inteiro" (p. 1). Trata-se de uma representação coerente e total do fenômeno humano (op. cit., p. 3). Noutro tópico, esse autor define belamente o papel do homem no mundo: "O homem, não centro estático do mundo – como ele se julgou durante muito tempo, mas eixo e flecha da Evolução – o que é muito mais belo" (*ib.*, p. 13). No fundo, a questão é metodológica: assumimos o método da complexidade, saudando entusiasmados a sua grandeza e rendemos ação de graças pela tradicional superação, nessa matéria, da redução de complexidades, que tantos malefícios causou às disciplinas científicas modernas, inspiradas pelo monismo do seu objeto. A demarcação, como procedida pelas disciplinas científicas especializadas, enclausuradas no seu objeto e hostis a outros saberes, envolve uma patologia intelectual, i. é, mutilação do conhecimento humano ofuscando a sua deslumbrante riqueza.

Já foi dito, na mais bonita e surpreendente apologia do trabalho manual, que conheço: "A mão é o cérebro em movimento". Neste livro, destaquei que a obra de arte não é produto apenas da função cerebral, perguntando desafiadoramente: qual o papel preponderante? O das mãos ou o da função cerebral numa tela de Van Gogh? (v. o ensaio 20 – *Trabalho intelectual e trabalho manual*).

A mão do homem, idônea à prensa e outras inumeráveis funções, em sua incrível diversificação na vida social, contrasta vivamente com os cascos do cavalo, aptos apenas para o exercício de certas funções auxiliares do homem – como a tração dos arados campestres ou competições esportivas. Em linguagem da zoologia, os cascos são as unhas dos mamíferos ungulados. Animais ungulados são os providos de cascos ímpares, ou seja, cada unha deles está revestida de um casco córneo (duro). Assim, os cavalos têm um só dedo em cada pé.

E não é só a mão. A própria postura ereta do homem (*homo erectus*), como ela acentuou a supremacia do homem diante das outras espécies animais! Edgar Morin surpreende e aprende o processo evolutivo dos antropoides à hominização, desenvolvimento simultâneo da bipedização. E o olhar humano – esse injustiçado? O problema não é determinar até onde o olhar do homem alcança, no confronto com os outros animais, mas como o homem vê os objetos de sua circunstância. O olhar humano pode, ele próprio, ser havido como um objeto cultural. Nisso o homem não tem paralelo com os outros animais superiores.

Como se constata, sem a perspectiva de complexidade, o fenômeno humano será despojado de suas características mais importantes. E essa "descapitalização" do conhecimento decorrerá da redução da complexidade; envolverá a desconsideração da interligação dos saberes confinados nas disciplinas especializadas.

Tudo isso pode – e deve ser – objeto de estudos aprofundados, que revisitem as dimensões do fenômeno humano, seu ser-no-mundo. Mas, para tanto, é necessário abraçar o método de complexificação do conhecimento: o fenômeno humano *todo*, como recomenda Teilhard de Chardin.

Não será por outra razão que o enunciado desses atributos específicos do humano não pré-exclui outros que a análise paciente das funções humanas decerto logrará. No sentido mais profundo – deve intentar-se a identificação gradativa do papel do homem no cosmos, numa celebração e epifania da obra da criação do universo (visão holística).

(65) **Ainda a indistinção entre poesia e prosa** – A pretensa distinção entre poesia e prosa corre e ocorre tranquila na comunidade do discurso humano. Não é, entretanto, possível abordá-la como uma distinção conceitual de essência. Tratá-las como distintas entre si corresponde a um processo redutor do conhecimento. Uma simplificação injustificada pela redução da complexidade que as relações entre ambas envolvem. Em prol de uma ampliação de complexidade do conhecimento, que enriquecerá a compreensão de um fenômeno unitário: a linguagem humana prosaica e poética urge reconhecer essa indistinção. Na linguagem literária, o diálogo abarca tanto a poesia, quanto a prosa. Que fez Heidegger, após *Sein und Zeit* (*Ser e Tempo*), se não dialogar com os grandes poetas, Hölderlin, Rilke, Stefan George e vários outros? Ou com pensadores de alta linhagem, como Nietzsche?

Corresponde a distinção entre poesia e prosa, que, aliás, nem sempre é aparente, a um platonismo oculto, porque contrapõe ao mundo real o mundo das ideias e opiniões, acolhendo como essencial, uma diferença apenas acidental e eventualmente formal (p. ex., a técnica de versificação rimada corresponderia, diante da prosa, a uma inexistente distinção de essência). A diferença entre poesia e prosa é formal, não é material e ainda assim nem sempre ocorre. Os versos podem expressar-se, p. ex., sob a forma de sonetos, rimados e metrificados. Porém, com o advento dos versos livres, a poesia liberta das formas, da métrica e da rima, a distinção se evapora. Um poema superficial, mesmo se rimados corretamente os seus versos, é censurável pelos mesmos motivos que enfermam as construções prosaicas regidas pela sua precariedade conceitual: o retraimento e a ausência do pensamento em profundidade. "Estou convencido que o mais elevado ato da Razão, na medida em que abarque todas as ideias, é um ato estético e de que a *verdade* e o *bem* só na beleza estão irmanados". – é a profunda lição de Hölderlin. Contudo, na busca da verdade e do bem, poesia e prosa estão irmanadas. A distinção entre poesia e prosa é apenas uma indistinção operativa, pela generalidade da sua aceitação. Ninguém, porém, conseguiu definir os contornos entre poesia e prosa, porque o confinamento conceitual de cada uma simplesmente é impossível.

Heidegger teve uma intuição impressentida da indistinção entre poesia e prosa ao proclamar: "Hölderlin é um dos nossos maiores pensadores, isto é, o nosso pensador com mais futuro, por ser o nosso maior poeta" (*Hinos de Hölderlin*, Instituto Piaget, p. 13). Há, neste tópico, uma afirmação implícita da indistinção entre pensamento e poesia. A distinção, portanto, não é de essência quer da poesia, quer da prosa. Habita as brumas do conceitualmente indeterminado.

Sem a indistinção entre pensamentos expressos em poesia e prosa, Gaston Bachelard não poderia ter sido caracterizado como "o poeta da ciência". Seus textos sobre epistemologia das ciências e tantos outros são permeados de rara beleza estilística, que revelam a sua preocupação estética na exploração desse campo, presente ao longo de seus escritos, como expressão de poesia em prosa. Um exemplo? "O conhecimento científico é sempre a reforma de uma ilusão", (Études, Vrin, 1970, p. 14). Bachelard é o fenomenólogo do imaginário, mas também o poeta da imaginação e dos sonhos. E quanto há de poesia em certos aforismos de Nietzsche? Um pensador em cuja obra se deve distinguir entre o sublime e a deliberada provocação em que ele jubilosamente se compraz. Inaceitáveis são, p. ex., as suas críticas, virulentas e destemperadas, à religião cristã.

Mais um exemplo da indistinção entre poesia e prosa, indemarcação dos seus limites. Para Bachelard, filósofo da ciência, mas também fenomenólogo e poeta do imaginário, a serpente é "o mais terrestre dos animais", "raiz valorizada", "traço de união entre o reino vegetal e o reino animal" (Jean-Claude Margolin, *Bachelard*, Seuil, 1974, p. 175). Esse texto manifesta a imaginação em devaneio de sonhador acordado? Ciência da zoologia? Pura prosa? Poesia? É tudo isso. E não é nada disso, se confinado o conhecimento em análise unilateral. Impossível precisá-lo, reduzindo-o em exclusividade a um desses campos. Se esses textos, dada a sua origem prosaica, fossem expressos num poema, perderiam a sua força de comunicação? Claro que não. Em nada se alteraria a sua comunicabilidade. A beleza estilística que os enriquece, raramente presente em textos de filosofia e ciência, estaria, ainda assim, preservada. Tudo se permite no campo do imaginário; porque a imaginação não tem nenhum compromisso com a realidade concreta. Dá-se o fenômeno da autonomia da obra de arte diante do real. Ela pode decerto expressar a realidade, mas a tanto não está obrigada. Os que cobram compromisso da obra de arte com a realidade são devedores de uma explicação consistente, que não fornecem, até porque não podem fazê-lo.

Esta é uma ocasião propícia para um desafio do método da ampliação de complexidades, ruptura com o saber convencional, "objetivo" e seus modos repetitivos de expressão. Será arbitrário isolar um texto tão belo nos estreitos limites de uma especialização do conhecimento. Deve-se revisitá-lo com reverência e emoção estética, despreocupada a nossa própria imaginação com as exigências metodológicas do saber científico-teórico convencional (indução/dedução). Quem pensa como a comunidade dos cientistas, com seus métodos tradicionais de abordagem teórica, somente pode lograr os mesmos resultados do conhecimento ortodoxo convencional. Para superá-los – e essa superação se impõe – é necessário enveredar por um outro caminho. A clareira heterodoxa que a rebeldia intelectual possibilita.

É ainda Bachelard quem nos ensina que não é possível compreender o átomo da física moderna sem evocar a história do seu imaginário (*La philosophie du non*, Quadrige, PUF, 1988, p. 139). Destaco finalmente essa belíssima definição do ninho de pássaro, inspirada pelo imaginário: "O ninho é um ramalhete de folhas que canta" (Bachelard, *La poétique de l'espace*, Quadrige, PUF, p. 102).

(66) – **Sobre a harmonia na comunidade dos estudiosos** – Para quem se dedica à autonomia do pensamento, a heterodoxia do pensar se impõe como um valor inegociável. Mantida a fidelidade ao pensamento, às vezes, o modo da expressão de alguém parece ríspido, desrespeitoso e até agressivo. Porém, não o é, necessariamente, porque essa aparência resulta quase sempre da indignação do estudioso com o repetitivo das teorias científicas. O destempero verbal nada tem a ver, porém, com essa exigência de autenticidade. A sua manifestação decorre, portanto, de um imperativo ético, manter-se fiel o pensador ao pensamento, quando expressa, com entusiasmo incontido, o seu estilo de pensar. Nenhuma agressão ao pensamento adverso, portanto. É o modo mais nobre de manter-se alguém fiel a uma convicção individual profunda. O essencial é que a inconformação vise a ideia – e não a pessoa do responsável por ela. Quem só ataca ideias, eleva eticamente o universo do conhecimento.

Paradoxalmente, o modo mais elevado de valorizar o pensamento alheio é manter-se fiel ao pensamento com ele em discordância. A ciência não se alimenta de unanimidades na concordância com o saber preestabelecido, mas de ruptura com o tradicional pela emergência de pensamentos novos.

A harmonia complacente na comunidade de estudiosos é incompatível com a autonomia intelectual. O melhor aluno é aquele que não está de acordo com o seu professor; o mais diligente discípulo é aquele que não segue os caminhos e as pegadas do mestre. A heterodoxia intelectual governa a todos, mesmo os que se rebelam contra ela.

(67) – **A tirania do afeto nas relações familiares** – Uma família moralmente sadia deve ser havida como um santuário do amor entre pais e filhos. Porém, esse sentimento, responsável pela família como "base biopedagógica da sociedade" (Tristão de Athayde) não deve acarretar o isolamento familiar indiferente ao amor pelo próximo, seja ele paradoxalmente o mais distante. O que acontece fora do País, o exterior à nossa circunstância nacional, não deve ser para nós indiferente, sobretudo deve guiar-se por vínculos de solidariedade, como recomenda a religião cristã. Não devemos manifestar indiferença diante, p. ex., das tragédias que assolam países pobres do continente africano. Cunhou Ortega y Gasset esta frase tão invocada quanto trivializada pelo uso superficial: "Eu sou eu e a minha circunstância". A minha circunstância não é, porém, limitada à família, nem circunscrita às fronteiras nacionais, num "autismo" político que provoca a indiferença alienada e até desdém inaceitável pelo que acontece aos outros povos. Edgar Morin denuncia, com acuidade, esse fenômeno: "Sofremos da carência de compreensão. Certamente é muito difícil compreender pessoas de culturas diferentes da nossa, embora alguns manuais possam auxiliar. É surpreendente que familiares, vizinhos, parentes, casais, pais e filhos não se compreendam entre si" (*Os sete saberes, in Educação e complexidade*, 5ª ed., Cortez Editora, 2009, p. 93).

Mas, a tirania do afeto, exacerbação doentia de um sentimento louvável – o amor dos pais pelos filhos – necessariamente deforma as relações familiares pela hipervalorização dos filhos e hipovalorização das demais pessoas, estranhas ao âmbito familiar. Acaba o amor paterno e materno, assim distorcido, por impregnar nos filhos, mais cedo ou mais tarde, o desentendimento e a revolta contra os pais. Porque provoca tal comportamento paternal e maternal a revolta dos filhos contra as suas interferências descabidas. E porque inadvertidamente subtrai aos filhos o sentimento de independência e autoafirmação e o crescimento ético necessário ao seu aperfeiçoamento pessoal. Eis aí como o afeto dos pais, nas relações familiares, se volta contra os filhos, convertendo-se em motivo de revolta deles contra a tirania afetiva dos pais, que os sufoca e tolhe a independência. É este um dos motivos mais insinuantes que provocam o choque de gerações, no âmbito da família. Para os pais, tiranizados eles próprios, pelo afeto descomedido e distorcido que nutrem pelos filhos, o que não está no âmbito da família, não está no mundo. O ser, nas relações familiares, é um não-estar-no-mundo. A tirania do afeto é o governo da pura abstração de tudo que não se refira à família. E "abstrair é subtrair". Como nos ensinou em notável aforismo, Vilém Flusser.

(68) – **Sobre a condição humana e a obra de arte** – Não são os miseráveis e os deficientes, mas os maiores gênios na literatura (como na poesia e prosa), nas artes (como na escultura, pintura e música), nas ciências (como na física, cosmologia e biologia) e na filosofia geral, que paradoxalmente e por contraste melhor espelham as misérias e deficiências espirituais da condição humana, precisamente porque as superam. Os gênios constituem raríssimas exceções a essas vicissitudes e são decorrentes da arbitrária distribuição da genialidade pela natureza. Daí a nossa reação de espanto diante das obras de arte autênticas, na fulguração de sua beleza. Leonardo da Vinci, num dos mais belos aforismos que conheço, sintetizou elevada estética da pintura, ao metaforicamente expressar: "A pintura é neta da natureza e, portanto, parente de Deus". Qual é, no entanto, o grau de parentesco entre a pintura e o divino? Ela é neta da natureza, porque é filha do artista ao recriá-la. A obra de arte nasce do artista ele cria assim uma segunda natureza. E porque a natureza é expressão da obra cosmológica de criação divina, a pintura, filha do artista e neta da natureza, é bisneta de Deus. Não é possível expressar melhor a essência da pintura e mesmo da obra de arte em geral. Só

um gênio de primeira grandeza, como Leonardo da Vinci, seria capaz de fazê-lo.

Na escavação em profundidade das coisas, onde tudo se torna lei, segundo Rilke, natureza e cultura nomeiam a mesma coisa. A arte é fenômeno cultural e manifestação de uma outra natureza que o artista cria. Passemos, portanto, sem este dualismo: natureza/cultura. A obra de arte é acrescida à natureza como um precipitado do talento de seu criador. Um girassol pintado por um artista é tanto natural quanto um girassol cultivado numa propriedade dedicada à floricultura. O Moisés de Michelangelo não resulta da transformação da pedra informe de mármore, com que foi esculpido, em algo diverso da natureza. O objeto cultural é o natural sob outra forma. É assim que se converte o escultor em copartícipe da obra de criação de um mundo enriquecido pela beleza da obra de arte.

Distinguir para unir (Jacques Maritain). A pintura ou a escultura não são objetos naturais no mesmo sentido em que são naturais um animal e uma planta. Mas isso não infirma a consideração de que a obra de arte é um fenômeno natural criado pelo homem. Que ela corresponde, portanto, a uma coparticipação do artista na obra da criação. Não se trata, pois, de coisas ontologicamente idênticas, mas, sob esse ângulo de análise, designam o mesmo: a natureza originária e a obra de arte que dela deriva nomeiam a mesma coisa. Não são, natureza e cultura, compartimentos estanques da realidade, mas apenas distintos. A autonomia da obra de arte não implica desde logo e para sempre a sua separação absoluta da natureza.

Toda grande manifestação de criatividade no gênero humano, por alguém privilegiado pelo seu talento, deveria terminar por uma ação de graças. Porque a obra de arte nasce no tempo. Mas, após a sua produção, ela adquire perenidade; é supra e transtemporal, porque valerá esteticamente para as gerações futuras, como objeto de admiração. O alumbramento que as obras de Leonardo da Vinci e Michelangelo provocam hoje – e provocarão no futuro – é o mesmo da época em que foram produzidas. Assim, a obra de arte é qualquer coisa de superior ao artista.

(69) – **Paradoxo da injustiça** – A divulgação dos nomes de grandes vultos da nacionalidade é sempre exemplificativa, inexaustiva. Porque outros nomes de merecimento equivalente são inevitavelmente omitidos. Daí a sua injustiça, carência do reconhecimento devido, mas omitido.

A revista "Veja", edição 2249, ano 44, nº 52, publica uma relação de cinquenta grandes brasileiros, que padece desse inevitável defeito – a omissão discricionária e pois injusta de outros nomes igualmente merecedores de destaque, como Guimarães Rosa, que redescobriu os Campos Gerais; Pontes de Miranda, esse esquecido, presumidamente o único jurista no mundo que produziu uma imensa obra jurídica e extrajurídica sem prejuízo de sua superior qualidade; Lourival Vilanova, grande e influente jurista do século XX; Joaquim Cardoso, poeta-calculista das construções em concreto da capital federal; Lúcio Costa, responsável pelo planejamento urbano de Brasília; Oscar Niemeyer, o arquiteto das construções governamentais monumentais da nova capital; Luis da Câmara Cascudo, folclorista natalense, considerado um dos maiores do mundo; etc. etc.

Aí se insinua o paradoxo: ao denunciar a injustiça dessas seleções de personalidades ilustres, cometo, eu próprio, uma injustiça. Também a minha discriminação crítica exemplificativa incorre em omissões – e nisso consiste fundamentalmente o paradoxo da injustiça de quem só pretende corrigi-la. Efeito indesejado dos atos humanos. Com a crítica, estou sendo analogicamente injusto. Por que então fazê-lo? poder-se-ia objetar farisaicamente à minha crítica. A resposta é extremamente simples. Porque, apesar de injusta a enunciação crítica, ela o é incomparavelmente menos que a omissão diante do dever de denunciar as deformações do mundo. Sugerindo, por exclusão, outros critérios para a louvação do que é meritório de ser enaltecido.

(70) – **Burocracia universitária** – Um experimento mental (*Gedanken experiment*). Em 1900, um professor imaginário de física propõe aos seus alunos exercício escolar contendo obrigatoriamente alguma temática irrelevante – qualquer uma delas – a ser desenvolvida obrigatoriamente em não

menos de cinquenta páginas. Um aluno desconhecido, mas de excepcional talento, teria produzido um trabalho de quarenta páginas que antecipou todas as conclusões de famosa teoria de Einstein sobre a relatividade restrita (velocidade-limite da luz). Só publicada, com trinta e uma páginas, nos *Annalen der Physik*, nº 17, em 1905. Porque isso normalmente acontece, em casos análogos, nas instituições universitárias, esse experimento mental se legitima plenamente. Suponhamos que esse trabalho escolar fora rejeitado sob dupla fundamentação: 1ª) não atingia o número de páginas oficialmente exigido; 2ª) o ensaio se desenvolvera afastando-se do tema proposto (impertinência dialética, i. é, temática).

Pelos critérios de avaliação do desempenho escolar por esse pobre professor nós ainda poderíamos estar regidos pela física newtoniana. Dar-se-ia o predomínio dos procedimentos universitários sobre a qualidade teórica, numa inversão axiológica. Chama-se a isso burocracia universitária. E a indagação mais relevante que aqui se interpõe é esta: que é mais importante a subordinação acrítica à burocracia educacional ou a verdade lograda na pesquisa? O acatamento da "ordem unida" militar na avaliação do desempenho, ou a criatividade discente?

Tenho pena do professor, da instituição universitária e dos seus alunos quando se exige, no âmbito da universidade, em detrimento da qualidade, uma extensão formal arbitrária dos trabalhos exigidos dos alunos; um certo número de páginas. É uma indução ingênua à mediocridade na vida do espírito.

(71) **Sobre a epistemologia** – A diversidade terminológica instaura-se já com a denominação da disciplina. No seu clássico *Diccionario de la Filosofia*, Alianza Editorial, Madrid, vol. 2; 1990, p. 1350, Ferrater Mora adverte que o termo epistemologia é dito em alemão, com maior frequência *Erkenntnistheorie* (teoria do conhecimento) e, às vezes, *Erkenntniskritik* (crítica do conhecimento) e que, em inglês, se usa, mais comumente, *Epistemology* e ainda que, em francês predomina a expressão *Théorie de la connaissance*, mas às vezes usa-se os termos *gnoseologie* e épistemologie.

A teoria do conhecimento (epistemologia ou gnoseologia) não é apenas, ao contrário do que pretendeu Wittgenstein, "a filosofia da psicologia" (*Tractatus logico philosophicus*, Edusp, SP, enunciado 4.1121).

Com razão, Henrique Lopes dos Santos (op. Cit., p. 17) manifesta sua discordância de Wittgenstein denunciando seu reducionismo indevido e uma boa dose de menoscabo. A epistemologia não se resume à filosofia da psicologia. É muito mais que isso. Por isso mesmo, não passa de uma arrogância da razão pretender circunscrever o campo total da epistemologia à enunciação de um aforismo. Ao campo total coberto pela epistemologia pode-se nomear, com Michel Foucault, "campo epistemológico", que é vastíssimo.

A epistemologia é uma disciplina que engloba, numa relação de parte para com o todo, um âmbito particular de problemas relativos ao conhecimento. É uma disciplina filosófica.

Tampouco, é de aceitar-se o enunciado nº 4111 do *Tractatus* que a Filosofia, que a epistemologia deve significar algo que esteja não apenas acima (correto), mas também abaixo (incorreto) das ciências naturais. A epistemologia não está, nunca, abaixo das ciências naturais, pena de negar-se como disciplina filosófica. Ela delimita o campo de conhecimento humano e oferta as condições de sua legitimidade.

A metáfora espacial de Wittgenstein (acima/abaixo) não se sustenta. Na hierarquia lógica do conhecimento (lógica material, entenda-se), a epistemologia tem, como uma das suas funções mais nobres, controlar a legitimidade dos enunciados nas ciências experimentais – indicando-lhes os limites da sua legitimidade conceitual, enfim. A lógica material é, ao fim das contas, epistemológica.

Uma epistemologia que se colocasse "abaixo" das ciências experimentais constituiria uma pura inutilidade. Nesse sentido, seria logicamente concebível, não, porém, factível. Perderia *ipso facto* a sua idoneidade conceitual. Não é, portanto, a epistemologia, uma escrava das ciências, mas exerce sobre elas a sua soberania (relação de meta e infralinguagem).

Sob o ponto de vista do seu inter-relacionamento com as ciências particulares e especializadas, a relação entre elas e a teoria do conhecimento é então de supra – (epistemologia) e infraordenação (ciências naturais e culturais). Assim sendo, a epistemologia é, na formulação moderna, metalinguagem. Uma linguagem que esclarece e determina as condições e limites do conhecimento científico. Esta é, acaso, a sua função mais eminente. Pode-se dizer que a epistemologia conhece a verdade por consistência lógica material. Um enunciado epistemologicamente incorreto estará, por isso mesmo, errado. O controle epistemológico funciona, em tais condições, como um *prius* diante da própria investigação científica. Sindica-se primeiro a viabilidade epistemológica do enunciado e, depois, com os recursos da própria ciência (experimentos de falseamento), a validade experimental de uma proposta teórica. Com as hipóteses que formula, a ciência sugere (opinião, *doxa*) teses fracas, no sentido de sua susceptibilidade congênita a erros, como a etimologia do termo "hipótese" esclarece (no latim *hypothesis*, no grego *hypóthesis* o prefixo *hypo* significa "abaixo de"). Uma asserção, p. ex., que sustente não ser a da luz velocidade limite no universo é epistemologicamente legítima dada a universalidade das leis naturais. Outra asserção, limitando a validade dessa lei ao hemisfério norte, será, pela mesma razão, epistemologicamente ilegítima (leis naturais são universais) e infirmável pela experiência (equivocada) no campo da ciência especializada (física). Dar-se-ia em tal hipótese quebra da universalidade do conhecimento relativo às leis naturais. Isso não significa, porém, que a própria hipótese epistemológica esteja imunizada ao erro. Ela é suscetível de erro, como qualquer outra atividade do conhecimento humano. A negação do acesso do conhecimento à verdade (ceticismo) será um erro epistemológico.

É tão amplo o campo da epistemologia que Foucault lhe atribui outras funções, quais sejam as descontinuidades e rupturas no conhecimento. As rupturas com o conhecimento preestabelecido, características das revoluções científicas, são exploradas na obra meritória de Kuhn.

Numa perspectiva muito ampla a epistemologia pode ser definida como uma teoria material do conhecimento. Por isso, ela tem por função desvendar a verdade por consistência material lógica: os principais do conhecimento. E é esse seu aspecto que particularmente nos interessa. Trata-se do controle racional dos resultados da ciência, sua compatibilidade com as regras do reto pensar.

(72) **Temporalidade e transtemporalidade dos bens culturais** – Há uma característica algo paradoxal, mas essencial, das autênticas e grandiosas obras de criação literária, artística ou científica. Num determinado sentido, elas estão demarcadas no tempo, vinculadas à época e circunstâncias do seu surgimento, como um precipitado das relações sociais na sua complexidade. Essas produções do espírito humano se manifestam, portanto, contextualizadas no tempo. Assim, somente são compreendidas à luz de uma *hermenêutica histórica*, que lhes recomponha as circunstâncias na época em que foram produzidas. Esse caráter, determinado historicamente, foi muito bem apercebido por Einstein, ao explicar os condicionantes em que a obra de Newton foi produzida:

> "Newton, perdoa-me: descobriste o único caminho que na sua época, era o possível para um homem com os mais elevados padrões de pensamento e criatividade. Os conceitos que criaste guiam ainda hoje o nosso pensamento em física" (in Abraham Pais, *Sutil é o Senhor... A Ciência e a Vida de Albert Einstein*, p. 15).

Consequência: a superação da física newtoniana pela teoria da relatividade é um *sufheben*, termo alemão hegeliano, que significa, na tradução usual, suprimir conservando. Não a relegou à cesta de papéis inúteis[1].

---

1. No seu posfácio ao livro de Adorno (*Minima Moralia*, p. 255), o seu tradutor, Gabriel Cohn, adverte para as dificuldades desse termo alemão: "Outro problema dessa tradução pode ser compartilhado com todos os que já enfrentaram textos alemães nos quais aparece o pesadelo máximo que nos foi legado por Hegel. Trata-se da temível "*aufhebung*", em geral traduzida por "superação" quando não pela solução heroica da "suprassunção", termo híbrido criado pelo padre Paulo Meneses ao traduzir a *Fenomenologia do Espírito*, na tentativa de reproduzir numa única

As grandes produções do espírito humano superam as limitações de sua circunstância temporal. Neste sentido, elas são *transtemporais*. Imunizam-se à ação corrosiva do tempo, que (i) poupa as obras relevantes, preservando-as para consagração na posteridade e (ii) relega ao esquecimento as obras irrelevantes, que logram apenas um sucesso social efêmero, restrito aos aplausos de seus contemporâneos. Há, assim, livros que alvejam, lamentavelmente, o êxito social transitório, e com este se contentam, num exercício de fútil superficialidade. Esse reconhecimento social ocorre pela divulgação na mídia em geral: colunas dos jornais, TV, internet e outros meios de comunicação, escrita e falada. Essas obras superficiais estão, pela sua irrelevância e desde o seu nascedouro, sob o domínio do efêmero. Há, no entanto, livros que, como o reverso da medalha, se caracterizam pela sua vocação para a perenidade e transcendência diante da época em que foram escritos. Constitui, essa dúplice configuração, uma saga do espírito humano; trajetória de suas manifestações objetivas no mundo da cultura, logradas ou malogradas em função de sua qualidade superior ou inferior. Algumas obras, sobretudo na ciência, só serão adequadamente avaliadas sob as luzes do futuro. Se transcender a compreensão média dos seus contemporâneos, a obra científica, artística ou literária, somente será compreendida – e consagrada – com o advento das gerações

palavra a junção entre abolir, elevar e conservar presente em "*aufhebung*". Há solução mais elegante e bastante feliz na captação do complexo de significados original, contudo. Deve-se ela a Leandro Konder, e a reencontrei no belo livro sobre crítica musical em Adorno de Jorge de Almeida (...). É pura e simplesmente "suspender", que adotei com as variações que admite". Porém, a tradução como "suspender" tem o inconveniente de não deixar claro efeito de supressão, essencial ao "*aufheben*". E, a função de conservação é igualmente importante nessa palavra. Ninguém melhor do que Hegel para esclarecer esse termo, que ele introduziu na linguagem filosófica: *"Importa recordar aqui a dupla significação de nosso termo alemão "aufheben". Por "aufheben" entendemos primeiro a mesma coisa que "hinwegraümen" [ab-rogar], "negieren" [negar], e por conseguinte dizemos, por exemplo, que uma lei, um dispositivo são "aufgehoben" [ab-rogados]. Mas além disso significa também o mesmo que "aufbewahren" [conservar], e nesse sentido dizemos que uma coisa está "wohl aufgehoben" [bem conservada]." (A Ciência da Lógica, §96).*

Nesses termos, um vocábulo que, talvez, expressaria melhor a significação de aufheben seria: superação.

futuras. Não lhes bastam as luzes opacas do seu tempo, limitado pelo conhecimento ainda insuficiente para essa compreensão. Isso vale, p. ex., para Newton ou Einstein na Física. O primeiro somente veio a ser integralmente compreendido – paradoxal constatação – pela sua superação com a superveniência da teoria da relatividade (restrita e geral). Não mais o espaço e o tempo absolutos, como Newton pretendeu, mas um espaço-tempo relativo ao observador do fenômeno analisado. Sob essa perspectiva, o tempo é fator de decantação das teorias científicas, que têm o seu lugar de eleição no futuro, com as suas novas e inovadoras perspectivas de abordagem e compreensibilidade, em sua evolução, devida ao desenvolvimento tecnológico. É ele fator essencial para a adequada compreensibilidade das teorias científicas, obras de arte e literárias. Separa as que sobrevivem à sua ação (classe em que estão insertas as obras relevantes) e as que sofrem os seus efeitos corrosivos (classe das obras irrelevantes), retraindo-se nas brumas do esquecimento. As obras superficiais, quando muito, conseguem ser revistas ou atualizadas. O toque de genialidade lhes é estranho.

Grandes gênios da humanidade estiveram submetidos à indiferença generalizada em sua época, dramática para o autor da obra, mas que no fundo é paradoxalmente justa. Como esperar dos seus contemporâneos a consagração do gênio? É exigir-lhes não raro o que eles não podem dar, porque o gênio, sobretudo quando incompreendido pelos seus contemporâneos, é um contemporâneo do futuro. Toda obra cultural aspira, contudo, o reconhecimento público imediato. Esse é um ponto de convergência entre obras relevantes e irrelevantes.

Parodiando Nietzsche, no *Ecce Homo*, digo que há livros póstumos, já no seu nascedouro. Em que sentido, são póstumos esses livros, produtos da genialidade? É precisamente em decorrência da sua *transtemporalidade*. A pedra de toque da genialidade estará então nessa característica: tais obras são como que recados para as gerações futuras. Villa Lobos muito bem o pressentiu, quando advertiu: "Escrevo músicas como se fossem cartas para a posteridade sem esperar resposta". É uma advertência iluminada. Assim na música, como na pintura. Em vida, Van Gogh não conseguiu vender a preço justo os seus deslumbrantes quadros. Hoje, eles atingem valores estratosféricos nos leilões de obras de arte. Preços só acessíveis aos ricos. Consequentemente, essas criações do espírito humano são rigorosamente *transtemporais* (= da época contemporânea para o futuro) e, até certo ponto, *intemporais*, pela sua vocação à perenidade. Surpreendente paradoxo: elas estão e não estão no tempo. Essas criações são (a) transtemporais porque, na sua caminhada rumo ao futuro, ultrapassam as circunstâncias temporais da época em que foram produzidas e viveram os seus autores. E, paradoxalmente, são (b) atemporais – não no sentido antinômico de que elas estão fora da ordem temporal, porém, isso sim, no sentido de que persistem blindadas contra os efeitos corrosivos do tempo; efeitos que são fatais para as obras irrelevantes. Transcendem, as obras relevantes, os limites da época em que foram produzidas, projetando-se para o futuro. O tempo só governa o ato de criação da obra – não, porém, a experiência estética sempre renovada na contemplação das grandes manifestações do espírito humano. Os pré-socráticos, Aristóteles e Platão inspiram, até hoje – e continuarão inspirando –, o pensamento ocidental (nada de novo sob o Sol: *nihil novum sub Sole*).

Há, porém, sob o ponto de vista da compreensibilidade pública ou não, diferentes reações diante de relevantíssimas manifestações do espírito humano. Os contemporâneos da obra científica podem admirar-se pela sua profundidade – compreendê-la e difundi-la. No campo da ciência jurídica, é o que acontece com a doutrina kelseniana. A ciência jurídica, no século XX, mostra a sua face revelando a influência de Kelsen, quer por meio dos seus adeptos entusiastas, quer pela oposição de críticos empedernidos. Se fora abstraída essa influência kelseniana, estaria desfigurado o panorama jurídico de seu tempo. Mas Kelsen não perdeu interesse para o século XXI. Ao contrário, permanece como objeto de discussões em incontáveis livros, revistas e seminários. É essa a forma de transtemporalidade de sua obra.

Dão-se, porém, obras que, em regra, os seus contemporâneos não conseguem compreender e, nada obstante, as admiram. Porque intuitivamente ou por influência do testemunho da autoridade de notáveis, sabem que elas são dignas de admiração, em sua incompreendida profundidade e audácia teórica. Há um episódio curioso, na estreia do filme *Luzes da Cidade* de Charles Chaplin, para a qual Einstein foi convidado de honra. Diante da calorosa recepção pela plateia, Chaplin observou: "Essa gente aplaude o senhor porque não o entende e aplaude a mim porque me entende". O entusiasmo público pela obra de arte ou científica, avaliada pelos sábios, decorre assim ora da sua compreensão, ora da sua incompreensão. Einstein, com a sua Teoria da Relatividade, desvendou um dos segredos mais deslumbrantes do universo, o desvio da propagação da luz sob o efeito da gravitação (curvatura de espaço-tempo). Essa obra teórica nasceu póstuma, porque era inacessível à compreensão média da comunidade de estudiosos, seus contemporâneos. Diz-se que o físico Arthur Eddington, certa feita, indagado sobre as três únicas pessoas no mundo que compreendiam a teoria da relatividade, respondeu, bem-humorado, com outra indagação: "Quem é a terceira?".

(73) **Verdade e falsidade** – Recorde-se a sábia advertência de Niels Bohr, o grande físico dinamarquês, reproduzida em tradução livre: há duas espécies de verdade: de um lado estão as proposições simples e tão claras que a proposição contrária é evidentemente insustentável. De outro, estão as verdades profundas, proposições cujo contrário contém também uma verdade profunda (*Physique Atomique et Conaissance Humaine,* p. 197). Que belo adágio! Na descrição do mundo se contrapõem dois modelos fundamentais em Física Teórica, a Teoria da Relatividade Geral e a Física Quântica; modelos esses mutuamente incompatíveis, mas reivindicando validade, cada um deles, no seu domínio: o oposto de uma verdade profunda é efetivamente outra verdade profunda. A lógica não consegue explicar essas relações sintáticas entre teorias divergentes.

(74) **Sobre o determinismo e a liberdade na vontade** – O determinismo da vontade humana é apenas um aspecto particular de fenômeno mais amplo – o criticado por muitos físicos – princípio da causalidade, que, na sua formulação tradicional, é universal, projetando e expandindo os seus efeitos – para além da causalidade física – na determinação de atos pelo caráter necessário de certas ações humanas. Todo efeito tem sua causa. A motivação da vontade é então determinada por fatores, sobretudo sociais, que lhe são externos. Descabe negar a validade da explicação determinista. Einstein, p. ex., se proclamou determinista.

A exclusão social leva consigo a negação de direitos e benefícios mínimos a aglomerados urbanos castigados por sua tão brutal, quanto inadmissível pobreza. Essa exclusão determina e explica, embora não justifique, a revolta contra a sociedade e erupção de ações antissociais, decorrentes de níveis intoleráveis de convivência humana, como o homicídio, o sequestro de pessoas e crimes hediondos em geral. Embora, até certo ponto, determinante de conduta, esse fenômeno urbano não se caracteriza por uma inelutável fatalidade. É possível assim a inclusão social de jovens e adultos deserdados pelo destino, à mercê, até então, do estigma da exclusão urbana. Desportos e atividades musicais, como terapia para a reinserção social, nos dão exemplos eloquentes e admiráveis dos modos eficazes de superação dessa marginalização social e recuperação dos envolvidos para a vida em sociedade. Nesses termos até aqui considerados, porém, o determinismo da vontade é uma verdade profunda. Não é ele, sem embargo, incontornável.

Opõe-se ao determinismo a liberdade de arbítrio, autonomia do querer, que é condição essencial da própria normatividade ética – outra verdade profunda. Se a vontade humana estivesse em absoluto determinada pelas condições sociais, não haveria como imputar sanções ao responsável pela conduta antissocial. Seria a quintessência da iniquidade punir quem não é responsável pela ilicitude. É, no entanto, a partir do livre arbítrio, cujo exercício venha a ser estimulado na direção para o bem, que as pessoas marginalizadas são recuperadas para a vida moralmente sadia em sociedade. Equivocado então negar a autonomia da vontade individual. Deve-se, pois, afastar o maniqueísmo na abordagem das relações entre livre arbítrio e determinismo. O livre arbítrio é, então, uma verdade profunda, que se opõe a uma verdade profunda (o determinismo). Não se trata de relações entre verdade e erro, porque esse inter-relacionamento se dá entre duas verdades profundas, mas em mútua oposição.

É assim, em sua antinomia, que as relações entre o determinismo e o livre arbítrio sempre foram tradicionalmente entendidas. Mas, essa oposição mútua não exclui o seu inter-relacionamento fundamental. São dois aspectos *complementares* na conduta humana, no sentido em que a noção de complementaridade foi introduzida, na teoria física, por Niels Bohr e aplicada à dialética por um ilustre estudioso: "Os dois aspectos são complementares e até necessários um ao outro. Sem determinismo, com efeito, o uso da liberdade seria impossível porque só posso agir segundo o fim que me fixei, graças ao conhecimento das leis que regem a minha atividade interior; segundo a célebre frase de Bacon: só se domina a natureza obedecendo-lhe. Inversamente, sem liberdade, não teríamos a ideia de determinismo: a ligação constante dos antecedentes e dos consequentes seria considerada natural e não teríamos mesmo consciência dela..." (Paul Foulquié, *A Dialética*, Publicações Europa-América, 3ª ed., p. 100).

A oposição livre arbítrio/determinismo (tese e antítese) gera, então, a sua superação dialética (síntese) numa superior unidade: a complementaridade mútua entre ambas é uma hipótese unificadora. Quando se toma como premissa inicial (tese) o livre arbítrio, o determinismo funciona como sua antítese e, reversamente, quando se parte do determinismo (tese) o livre arbítrio se lhe opõe como antítese.

III - NOVOS ENSAIOS

1. Hegel *versus* Hegel ou sobre as divergências de opinião e o envelhecimento temático

A opinião reina sobre tudo. Ali onde se alojam os nossos juízos opinativos sobre os méritos ou deméritos de um pensador instaura-se não raro a discórdia mais radical de avaliação. Não se trata de simples divergência de opiniões sobre pontos isolados ou superficiais de uma teoria científica ou sistema de filosofia, mas da discórdia sobre os seus aspectos fundamentais e decisivos.

As divergências sobre os fundamentos da ciência

A física relativista, uma das mais profundas revoluções na história da ciência, é inspirada pelo princípio da *causalidade*, do qual Einstein foi um adepto convicto ao longo de sua vida. Mas a relatividade é uma perspectiva de macrofísica na abordagem de fenômenos de natureza, tais como a velocidade da luz no espaço-tempo, a gravitação universal. Paralelamente, e em oposição à perspectiva causalista na análise dos fenômenos naturais, a física quântica pretende incorporar às suas conquistas teóricas a descoberta de um princípio inteiramente distinto da causalidade; diverso da relação entre causa e efeito (dada uma certa causa, deve ser um determinado efeito). Esse princípio, que informaria a microfísica ou física das partículas atômicas e subatômicas, é o da *probabilidade* e recebeu uma das suas variantes e determinações mais acabadas no princípio da *indeterminação ou incerteza (Unbestimmtheit)* de Werner Heisenberg. Até o fim de seus dias, Einstein se contrapôs à visão meramente probabilística de fenômenos físicos, afirmando, em frase célebre, que Deus não joga dados. A explicação probabilística expressaria apenas, segundo o criador da teoria da relatividade, a imperfeição do nosso conhecimento a respeito dos fenômenos físicos; um estágio de inacabamento no conhecimento dos fenômenos físicos.

Essa divergência de perspectivas ilustra admiravelmente a necessidade de superar a contraposição dualista entre ciências "exatas" e "inexatas". É incorrer numa contradição em termos, nomear certas ciências, como a física, a cosmologia, a biologia etc., "ciências exatas". Tender para a exatidão não é o mesmo que lograr sempre a exatidão. Ali onde se instala o conhecimento humano estará presente o erro, como uma contingência biológica inevitável e, pois, a inexatidão encontrará morada na caracterização dos fenômenos, inclusive os fenômenos naturais. A esse condicionamento não escapa sequer o "saber absoluto", explorado com brilho, em sua filosofia, por Hegel. Dizê-lo absoluto não implica imunizá-lo ao erro. A inexatidão não é característica exclusiva das ciências ditas culturais, como o Direito e a Sociologia. É incorrer em manifesta inexatidão nomear certas ciências como exatas, em oposição a outras, que não o seriam. Todas são, nesse sentido, inexatas – traço comum que as une.

A AUTOPROCLAMAÇÃO DOS PRÓPRIOS MÉRITOS DO ESCRITOR OU ARTISTA

Misérias e grandezas da condição humana. A vida em sociedade caracteriza-se, em geral, pela carência de pensamento, ou seja, pela persistente abstenção social do ato de pensar. Se o artista (pintor, escultor etc.) ou escritor (poeta, romancista, cientista, cronista de costumes etc.) abre mão dos naturais escrúpulos e reivindica o reconhecimento generalizado de seus méritos incomparáveis e de sua genialidade, dentro em pouco tempo, quase todos estarão em uníssono reconhecendo-lhe esses atributos. Porque ninguém para, no ritmo frenético da vida moderna, para pensar a respeito e avaliar o que é dito de si mesmo pelo pensador ou artista que se proclama, ele próprio, excelso. Vivemos num país em que os dois grandes projetos nacionais são, por excelência, a copa do mundo de futebol e o carnaval... nenhum apreço, portanto, pelo trabalho científico, exercido no âmbito recatado da vida privada. Todos nós conhecemos exemplos de escritores que se deram pragmaticamente bem na vida social com o recurso competente à autoadministração da própria glória. Mesmo quando o escritor ocupa um posto privilegiado no mundo do pensamento, se ele próprio não hesita em proclamar – numa ostensiva manifestação de vaidade – as suas virtudes intelectuais e méritos insuspeitados, para ele nunca suficientemente louvados por outrem, estará dando o primeiro passo para acelerar o seu reconhecimento social generalizado. Não se trata, pois, da cambiante avaliação de terceiros, mas da autoproclamação de méritos, sem inibições, pelo próprio autor da obra de ciência ou arte. A essa tentação não resistiu Nietzsche, em texto paradigmático dessa característica, consistente em ceder ao desejo de ser o pensador o quanto antes universalmente reconhecido. Veja-se o seu próprio testemunho sobre a sua obra "Assim Fala Zaratustra" (*Also Sprach Zarathustra*), que tem como subtítulo "Um livro para todos e para ninguém" (*Ein Buch fur Alles und Keinen*), como ele o proclamou em epígrafe noutra obra:

> "- Dentro de meus escritos, meu Zaratustra está sozinho. Com ele fiz à humanidade o maior presente que até agora lhe foi feito. Esse livro, com uma voz que passa por sobre milênios, não é somente o livro mais alto que há, o autêntico livro do ar das alturas (...); é também o mais profundo, o nascido da mais íntima riqueza da verdade, um poço inesgotável, em que não desce nenhum balde sem voltar cheio de ouro e bondade." (*Ecce Homo*, prólogo)

A FAMA COMO SOMA DE DESENTENDIMENTOS SOBRE O PENSAMENTO DE UM FILÓSOFO

Onde há avaliação do pensamento filosófico e da teorização científica, insinuam-se descaminhos na análise crítica.

Melhor exemplo de interpretações conflitantes não pode ser fornecido que o de Hegel. A respeito dele, se interpõem as opiniões mais divergentes, lembrando a célebre definição da fama por Rilke, em seu livro sobre Rodin, edição francesa, p. 21: "A fama nada mais é, afinal, que a soma de todos os mal-entendidos que se reúnem em torno de um novo nome". Esses mal-entendidos permeiam a análise da obra de Hegel, desde os cerca de duzentos anos em que ela foi produzida. Sua avaliação crítica varia entre o entusiasmo incontido e a radical hostilidade. É uma saga e um destino muito peculiares ao pensar desse pensador. Mas sua resistência à ação corrosiva do tempo já é de si um atestado de qualidade do sistema hegeliano. Do contrário, ele não ocuparia o espírito humano por tanto tempo e já estaria recolhido piedosamente nas brumas do esquecimento.

Há, porém, outros exemplos de incompreensões diante da fama. Após, 1905, "ano admirável" (*annus mirabilis*) em que, ao lado de outros ensaios decisivos para a física moderna, Einstein publicou a Teoria da Relatividade Restrita, ele pareceu tornar-se não apenas uma, mas várias pessoas diferentes, como informa Bárbara Lovett Cline: a alguns parecia um radical perigoso; a outros um incompetente ingênuo. Houve quem entendesse a obra no sentido de que estava abolido todo o absoluto, inclusive o "bem" e o "mal". Outros a viram como se fora um guia religioso que, como Moisés, ajudava seu povo a chegar a uma terra nova (*Los Creadores de la Nueva Física*, p. 116).

Pretende-se demonstrar neste breve ensaio que as opiniões sobre Hegel se dividem em três vertentes: a) os que consideram a sua obra pura e simples mistificação; b) os que antipatizam com o sistema de Hegel, sem, contudo, adotarem oposições tão radicais ao hegelianismo; c) os que consideram reversamente Hegel uma das culminâncias e fulgurações mais elevadas do espírito humano. Nada a estranhar, contudo. Também aqui, a fama é um conjunto de divergências de opinião em torno de uma obra, quando não de mal-entendidos generalizados. Examinemos, embora sucintamente, as opiniões expressivas de cada um desses grupos, pelos seus representantes mais autorizados. Um exemplo de mal-entendido generalizado? A contraposição dialética entre tese, antítese e síntese, que, para os hegelianos, não passa de uma "invenção" distorcida dos intérpretes de Hegel.

1ª VERTENTE: OS OPOSITORES RADICAIS AO SISTEMA DE HEGEL

Onde se aventura o pensamento humano, insinuam-se os nossos conceitos e preconceitos. A crítica de Popper é tão destemperada que, dada a natural dificuldade de apreensão do pensamento hegeliano, e até pela comodidade do pensamento (melhor dito: recusa ao pensar), leva à rejeição, *a priori*, do pensamento de Hegel, sobretudo, não exclusivamente, porém, à *Fenomenologia do Espírito*.

Na sua obra *The Open Society and its Enemies*, vol 2º, pp. 27 e segs. (*A Sociedade Aberta e seus Inimigos*), Popper ataca duramente o idealismo de Hegel, afirmando, entre outras acusações, que este não passaria de um palavrório bombástico e mistificador e, pois, não se deve levar demasiado a sério. Popper, aliás, reconhece que não pretende explicar a influência de Hegel, mas combatê-la. Essa afirmação soa quase como uma paródia de Marx: "Já se pensou demais o mundo; doravante trata-se de transformá-lo". Não se esquiva Popper de expor a dialética hegeliana em ritmo ternário da tese, antítese e síntese, negada veementemente pelos adeptos de Hegel: "Primeiro é apresentada uma tese; mas ela produzirá crítica, será contraditada pelos seus opositores, que asseveram o contrário, apresentando sua *antítese* e, do conflito dessas concepções, chega-se a uma *síntese*, isto é, a uma espécie de unidade dos opostos, uma transigência ou conciliação de nível mais elevado". Contra essa visão, se insurge Paulo Meneses, em texto indignado: "Não sei de que veio essa versão filisteia do hegelianismo como tríade de "tese, antítese e síntese". Deve ter vindo de algum espírito alérgico a todo pensamento dialético, que imaginava a dialética como uma bateria de retortas num laboratório de químico ou num sótão de alquimista..." (*Universidade e Diversidade*, pp. 70-71).

Segundo Popper, resvalando para uma crítica ideológica, a filosofia de Platão torna-se em Hegel o seu mais servil lacaio, capaz de desprezíveis serviços em prol do totalitarismo político. "Pergunto se não tenho razão – acrescenta ele – "quando digo que Hegel nos apresenta uma apologia de Deus e da Prússia ao mesmo tempo, e se não está claro que o Estado que Hegel nos ordenou adorar como a Ideia Divina sobre a terra não é simplesmente a Prússia de Frederico Guilherme, de 1800 a 1830. E pergunto se é possível sobrepujar essa desprezível perversão de tudo quanto é decente, perversão não só da razão, da liberdade, da igualdade e das outras ideias da sociedade aberta, como também de uma crença sincera em Deus e mesmo um patriotismo sincero" (textual). Refere ainda ao "charlatanismo" de Hegel. O histórico, no sistema hegeliano, é um historicismo histérico – acrescenta.

Nada Popper lhe concede: "Muitos dos meus amigos me têm criticado por minha atitude para com Hegel e minha incapacidade de ver-lhe a grandeza. Nisto sem dúvida estavam com a razão pois eu era realmente incapaz de vê-la (e ainda sou)".

Não admira, pois, que, a partir da postura tão enfática contra Hegel, autor reconhecidamente difícil ("indigerível", disse-o Popper), pela "lei" do menor esforço, se renuncie antecipadamente a toda tentativa do pensamento e não se retome a sua obra para aquilatar da procedência ou não dessas críticas. Não é aqui, porém, o lugar de sua avaliação. Limitei-me, pois, a consignar a hostilidade da sua oposição radical, indicando-lhe alguns traços.

2ª VERTENTE: A POSIÇÃO INTERMEDIÁRIA DE OUTROS OPOSITORES A HEGEL

Dentre os críticos do hegelianismo, Jacques Maritain adota uma posição muito mais equilibrada, embora ainda assim adversa: "Por não simpatizar com Hegel, alimentei, em minha mocidade, certo preconceito contra a própria noção de Filosofia da História" (Maritain, *Sobre a Filosofia da História*, p. 12). Este autor atribui a Hegel a sua rejeição inicial da Filosofia da História (op. cit., p. 17): "Durante muitos anos, a própria noção de Filosofia da História teve má repercussão por causa de Hegel...". Concede, entretanto: "Apesar dos erros de Hegel, e mesmo, num certo sentido, por causa desses erros – em razão da maneira pela qual ele foi levado a sublinhar tão fortemente o aspecto que descobriu nas coisas – foi através de Hegel que se reconheceu, afinal, à Filosofia da História o título de disciplina filosófica" (*ibid.*, p. 17). Inobstante, para Maritain, o sistema de Hegel não passa de um colossal sofisma (*ibid.*, p. 34). Hegel é tido, algo surpreendentemente, como irracionalista (p. 36). E mais: critica-se Hegel em decorrência de uma simples derivação do hegelianismo: a vertente marxista. "Acrescenta-se que a noção marxista da História deriva diretamente de Hegel, com a passagem do idealismo ao materialismo" (*ibid.*, pp. 36/37). Não é necessário ir além para incluir Maritain entre os opositores de Hegel, embora com posições críticas mais equilibradas do que as de Popper, cuja obra é o *nec plus ultra* da crítica preconceituosa. Poderia Hegel, em contra-crítica aos seus críticos, dirigir contra os seus opositores – baseados na derivação de seu sistema num hegelianismo de esquerda e outro de direita – a mesma resposta, *mutatis mutandis*, de Kelsen: nada ilustraria melhor o caráter não-ideológico, mas estritamente científico da Teoria Pura do Direito do que essas divergências de opiniões. Insiste, porém, Maritain: "O sistema hegeliano é a mais brilhante notícia e influente expressão de falsa Filosofia da História..." (p. 41).

3ª VERTENTE: OS EPÍGONOS ENTUSIÁSTICOS DE HEGEL

É deveras surpreendente que uma obra tão atacada pelos erros e defeitos que lhe são imputados venha a ser objeto de juízos de valor tão entusiásticos como os dos adeptos de Hegel, caracterizadamente estudiosos importantes. Entre nós, situam-se os Padres Lima Vaz, tido como o maior filósofo brasileiro, e Paulo Meneses, duas das maiores autoridades brasileiras em Hegel, tradutores e divulgadores de sua obra. É no pequeno livro de introdução de Paulo Meneses à *Fenomenologia do Espírito* que encontramos preciosa informação a respeito dos méritos de Hegel. Nesse tópico, a *Fenomenologia do Espírito* é tida como uma das culminâncias do pensamento e até como a obra mais genial da história da filosofia:

> "A respeito da *Fenomenologia do Espírito*, diz Richard Kroner, um dos mais conhecidos estudiosos do Idealismo alemão na primeira metade deste século: 'Apesar dos seus defeitos, de resto reconhecidos pelo próprio Hegel, a *Fenomenologia* permanece, no entanto, sua obra mais genial e, talvez, a obra mais genial de toda a história da filosofia' (Hegel heute, ap. "Hegel-Studien", 1: 1961, 143). Para um conhecedor, mesmo superficial, da obra de Hegel esse juízo parecerá dificilmente contestável. A genialidade brilha na *Fenomenologia* pela vastidão e originalidade da concepção, pela maestria incomparável no uso dos procedimentos dialéticos da razão, pela prodigiosa riqueza do texto, pela força poderosa de um estilo que forja para a Filosofia uma nova linguagem de surpreendente plasticidade. Genialmente inovadora por um lado, a obra que inaugura, como pórtico grandioso, a fase de maturidade do pensamento de Hegel abriga, por outro lado, na sua complexa construção, toda a riqueza da cultura do seu tempo, não recolhida ao acaso, mas ordenada num vasto desenho histórico-dialético que 'rememora', interiorizando-o no conceito, o caminho, desde as suas origens, da cultura ocidental." (Lima Vaz, apresentação *in Para Ler a Fenomenologia do Espírito*, de Paulo Meneses, p. 5)

Entre nós, Paulo Meneses inclui-se entre os entusiastas do pensamento hegeliano, ao proclamar: "Hegel é dos pensadores mais importantes da história da humanidade: todo o pensamento anterior converge para ele, e todos os seus sucessores, em grau maior ou menor, derivam dele ou elaboraram suas filosofias em diálogo com o hegelianismo, ainda que fosse para refutá-lo" (*Hegel & A Fenomenologia do Espírito*, p. 7).

Acentua esse pensador brasileiro que a *Fenomenologia do Espírito* é por muitos considerada a obra mais genial da história da filosofia (op. cit., p. 9), colocando-se, assim, entre os antípodas das teses popperianas.

Nessa mesma linha de pensamento e avaliação, situa-se a opinião de Herbert Marcuse, para quem o prefácio à *Fenomenologia do Espírito* constitui um dos maiores empreendimentos filosóficos de todos os tempos: é nada menos que a tentativa de reduzir a filosofia à posição da mais alta forma do conhecimento humano, à posição de "Ciência" (cf. *Razão e Revolução*, p. 98). Dar à filosofia o *status* de ciência – e não de simples amor (*philos*) à sabedoria (*sophia*) foi a preocupação central de Hegel, e esse mérito não lhe deve ser negado.

Finalmente, transcreve-se a opinião de Maurice Merleau-Ponty, que não deixa dúvidas sob a sua adesão ao sistema de Hegel, do qual é entusiasta: "Hegel é o ponto de partida de todo o grandioso que se fez na filosofia, há um século: do marxismo, de Nietzsche, da fenomenologia e o existencialismo alemães, da psicanálise" (*Existencialismo e Marxismo*, p. 7).

Esse entrechoque de opiniões divergentes põe a descoberto a soma de incompreensões e mal-entendidos em torno de Hegel, porém igualmente fornece a compreensão do sistema filosófico hegeliano. Decerto a sua linguagem não é fácil, antes caracterizando-se pela sua obscuridade. Nesse particular, tem companhia ilustre, posto remota, de Heráclito (cognominado "O obscuro") e moderna de Heidegger. Porém, não será razoável negar, a partir dessa obscuridade, os méritos de Hegel. É ele um dos pensadores inaugurais de uma nova fase no entendimento humano, como lembrou, com acuidade, Lima Vaz.

O ENVELHECIMENTO TEMÁTICO

É fenômeno que se mostra e transparece pela ação do tempo, ao converter um tema atual, num determinado momento histórico, em tema que perdeu o interesse em momento histórico subsequente. O envelhecimento temático não se confunde com o erro dos sistemas filosóficos ou o erro das hipóteses científicas. Um dos desafios mais instigantes com que se depara a arte de escrever consiste em imprimir ao que se escreve uma dimensão intemporal, imunizar-se o escritor contra a ação corrosiva do tempo, efeito que torna desatualizados certos temas. Se o pensar manifestar-se grandioso, pretenderá por isso mesmo resistir a esse efeito, a desatualização dos temas por ele enfrentados. É possível ao pensador tentar a abordagem do tema escolhido com uma dimensão intemporal. Não que o pensamento seja apartado do seu contexto histórico – ou seja, das circunstâncias políticas, econômicas, culturais e sociais do seu tempo. Porém, deve o pensador escolher e selecionar os assuntos que, pela sua universalidade, sejam recorrentes em todas as épocas históricas ou independente delas. Só assim o pensamento ganha em profundidade. É surpreendente, quando não espantoso, ao ler-se Platão e Aristóteles, como a temática e abordagem dos assuntos por eles versados persistem atuais e nos concernem, a nós modernos: "nada de novo sob o sol". O mesmo pode dizer-se de Kant, Hegel e tantos outros.

Decerto é possível, em alternativas mutuamente excludentes, negar-se ou afirmar-se a genialidade de Hegel. Tanto que, como visto, essa negativa foi intentada por Popper, que lhe recusava quaisquer méritos, mas a sua genialidade foi proclamada por outros autores. Porém Hegel, também ele, não obstante os méritos do seu sistema, não escapou ao envelhecimento temático na sua "Fenomenologia do Espírito". Convivendo com textos de deslumbrante grandeza e atualidade, tem-se nessa sua obra, no tópico sobre a razão observadora (*beobachtende*), várias páginas dedicadas a criticar pseudociências, que hoje não mais preocupam e ocupam ninguém. A crítica de Hegel verte-se contra as leis que supostamente correlacionam os traços psicológicos de uma pessoa com suas características faciais (fisionomia) ou com o formato de seu crânio (*Schädellehre*, craniologia, frenologia) (v. Michel Inwood, *Dicionário Hegel*, p. 204).

A *fisionomia* é uma falsa ciência, que pretende, sem conseguir, estabelecer uma correlação entre o corpo tomado como linguagem exterior e o interior do espírito. Objetiva, pois, correlacionar o exterior e o interior de um indivíduo, como demonstra Paulo Meneses: "Parte da ideia que o corpo tem de ser uma expressão produzida pelo indivíduo, um **signo** no qual dá a conhecer o que é, pondo em obra sua natureza originária. Encontra-se aqui aquela noção corrente de que 'o exterior expressa o interior'" (*Para Ler a Fenomenologia do Espírito*, p. 92).

Outra pseudociência do tempo de Hegel, hoje não mais levada a sério, sequer mencionada, é a *frenologia* para quem a efetividade do ser humano é simplesmente a sua caixa craniana: "o espírito é um osso", ou seja, o crânio.

A precariedade dessas e outras pseudociências é muito bem advertida por Paulo Meneses: "Há outras falsas ciências piores, como a astrologia e a quiromancia, onde o exterior se refere a outro exterior ou a algo estranho: a constelação e o dia do nascimento; as linhas da mão e a duração da vida e seu destino" (*ibid.*, p. 92).

Como se vê, esses temas envelheceram. Foram recolhidos sob o manto piedoso do esquecimento. Ora, o gênio é um contemporâneo do futuro. Sob esse aspecto, os tópicos ora mencionados não expressam genialidade em Hegel, mas convivem com tópicos – tudo o mais nessa obra – em que a sua genialidade se manifesta e brilha, como acentuou Lima Vaz.

Sobre a necessidade da guerra

Porém o fenômeno do envelhecimento temático recebe em Hegel uma outra e dramática manifestação que é incomparavelmente mais importante. Trata-se de sua análise da necessidade da guerra, como fator pretensamente salutar de coesão dos povos e afirmação da sua individualidade histórica.

No seu estudo *Introdução à Filosofia da História de Hegel*, Jean Hyppolite, que não é adversário, mas adepto do sistema hegeliano e traduziu a *Fenomenologia do Espírito* para o francês, dedicou muitas páginas sobre o que ele nomeia como "a filosofia da guerra de Hegel", poupando-nos, pela clareza da exposição, de uma pesquisa custosa sobre essa filosofia ao longo das obras de Hegel. É esse estudo do pensador gaulês que iremos utilizar em nossa exposição.

Para Hegel, um povo é único na história, tendo por isso seu gênio próprio e sua maneira de existir, opondo-se e contrapondo-se, por exclusão, a outros povos. A individualidade de um povo importa sua unicidade e exclusão da individualidade de outros povos, surgindo, assim, a necessidade da guerra: "A relação de povo para povo pode ser uma relação de coexistência, uma ordem mais ou menos estável de paz, mas precisamente devido à individualidade do povo, ao seu caráter exclusivo e negativo, tal relação é necessariamente, num momento ou noutro, uma relação de guerra" (J. Hyppolite, op. cit., p. 81).

Aqui está a pedra de toque da doutrina hegeliana da guerra: "Ao contrário dos filósofos do século XVIII, que esboçaram projetos de paz perpétua e plenos de organização jurídica da humanidade, Hegel, que assiste as guerras da Revolução, desenvolve uma filosofia da história na qual a guerra desempenha um papel essencial" (J. Hyppolite, *ibid*, p. 81).

Chega a parecer algo chocante, para nós, modernos, a defesa que faz Hegel do estado de beligerância: "Sem a guerra e sem a ameaça de guerra pairando sobre ele, um povo arrisca-se a perder pouco a pouco o sentido de sua liberdade, adormece no hábito e mergulha na sua relação à vida material. É por isso que Hegel não hesita em dizer que uma paz demasiado longa pode perder uma nação" (J. Hyppolite, *ibid*, p. 82). Trata-se, assim, de acentuar a necessidade espiritual da guerra, implicando uma concepção heroica da liberdade na história dos povos. Assim, os projetos da paz perpétua, que já sacudiam os espíritos em sua época, a Hegel pareciam utópicos (v. Abbé de Saint-Pierre, *Projeto para Tornar Possível a Paz na Europa*, 1713; Immanuel Kant, Über die Misshelligkeit zwischen der Moral und der Politik, in Absicht auf den Ewigen Frienden *(Sobre a Discordância entre a Moral e a Política a Propósito da Paz Perpétua, in Textos Seletos*, edição bilíngue, pp. 131 e segs.).

Hermenêutica histórica e seu desdobramento: interpretação histórico-evolutiva

Não é razoável, entretanto, dissociar a doutrina hegeliana da guerra das circunstâncias históricas do seu tempo. Na época de Hegel persistia indisputado o dogma de soberania absoluta dos Estados a nortear as relações internacionais, que assim estavam submetidas apenas a regras de *coordenação* de suas relações pelo direito internacional – o que explica, porém não justifica a sua apologia da guerra.

Nenhuma *subordinação* é admissível entre Estados soberanos. Com a evolução, porém, das relações internacionais, cedeu-se espaço à integração econômica, política, social e cultural entre os povos, que hoje obteve a União Europeia. Essa evolução originou – sobretudo a partir da segunda metade do século XX – um nível de integração, caracterizado pela livre circulação de pessoas, bens, mercadorias, capitais etc., entre os países integrantes da União Europeia. Essa integração sociopolítica inviabiliza, presume-se, as guerras tradicionais, sobretudo pela interdependência acentuada das economias estatais. É esse um otimismo político salutar que dificilmente será infirmado pelos fatos. Decerto persistem as guerras entre grupos étnicos nacionais ou as guerras entre facções religiosas, problemas graves internos dos países envolvidos com esses conflitos. Mas a guerra tradicional, envolvendo dois ou mais povos integrados num espaço comunitário, como as guerras dos países aliados contra a Alemanha nazista (1939-1945), essa parece doravante superada no âmbito político da integração comunitária. Espero ardentemente que essa observação não esteja equivocada, porque esse é o mais ambicioso e o mais legítimo resultado do direito de integração comunitária europeia. Como teria Hegel reagido a esse fenômeno novo na vida dos povos? Impossível uma resposta – a respeito somente cabem conjecturas.

E sem embargo de alguns contratempos compreensíveis e explicáveis, como a negativa de referendo à Constituição Europeia pela França, Inglaterra e Holanda, a integração comunitária europeia avança a passos acelerados. A individualidade absoluta dos povos, num mundo globalizado, não passa de um atributo superado. Uma determinação que não mais se lhes aplica. Um povo integrado num espaço comunitário não exclui a individualidade de todos os outros povos, nem dos Estados nele integrados, mas apenas preserva a sua individualidade cultural: unidade na variedade. Nesse campo, a doutrina da guerra de Hegel não tem mais hora e vez.

2. Sobre a lógica simbólica

> "O LÓGICO: Assim, vejamos um silogismo exemplar: o gato tem quatro patas.
>
> O SENHOR IDOSO: Meu cachorro tem quatro patas.
>
> O LÓGICO: Então é um gato."
>
> (Ionesco, Rinoceronte)
>
> "Ao contrário, prosseguiu Twedledee, 'se era assim, pôde ser; e se foi assim, seria. Mas como não é, não é. Isto é lógica.'"
>
> (Lewis Carroll)

A lógica simbólica é uma colossal e vã tautologia: repetição da linguagem natural, fazendo-lhe as vezes, ao substituí-la por símbolos e signos inacessíveis para os não iniciados. A verdade como correspondência entre proposição descritiva e realidade descrita demonstra a procedência dessa assertiva, partindo do campo da lógica material. Da sentença falsa "A lua é feita de queijo verde" é possível extrair sentença verdadeira, a saber: a proposição hipotética "a lua é feita de queijo verde" é verdadeira se e somente se "a lua é feita de queijo verde". Num nível elementar de formalização, para não dificultar a compreensão dos não-iniciados nos meandros da lógica, essa sentença verdadeira pode ser assim formalizada: "P corresponde aos fatos se e apenas se p". Essas notações formais expressam a mesma coisa: "P corresponde aos fatos e p corresponde aos fatos". Daí o seu caráter tautológico. Não se acresceu nada, com as formulações lógicas, ao conhecimento dos fatos. Apenas o conhecimento apodítico dos fatos (necessário, incondicionado) é substituído, na enunciação, por um conhecimento condicional (disjuntivo). Onde estão as palavras e as coisas e suas relações, a lógica simbólica coloca uma fórmula algorítmica, como uma "flor de papel" (Alfredo Becker). Os conectivos intervocabulares nas proposições da linguagem desformalizada são substituídos por signos formais. O primeiro valor a ser sacrificado em prol de signos gráficos artificiais é a clareza. Ela, a lógica simbólica, nada tem em si de criativo porque é apenas uma técnica artificial de aprimoramento formal do nosso pensar. Só por isso ela não é inútil.

Quando a lógica formal simbólica pretende fazer-se mais rente à vida, resvalando para a sua aplicação, algo aliás interdito aos compêndios de lógica, ela perde a individualidade e autonomia de sua própria determinação e dos seus limites. Lógica aplicada mostra-se algo diverso da lógica – é metodologia. O ato de criação lhe é ainda assim de todo estranho porque reservado continua ele a ser, para a intuição, esse produto mais elevado da inteligência humana e da vida do espírito. A metodologia, assim como a lógica, nos ensina, porém, a pensar corretamente e acresce ao pensamento regras mais adequadas para o trabalho intelectual. Exemplifica-se esse atributo com a aplicação do método hipotético-dedutivo a partir de axiomas, verdades indemonstradas, nas ciências da natureza. Não se deve perder de vista, nunca, o caráter instrumental desse conhecimento.

No ponto de origem e nos fundamentos da lógica está uma questão indecidível e uma pergunta sem resposta formulada por Heidegger – como pode a lógica, sendo ela própria ciência, arvorar-se em tribunal para as outras ciências, ditando-lhes as regras do reto pensar?

3. Filosofia e ciência

Para que serve a Filosofia? A essa instigante e provocativa indagação um filósofo autêntico responderia com desdém e altivez – para nada! As questões de que se ocupa a Filosofia estão muito longe dos problemas concretos com que se preocupa a nossa vida cotidiana, sobretudo profissional. Todavia, o nada a que nos remete essa resposta não corresponderia à pura negatividade. À simples negação de qualquer efeito útil. À mera oposição de contrários – ciência e vida.

Como se relacionam ciência e filosofia

Nenhum sistema científico – refiro-me às ciências especializadas, ditas naturais e culturais – pode ser construído sem o sustentáculo da Filosofia. Se não se fundasse numa concepção filosófica que lhe é externa, mas condicionante, a ciência estaria condenada à superficialidade, quando não inviabilizada pela frustração dos seus objetivos. Fácil é demonstrá-lo, com alguns exemplos. A justiça e o seu contravalor injustiça podem ser estudados sob uma perspectiva desvinculada do ordenamento jurídico-positivo e que, sob esse aspecto, transcende o campo de referibilidade das normas jurídicas, ou seja, o direito posto. Nesse sentido, a justiça é um valor *transcendente* ao ordenamento jurídico. Mas a justiça pode ser estudada à luz de sua regência pelo direito positivo. No Brasil, a justiça jurídica costuma ser nomeada como *isonomia*, metalinguagem expressiva de normas constitucionais que governam a igualdade jurídico-positiva, p. ex., o art. 5°, *caput* do item I da Constituição Federal de 1988. A justiça é, nesse campo, um valor *imanente* ao ordenamento jurídico-positivo. A justiça transcendente à ordem jurídica é uma ideologia; a justiça imanente à ordem jurídica é uma categoria de direito posto. O significado da justiça em cada um desses campos é diferente. A justiça transcendente é objeto central da Filosofia do Direito, e por isso informa a ordem jurídica positiva como fonte material sua. Ao incorporá-la, em momento pré-jurídico (opção política do constituinte), o direito converte *ipso facto* a justiça transcendente em valor imanente à ordem jurídica, por isso mesmo que a integra como o seu princípio axiologicamente mais importante e condicionante de todos os demais princípios, como a legalidade, a universalidade da jurisdição, o contraditório etc. O Direito não prescinde, portanto, de uma teoria da justiça, valor extrajurídico condicionante das estruturas jurídico-positivas e que lhes é então preexistente. Sem incorporar uma teoria da justiça como fonte *material*, o Direito seria apenas um instrumento *tecnológico*. A justiça é um valor pré e extrajurídico (filosófico), antes de sua incorporação a um ordenamento jurídico-positivo. Paradoxalmente, mesmo os que caracterizam a justiça jurídica como uma ideologia sociopolítica e uma ilusão têm que considerá-la ao sustentar as suas teses, elas sim ideológicas, mesmo que para excluí-la do campo do jurídico, como o fez Kelsen. Nenhum exemplo melhor do que a teoria pura kelseniana desse inter-relacionamento e condicionamento entre Ciência e Filosofia. Por trás de Kelsen e a inspirar o seu dualismo irredutível entre o mundo do ser (*Sein*) e o mundo do dever-ser (*Sollen*) estão o pensamento de Hume, Kant e suas categorias. Nesse sentido, o de que ele apropriou e aplicou ao Direito as categorias de Kant (ser, dever-ser), Kelsen pode ser havido como um neokantiano. A própria nomenclatura com que adjetivou a sua teoria (*pura*) é herdada de Kant (*Crítica da Razão Pura*) e não é estranha ao sistema hegeliano, que, por sua vez, a herdou também de Kant. Quando me iniciei nos estudos de Direito pensava que essa qualificação (a pureza) da teoria kelseniana não tinha antecedentes históricos. Nascera do limbo das intuições criadoras de um jurista. Era puro batismo do genial criador da *Teoria Pura do Direito*. Nada mais equivocado, porém.

Entre nós, um jurista-filósofo do porte de Lourival Vilanova não será de todo compreendido sem a consideração de que ele transporta para o Direito a fenomenologia de Husserl, acrescendo-a às construções da Teoria Pura de Kelsen e formulando um sistema harmonioso.

Para que serve a Filosofia

Sob essa perspectiva de análise, a das relações entre sistemas, o sistema da Filosofia e o sistema da Ciência; perspectiva muito mais ambiciosa do que a tradicional e por isso mesmo inacessível aos juristas convencionais, que recusam a meditação em profundidade, a Filosofia serve para muitas coisas, sobretudo para fundar e lastrear um pensamento científico consistente, é dizê-lo coerente e aprofundado. Daí a sua utilidade para a formação do cientista, particularmente do jurista. Só o pragmatismo imediatista alienado dos juristas convencionais, meros processualistas ("praxistas"), o desconhece. A processualística no Direito não expressa, porém, esses sintomas de decadência de que resulta a mera glosa superficial de textos legais e infralegais. O direito processual é o ramo de Direito mais rente à vida, como dizia Pontes de Miranda. O processo administrativo e judicial é o depositário da lógica do diálogo (dialética), uma investigação esquecida, que concerne à arte do Direito. A inflação legislativa decorre da pretensão de tudo resolver com as leis. Associada a seu subproduto, a sistematização, por essência totalizadora, provocou o esquecimento da arte jurídica. Sob esse aspecto, no processo administrativo e judicial, reside um persistente resíduo da grandeza originária das instituições jurídicas. É como se a dialética do contraditório, no processo administrativo ou judicial, guardasse vestígios cada vez mais tênues e evanescentes da arte do diálogo (dialética, no seu sentido originário).

Mas a Ciência não põe, ela própria, os problemas da Filosofia, porque apenas os pressupõe. São as construções filosóficas requisitos epistemológicos para o controle da legitimidade das construções científicas. A epistemologia controla, pelos testes experimentais de refutabilidade, os resultados da pesquisa científica. Onde encontrar no universo algo mais útil? O jurista que conhece e domina a Filosofia é diversificado pela excelência de sua teorização. Leva vantagem sobre os juristas convencionais – meros especialistas – dada a excelência teórica de sua visão do mundo jurídico. Esse é o seu diferencial na corporação de profissionais do direito.

As relações entre Ciência e Filosofia estão estudadas na obra de Heisenberg *La Partie et le Tout*, mais particularmente os ensaios dela integrantes *Mécanique quantique et philosophie de Kant* (1930-1932) e *Particules Élémentaires et philosophie de Platon* (1961-1965). Assim como para o físico, não é despiciendo para o jurista o conhecimento de Filosofia.

Uma superação dos maniqueísmos

Deve-se, portanto, superar o maniqueísmo na resposta à questão para que serve a Filosofia?: "para tudo" ou excludentemente "para nada".

Nem todos os questionamentos comportam essa oposição radical do tudo ou nada. Figure-se um experimento mental bem-humorado (*Gedankenexperiment*). Se alguém indaga "você continua a roubar? Essa indagação não comporta simplesmente a resposta "sim ou não". Se afirmativa a resposta (sim), reconhece-se, em autoincriminação, a prática persistente do delito de roubo. Se negativa (não) bem pode acontecer que o interlocutor não mais roube, porém já tenha roubado em época passada... A exigência de uma só resposta radical em qualquer dos sentidos (afirmativa ou negativa) corresponde ao modo mais simplório de formulação da alternativa: sim ou não, ser ou não ser, bem ou mal, um estágio inicial maniqueísta do pensamento humano. Contudo, essa alternativa não implica forçosamente as respostas "sim" ou "não", mas também, p. ex., "é possível", "há uma certa probabilidade" pelo sim ou pelo não, ou até mesmo "indiferença" entre os dois termos dela, a alternativa (cf. Carl Friedrich, *in La Partie et Tout* acima cit., p. 329). Dão-se, portanto, várias respostas possíveis que não se confundem, nem rendem homenagem, ao maniqueísmo do sim e do não.

A Filosofia não serve para nada e serve para tudo. É essa uma proposição paradoxal. O âmbito das *proposições paradoxais* é, porém, uma região estranha à lógica formal. Elas desdenham da coerência das premissas porque a sua força de expansão é independente dos rígidos cânones da lógica: p. ex., uma coisa não pode ser e não ser sob o mesmo aspecto (princípio da contradição), uma coisa é idêntica a si mesma (princípio tautológico da identidade) etc. São extralógicas as proposições paradoxais, ou governadas por uma lógica diversa da lógica tradicional. Recorde-se, a propósito, a famosa advertência de Nietzsche: "Se queres seguir-me não me sigas". Como é possível manter-se alguém fiel a um pensador se não segue os seus ensinamentos? Ora, o modo mais exacerbado de manter fidelidade a um pensador só na ordem da intenção, é seguir o seu pensamento como um satélite guiado por astro-rei ("Se queres seguir-me, siga-me"). Mas é assim que se cometem as maiores infidelidades ao pensamento (veja-se meu ensaio *A satelitização da inteligência*, neste livro). Porque, somente seguindo o seu próprio caminho, a partir do que no pensador restou impensado, será possível fidelidade à bela consigna nietzschiana. Desfaz-se então o paradoxo aparente. E são restaurados os direitos do pensamento lógico. Como lembrava Hegel, trata-se de colocar tijolos nos ombros dos gigantes, seguindo cada pessoa o seu diverso e autônomo caminho do pensamento. Este é um elogio à audácia do pensamento, tão decantado por Bachelard: "na vida do espírito, a ousadia é um método".

4. Sobre os paradoxos

Notável força de comunicação dos paradoxos – esses primos pobres desdenhados pela lógica. Sob uma aparente desarticulação semântica, é admirável o seu poder de comunicar verdades fundamentais numa expressão sintética. A fórmula paradoxal de Einstein, que expressa a viabilidade conceitual da ciência, é de rara beleza: "Podemos dizer que o eterno mistério do mundo é a sua compreensibilidade". Mistério sim, insondável sim, mas sem essa compreensão, a existência do mundo real seria destituída de sentido.

Outro notável paradoxo é devido a Nietzsche, verdadeiro hino de louvor à rebeldia intelectual e à autonomia do pensamento: "Se queres seguir-me, não me sigas". Se alguém apenas repete o dito por um pensador, seguindo a sua trilha de pensamento, é mero satélite intelectual, gravitando em torno de um astro-rei. O oposto do pensamento profundo porque é pensamento apenas repetitivo. Melhor dito: carência de pensar. Se, porém, aspira a autonomia e grandiosidade do pensamento, terá que seguir o próprio e autêntico caminho e buscar a originalidade ("Não me sigas"). Não há contradição lógica alguma no enunciado paradoxal. Ele apenas rege-se por uma lógica que a lógica hipotético-dedutiva desconhece, uma razão que a razão lógica ignora.

Outro paradoxo que não deve desconhecer-se é o do ser e vir a ser: "Busca tornar-te aquilo que és". O ser da existência autêntica é o vir a ser da existência banal. Porque o homem já tem em potência a aptidão para a profundidade e a autenticidade. Se não és ainda, és em potência e, portanto, torna-te. Essa fórmula deve-se a Goethe e foi retomada por Nietzsche, no *Assim Falou Zaratustra*: "Torna-te o que és".

A felicidade é um sentimento, estado de espírito, relacional. Opõe-se ao seu oposto, a infelicidade. Mas a noção de infelicidade demarca, negando-o, o conceito de felicidade. Sem o marco-limite da infelicidade, não é possível conceituar, ainda que algo tênue e evanescente, esse conceito – a felicidade.

Assim sendo, desfaz-se mais uma aparente – só aparente – contradição do que no fundo é um enunciado paradoxal. "Só seremos felizes se tivermos sofrido" (Charles Perrault). O sofrimento como condição *sine qua non* para a preparação e desfrute da felicidade.

E, no plano da fé religiosa, esse paradoxo supremo, contra as ambições logicísticas do conhecimento demonstrativo-conceitual do divino: "Fecha os olhos e verás". Essa é uma lição que decerto nos ministram todos os místicos e iluminados.

Porém, o mais grandioso dos semiparadoxos, e o mais belo no plano religioso, é devido ao gênio de Pascal: "Só há dois tipos de homens: uns justos que se acreditam pecadores e os outros, pecadores que se acreditam justos". Tanto o justo quanto o pecador são pecadores. A diferença entre uns e outros radica apenas no modo de encarar o pecado.

5. Os limites da representação do divino

> "Senhor, Que buscas tu pescar com a rede das estrelas?"
>
> (Mario Quintana, *Para Viver em Poesia*, 2007, p. 53)

Surpreendente aporia, caminho lógico sem saída, dificuldade incontornável, impasse intransponível nas relações entre o homem e a divindade. O divino não é cognoscível, em seus atributos, pela razão humana. Cogitar de atributos do divino já é manifestação de antropomorfismo. Sob prisma estritamente lógico, o divino é inapreensível pelo nosso entendimento. E nada que se diga sobre o sagrado poderá ser submetido à corroboração experimental, condição *sine qua non* para as ciências naturais, como a física, a biologia, a cosmologia etc. Para os teóricos do Círculo de Viena, as proposições metafísicas, insuscetíveis de testes experimentais, são pseudoproposições destituídas de sentido. Da proposição "Deus existe", que representa a existência como uma determinação (atributo) da divindade, um positivista lógico diria que ela é destituída de significado. Mas essa asserção é significativa porque obedece às regras da sintaxe gramatical. E essa proposição tem significado compatível com a verdade ou erro. Não é, porém, um enunciado científico (empiricamente testável). Por isso é metafísica. Não é possível demonstrar ou comprovar quer a sua veracidade, quer a sua falseabilidade. Penetramos no terreno que impede a representação do divino à luz das categorias do entendimento humano, p. ex., demonstrar sua onipresença e onipotência. São limites da razão humana, que interditam o acesso racional direto ao divino. Inacessibilidade que decorre da impossibilidade de demonstrar atributos da divindade por uma lógica indutiva ou dedutiva.

Conhecimento lógico e conhecimento poético do divino

A famosa resposta de Laplace a Napoleão sobre o papel de Deus em seu sistema: "Não necessito dessa hipótese", não é apenas provocativa. A sua implicação mais importante, qualquer que seja o significado antiteologal visado pelo autor, está implícita. Não é possível ao sistema da ciência, utilizar a "hipótese" de Deus sem representá-lo. E a representação de Deus é impossível à luz tão somente do entendimento humano. Portanto, as ciências positivas nada podem afirmar ou negar a seu respeito. O conhecimento de Deus não incumbe às ciências históricas, físicas, cosmológicas ou biológicas, mas à Teologia, um saber metafísico. A "hipótese" de Deus, suprema degradação e descaracterização da divindade, não exerce papel algum no sistema das ciências positivas, porque simplesmente as transcende. Dito mais claramente ainda: Deus é incompreensível dentro dos limites do conhecimento humano.

Necessita esse entendimento, como seu ponto de partida e sustentáculo, das luzes da revelação. Tal inacessibilidade foi apreendida, em fórmula feliz, por Rilke, o Poeta Angélico, em linguagem figurada: "Que seria de um Deus sem essa nuvem que o protege e recobre?". Dizer que o divino é o absoluto e o ilimitado já é atribuir-lhe, sob essa nuvem de ocultação, categorias do conhecimento humano. Dada a inacessibilidade do sagrado à luz do entendimento humano, todo conhecimento do divino é conhecimento revelado pela divindade, como na religião católica, que é uma religião essencialmente revelada, no testemunho do Velho e do Novo Testamento. O próprio Deus manifesta a impossibilidade de sua representação: "Eu sou aquele que sou" (Êxodo, 3,13).

Onde, porém a lógica estanca, abre-se espaço para o dito belamente sobre o divino, na linguagem poética:

> "Escuta, diz Deus, eis o Meu segredo:
>
> Eu sou Aquele que é, contigo, em ti, para ti.
>
> Eu sou aquele por quem tu és.
>
> Eu sou o segredo do teu coração" (Jean Guitton).

A lógica é impotente para fornecer acesso intelectual ao divino. Esse impedimento não invalida, porém, a experiência mística, porque ela é essencialmente transcendental aos limites do conhecimento humano, exercida fora da representação. Além da representação malograda da essência do divino – dado que à lógica não é possível nela penetrar –, as sociedades primitivas e o homem inculto nos tempos atuais se valem exclusivamente de representações antropomórficas, como acontece nas imagens sagradas, representadas por figuras humanas. A ingenuidade da imensa maioria dos crentes não compreende que as imagens de anjos e santos nas Igrejas não passam de representações concretas figurativas, espelhando por isso só a precariedade das bases intelectuais dessas crenças, melhor dito: crendices. Essas imagens são em si mesmas objeto da adoração, numa exacerbação de antropomorfismo.

O anjo das *Elegias de Duíno*, tema central da poética rilkeana, não deve ser representado à luz das concepções cristãs, das quais Rilke progressivamente se distanciou. Mas é imensa a distância que o separa das ingênuas representações populares. O próprio Rilke o descreveu, em carta a H. Von Hulewicz, com admirável profundidade: "O anjo das *Elegias* é essa criatura na qual a transformação do visível em invisível, que nós realizamos, aparece como já consumada". Os seres invisíveis, como as coisas abstratas, configuram um degrau superior da realidade. Nós ainda estamos suspensos no visível, do qual somos os amorosos e os transformadores (F. Angelloz, na sua profunda introdução às *Elegias de Duíno e Sonetos a Orfeu*, edição francesa, p.27).

Precariedade da representação do divino por figuras humanas

Como essa visão contrasta fortemente com as crenças populares, cuja representação não vai além da figuração do anjo como um ser humano alado, um homem com asas. Essas crendices merecem a irônica admoestação de Max Planck: "desde um tempo, imemorial, o anjo alado foi visualizado como o mais belo símbolo do servidor e mensageiro de Deus. Mas pode-se ponderar a esse respeito que, para as pessoas ao corrente da anatomia, um pouco de imaginação cientificamente formada não lhes permitiria, a despeito das melhores intenções, ver uma beleza qualquer numa tal impossibilidade fisiológica" (*Science et Religion, in Autobiographie Scientifique*, p.198).

No âmbito da representação, as asas dos anjos são, porém, a metáfora das alturas.

Não há, nas relações entre o homem e Deus, simetria entre (a) conhecimento lógico (racional), que apenas manifesta a sua incapacidade de acesso direto à divindade, (b) fé cujo grau mais elevado corresponde à mística (limitada a poucos iniciados) e (c) oração, aberta à prática de todos. Mas, numa confissão religiosa, a fé não é, de regra, algo racional, senão uma experiência sensível. Experimenta-se a fé sentindo-a e vivenciando-a. O que não significa afirmar que ela se contrapõe à razão.

O culto de imagens e pelas imagens é o nível mais elementar e por isso mesmo mais eficaz da disseminação e generalização da prática religiosa. Mas o divino é rebaixado, em tais representações, a simples objeto físico de adoração. Nas religiões dos povos primitivos, esse relacionamento se degrada na adoração de coisas e objetos, como um totem, animais e fenômenos da natureza (o sol, as chuvas, tempestades, raios etc.). Assinala Pascal: "Baixeza do homem até submeter-se aos animais, até os adorar" (*Pensamentos*, 53).

Francesco Carnelutti, homem de fé e um dos maiores juristas da primeira metade do século XX, advertiu sobre a distância que separa os ensinamentos de Jesus, o Divino Mestre, e os dos seus discípulos, incomensurável essa distância entre Ele e os outros pensadores (*I Valori Giuridici del Messaggio Cristiano*, Padova, Cedam, 1950, pp. 10 a 11 e 21).

Representação conceitual do divino pelos apóstolos

Por isso, recorrendo à representação do divino, mas com a desculpa de que pregava para homens no geral incultos ou desinformados dos primeiros tempos do Cristianismo, São Paulo retoricamente afirmou: "Deus é fiel" (1ª Epístola aos Coríntios, 1, 9). Ora, a "fidelidade" é um valor de convivência humana. Todo valor é bipolar e relacional. Opõe-se então o valor fidelidade ao desvalor "infidelidade". Porém a Deus se oferece, como possível, a alternativa da infidelidade? Claro que não, pois a infidelidade é conduta que envolve pecado (aliás, o possível e o impossível são categorias do entendimento humano). E ao Deus encarnado é recusada a mácula do pecado. Assim somente seria cabível atribuir-se fidelidade a Deus se lhe fosse aberta a alternativa da infidelidade – o que é impossível à luz das categorias humanas. A fidelidade divina é um tema recorrente nas epístolas paulinas. Assim reafirma S. Paulo, na Segunda Carta aos Tessalonicenses, 2Ts 2.16-3). E insiste o apóstolo na Segunda Carta a Timóteo: "Se lhe somos infiéis", (i. é, a Jesus Cristo), "ele permanece fiel, pois não pode negar-se a si mesmo" (Timóteo 2Tm, 2, 13). Nos tempos modernos, Raissa Maritain, notável mística, incorreu em idêntica representação: "Só Deus é fiel!" (*Diário de Raissa*, Agir, Rio, 1966, p. 87). Sob esse aspecto da nossa meditação se restabelece a aporia fundamental no início mencionada. E mais que uma aporia, um paradoxo. Porque somente é possível representar-se aquilo que se conhece. É impossível representar-se o desconhecido. Filósofos, contudo, sempre se esforçaram e se empenharam em fornecer provas da existência de Deus, que Maritain, em sua obra, seguindo as pegadas de Santo Tomás, com prudência, prefere caracterizar como "aproximações de Deus" (*Approches de Dieu* é o título do original francês). Seria (talvez) preferível a terminologia metafórica "caminhos para Deus", ou mesmo, e com maior rigor, "indícios" do divino, que legitimam a meditação sobre Deus. A compreensibilidade do eterno mistério do mundo (Einstein), enigma não apenas na sua origem, mas também na sua finalidade, nos fornece um desses indícios. Outro indício, não menos impressionante, é a crença no divino, como uma programação genética em todos os povos que compõem o gênero humano, mesmo os povos primitivos, como os selvagens, as populações indígenas. Onde está o homem está a crença numa divindade. Os pensadores não se apercebem, no geral, que a existência é, também ela, uma categoria do entendimento humano e por isso afirmar a existência divina – espacial e temporal, situada e datada – já é mover-se no âmbito da representação antropomórfica. Deus existe como o homem existe. Para a fé autêntica, a existência de Deus é inespacial e atemporal; transcende os limites da ciência, que se move, toda ela, recorrendo às categorias do espaço e tempo.

Embora situando-se ainda no âmbito da representação, S. Paulo produziu e nos legou uma outra lição de muito maior densidade e inspiração, porque acentua a incognoscibilidade do divino pela via racional:

> "Ó profundidade das riquezas da sabedoria e da ciência de Deus; quão incompreensíveis são os seus juízos, e imperscrutáveis os seus caminhos! Por que quem conhece o pensamento do Senhor?" (Epístola aos Romanos, 11, 33).

Por que a representação está nesse texto? Precisamente porque ele se socorre retoricamente de categorias humanas, quais sejam sabedoria, ciência, juízo e pensamento. A menção a caminhos do divino é analógica, caracterizado o pensamento por similitude com uma realidade física – o caminho. Bem se percebe a dificuldade que teve o Apóstolo de pregar aos romanos do seu tempo. Isso é, porém, tema para uma **hermenêutica histórica**, que recomponha as circunstâncias emergentes dos primeiros tempos do Cristianismo.

No Livro da Sabedoria, a inacessibilidade de atributos antropomórficos do Divino está expressa na linguagem própria da época: "Qual o homem que pode conhecer os desígnios de Deus? Ou quem poderá penetrar o querer de Deus?"

Verdade histórica e verdade da revelação divina

Quando se admita, no entanto, a veracidade de testemunho dos profetas, apóstolos e da religião revelada pelo divino a aporia se desfaz porque, pela revelação, o homem pode manifestar conhecimento legítimo a respeito do sagrado. Pressuposta, é claro, a verdade da revelação, como nos ensinamentos do Cristo. Somente assim e por essa via, a da revelação, será possível edificar-se uma Teologia como conhecimento (*logos*) de Deus (*Theos*), sua existência, seus atributos e suas relações com o mundo. Fora desse âmbito, a Teologia se converte, contra as suas intenções, numa antiteologia.

No extremo oposto, situou-se Pascal, que implícita, mas claramente, manifestou em proposições negativas a impossibilidade da representação do divino, ao lume do entendimento e da racionalidade do homem: "Não conhecemos nem a existência, nem a natureza de Deus, porque ele não tem extensão, nem limites". E logo adiante Pascal acrescenta: "Deus é infinitamente incompreensível" (*Pensamentos*, p. 418). O testemunho de Jesus Cristo, filho encarnado do Deus que, na origem, era para os homens o Verbo (João, 1,1), nos socorre, porque nele o sagrado dispensa intermediação humana (representação). Antes do advento de Cristo, ou seja, da encarnação, o Verbo divino foi testemunhado pelos profetas. Por isso, era só o Verbo que ainda não se tinha feito carne, nem habitado entre os humanos: "No princípio era o Verbo". É um privilégio para o gênero humano ouvi-lo com ouvido atento aos seus ensinamentos – e imitá-los com os nossos pobres recursos e a nossa fraqueza de entendimento. Isso somente é possível porque, na pessoa de Cristo, o Verbo se fez carne e habitou entre nós (João, 1,14). Antes do Natal, o Verbo era o testemunho dos profetas. Mas no tempo dos profetas que pregavam o advento do Cristo, o Verbo por eles testemunhado não era ainda o Verbo encarnado.

Essas conclusões implicam uma hipervalorização (legítima) do que é transmitido ao homem pela revelação, o testemunho do divino pelos profetas e apóstolos, muitos dos quais deram a vida para torná-lo possível, sem renunciar à sua crença. Esse testemunho, antes de ser um fato religioso, é um fato histórico, inserto na ordem espaço-temporal.

Tudo mais que a respeito se diga revestirá nuvem encobridora, véu de ocultação, cabendo concluir-se com a advertência de Wittgenstein no *Tractatus Logico-Philosophicus*, 6.54: "Sobre aquilo que não é possível falar, deve-se calar" (*Wovon man nicht sprechen kann, darüber muss man schweigen*). Por isso, os homens que amaram a Deus com mais intensidade não construíram teorias sobre o divino, nem se preocupavam com os atributos da divindade. No meu ensaio "Entre o destino e a vontade" sustentei que a saga do profeta Jonas transcende todas as asserções sobre fatos no seu acontecer histórico. Deus não ordenou a esse profeta que o explicasse, senão que testemunhasse a sua "lei". E o sagrado se amesquinha, na sua incomensurável grandeza, quando apenas se intenta a comprovação de sua verdade histórica.

Como não é possível representar o divino, toda tentativa, nesse sentido, está destinada ao fracasso. Houve épocas em que os homens se compraziam, mais do que hoje, em articular provas da existência de Deus. Só conseguiram fornecer pretextos para o agnosticismo. Porque Deus é incomprovável. Preservado pela nuvem de ocultação de que nos fala o Poeta, ele se manifesta – sublime paradoxo. E se nos fosse dado demonstrar, com os precários instrumentos da razão humana, a existência de Deus – supremo paradoxo! – ele, melhor dito: essa representação perderia *ipso facto* a sua referência à divindade. A transformação do divino em objeto cognoscível pela nossa razão faria com que ele se convertesse em algo extradivino, determinado pelos falíveis e limitados recursos da racionalidade do homem. No pensamento representativo, não há diferença essencial entre a existência humana e a divina. Deus existe à imagem e semelhança do homem. Essa afirmação, porém, somente pode legitimamente aplicar-se ao Deus encarnado, o Cristo. Não ao Pai e ao Espírito Santo. A trindade divina é "trinitária". Mas a trindade divina é para a razão um sublime mistério.

O divino continua, malgrado tais "provas" que nada comprovam, protegido pela nuvem de ocultação que o recobre. E nada é mais indicativo de sua inacessibilidade à razão humana que essa impossibilidade de demonstração lógica. Sob esse aspecto, tem muito mais importância para o esclarecimento das relações entre o homem e a divindade a experiência mística, o testemunho dos iluminados.

O cristianismo, disse-o acima, é uma religião revelada. A fé é condição necessária, não suficiente, para o acesso ao divino. Mas a fé é extralógica – não antilógica. Entretanto, socorre-a o testemunho dos apóstolos, à luz do que lhes foi revelado pelo próprio Deus:

> "Quem diz: "Eu conheço a Deus", porém não guarda os seus mandamentos, é mentiroso, e a verdade não está nele. Naquele, porém, que guarda a sua palavra, o amor de Deus é plenamente realizado" (1ª Carta de São João, 2.1.4 –1.5a)

Não sem razão, ao longo dos evangelhos, a fé é exaltada. Não é enaltecido, porém, o pretenso conhecimento racional de Deus. Dir-se-á que lhe não é atribuído sequer um papel secundário diante da fé e sua importância para a Teologia revelada.

Limites do conhecimento racional de Deus

As considerações antecedentes podem induzir à conclusão de que não há nenhuma via racional de acesso humano ao divino. Só à experiência mística seria possível vivenciá-lo. A mística, porém, não se exerce pela razão, é extrarracional, embora de modo algum antitética à razão. Sob o aspecto da racionalidade, tais ponderações conduziriam a uma via sem retorno. Essa dificuldade foi vivenciada por Raissa Maritain, ela própria timbrada pelo misticismo, mas ainda a caminho da fé, na época em que descreveu a sua – e de Jacques Maritain – dificuldade de adesão à fé cristã:

> "Os caminhos da experiência religiosa não estavam ao nosso alcance, porque esta pressupõe a fé. Era tão difícil para nós aceitar as proposições dogmáticas! De um lado nos diziam ser o seu conteúdo perfeitamente racional, embora acima da razão, – e isso exigia da nossa parte um exame racional – por outro lado, que só pelo motivo sobrenatural e à luz da fé nos era possível a elas aderir. Adesão esta bem singular, estranha a qualquer forma de adesão por nós conhecidas, filosófica, científica ou de simples opinião." (*As Grandes Amizades*, p. 111)

"Pouca ciência distancia de Deus. Muita ciência, a ele reaproxima" (Louis Pasteur). A dificuldade de comunicação racional com o divino, aos espíritos mais superficiais, abriria portas para o ateísmo. Contudo, possível transpor e superar essa dificuldade. Porque, numa religião revelada, como o catolicismo, Deus se manifesta ao homem pela linguagem. Cristo, o filho encarnado de Deus, assumiu a forma humana. E assim o *logos* divino habitou entre nós, ele que somente era enunciado e prenunciado pela voz dos profetas, como São João Batista, uma voz clamando no deserto. Sob esse aspecto, o divino não é de forma alguma inacessível à razão.

A insuscetibilidade de demonstração silogística do divino não é, portanto, o mesmo que inacessibilidade à razão. Não pode a razão representar o divino, nem este é suscetível de demonstração lógica. Mas os limites da razão humana fornecem o princípio da identidade e diferença do divino. Identidade a si mesmo e diferença do humano, do qual a doutrina cristã anuncia apenas a semelhança. Mesmo no âmbito do humano a semelhança implica relação de diversidade. O que é diverso do homem em Deus é só por isso inacessível à demonstração lógico-racional pelo homem. Deus se dá assim a conhecer segundo as limitadas condições da sua acessibilidade ao conhecimento humano, sem intermediação lógica, como nos grandes místicos. Daí a precariedade das autodenominadas provas de existência de Deus. Cujo malogro fornece pretextos para o ateísmo.

A abastecer o arsenal de acesso humano ao divino, manifestam-se indícios eloquentes – silêncio povoado de vozes – de origem supramaterial na ordem do cosmos, no "estofo do universo" (Teilhard de Chardin). O universo não é caótico, mas inteligível. Sujeito a leis de causalidade e determinismo (ou de probabilidade e indeterminação para a física quântica) que lhe possibilitam a inteligibilidade. Dentre esses indícios, o mais impressionante é a mencionada crença no divino, presente em todos os povos da terra, independente do seu estágio cultural, sejam eles primitivos ou desenvolvidos. Independente do nível cultural de um povo, o culto ao divino está nele presente. Trata-se de fenômeno que se manifesta em toda a humanidade, até mesmo nas sociedades primitivas. Razoável supor que, assim sendo, ele corresponde a uma programação filogenética. Gratuita? E muito improvável que assim o seja. De onde provém essa crença? Não o sabemos, à luz de dados científicos antropológicos. Qual é a origem, o fundamento dessa crença, que assume formas tão diversificadas, quanto generalizadas, nos povos que povoam a terra? Desconhecemos. O reconhecimento desses limites à racionalidade do homem nos oferta mais essa lição de humildade.

Fundamentos racionais da fé

Mas é aí que se abre espaço à intercessão da fé. Dir-se-á que a fé constituiria uma base muito pouco sólida para fundar a nossa adesão a uma confissão religiosa. Sem razão, contudo.

À luz da razão, o conhecimento humano necessariamente limitado e, portanto, sujeito a erros, a fé (esse outro nome da crença religiosa) mostra-se impotente para fundar o acesso à transcendência divina. Esse obstáculo só existe no âmbito das ciências positivas. Por isso, contrapunha-se Popper ao predomínio das crenças: "Não creio em crenças". Mas essa admoestação vale apenas no campo das relações inter-humanas, onde a fé não é nem meio, nem objeto de conhecimento. Para as ciências ditas naturais ou culturais, a fé não passa de uma crença sem fundamento ou base racional de sustentação, seja o seu objeto verdadeiro ou falso. No âmbito científico, não é possível falsear ou corroborar o objeto da fé. Tratando-se de Deus, considerá-lo objeto de conhecimento lógico já é representá-lo impropriamente. Um objeto de menção intelectual é sempre limitado. Assim, a fé coloca-se numa posição subalterna diante da ciência. As ciências naturais, como a física, a biologia, a cosmologia, se nutrem, em seus princípios fundamentais, de hipóteses incomprovadas na sua origem. Mas comprováveis pela demonstração da veracidade do raciocínio científico. As ciências culturais, como o direito, têm também como ponto de partida hipóteses indemonstradas e só corroboradas pela sua base empírica, por exemplo, um sistema de normas jurídico-positivas. Situando-se além das ciências positivas, a existência de Deus não é uma simples hipótese, que pudesse ser infirmada ou corroborada, como se fora um dado científico. Revela-se assim transcendental a qualquer investigação metodológico-científica. É, porém, como se fora uma hipótese incomprovável que o ateísmo pretende, fundando-se em dados exclusivamente científicos, negá-la. Essa objeção assenta em colossal petição de princípio: a ciência não pode demonstrar a existência de Deus: logo, essa "hipótese" deve ser abandonada: premissa certa e conclusão errada. O problema da existência de Deus, supondo-se que seja possível, demonstrá-la só com base na razão humana e, pois, sob critérios lógicos exclusivos, situa-se numa outra dimensão estranha ao campo da ciência: a dimensão religiosa. Para o ateísmo, entretanto, a "hipótese" de Deus é como a *terceira margem do rio*, no célebre conto de Guimarães Rosa: o que não existe, porque inapreensível só à luz da razão argumentativa, p. ex., a lógica hipotético-dedutiva.

Na dimensão religiosa, a terceira margem do rio não é o inexistente; é o sublime mistério do divino nas suas relações com o homem e na caminhada da humanidade: "o rio-rio-rio, o rio – pondo perpétuo" (Guimarães Rosa, *Primeiras Estórias*, p. 81). Aqui a razão argumentativa cede campo para o dizer poético. Sem que a metáfora da correnteza do rio aplicada a esse contínuo indagar do inter-relacionamento humano/divino perca a sua força de comunicação e de sua grandeza, em decorrência da presença do poético, que lhe acrescenta beleza estética.

No âmbito da religião, a fé possibilita, pelas suas próprias forças, o acesso ao divino. Situa-se então num plano mais elevado da vida do espírito que o do conhecimento científico objetivo. Esse plano é transcendente aos limites da racionalidade humana. Supera a capacidade de demonstração. Não é, porém, de modo algum ilegítimo. A fé não é, por isso mesmo, fenômeno a ser descartado. Aí onde está o homem, está a experiência religiosa, o mundo das crenças. O ateísmo como fato psicológico (descrença no divino) não deve ser subestimado, nem mesmo subestimado. Relativa generalização decorre da sua vinculação aos países que adotam, como política governamental, o materialismo dialético de Marx-Engels. Trata-se de um dado sociológico, objeto de uma ciência social e, portanto, estranho ao campo deste ensaio, o das relações entre o conhecimento humano e a divindade. Sob ponto de vista diverso, o do dado antropológico, o materialismo é excepcional no confronto com a fé generalizada no divino. A fé no divino é um dado genético presente nas várias civilizações, desde as mais primitivas, como se afirmou. Mas é também um dado cultural porque se exterioriza e manifesta sob formas de adoração muito diversificadas nas diversas culturas.

A fé suscita um relacionamento entre criatura e criador muito mais profundo e legítimo do que a nossa adesão a determinada teoria científica. A ciência é produto do engenho humano e, pois, saber necessariamente imperfeito. No âmbito da fé, a manifestação mais elevada consiste na oração, por meio da qual o homem entra na relação espiritual direta com o divino. Um fenômeno único na obra da criação e dentre as criaturas vivas. Tão ostensiva se mostra essa conclusão que é ela no geral desapercebida.

Implicações de uma religião revelada

Ao enunciar os limites de acesso ao divino pela razão humana (representação), este ensaio não deve ser acusado de herético. Como o Cristianismo é uma religião revelada, a argumentação central antecedente recebe confirmação no próprio Evangelho segundo Lucas (10,21-22). Esse texto sagrado contempla duas revelações fundamentais de Cristo: 1ª) impotência da razão humana diante do divino; 2ª) o poder da revelação: "E ninguém sabe quem é o Filho, senão o Pai, nem quem é o Pai senão o Filho e aquele a quem o Filho quiser revelar".

Soberana harmonia entre conhecimento humano e revelação do divino pela própria divindade de Cristo. Pobre representação humana, ao projetar imagens físicas de santos, que viveram entre nós, dilargando-as até à própria divindade, no culto religioso ingênuo. Sob esse aspecto, o véu da ocultação do sagrado, só o Cristo constitui uma exceção, porque é um personagem historicamente datado. Representá-lo à luz dos seus ensinamentos (revelação) e até de sua imagem física é então admissível. Viabiliza-se a sua representação intelectual a partir e com base nos seus próprios ensinamentos. E possibilita-se a sua representação física, com fulcro na sua existência concreta. Por isso é possível a representação da figura do Cristo em obras de arte, como a pintura e a escritura, não assim, porém a do Deus-Pai e a do Espírito Santo, sobre os quais só é possível recair a livre imaginação criadora. Sem nenhuma validade ontológica ou referibilidade concreta e existencial, essa pretensa representação só alcança validade estética, como nos grandes pintores. Uma representação que se nega como representação nada representa. Triunfo da ocultação do divino sobre o conhecimento humano. Mas os humanos sempre se mostram insubmissos diante dos poderes cogentes da limitação de seu conhecimento e do universo da sua ignorância. A questão dos seus limites é sempre anátema para o conhecimento humano.

Os limites da revelação são autolimitações de cognoscibilidade do que é revelado pelo próprio Deus. A divindade não está submissa a nenhuma injunção humana ao demarcar, ela própria, esses limites sem que a eles esteja subordinada. E não se dá a revelação a todos os homens, mas a alguns ungidos e escolhidos pela graça divina. Fora da revelação, a poeira da ocultação recobre o divino.

Como se fossem conclusões finais: apologia da fé

No ofício do pensamento, o mais importante da exposição é o que nela está implícito, apenas sugerido, não-explicitado. Necessita então, para a sua inteligibilidade, da coparticipação do leitor. Por isso, este ensaio não se propõe a fornecer conclusões formais, que delas não necessita. As suas implicações e consequências estão implícitas ao longo da exposição das ideias.

Não me furto, porém, a uma condensação final. Quisera que este ensaio fosse compreendido como uma apologia da fé religiosa. Sendo-nos interdito o conhecimento do divino, exceto pela revelação da própria divindade, segue-se que a fé, a partir dessa sua origem vulnerável, não é um conhecimento inferior, de 2º grau. Tem, ao contrário, uma primazia axiológica, ou seja, um primado de valoração sobre o conhecimento lógico-formal dos atributos de Deus pela representação em que esse pretenso saber humano se situa. Do Cristo, Deus encarnado, ainda assim seus atributos divinos nos escapam: só podemos formular a sua representação espiritual com fundamento no que ele próprio, com os seus ensinamentos, nos revelou. Essa representação é a de um Deus-Homem, a de sua humanidade, porque ele existiu historicamente e habitou entre nós. Fez-se idêntico ao homem em tudo (princípio da identidade), exceto no pecado (princípio da diferença). Vê-se como essa representação de Cristo se dá pela exclusão de um dos atributos essenciais do gênero humano – o pecado. Mas o próprio Cristo, e não apenas intermediários humanos, como os profetas, reiteradamente nos cobra a prática da fé, ao longo dos Evangelhos. Admitida a sua veracidade, não há como fugir à conclusão que os evangelhos expressam em metalinguagem humana (a dos evangelistas), mesmo quando literalmente a reproduzem, a linguagem de Cristo, fonte de revelação divina. É, pois, a fé via privilegiada de acesso ao divino – poucos homens de fé! Reconhecer os limites do pensamento humano é manter-se fiel a ele próprio o ato de pensar. A fé não nos cobra, nem implica nenhum empobrecimento das nossas faculdades intelectuais, porque antes contribui para o seu enriquecimento. Não é antitética, mas solidária com o conhecimento racional da revelação da transcendência divina, obedecidos os limites da própria racionalidade. Por isso, nenhuma das conclusões deste ensaio é afetada pelas manifestações de ateísmo fundadas nas ciências positivas. Transpô-las para o âmbito das relações entre o homem e a divindade (inacessível à ciência) é violar a regra dialética da pertinência. Desobediência à separação radical dos campos da ciência (natural) e da religião (sobrenatural). Porque, ao dever de distinguir esses campos, estamos todos vinculados, na medida das forças da nossa percepção e das portas que esta nos abre. Essa distinção descortina para nós um ilimitado caminho de pensamento. Caminho sem limites em suas margens e na sua meta. Ao percorrê-lo, somos todos "peregrinos do absoluto", como nos ensinou Leon Bloy, admirável homem de muita fé e testemunha candente da graça e providência divinas.

6. Sobre os campos da ciência e da religião: como identificá-los e distingui-los

> "Tudo o que acontece é natural – inclusive o sobrenatural" (Mario Quintana, *Para viver com Poesia*, 2007, p. 54).

A ciência pode pronunciar-se sobre os limites entre o conhecimento físico dos fatos empíricos (sua identidade) e o conhecimento metafísico, supraempírico (sua diferença). Este último é extraempírico, distinto do conhecimento dos fenômenos físicos. Com que direito poderá ela arvorar-se em tribunal da fé, que se move necessariamente fora do campo das especulações científicas? Com direito algum. A fé é, para a ciência, uma questão em aberto, metaempírica, transcendente, portanto, ao campo de conhecimento científico.

Determinar claramente o campo da racionalidade científica nas suas relações com a fé religiosa será o intento das considerações subsequentes. Descobrir as respectivas diferenças e aproximações conceituais é a sua meta.

Proposições religiosas (metafísicas) e proposições científicas (físicas)

Neste ensaio, qualificam-se como metafísicas as proposições religiosas, em contraposição às proposições científicas, p. ex., físicas. Num ponto, entretanto as proposições metafísicas e físicas convergem. Posto não testáveis intersubjetivamente – testabilidade própria e exclusiva da ciência -, as proposições metafísicas, tanto quanto as proposições científicas, são significativas. Afirmar "Deus existe" não é agredir a razão. É fórmula metafísica de representação significativa e, pois, racional. Conota a existência como um atributo da divindade. Essa proposição metafísica não pode ser intersubjetivamente testada, como se científica fora. É insuscetível de comprovação experimental própria da ciência. Deveras: não podem ser testadas empiricamente as afirmações de atributos divinos como a própria existência, o ser Deus unipessoal, (um só Deus) absoluto, onisciente, todo misericordioso, todo poderoso, todo bondoso etc. Se abstraído (excluído), em todas elas, o seu caráter absoluto, são manifestações antropomórficas. Caracterizam o homem (a) sua existência, (b) sua individualidade/personalidade, (c) seu conhecimento relativo e falível, (d) seu poder limitado sobre os bens da natureza e da cultura, (e) e sua bondade, que implica a misericórdia, dever este último que ele nem sempre cumpre, em suas relações com o próximo etc.

Coerentemente, é ensinado pela religião que Jesus Cristo assumiu em tudo a condição humana, exceto o pecado. Se lhe fora dado pecar, ele perderia *ipso facto,* o atributo da infinita bondade e misericórdia. Não teria se revelado, sob esse aspecto, à semelhança do homem, mas em radical igualdade com este.

Se negar a legitimidade da fé, a ciência perderá legitimidade, porque terá ingressado em campo que lhe é estranho. Do mesmo modo como perderá legitimidade a fé se negar a autonomia da ciência. Há exemplos históricos desse extravasamento do campo religioso, como sucedeu no processo instaurado pela inquisição contra Galileu. Exemplo triste de intolerância religiosa.

A afirmação de Popper: "Não creio em crenças" somente será aplicável – como regra quase-metodológica – à própria ciência, em suas especializações (física, cosmologia, biologia, química etc.). Jamais terá pertinência ao campo metacientífico da religião. Popper foi o introdutor da refutabilidade como atributo fundamental das proposições científicas. Porém Einstein pondera, contrapondo-se à transposição do critério da refutação às proposições religiosas, em texto lapidar: "Não há dúvida que a doutrina de um Deus pessoal que interfere nos eventos naturais jamais poderá ser refutada no sentido verdadeiro pela ciência, pois essa doutrina pode encontrar refúgio nos campos em que o conhecimento científico não foi capaz de se firmar" (Albert Einstein, *Escritos de Maturidade*, Editora Nova Fronteira, Rio, 1994, p. 32). A bem da verdade, contudo, Popper jamais negou que as proposições metafísicas fossem significativas. Apenas recusou-lhes a possibilidade de serem verificadas ou refutadas.

Caráter metafísico do ateísmo (metafísica da negação)

Quem nega a existência de Deus, professando ateísmo em nome da razão, não passa de um metafísico que se ignora. Pretende conclusivamente refutar a crença na existência de Deus porque, não sendo essa existência uma realidade física, seria, por exclusão, metafísica e, pois, insuscetível de demonstração. Formulada em proposição não significativa (pseudo-proposição, dir-se-ia). Sob o critério lógico-positivista da verificação, uma proposição negativa da existência de Deus será não significativa. Mas a posição do ateu é tão metafísica quanto a do crente numa confissão religiosa. Acaso será demonstrável a inexistência de Deus? Claro que não. Fichte afirmou que o adversário de sua doutrina da ciência teria de lutar no território desta e com as mesmas armas. Parodiando este texto, pode-se afirmar que os adversários (ateus) das demonstrações racionais da existência de Deus têm de entrar no mesmo campo (metafísica) e com as mesmas armas (proposições insuscetíveis de comprovação experimental).

Um positivismo reducionista, para o qual só é efetivo o conhecimento positivo das ciências experimentais, negando o campo que lhe é transcendental, sucumbe a uma astúcia da razão, porque essa posição funda-se numa petição de princípio monumental: só é possível o conhecimento positivo. É a negação radical de toda metafísica. Essa proposição fundamental é indemonstrada e mesmo indemonstrável, porque não pode ser lograda quer por meios lógicos, quer pela experimentação científica.

Assim como a verdade tem de ser pressuposta pelos que a negam, o conceito de Deus está pressuposto na sua negação pelos ateus. Os atributos de Deus não podem ser demonstrados pela via especulativa, mesmo exemplificativamente (onipotência, onisciência etc.). Aí entramos em cheio no campo da revelação, essencial para o Cristianismo.

Ambas essas posições antagônicas – existência/inexistência – se movem no âmbito da representação. Deus é representado como existente (representação positiva) para o homem religioso e como inexistente (representação negativa) para o ateu. Mas (i) a existência de Deus para o crente funda-se na fé, que não se contrapõe à razão, sendo-lhe ao contrário acrescida, enquanto (ii) a sua negação apoia-se na razão sem o sustentáculo da fé na essência suprarracional do Divino. Por essa carência, o conhecimento do ateu é muito mais limitado do que o saber religioso. A fé apoia-se na razão, como um acréscimo, um *plus* no conhecimento humano. Sem receio de parecer paradoxal: há racionalidade na fé. Pois não se dá aí paradoxo algum – só aparência. A negação da fé é, porém, um decréscimo no campo total da razão – interdito, pela sua exclusão, o domínio da racionalidade religiosa, negada pelo ateísmo. A fé, agregando-se à racionalidade, é para o homem religioso complementação do conhecimento (fé + razão), enquanto o ateísmo, excluindo a racionalidade da fé, implica deficiência, ou seja, incompletude (racionalidade – fé). Exclusão de um campo legítimo do conhecimento humano é vulnerabilidade congênita no ateísmo.

Em que consiste a diversidade de manifestações da fé

Interpõe-se aqui e agora o grande problema dessa oposição fundamental entre teísmo e ateísmo (não de antinomia entre ciência e religião). O conhecimento científico, contingente e limitado, mostra-se cumulativo e ampliativo (o que não implica desconhecer as suas limitações e as fontes da nossa ignorância). O conhecimento da fé, no campo conceitual e, pois, extrarreligioso, rege-se por outros condicionamentos. Manifesta-se a fé como crença generalizada no Divino pelas pessoas religiosas (identidade). Mas sua negação é sustentada pelos seus opositores, as pessoas que não acreditam na transcendência divina (diferença). A fé vivencia-se no âmbito sociopolítico (sociologia das religiões). É, em sua invariância no tempo e no espaço, idêntica a si mesma, fenômeno conceitualmente imutável. Ocorrem concretamente níveis diferentes de fé. Há pessoas mais fervorosas, como os místicos, e menos fervorosas, como na simples tradição religiosa familiar. Não há, porém, hierarquização e evolução da crença no Divino pelas pessoas religiosas, que envolvessem e implicassem crescimento gradativo de suas bases conceituais. As práticas e os ritos religiosos são diferentes entre os povos e nas religiões. Mas a crença religiosa, ao contrário da ciência em si mesma, não se expande – é o eterno retorno do mesmo. O que se expande ou não é o número de adeptos das várias confissões religiosas, o crescimento ou retração das populações religiosas. Não é assim a evolução conceitual da fé que a caracteriza, mas a sua vivência. Serão por isso inteiramente diversos os modos de apropriação do conhecimento na revelação religiosa e no conhecimento científico? É o quer veremos em seguida, buscando resposta a essa indagação. Quase nada sabemos sobre os fundamentos conceituais da intuição universalmente disseminada (identificada em todos os povos) na qual se funda a fé. E pouco conhecemos as suas bases racionais como um todo (relações entre fé e ciência + relações entre fé e religião). O ateísmo pretende apoiar-se exclusivamente na razão – sem razão, contudo. É metafísica sem metaciência. Recorde-se a lição de Poincaré, que em tudo nos concerne: "Duvidar de tudo ou acreditar em tudo são soluções igualmente cômodas: uma e outra nos dispensam de refletir" (*A Ciência e a Hipótese*, 2ª Ed, Editora da UNB, 1988, p. 15). Em termos de oposição conceitual, duvidar é menos que negar radicalmente algo, sem demonstração racional dos fundamentos da negativa. Essa negação mais ainda nos dispensa de pensar. É mais fácil destruir do que construir, tanto é forte a potência da negação, sobretudo a facilidade da negação – lembra-o Jean Guitton. (Cf. *"Ce que Je Crois"*, Paris, Grasset, 1987, p.113).

Uma observação para logo se impõe. O cristianismo é uma religião revelada. Partindo-se do conhecido (a revelação do Divino e dos seus profetas), as relações entre fé e revelação seriam o primeiro passo para enfrentar o desconhecido, i. é, a apreensão conceitual da fé. Ressalvado algum trabalho que eu desconheça (é impossível resenhar toda a literatura respectiva), tal passo para a aplicação da regra de ouro metodológica (do conhecido para o desconhecido) nunca foi dado. A fé é experimentada como uma vivência – não como a construção fenomenológica de um conceito. Em matéria de conceituação da fé, adota-se caminho diverso: parte-se do desconhecido para o desconhecido e se permanece no âmbito do desconhecimento. A fé é pressuposta sem ser posta em questionamento. Por isso mesmo, as representações antropomórficas de Deus e dos santos têm tanta importância, na sua generalidade, para o comum dos católicos. E são elas objeto de obras de arte e literatura religiosas. Um culto de representações concretas é muito mais facilmente apreensível e compreensível para a intuição estética e emocional do homem comum, p. ex., imagens de anjos e santos acessíveis, em sua concretude, à visão e ao tato. Acreditar simplesmente no Divino nos dispensa também de pensar.

Há na religião católica, clara diversificação dos signos, e, sendo os signos significantes, diversidade os seus significados. Numa escala ascendente, aparecem as imagens de santos. Na esfera angélica, dá-se uma hierarquia (anjos e arcanjos). Eles são também simbolizados por representações conceituais. No plano espiritual e abstrato, os anjos são criaturas em que a transformação do visível em invisível se faz perfeita e acabada (Rilke). Não há como pretender-se a equivalência axiológica entre o plano espiritual onde se situa a criatura angélica, com o plano concreto da representação do anjo (um homem com asas), uma incompatibilidade fisiológica que Max Planck denunciou.

Conhecimento do divino e representação

Inexiste, porém, no plano concreto, manifestação mais alta e significativa do que a cruz do calvário, porque ela simboliza o sacrifício divino pela redenção da humanidade – o maior sacrifício dentre todos. Com o sacrifício do calvário, Cristo assumiu, em toda a sua plenitude, a condição humana. Completou o ciclo histórico do advento do sagrado entre nós. Aqui a etimologia socorre a nossa pobre compreensão. Sacrifício deriva do latim *sacrificium*, realizar o sagrado (*sacrum facere*).

A fé não tem origem em demonstração, no sentido do desdobramento de um sistema lógico-dedutivo, porém na revelação divina. Deus não é uma hipótese dedutível no sistema das ciências positivas. E prescinde de sua caracterização como dado antropológico, sobretudo na forma de representação de atributos divinos à imagem e semelhança do homem (antropocentrismo). Note-se que a proposição de uso comum "O homem existe à imagem e semelhança de Deus" é logicamente conversa da proposição: "Deus existe à imagem e semelhança do homem" – conversibilidade que nunca é apercebida. Se abstrairmos o aspecto transcendental das relações entre o homem e o Divino, poderemos, em plano antropológico, visualizá-las como dados conaturais ao ser da existência humana – dados antropológico-culturais. Aí onde está qualquer organização sociopolítica – mesmo rudimentar – estão as crenças religiosas. As populações selvagens são exemplos dessas crenças generalizadas no Divino.

Em texto antropocêntrico de sociologia da religião, Einstein socorrerá o nosso entendimento se, por abstração i. é. subtração no seu âmbito total, a religião for desvinculada dos seus fins fundamentais: "... talvez pudéssemos formulá-la assim: desenvolvimento livre e responsável do indivíduo, de modo que ele possa colocar suas capacidades, com liberdade e alegria, a serviço de toda a humanidade" (op. cit., p. 27). Bela e generosa fórmula de atuação, na ordem temporal, para todos os adeptos do Cristianismo. Tão ampla que transcende os limites físico-geográficos dos diversos países e a xenofobia de certos nacionalismos exacerbados. Lição de humildade para os que colocam acima de tudo e incondicionalmente a terra natal, com desprezo irracional pelos outros povos. Sob esse aspecto, afirmar a mais-valia da terra natal é o mesmo que negá-la por implicitude, porque essa atitude implica justificar idênticas restrições à nossa pátria pelos estrangeiros, quando eles se comportarem do mesmo modo com relação ao nosso país. Aí os extremos se tocam: a mais-valia do nosso país pelo nacional implica a sua menos-valia pelo estrangeiro. Seria admissível cada um colocar acima de tudo o seu próprio país. E a hipervalorização distorcida de um nacional topa com a do estrangeiro. É um nacionalismo tardio que se desconhece. Presunçosa alienação política, e idolatria do Estado Nacional que se manifesta pela soberania nas relações interestatais. Essa ideologia só prejuízos trouxe para as relações fraternas entre os povos e a solidariedade internacional.

Exploração religiosa da crendice popular

A religião sem revelação é crendice popular, magia, superstição disseminada, pois não tem a apoiá-la o suporte de dignidade que lhe dá uma crença religiosa com alto nível de espiritualidade. Não estou atacando aqui a liberdade religiosa, mas denunciando as formas pseudo-religiosas, deturpadas, que consistem em exploração oportunista por poucas pessoas inescrupulosas, em proveito próprio, da ignorância popular generalizada. Disseminando e multiplicando precaríssimas confissões religiosas às quais homens ingênuos – inocentes úteis

– aderem sem prévia avaliação crítica dos seus fundamentos e de suas práticas. Por essa via, em nome da liberdade de crença, cometem-se os maiores pecados contra a religião e o pensamento livre. O aspecto sociológico desse fenômeno social é de suma importância. Porém ele a rigor nada tem a ver com religião. Empreendimentos pseudo-religiosos mercantilizados, consistem na exploração de crendices populares, sobretudo da boa-fé ingênua. O óbulo mercantilizado é a sua principal preocupação. Converte-se assim a pseudo-instituição religiosa numa agência arrecadadora. Manifestação de intolerável ilicitude ética. Caminho para enriquecimento pessoal de alguns, não, porém, para elevação moral do espírito humano. Essa elevação só uma religião autêntica pode ofertar. E só nesse campo têm espaço o livre pensamento e a liberdade religiosa.

O conhecimento do Divino, para o cristão, não se move no âmbito da representação, mas a partir da revelação (mensagens reveladas por Deus e pelos profetas). As negativas de representações, por isso mesmo, se opõem, no plano lógico, ao conhecimento meramente demonstrativo do Divino, ao modo do silogismo e têm uma consistência lógica que não reveste a representação positiva dos atributos da Divindade. A lógica impõe-nos limites ao conhecimento de Deus. Contrastam eles fortemente com as malogradas proposições lógico-demonstrativas da existência de Deus. Estas desconsideram as limitações com que colide esse saber – por essência um conhecimento do Absoluto. Aí se manifesta a grandeza da fé. É arbitrário e enganoso colocar a fé em nível inferior ao da racionalidade humana. Demonstra-o o fato de que pela fé se dá o acesso ao Divino e, pois, à relação ascensional mais grandiosa possível às limitações do conhecimento humano.

Fundamentos racionais da fé e seus limites

Porém se não fora dado ao homem acesso a algum conhecimento racional do Divino, a fé sustentar-se-ia em bases falaciosas, meras suposições ou simples indícios da transcendência divina, como na belíssima fórmula da “harmonia preestabelecida do universo" (Leibniz). A fé eleva-se para além dessa admirável harmonia.

Já aqui topamos com uma dupla ordem de questionamentos: (a) saber se é possível o acesso ao Divino pela razão e não apenas pela fé; (b) na hipótese de uma resposta afirmativa, esclarecer quais são os limites desse conhecimento, já que Deus é, para o homem, o Absoluto e o Ilimitado, sendo o nosso conhecimento, no campo das ciências positivas, relativo e limitado. Conceda-se que o homem chega ao Absoluto pela intuição. Não logra, porém, a intuição apreender por si só os atributos do Divino. Só alguns desses atributos são identificáveis pela razão metafísica. Se todos os atributos divinos fossem identificáveis pelo homem, Deus não seria a pura transcendência. Os atributos divinos são, com esses limites do conhecimento, identificados pela razão humana, i. é, pela nossa capacidade de intelecção, agregada à intuição original e transcendental do divino. É então legítimo formular, como o fez Plotino, determinadas proposições metafísicas sobre o por ele nominado Primeiro e Uno, como (a) simplicidade: "Antes de todas as coisas têm que existir o Simples, diferente de tudo o que dele advém, autoexistente e, no entanto, capaz de estar presente nessa outra ordem" (*Tratados das Enéadas*, Polar, Rio, 2002, p. 55). Outros desses atributos são (b) perfeição, (c) onipotência, (d) perfeitíssimo bem (op. cit., p. 57), (e) imutabilidade (*ibid.*, p. 59). Correspondem todos esses atributos a proposições metafísicas. Portanto, são indemonstráveis e incomprováveis. Mas que eles provêm do exercício da razão é incontestável. A intuição sem nenhuma inteligibilidade do que fosse intuído cairia no vazio.

O homem é um animal metafísico que se alimenta de transcendentais (v. Raissa Maritain, *As Grandes Amizades*, Agir, Rio, 1970, p. 69). A enunciação, porém, de atributos do Divino, ao centrar-se sobre a transcendência à nossa experiência existencial, parte do relativo e limitado do conhecimento humano para o absoluto e o ilimitado do conhecimento divino. Isso só é possível porque esses atributos são relacionais:

abordado sob perspectiva relacional, o relativo implica o absoluto. Mas, aí então, essa enunciação de predicados divinos perde muito da sua força de expansão lógica. São caracterizados esses predicados por sua vacuidade. Pela carência lógica dos meios para esclarecê-los. O acesso ao Divino permanece vedado à razão demonstrativa. Conclusão fundamental: esse acesso depende da revelação – tese central desse ensaio.

Nas representações humanas, tanto mais amplo seja o âmbito de abrangência conceitual, menor a inteligibilidade da coisa-em-si, e pois, maior a redução no campo dos fenômenos com ela relacionados. Se é assim com a conceituação dos fenômenos, com muito mais razão será com a apreensão dos atributos da Divindade (argumento *a fortiori*). A coisa-em-si somente nos é acessível na medida dos fenômenos com ela correlacionados e observados. Esta é uma tese de sabor kantiano. É fácil de compreender uma proposição singular e concreta, como: "Esta casa é branca". Ela é acessível a qualquer um do povo. Mas nessa proposição descritiva estão implícitos conceitos universais e, pois, de alto grau de abstração como: (a) o ser enquanto ser do ente, (b) a concretude, (c) a brancura, (d) o espaço, (e) o tempo. Esses conceitos universais e abstratos somente são acessíveis – dentro de certos limites – aos filósofos. Por isso é o ser da existência divina inacessível, sem a revelação, ao conhecimento humano. Sua inteligibilidade é mais que universal e abstrata. É transcendental. A intuição não logra, porém, por si só, apreender todos os atributos do Divino, a percepção e apreensão da essência de Deus.

Conhecimento racional da revelação

O método de redução fenomenológica (*Wesenschau*, contemplação das essências), é impotente para esse fim. Nesse campo tem aplicação o enunciado universal estrito sobre o valor da ciência: na ciência só o provisório é definitivo. Porque nele ninguém está imune à contradição e ao erro. Uma hipótese científica é por isso mesmo, provisória. Pode – e deve ser – substituída por outra hipótese com maior conteúdo de acerto e menor margem de erro. É a saga imemorial e sem fim da ciência. O conhecimento absoluto pelo próprio Deus é, porém, insuscetível de contradição ou erro. Não assim o conhecimento humano da divindade.

A compreensibilidade do mundo é eterno mistério (Einstein) e, nada obstante, são conhecidas pela ciência as relações entre os fatos experimentais. Mas as legalidades que os regem são, em si mesmas, indicativos de algo transcendente à ordenação meramente física do universo. Não são devidas ao acaso, mas à necessidade: "as leis são relações necessárias que decorrem da natureza das coisas" (Montesquieu). Como se originaram, porém, essas relações necessárias? A ciência é impotente para descrevê-lo.

O acesso pelo Divino – Absoluto e Ilimitado – ao conhecimento dos atos e fatos humanos e da razão demonstrativa desses atributos da existência humana, é por isso mesmo pleno. Sem a onisciência e onipotência, Deus não seria Deus. O conhecimento do Divino pelo homem é relativo e limitado. As vias de acesso ao Divino se dão pela revelação de Deus-Pai e Deus-Filho, iluminados pelo Espírito Santo. Dá-se, pois, sob esse aspecto, assimetria entre acessibilidade total do humano pela Divindade e inacessibilidade relativa da Divindade pelo humano. Daí a fundamental importância da revelação, como um norte, um vetor, a guiar a razão lógica pelos seus caminhos e descaminhos.

Para a religião cristã, pressuposta a autenticidade do que foi revelado, o conhecimento racional historicamente repousa na revelação. Trata-se da revelação de Deus nas Escrituras Sagradas: conhecimento, sobretudo do que Ele afirmou de si próprio. É, porém, a partir desse marco histórico posterior ao Velho Testamento – o advento de Cristo – que o Divino, assumindo forma humana e habitando entre nós, fortaleceu o conhecimento racional de Deus a partir da fé, mas sem base exclusiva nela: conhecimento de atos e ensinamentos divinos oriundos de uma existência humano-divina, agora-e-aqui: o verbo se fez carne, segundo o Evangelho de S. João (1,1 a 5). Não era mais, como no princípio, só o verbo (*logos*): tratava-se doravante do verbo encarnado – como ensina belamente esse apóstolo. Por que não deveríamos supor sua autenticidade histórico-religiosa se, na própria ciência positiva, o conhecimento corroborável pelos fatos experimentais parte de axiomas, ou seja, proposições indemonstradas, mas operativas? É dizer: a ciência supõe causas e efeitos a partir de proposições hipotéticas que decidem, na complexa estrutura do real, quais os fatos a serem observados num determinado campo de experimentação. Não há, porém, nenhuma demonstração ou comprovação prévia das hipóteses científicas. Poincaré, com admirável rigor e clareza o expressou: "toda ciência dedutiva, e particularmente a Geometria, deve se basear num certo número de axiomas indemonstráveis" (*A Ciência e a Hipótese* cit, p. 45). A hipótese científica é, pois, como a sua etimologia nos sugere, uma tese fraca.

A indemonstrabilidade dos axiomas científicos não impede deduções a partir deles (método hipotético-dedutivo próprio da ciência). Não difere no substancial da racionalidade emergente da revelação divina, que pressupõe a sua verdade independente de demonstração. A partir da palavra divina, abre-se espaço para a razão demonstrativa de suas implicações para o homem. Sendo assim, a distinção entre ciência e fé perde muito – se não toda – a sua fundamentação. Ambas estão sob o império do indemonstrado. Mas sob o domínio da racionalidade.

Pontos de partida da ciência e religião são assim análogos, sob o prisma da racionalidade. Mas o dualismo conhecimento científico/conhecimento religioso, como outros dualismos e como sempre, ao contrapor-se à unificação genética do conhecimento científico e religioso, provoca descaminhos e estragos na descrição dos fatos observados. Fé e ciência não designam, sob o ponto de vista de legitimação pelo conhecimento, fundamentos racionais opostos – e sequer diversos. O dualismo fé/razão, entretanto, possibilitou que essa verdade – a indemonstrabilidade dos fundamentos tanto da ciência quanto da religião – permanecesse por tanto tempo (quanto?) em estado de encoberto e desconhecido.

O conhecimento dos pressupostos racionais da fé é indispensável para que o homem não se abstenha ingenuamente de pensar o Divino, contentando-se com a apologia da fé, no meio do caminho para o descobrimento das suas relações racionais com o conhecimento do sagrado. Mas a iluminação racional do Divino funda-se nessa relação de analogia entre ciência e religião, bem entendida: sob o aspecto da origem do conhecimento. Deus não é uma hipótese, mas as hipóteses sobre religião (proposições religiosas) aproximam do Divino o conhecimento humano. São, em linguagem metafórica, caminhos para Deus. Não são, como visto, as formulações religiosas, a partir da sua origem na revelação, mais vulneráveis logicamente que as premissas indemonstradas do conhecimento científico. Sob esse aspecto, somos tentados a ponderar que a racionalidade religiosa, fundada na revelação (infalível), é muito mais consistente e firme do que a razão lógica da ciência (falível).

Pode-se afirmar que, nas Escrituras Sagradas, encontramos quando não determinações, ao menos indicações decorrentes do testemunho do Deus "trinitário" *(Pai, Filho e Espírito Santo)*. E partir desses dados da revelação é argumentação plenamente legítima, dada a sua consistência lógica. Se Deus não fosse único na Santíssima Trindade, a religião cristã se reduziria a um politeísmo que se desconheceria.

A inacessibilidade do Divino sem o testemunho da revelação é confirmada, pelo próprio Cristo: "Eu sou o caminho, a verdade e a vida. Ninguém vai ao Pai senão por mim" (João, 14-6). Tanto Deus – Pai, como Deus – Filho e o Espírito Santo, nos são acessíveis somente pela e na medida da revelação. Porém, a partir da palavra (*logos*), a lógica instaura, nas relações entre o homem e a Divindade, o seu campo próprio. Nada está pré-excluido à razão lógica, exceto o irrevelado. O dualismo fé/razão, insista-se, como todo dualismo metodológico, é aqui germe de confusões e equívocos. O conhecimento do *logos* divino não é, ao contrário do que se suporia, um problema de fé, mas histórico. A palavra divina não deve ser exclusivamente submetida ao tribunal da fé, mas também à razão.

O testemunho dos profetas e sua validação pelo Cristo

Num plano histórico, é possível prescindir do testemunho dos profetas para assegurar a veracidade dos ensinamentos divinos. Porque Deus é bastante-em-si-mesmo (Absoluto). Fatos históricos concretos testemunham aquilo que Deus nos ensinou e/ou realizou, sobretudo pela intermediação do Cristo. Mas é recorrente, nos ensinamentos de Cristo, menção a fatos que aconteceram para que se cumprisse o que, antes do advento do Messias, estava escrito (*sic*). O próprio Cristo legitimou assim o testemunho dos profetas que o antecederam. No dizer moderno: a sua é, sob esse aspecto, metalinguagem do Novo Testamento vertida sobre linguagem-objeto, a do Velho Testamento. Assim, os testemunhos dos profetas não devem ser postos em dúvida, sob o pretexto de que são atos humanos, suscetíveis de erro. É o próprio Deus quem corrobora a sua veracidade. E os imuniza do erro – segurança racional que a ciência não pode alcançar, porque ela parte de axiomas, como dito, proposições indemonstradas e não inspiradas por uma presunção absoluta de veracidade, apanágio da revelação.

O caráter absoluto do Divino revela-se, num plano lógico, não-factual, à disposição dos homens. O Absoluto, como ensinou Bergson, é apreensível pela intuição. Uma coisa é, porém, a intuição do Absoluto. Ela só nos dá a indicação da existência de Deus, intuitivamente o Absoluto. Outra coisa, bem diferente, é a determinação e a especificação dos atributos divinos, aos quais o homem teve acesso direto num determinado espaço-tempo, ou seja, há mais de dois milênios, com o nascimento de Jesus Cristo. Esse acesso ao divino dá-se, portanto, além das antecedentes revelações (profecias), pela existência concreta de Cristo e dos ensinamentos que ele próprio nos legou. O conhecimento – embora limitado no homem – de atributos do Divino não se dá apenas pela fé, mas pela razão a partir da revelação. É esta uma conclusão de decisiva importância. Pode-se assim responder afirmativamente à primeira questão. A fé religiosa não está expelida do âmbito da razão. A fé se negar fundamento na razão é mutilada; a razão, se negar o fundamento racional da fé na revelação, negará a sua própria racionalidade.

E quanto à segunda questão? Ela é um desdobramento da resposta dada à primeira. Como esse acesso é facultado aos homens pelas Escrituras, que nos relatam atos abundantes de intervenção divina na vida sociotemporal, pode-se afirmar racionalmente, a partir de conhecimento do que Deus nos revelou, a sua existência encoberta pela nuvem do desconhecimento que o recobre (Rilke). A definição que Deus dá de si mesmo em sua existência é tautológica: "Eu sou o que sou" (Êxodo, 3.13) É a tautologia da ocultação. Mas o seu existir fica fora de questão, dado os seus atos milagrosos. Pelos atos milagrosos, em sua recorrência histórica, Cristo mostra-se todo misericordioso (a cura de doenças, a parábola do bom samaritano, a ressurreição de Lázaro, e tantos outros atos, fatos e ensinamentos que confirmam essa plenitude de misericórdia). Só o milagre da transcendência divina explica a ressurreição de Cristo, o mais transcendente dos fatos miraculosos. É um claro-escuro no campo do conhecimento humano. Deus é também, sem manifestação antropomórfica alguma, todo-poderoso. Porque o absoluto implica a ilimitação, pode-se também afirmar que Deus é onisciente. Seria contradição lógica insanável, atribuir-lhe o caráter absoluto em sua existência e simultaneamente relatividade e limitação no seu conhecimento. Fé e razão não se contradizem, pois apenas se completam.

Responde-se, portanto à segunda questão, ponderando que não há contradição alguma em afirmar o ser Absoluto e Ilimitado de Deus e a sua acessibilidade restrita aos limites do conhecimento humano. É legítima essa descoberta da razão lógica em seu campo limitado. Certos atributos divinos foram revelados ao homem. Todos esses atributos são, por essa via acessíveis à razão lógica. Outros, porém, permanecem no campo do desconhecido (a nuvem de ocultação que os recobre). Mas basta o que conhecemos historicamente sobre o Divino, nos livros sagrados, para a demonstração segura da revelação.

O desconhecido no Divino não é inacessível apenas à nossa razão, com as suas precárias forças, mas também ao nosso afeto. Como amar o que radicalmente não se conhece? Se assim o fosse seria impossível esse amor a Deus. Porém, não se deve em equívoco desconsiderar a diferença entre (a) uma inexistente ignorância absoluta do Divino pelo homem e (b) seu conhecimento limitado. Basta este último para fazê-lo digno do nosso amor. Mas o conhecimento limitado de Deus em nada contraria a razão humana. E essa conclusão não é apenas uma apologia da fé, mas também manifestação de confiança na revelação divina. Sua autenticidade é testemunhada por homens que deram a vida por ela, apóstolos que se tornaram mártires do Cristianismo dos primeiros tempos. Por isso, nesse campo extracientífico, devemos crer em nossas crenças. Irracional seria afastar-nos delas. E tudo que podemos testemunhar sobre esses testemunhos é, no fundo dos fundamentos, uma ação de graças. Manifestação do nosso agradecimento por tudo que, pela religião, nos foi legado, sobre o conhecimento do Divino. Na longa história do Cristianismo, nada está perdido e tudo foi conservado.

Considerações complementares

Deus é por essência o Absoluto e o Ilimitado. O conhecimento científico é por essência, relativo e limitado. Assim, a razão humana não pode lograr por si só, ou seja, por meios lógico-demonstrativos o conhecimento do Divino. Necessita ela dos fios condutores da revelação divina. Até aí, nenhum acesso à racionalidade. É âmbito reservado à fé. Porém, desde a revelação divina, a racionalidade se instaura nas relações entre os homens e a Divindade. E se torna possível, por isso mesmo, uma Teologia racional. A revelação nos é dada pelos profetas e pelo próprio Deus.

Nesse tópico poderia interpor-se a indagação cética: sendo a revelação dos profetas ato humano, manifestação de conhecimento do homem, como será possível legitimar por essa via o saber do transcendente, ou seja, o conhecimento do Divino? Cristo, em várias oportunidades, mencionou o testemunho dos profetas sobre manifestações e atributos divinos. Poderia ele ter refutado o que a seu respeito os profetas ensinaram. Porém não há declaração sua a infirmar esses testemunhos que o antecederam historicamente (confirmados pelo Messias).

Assim sendo, ao apoiar-se neles, o entendimento humano sobre o Divino em nada colide com a razão. Este ensaio demonstra que a racionalidade é pressuposto da fé religiosa – sem racionalidade, não há nenhuma religião cristã. E pretende ser ele um ato de louvor aos valores do cristianismo. Testemunho da inefável alegria que nos oferta a experiência religiosa.

Para além de uma ética religiosa

Porém, a conclusão e síntese fundamental deste trabalho corresponde à distinção entre a *má-fé,* no sentido da fé deslocada do seu centro, sua ligação indelével com a razão lógica e a *boa-fé,* aquela que assenta as suas bases conceituais na revelação divina e seus ensinamentos. Em suma, na transcendência divina.

7. Sobre alguns questionamentos religiosos[2]

> *"On s'habitue à chercher le devin avec les mesures de l'humain" (Adquire-se o hábito de procurar o divino com as medidas do humano)* (Rilke).

Este ensaio aborda problemas da maior transcendência sobre o conhecimento religioso e o acesso ao divino. Considero, porém, que alguns deles estão enfrentados nos meus estudos sobre "Os limites da representação do divino" (*in Ciência Feliz,* 3ª ed., pp. 165 e segs.) e "Sobre os campos da ciência e da religião: como identificá-los e distingui-los" (inédito,

2. Este estudo, na sua versão original, integrava correspondência minha em resposta à carta de um amigo. Nessa carta, ele me expõe algumas indagações diante de problemas religiosos que o inquietavam. A presente versão é publicada com alguns acréscimos, decorrentes da sugestão desse amigo, cujo nome devo manter no anonimato.

publicado nesta ed.). Os dois ensaios devem ser considerados em sua unidade. O que os une é a preocupação comum com a epistemologia da religião. Parto do reconhecimento de que o Cristianismo é uma religião revelada, única forma possível de acesso ao divino pela razão humana. E mais: admito o reconhecimento da transcendência divina a partir da revelação.

Estou convencido de que esses dois pontos em nada agridem a nossa inteligência. Mas reconheço claramente que o Cristo, na sua transcendência divina, não deve ter os seus ensinamentos equiparados aos dos seus discípulos: Carnelutti, com rara acuidade, percebeu muito bem essa característica das Escrituras Sagradas, ao sustentar a necessidade de respeitar-se a distância entre Cristo e todos os discípulos, no confronto entre a palavra de Cristo e a palavra de Paulo ou algum outro discípulo (*I Valore Giuridici Del Messagio Cristiano*, pp. 10-11).

O conhecimento religioso, como todo o saber humano, é hierarquizado. Se for negada a verdade da revelação e da transcendência divina, toda a argumentação subsequente cai por terra. Não em decorrência do acaso se coloca o problema da existência divina como o primeiro item na ordem de enunciação:

Deus existe? Em caso afirmativo, foi ele quem criou o mundo?

São questionamentos diversos. Um é o problema teológico da existência de Deus, outro, o problema cosmológico da criação do mundo. Há dificuldades irremovíveis para explicar a criação do mundo pelas leis físicas da causalidade ou mesmo da probabilidade quântica. Não tenho, porém competência para ingressar nesse âmbito que as ciências físicas e cosmológicas, elas próprias, desconhecem.

Quanto à existência de Deus, tudo que sabemos a respeito é decorrente da revelação do próprio Deus e de seus profetas. A própria existência é uma categoria antropológica (se desconsiderados os outros animais). Conhecemos a existência do homem e a sua circunstância. Nada sabemos sobre a existência de Deus, exceto o que nos foi revelado. Porém a definição que Deus fornece de si próprio, no Velho Testamento, é tautológica, a manifestar a impossibilidade de sua representação: "Eu sou aquele que sou" (Êxodo, 3.13).

Esse é o terreno da metafísica religiosa. Não é possível demonstrar ou comprovar, só com as forças da razão, a existência de Deus. Mas, o que é no geral desconsiderado: tampouco é possível comprovar e demonstrar o ateísmo de uma proposição inversa: "Deus não existe". Porém a afirmação dos atributos divinos é perfeitamente compreensível a partir da revelação.

Se a própria ciência parte de hipóteses, teses fracas, como nos revela a etimologia desta fundamental palavra, por que razão negar *a priori* a legitimidade da revelação?

A religião católica tem uma resposta para a indagação subsequente. Não só Deus continua a preocupar-se com o mundo, mas também nos fornece a maior de suas dádivas: a graça divina (v. *Raissa Maritain, As Grandes Amizades, passim*).

Não há, porém simetria de extensão e abrangência conceitual entre a proposição (a) "Deus existe" e a proposição (b) "Deus não existe". A primeira se expressa no modo afirmativo e descortina, para o crente, um universo espiritual, integrado, entre muitos outros tesouros suprassensíveis, pelos dons da graça divina, sua infinita misericórdia, que torna legítima a esperança do perdão das nossas culpas, a acessibilidade ao sagrado, que nos é revelado pelo próprio Deus e pelos profetas. É, pois, enriquecedora das nossas perspectivas espirituais.

A crença em Deus imuniza contra o sem-sentido e o niilismo que o ateísmo envolve. Se Deus não existe, então tudo, ao final das contas, é permitido no plano moral e na humana convivência. Legitimam-se ou quando menos se toleram as maiores atrocidades na vida dos povos. E as regras éticas e jurídicas proibitivas de certas condutas flutuariam no vazio institucional.

Fisicamente considerado e, portanto, sob o ponto de vista da ciência, o princípio da causalidade universal postula, na sucessão de causas eficientes, uma causa primeira, negada pelos ateus e afirmada por nós, cristãos. Não é à toa que a cessação da cadeia de causalidade pela causa final é tradicionalmente usada como prova da existência de Deus. Como se a razão humana, por si só, fosse suficientemente forte para demonstrar – prescindindo da revelação – a existência de Deus. Porém o meu problema não é de demonstração, mas de fé, fundamentada na revelação divina. A salvação de nossa alma é, problema infinitamente mais relevante e superior à questão dos recursos lógicos do humano para a acessibilidade ao divino. Eu simplesmente nego essa autonomia e mesmo a possibilidade dela.

Como a proposição (a) se expressa no modo afirmativo ela é conceitualmente muito mais rica do que a proposição (b), expressa pela negação. A proposição afirmativa escapa das armadilhas conceituais da negação de Deus, redutoras de todo o campo da referibilidade, vastíssimo, da proposição (a). No fundo ateísmo e niilismo dizem o mesmo. São proposições idênticas. Porque retiram do "eterno mistério do mundo a sua compreensibilidade", paradoxo que Einstein denunciou. Em suma: optar pela religião é escolher o mistério. Optar pelo ateísmo é aceitar o nada da existência humana. Inocular o germe do niilismo. Nós católicos optamos pela compreensibilidade da criação das coisas e criaturas a partir da revelação. O catolicismo – repita-se à exaustão – é uma religião revelada. É o quanto basta para legitimar a fé cristã. E se Cristo é o Deus encarnado o que lhe impede de transformar pão e vinho no seu corpo e sangue? Toda a dificuldade está só no passo inicial da revelação. Mas o despropósito da incompreensão dessas verdades é tamanho que já se acusou os cristãos de... antropofagia. A capacidade de degradar coisas grandiosas é para o homem algo inesgotável e recorrente.

Como explicar a hediondez, a maldade e o egoísmo humano, se o homem foi criado à imagem e semelhança de Deus?

O Deus dos católicos é "trinitário", Pai, Filho e Espírito Santo. Dessa Trindade do divino – dita Santíssima por nós cristãos – no seu acontecer histórico, conhecemos apenas o Cristo. E o Catolicismo explica que ele assumiu em tudo os atributos humanos, *exceto no pecado*. É, pois, semelhante, não, porém, igual, ao homem. Semelhante e diverso ao mesmo tempo. Sem nenhuma agressão à lógica. Nós somos a própria imagem de Deus, reconhecidas, porém as limitações no humano e ilimitação de Deus, nós somos à imagem da totalidade divina (cf. Jean Guitton, *Deus e a Ciência*, pp. 132-133). Sobre o Deus-Pai, nada podemos afirmar fora do campo da revelação. Na Santíssima Trindade, Deus é uno, porém o uno está no outro de cada uma das três pessoas divinas. E Cristo é personagem histórico, viveu aqui-e-agora entre nós, convivendo a sua existência temporal com a sua essência divina.

Suposto que Deus é todo misericordioso – e com base nas Escrituras Sagradas essa suposição se impõe – é na misericórdia que se revela mais claramente o ter sido o homem feito à imagem e semelhança de Deus. Porque ao atributo da misericórdia divina absoluta corresponde a misericórdia humana relativa.

Dizer que o homem é semelhante a Deus não é dizer o mesmo que dizê-lo igual a Deus – suprema arrogância da razão na ordem do conhecimento humano, essencialmente limitado. Semelhante é o que tem algumas, não todas as características do paradigma em comparação. Por isso não tem procedência a alegação de incompatibilidade na relação entre a misericórdia divina e a maldade do homem – que atinge as raias da brutalidade mais repulsiva e até o genocídio. É na sua bondade, para a qual o homem é vocacionado, que ele se mostra à semelhança de Deus. A maldade (pecado) é o campo de aplicação do princípio da diferença entre o humano e o divino. Diversa da misericórdia divina (absoluta) é a misericórdia humana (relativa).

Decerto o homem pode, pelo conhecimento tecnológico, dominar, até certo ponto, a natureza em que está imerso. Porém, a onipotência divina revela também a diversidade de Deus na sua comparação com os limitados poderes do homem. O semelhante guarda em si mesmo uma relação de diversidade. O homem não tem misericórdia absoluta, nem onipotência divina. Sem a consciência dessa diversidade radical, é impossível determinar quaisquer relações entre o homem e Deus. Se o homem tivesse onipotência e misericórdia absolutas seria como Deus. Não sem motivo profundo, pela tentação da serpente, a pretensão do homem de igualdade a Deus ("sereis como deuses"), é a fonte do pecado original no Livro do Gênesis. A primeira manifestação, na história da humanidade, da força expansiva e condicionante da origem, a era nebulosa e primordial do fenômeno humano.

Relações entre prêmio e castigo no âmbito da religião

É necessário, para penetrar nos problemas das relações entre o bem e o mal (prêmio e castigo), retornar aos ensinamentos do Cristo. Toda a sua vida, seus atos e ensinamentos testemunham a bondade divina. Ora, o bem é um valor e, pois, bipolar e relacional. Tem como contraponto o mal. A bondade divina, nesse sentido, implica a necessidade de apartar o bem e o mal. A sanção divina para o mal é o castigo que, segundo os ensinamentos do Cristianismo, Deus só utiliza em última alternativa. Porque há vias eficazes de afastamento do castigo, como o arrependimento e seu consectário, o perdão. Não há via mais generosa para apagar a culpabilidade humana. Sem o perdão, o homem decairia ao nível da animalidade dos símios. A idoneidade para ser perdoado e a capacidade de perdoar é a nota mais alta da espiritualidade humana. O perdão é o nível mais elevado da misericórdia.

Vida eterna após a morte?

Não há experiência individual desse dogma de fé. Por isso a minha razão, no particular, em nada me socorre. Sempre me pareceu, entretanto que uma felicidade eterna não pode excluir o reencontro como os entes queridos. É um ponto, reconheço, de delicada abordagem. Uma experiência vital não nos é, porém interdita: não há simetria entre a decadência física do homem e seu crescimento espiritual. E isso é sinal de autonomia da vida do espírito. Decerto, na idade avançada, já se manifesta, às vezes, nem sempre, a falência das nossas faculdades mentais. É dizê-las espirituais. Mas essa é consequência da vinculação que existe entre espírito e matéria, enquanto revestido o nosso corpo da sua condição material (a duração de nossa vida). Espírito e matéria são indissociáveis na vida humana.

A intermediação entre os homens e o divino pelos sacerdotes

Pressuposta a autenticidade da revelação, essa intermediação é perfeitamente razoável. Porque ninguém está *a priori* excluído desse mister sacerdotal. É problema de vocação. Recordo o ensinamento de Cristo: "Pedro tu és pedra e sobre essa pedra edificarei a minha Igreja". Aliás, nesse tópico, a Igreja Católica é a única que, na linhagem de sucessão de S. Pedro, recebe a investidura dos seus sacerdotes legitimada pelo próprio Cristo, Deus-homem. Nenhum "bispo" de diversa confissão religiosa, se lhes compara, em legitimidade histórica e dogmática.

Sobre o papa e o papado

Uma igreja de fato e de direito *universal* como a Católica não poderia subsistir ao longo dos séculos se não estivesse submissa ao princípio da autoridade. Sem o Papa, no ápice da pirâmide hierárquica, a Igreja Católica estaria, na sua evolução histórica, corroída pela desagregação. Ainda assim, a autoridade papal, e mesmo eclesiástica, é aqui-e-acolá questionada pelos próprios sacerdotes. Não me consta, porém que o Papa se considere a pessoa mais importante do universo, autorizado a ditar regras para outras religiões. Isso atentaria contra a liberdade religiosa e de culto. O ateísmo e o agnosticismo são, porém, fenômenos que devem preocupar uma religião autêntica. E pretendo que o catolicismo o seja. Isso, porém não é o mesmo que ditar regras de conduta para além da consciência individual de cada um. Ninguém é obrigado a aderir ao Catolicismo como condição *sine qua non* para a salvação eterna.

Valor ético insigne da religião

Para que servem as religiões senão para embevecer os simples e permitir que os espertalhões os expoliem? É esta uma concepção cética muito mesquinha da religião. Dá-se aqui algo de verdade, porém – *não a verdade toda.* Há pseudo-religiões que fazem exatamente isso, que o senso inato de justiça denuncia. São pecados capitais contra a ingenuidade popular e o amor do próximo. Esses não passam de "empreendimentos religiosos", casas de negócio. Porém outras confissões cristãs sérias nada têm a ver com isso. Frequento uma Igreja, nas cercanias de Recife, todos os domingos. E recolho o óbulo sem nenhuma "exigência" despropositada, mas discretamente, como simples instrumento voluntário de manutenção das atividades religiosas. Nada nos é cobrado. Nada mais legítimo. Além do mais, a verdade dessa crítica abrange a diferença, não a identidade de uma religião autêntica. Essa última é muito diferente de um instrumento de exploração da crendice popular.[3]

Sobre o pretenso caráter surrealista de certos dogmas religiosos

A partir da revelação, não agridem a lógica os dogmas católicos da virgindade de Maria, a divindade e ressurreição do Cristo, o perdão dos pecados pela confissão, a presença de Cristo na hóstia consagrada. Como legitimar essa crença? No testemunho do próprio Cristo: "este é o cálice do meu sangue e do meu corpo que será sacrificado por todos os homens". A Igreja Católica sempre entendeu a presença de Cristo na

3. "STJ mantém decisão que condenou Igreja Universal a devolver valor entregue por fiel: A Igreja Universal do Reino de Deus terá que devolver uma doação de R$ 2 mil, devidamente corrigidos, feita por um fiel arrependido. O ministro Luís Felipe Salomão negou seguimento a um recurso (agravo de instrumento) da Igreja que pretendia que o recurso especial interposto por ela com o objetivo de afastar a condenação fosse remetido ao Superior Tribunal de Justiça (STJ) para apreciação e julgamento. De acordo com os autos, um motorista, morador de General Salgado (SP), ao visitar a Igreja, foi induzido a fazer parte do "rebanho", mas, para isso, teria primeiramente que abandonar o egoísmo e se desfazer de todos os seus bens patrimoniais. Como recompensa, o pastor prometeu que sua vida iria melhorar tanto no campo profissional quanto no sentimental. Assim, o motorista vendeu um automóvel Del Rey, único que possuía, por R$ 2,6 mil e entregou dois cheques ao pastor. Alguns dias depois, arrependido, conseguiu sustar um dos cheques, de R$ 600, mas o primeiro cheque, de R$2 mil, já tinha sido resgatado pela Igreja. Inconformado, ele entrou na Justiça com uma ação de indenização por danos morais e materiais. Em primeira instância, o seu pedido não foi acolhido. O fiel recorreu e o Tribunal de Justiça de São Paulo (TJSP) condenou a Igreja a devolver os R$ 2 mil, devidamente corrigidos, a título de danos materiais e afastou o pedido de ressarcimento por danos morais". Esse não é um problema religioso, mas ético-jurídico.

Eucaristia como sacramental, um "corpus mysticum", sem conotação fisiológica ou material para os nossos sentidos (Pe. Paulo Meneses, *Homilias na Unicap*, 2009, p. 29). Não é razoável supor que um homem com a dimensão ética do Salvador viesse a instituir um engodo e uma impostura. A Igreja Católica sempre entendeu a presença de Cristo na Eucaristia como sacramental, um "corpus mysticum", sem conotação fisiológica ou material para os nossos sentidos (Pe. Paulo Meneses, *Homilias na Unicap*, 2009, p. 29).

Nada a estranhar que um Deus-Homem tenha sido concebido pelo poder do Espírito Santo, pois o contrário – concepção divina com os meios e recursos meramente humanos – é que seria contraditório com a essência da divindade. A ressurreição de Cristo é um fato histórico. A presença de Cristo na hóstia consagrada é um fenômeno místico, não físico, portanto.

Em que o perdão dos pecados pela confissão pode abalar as nossas convicções?

Em absolutamente nada, a partir da crença num Deus todo-misericordioso. A própria justiça dos homens considera, em certos casos, a confissão de culpa como motivo suficiente para excluir a punibilidade de crimes, ou reduzir-lhe os efeitos (p. ex., comutação da pena de morte aplicável nos Estados Unidos).

Finalmente pondero que não se alcança a salvação, só pela via da Igreja Católica. Como admitir que pessoas tais como Gandhi ou Martin Luther King, que não eram católicos, não poderiam alcançar a graça e misericórdia de Deus? A Igreja nunca proclamou tal despropósito e discriminação.

8. O amor ao próximo e a ética das relações humanas

Escrever sobre o amor não é teorizá-lo, nem conceituá-lo. O amor é um sentimento inefável, mas real, evanescente, mas efetivo. Um dos atributos mais impregnantes da existência humana. Motor da aproximação e do relacionamento entre pessoas de sexo diferente, sobretudo, não exclusivo, porém, da juventude. A avassaladora intensidade dos amores juvenis não mais será de regra recuperada e experimentada na maturidade da existência humana. E quando isso excepcionalmente acontece, corresponde à manifestação de patologia da afeição, que pode levar, nos amores da maturidade não correspondidos e em casos graves de descontrole psíquico extremo, aos crimes passionais, como o homicídio, sobretudo decorrentes do rompimento de relações amorosas. Na maturidade, a paixão é substituída por outras formas de afeição mais serenas e equilibradas e por outros valores de sensibilidade na convivência social. O perfume das primeiras rosas – o da juventude – é muito mais intenso e impregnante de nossa sensibilidade. Perdemos ao longo da vida a capacidade de simplesmente experimentar certas sensações, que são recordadas com a nostalgia do tempo passado e irreversível. Essa limitação temporal do sensível é, assim, um condicionamento biológico.

O amor não move necessariamente nossas relações sociais, mas chega a confundir-se com a relação de amizade, ou seja, a empatia, uma atração que se manifesta nas interações entre certas pessoas, como fenômeno intercorrente na vida social. É a amizade relação mais intensa do que o efetivo, porém algo vago, amor ao próximo.

Insusceptível de definição, o amor é, no fundamental, uma prática conceitualmente indeterminada (*praxis*). Corresponde, sob certo aspecto, a uma opção de vida inspirada por uma conduta moral elevada, tanto mais profundo, quanto mais se aprenda a praticá-lo à luz dos ensinamentos de uma ética superior, como a ética cristã. Não será viável descrevê-lo com desconsideração de seu atributo fundamental: ele só se manifesta na vida de relação. O amor é fenômeno de alteridade. Nesse inter-relacionamento, há, entretanto, em qualquer período da nossa existência, com as suas peculiares características, níveis diversos de manifestação amorosa, revestidos de intensidade correspondentes aos mandamentos que regem, em sentido ascendente de amplitude, a ética de nossas relações com (a) a família, (b) a pátria (deveres do cidadão), mais amplamente (c) o próximo, seja ele nacional ou estrangeiro e finalmente (d) o divino, pura transcendência diante dos modos de vivência que regem o amor entre os homens. Por isso, é legítimo falar-se em hierarquização dos níveis de amor.

O mal denominado amor a si mesmo

Diz-se que há, no primeiro estágio de afetividade, o amor a si mesmo. Não o creio. O mal denominado amor a si mesmo não é uma relação interpessoal. É apenas manifestação biológica de autoestima necessária à sobrevivência da espécie. Existir é perseverar no ser. O ser humano tende a preservar a sua existência. E defendê-la sempre que ameaçada. Isso não depende de nenhuma opção ética que deva nortear o comportamento humano. É algo que não se aprende, mas nasce conosco. Congênito e instintivo em cada ser humano. Responde, pois, a uma programação genética da espécie humana.

Mas o coração tem razões que a razão desconhece (Pascal, *Pensamentos*, 423). Que o amor é inapreensível à luz da fria razão humana e a lógica mostra-se impotente para conceituá-lo é algo expresso em bela fórmula de Pushkin: "Tu me perguntas porque te amo. Coloque a questão ao meu coração. A ele, dizer-te porque te ama, a mim dizer-te porque eu o escuto".

Há mais coisas para serem ditas, que explicadas. E há mais coisas para serem vivenciadas que para serem determinadas com rigor conceitual e fixação nítida de contornos. Insusceptível de conceituação, o amor é uma delas.

O amor familiar e a ética das relações familiares

Devem merecer toda a nossa repulsa tentativas, recorrentes na vida social, de desmoralização da família. A degradação ou – o que é o mesmo – desvalorização da instituição familiar implica a destruição da sociedade como um todo e seus valores. Porque a família é a base biopedagógica da sociedade (Tristão de Athaíde, *Preparação à Sociologia*, p.104). Mais adiante, esse mestre esclarece o que significa essa expressão: "A família... não é uma aproximação do acaso, não é uma conjunção meramente biológica. Ela constitui uma realidade social básica. É o primeiro círculo de expansão do homem na sociedade. É o grupo em que ele recebe a vida e a educação" (op. cit., p.106). Bem examinadas as coisas, tentativas de desmoralização da família visam trocá-la por coisa nenhuma. Não oferecem alternativas de substituição, até porque, dada a inexistência de qualquer substituto da família, não podem fazê-lo. É a desagregação pela desagregação – ato gratuito por definição e efeitos nefastos. Mas o amor à família – se encastelada ela em si mesma – não passa de uma projeção e ampliação do egoísmo que macula a vida familiar na sua redução e degradação a manifestações de autoestima, voltados os familiares às preocupações e ocupações cotidianas do ser humano exclusivamente consigo próprio. Percebe-se que esse comportamento não corresponde a um modo elevado de convivência humana, inspirado numa ética superior.

O amor, no âmbito familiar se efetiva pelo relacionamento harmonioso dos cônjuges, com a superação da rotina às vezes tediosa de uma longa convivência. É sempre, sob esse aspecto, uma luta contra o tempo. Manifesta-se no amor dos pais pelos filhos e reciprocamente. Sob esse aspecto, é uma "fatalidade" biológica. Há uma programação genética para que o relacionamento familiar seja assim. Mostra-se, só por isso, elevada forma de convivência social. É a família a primeira sociedade, a célula de agregação do organismo social. O relacionamento familiar não está, porém, imune ao germe de degradação, quando a hipervalorização dos seus membros, por eles próprios abastecida e estimulada, implica a subvalorização ou mesmo desvalorização de terceiros, excluindo a sensibilidade e solidariedade para com problemas e necessidades do nosso próximo. Essa constatação não é uma simples hipótese teórica que abstraia a vivência do cotidiano familiar. É vivenciada na prática de relações concretas da nossa convivência em sociedade. O orgulho e a vaidade pela excelência, nem sempre presente, dos familiares convertem-se na principal característica da família, o atributo mais sensível da instituição familiar. Essa deformação opera de modo tão perverso quanto despercebido, porque convivência autêntica entre os membros da família não exclui – antes deveria estimulá-las – nossas relações com as demais pessoas em sua essencial dignidade e, pois, a valorização dos demais membros da espécie humana. Família que permanece circunscrita a si mesma, sem abertura para o mundo, é família perdida para a causa da humanidade.

A prática mais elevada que os pais deveriam ensinar aos filhos é a generosidade, a solidariedade para com sofrimento alheio, a sensibilidade diante das vicissitudes do nosso próximo e suas carências. Preconiza-se, assim, um homem novo. Não o homem lobo do homem. Recorde-se a consigna guevarista: "Homem lobo, não! Homem novo, sim!". O individualismo contamina, porém, a instituição familiar como a erva daninha invade um terreno fértil. As pessoas geralmente se preocupam consigo mesmas e – quando muito secundariamente – com as outras pessoas, como acontece com a filantropia, aliás sempre divulgada pelos meios de comunicação e que tem largo prestígio social. As pessoas inautênticas se comprazem em disputar a superficialidade do êxito social, sobretudo as colunas de jornais, em fúteis entrevistas jornalísticas e televisivas. Na família, esse traço é mais nítido. É um comportamento sociológico típico. A família moderna é – quase toda ela – produto e cidadela do exercício de individualismo exacerbado e seu subproduto, a educação para o brilho dos familiares.

E, contudo, uma pedagogia familiar elevada tem como primeira meta a mais fundamental e decisiva, preparar os filhos para o amor ao próximo. É desse inter-relacionamento transcendente à família que decorrem as grandes amizades, tema central do belo livro de Raissa Maritain (*Les Grandes Amitiés*).

Nada mais importante nas relações humanas do que estimular a amizade entre as pessoas. Amizade da qual nos orgulhamos ao longo da vida. Quando se perde um amigo, perde-se um interlocutor de toda uma vida. Alguém em quem podemos confiar sem reservas. É como a perda de um pedaço de nós mesmos. Algo que jamais será recuperado, dissolvido em saudade perene e terna lembrança. Uma família aberta para o mundo, e não fechada em si mesma, prepara os seus membros juvenis para serem apóstolos dos grandes empreendimentos humanos. Nos primórdios da União Europeia, ainda em crisálida, Jean Monet nos legou essa provocativa, mas notável, pedagogia: "Nessa matéria, só os visionários são objetivos". Não lhe seria possível preocupação tão elevada se ele fosse despreocupado dos valores éticos da convivência humana, muito acima das fronteiras nacionais.

No início, porém, é a família e são as lições de vida social que nos impregnam a personalidade por toda a nossa existência. É pela falta de assimilação, na juventude, desses valores de convivência sadia que, na vida pública, temos políticos de mais e estadistas de menos. Não foram os nossos políticos de plantão preparados para a grandeza ética desde a vida familiar. A rigor, o político convencional não exerce um mandato popular. Atua com os olhos na plateia, procurando apenas, com fútil retórica, agradar o seu eleitorado. Nenhuma autenticidade motiva de regra o comportamento na vida pública.

O paradoxo familiar e o amor ao próximo

Para uma família encastelada no autoenclausuramento dos seus membros (pais, filhos, irmãos), governada pelo individualismo, só o restrito círculo familiar vale e importa. As outras pessoas – e refiro-me aqui e agora e por exclusão à humanidade inteira – pouco ou nada lhe interessam. Quando muito só lhe importam secundariamente. Em tais circunstâncias, o próximo lhe é essencialmente o mais distante, ou seja, o mais indiferente. Para a maioria predominante das famílias, nada mais distante do núcleo familiar que o próximo – isto é, todas as outras pessoas. E nisso reside o supremo paradoxo da instituição familiar egocêntrica e individualista. A essência paradoxal dessa proximidade é o distanciamento. Cada um dos seus membros é para o seu próximo, inclusive nas relações entre pais e filhos, o mais distante e nada mais distante do que o seu próximo. A essa proximidade do relacionamento familiar corresponde, portanto, um distanciamento de gerações, no choque de valores antitéticos entre pais e filhos. A família rege-se então por forças sociais centrípetas dos familiares e centrífugas das outras pessoas.

Para uma família autenticamente cristã, é dizer: inspirada pelos valores éticos do cristianismo, não deve constituir obstáculo à nossa solidariedade – uma das formas pelas quais o amor ao próximo se manifesta – a maior distância entre as pessoas. Nesse plano, a despreocupação é apenas uma forma de indiferença e insensibilidade egoístas. O distante deve ser, ainda assim, o próximo na ordem das nossas preocupações cotidianas com o destino e os rumos, às vezes dramáticos, da humanidade. Se nada é possível fazer, em termos de ajuda material para as pessoas carentes que residem nos mais distantes rincões do planeta, p. ex., regiões assoladas pela fome e doenças endêmicas, ainda é possível ajuda espiritual, como a denúncia, a pressão e intercessão junto a esferas governamentais, se omissas estas no dever de caridade internacional, ou até mesmo pode-se rezar por elas. É assim que o cristianismo enaltece, como numa epifania, o amor à humanidade: amar ao próximo como a si mesmo. Sentimento oposto a um patriotismo xenofóbico, chegando a ódio ao estrangeiro. Sabemos como são preconceituosas nossas relações com nacionais dos Estados vizinhos. Deveriam ser ao máximo amistosas. A nossa pátria comum é o planeta, este "mundo sublunar", como belamente o nomeava Aristóteles. Qual é a medida (a exigência) do amor ao próximo? Com que intensidade devemos exercer essa virtude? Ninguém poderia respondê-lo melhor que o Divino Mestre: "amarás o teu próximo como a ti mesmo". Esse amor, em seu plano mais elevado, consiste no exercício da misericórdia.

A necessidade de uma pedagogia familiar

O individualismo é um mal e a respeito do qual Hannah Arendt cunhou a expressão "banalidade do mal", que tanta celeuma suscitou. Não são, no entanto, equivalentes a constatação da banalidade do mal em si e a afirmação, de significado diverso, que a ideologia representativa da modernidade, o individualismo, tornou-se banal. (Lima Vaz, *Ética e Direito*, p. 170). Em si mesmo, o individualismo não é objeto de conhecimento banal, no sentido de um saber ostensivo e disseminado na sociedade. Diversamente, o individualismo é um "rei secreto", que governa todos nós, sem que se tenha ciência ou consciência do seu domínio astucioso. Porque só escondendo-se, o individualismo, sub-reptício que é, se torna eficaz. A ideologia do individualismo, em si mesma, nada tem de banal. Nenhum conhecimento generalizado se manifesta a respeito dela. A essência do individualismo é a ocultação do pensamento. Quanto mais oculto, mais ele rege nossos destinos. Pois bem: o individualismo nas relações "externas" à família, corrói a instituição familiar, introduzindo como substituto inapercebido, um niilismo ético. Nada oferta em troca da família e só nos oferece a possibilidade da sua degradação.

A família, todavia, não pode atuar como base biopedagógica da sociedade, se nenhuma pedagogia elevada a revestir. Se a família não estiver formada e informada por uma pedagogia no sentido mais venerável: educar sobretudo com o exemplo. Nenhum exemplo educativo é, porém, transmitido pelos pais aos filhos, nas habituais circunstâncias precárias de convivência familiar. O enclausuramento familiar não forma a família, deforma a formação dos filhos. E esse defeito de formação de caráter é *impregnante* da personalidade, porque os filhos recebem-no desde a primeira infância. Após uma certa idade, torna-se quase sempre irreversível. Consolidou-se sua impregnação distorcida. A família tradicional é um exemplo nada edificante do *individualismo* que governa as instituições sociais modernas. Antítese do *personalismo*, a consciência de que o homem é um universo de natureza espiritual, por isso mesmo dotado de inteligência e de vontade. É dizê-lo uma *pessoa* (Jacques Maritain). Assim, deve ser reconhecida a essencial dignidade de todo ser humano, e por essa via se preserva, mais amplamente, a solidariedade entre os povos e as nações, cujo exemplo histórico mais recente e expressivo é a integração europeia (União Europeia). Nível de integração do qual está tão inferiorizado e distante o MERCOSUL. O princípio fundamental que governa essa integração é o da igualdade entre os Estados. Mas, assim como é com as nações, deve ser com as pessoas. Devem ser essas tratadas como efetivamente iguais em direitos, e no acesso aos bens da cultura e não apenas em proclamações retóricas de políticos inautênticos, despreocupados com os destinos e desdenhosos das crises até de países vizinhos, que recentemente assolou a Argentina. Orgulhosos da imunização da nacionalidade a crises que não nos afetam (será?), mas enfermam Estados fronteiriços (egoísmo internacional). Quanta mesquinharia alienada! Estranha lógica rege essas atitudes equivocadas até sob o ponto de vista pragmático (utilitarista). Porque o nosso desinteresse de hoje pelas crises dos nossos vizinhos estrangeiros corresponderá ao desinteresse deles pelas nossas eventuais crises futuras. Sob a regência dessa psicologia social egoísta e alienada não há campo para a solidariedade entre os povos, valor que deveria governar sempre as relações internacionais. Quantos conflitos internacionais poderiam ser por essa via evitados e, quanta incompreensão, superada.

Quem é o meu próximo

Numa ética social elevada, o próximo não corresponde, nem se mede pela distância que nos separa, nem se identifica pela proximidade topográfica. Assim, quem habita as regiões distantes do planeta, com relação ao nosso *habitat,* é também, com relação a nós, o próximo, clamando pelas exigências da dignidade da pessoa humana, afetada às vezes por condições subumanas de vida. Pode ser quase paradoxalmente, o mais próximo, na medida em que for o mais necessitado da nossa solidariedade. O mais distante pode ser assim o mais próximo na ordem das exigências mais elementares e gritantes de solidariedade humana, vozes clamando no deserto em nações distantes. Como se não habitássemos o mesmo planeta. Não raro a ajuda dita humanitária é motivada por interesses político-ideológicos mesquinhos. Proclamam-se as vantagens mútuas para os nacionais do país que ajuda (doador) e do país que recebe os donativos (donatário). Não se inspira no puro desinteresse. A misericórdia não tem aí hora nem vez. Quando um cataclismo decorrente de condições naturais excepcionalmente adversas, como o *tsunami,* se abate sobre as populações da Ásia, reduzindo-as a níveis infra-humanos de vida, somos todos corresponsáveis pelo dever de solidariedade que se manifesta de regra pela ajuda humanitária (alimentos, roupas, vacinas etc.). Muito pouco nos é possível fazer em tais circunstâncias, mas esse pouco é ainda assim melhor do que nada.

Só uma "ética" mesquinha permite circunscrever o dever de solidariedade ao restrito núcleo da instituição familiar, ou seja, aos seus membros, o que degenera num de seus efeitos mais nefastos: nepotismo na função pública. Como se a família, em decorrência de circunstâncias biológicas fortuitas, fosse constituída de alguns privilegiados, únicos credores da nossa atenção e das nossas preocupações. É como se o familiar fosse o supremo critério da excelência e capacitação. Merecedores exclusivos, os membros da família, de certas investiduras na vida pública (cargos de confiança ocupados por uma espécie de reserva de mercado para os parentes do nomeante). Como se apenas o vínculo de sangue importasse, e realmente é ele o que decisivamente vale para a consolidação desses privilégios. Essas ponderações – advirta-se – nada têm que ver com os sagrados deveres que vinculam e determinam as relações entre pais e filhos na instituição familiar em si mesma – e menos ainda os negam. A degradação da família está na circunscrição egoísta e exclusiva dos deveres de amor ao próximo no âmbito restrito dos pais, filhos e quando muito a parentes, ou seja, as relações de consanguinidade ou afinidade de parentesco. Não se deve confundir, pois, a família com a deformação familiar e a decadência dos costumes sociais.

Somente cultivando os valores da solidariedade humana, a família, desviada por uma ética social distorcida, pode, recalcando-se sobre si mesma, tornar-se o que ela própria é. À família desviada de rota pelos seus descaminhos éticos poder-se-ia aplicar o famoso paradoxo nietzschiano: "Se queres seguir-me, não me sigas". Não é modelo – é antimodelo. E este um belo elogio da heterodoxia do pensamento e para a arquitetura saudável de instituições sociais, como a família moderna. Só assim, superando esses antagonismos que estão no seio da instituição familiar – o seu "fechamento" para o próximo – a família pode tornar-se aquilo que ela própria é, uma instituição sacrossanta. Tem ainda aqui razão Nietzsche quando proclama: "Mas eu vos digo: vosso amor do próximo não é se não o mau amor de vós mesmos". Essas considerações estão no seu ensaio sobre o amor do próximo (*Von Der Nächstenliebe*) incluso no *Assim Falou Zaratustra (Also Sprach Zarathustra)*. Amar também o fisicamente distante – eis a consigna. Amor sem fronteiras – ideal a ser cultivado, mesmo sob acusação insensata de utopia. Até porque nada impede que uma utopia possa atuar como ideia-força para melhorar o relacionamento entre pessoas e nações.

O choque de gerações

Quando a família se volta sobre si própria, no individualismo hedonista dos seus membros, pode, com razão, ser vergastada pela invectiva de Nietzsche: "Cada um é para si próprio o mais distante". A família como um todo e seus membros individualmente considerados são o mais distante de si próprios, o mais apartado daquilo que eles deveriam ser: ou seja, membros de uma instituição familiar sadia, negada quando se afastam os familiares dos deveres de solidariedade para com outras pessoas e, em plano mais elevado de dignidade, para com o gênero humano.

Mas esse relacionamento familiar distorcido acaba por gerar conflitos entre pais e filhos. A família não é apenas instrumento de proclamação alienada da excelência de seus membros e sua superioridade na escala biológica. Quando o individualismo se apossa da família moderna, governando-a, não admira que o choque de gerações se insinue e se manifeste no âmbito familiar. Nada é mais distante entre si que pais e filhos conflituosos em posições irredutíveis na defesa de seus próprios valores – ou desvalores – em antítese (o novo *versus* o velho). Esse conflito de gerações é causado e estimulado pela desvalorização da família. Já aí enquanto instituição social. Por que preservar a harmonia numa instituição que nada vale? Nada passa a ser mais distante para os filhos do que os pais. Como se a juventude fosse uma determinação atemporal (imune ao tempo) de certas pessoas (os filhos). Esse inter-relacionamento familiar decaído esvazia qualquer possibilidade de diálogo entre pais e filhos. Os pais representam para os filhos, nessas circunstâncias, uma geração ultrapassada e que nada de útil e edificante lhes pode ofertar. Não é estranho a essas relações sociais doentias, um certo desprezo mútuo entre pais e filhos, sob a aparência enganosa de amor paterno (ou materno) e amor filial. Do relacionamento entre pais e filhos somente pode nascer, em tais circunstâncias, uma hostilidade recíproca, que mais cedo ou mais tarde explode enlouquecida por uma educação perversa. É precisamente o que enferma a família governada pelo individualismo. Também no seu âmago, a instituição familiar, por mais afastada que esteja do ideal de uma família feliz ou, o que é o mesmo autêntica, clama pela autoaplicação da máxima na aparência paradoxal, cujo autor foi Goethe, retomada por Nietzsche no *Assim Falou Zaratustra*: "Torna-te o que és". Como, no entanto, nos tornamos o que somos? A resposta é ministrada no Evangelho de São Marcos (9, 35), em incomparável lição de modéstia, humildade e simplicidade do próprio Cristo: "Se alguém quiser ser o primeiro, que seja o último de todos e aquele que serve a todos". Mas a família moderna, em sua ânsia de afirmação, somente pretende servir-se de todos, no afã de administrar o êxito social fútil e o reconhecimento generalizado dos – por ela mesma decantados – atributos de excelência dos seus membros. Para os pais, os filhos são sempre desportistas ou intelectuais incomparáveis. Ela não resiste à tentação, vergastada no Livro do Gênesis, de comer o fruto da árvore do bem e do mal: ("sereis como deuses"). Mostra-se dócil a serviço do dinheiro e das formas de riqueza mais espúria. É a versão moderna de um velho tema: a decadência generalizada dos costumes sociais. Surpreende constatar que um fenômeno abstrato – o individualismo moderno – governa como um "rei secreto", ou seja, um fenômeno inapercebido, as nossas instituições sociais e a vida em sociedade. Sua eficácia não é posta em contraste ou oposição na convivência social. Todos esses modos de comportamento a serviço do individualismo familiar devem ser combatidos e erradicados em nome do bem público.

O amor ao próximo

"E quem é o meu próximo?"

(Lucas 10, 29)

A manifestação mais elevada de amor ao próximo, seja este nacional ou estrangeiro, dá-se pelo exercício da misericórdia. A misericórdia não é um conceito, é uma prática determinada em nível superior de relacionamento ético com o nosso próximo, o reconhecimento de sua essencial dignidade. O Divino Mestre, na parábola do bom samaritano, à vista de um desconhecido espancado por ladrões, tomado de compaixão, cuidou dele e providenciou para que outros também o fizessem, aconselhando, com simplicidade, a um doutor da lei: "Vai e faz a mesma coisa" (Lucas, 10, 37). A misericórdia como uma prática impositiva – é o essencial dessa sublime lição.

O amor ao próximo não é, pois, uma abstração, um conceito universal distanciado da concretude, mas uma prática, modo superior a qualquer outro de convívio inter-humano. Suas manifestações mais elevadas são a caridade e a misericórdia: "Se alguém não tiver a caridade, não tem nada" (São Paulo, *1ª Epístola aos Romanos*, 13, 2).

Noutra epístola aos romanos, esse apóstolo mostra-se superlativamente enfático ao proclamar e ensinar que o mandamento do amor ao próximo condensa todos os demais mandamentos, porque estes lhe são redutíveis. Tal mandamento aglutina, no seu âmbito, todos os demais: "- De fato, os mandamentos: "Não cometerás adultério", "Não matarás", "Não roubarás", "Não cobiçarás" e qualquer outro mandamento se resumem neste: "Amarás o teu próximo como a ti mesmo". Noutra passagem, o apóstolo mostra-se admiravelmente claro na redução de todos os mandamentos ao preceito do amor ao próximo. Não cometerás adultério; não matarás; não furtarás; não darás falso testemunho; não cobiçarás, e se há algum outro mandamento, todos se resumem nesta palavra: amarás o teu próximo como a si mesmo. O amor não faz nenhum mal contra o próximo. Portanto, o amor é o cumprimento perfeito da lei." (Romanos, 13, 10). Essa prevalência do amor ao próximo sobre os outros valores de convivência, seu caráter aglutinante e unificador, está reiterada por São Paulo, em epístola aos Gálatas, (1,14): "- Com efeito, toda lei se resume neste único mandamento: "Amarás o teu próximo como a ti mesmo". Esse efeito aglutinante dos princípios, cumprimento perfeito da lei que deve reger nossas relações sociais, só é possível a partir de um escalonamento dos mandamentos divinos. Na ordem de sua importância axiológica, uns condicionam os outros. Na bela fórmula romana, esse condicionamento hierárquico de preceitos é perceptível: a arte do Direito consiste em: 1) viver honestamente (*honeste vivere*), 2) não lesar a ninguém (*alterum non laedere*), 3) dar a cada um o seu (*suum cuique tribuere*). Como nos ensina Felix Senn, só vive honestamente e não lesiona ninguém quem dá a cada um o seu. Assim, esse romanista reduziu os dois primeiros preceitos ao terceiro enunciado. Essas lições correspondem a uma notável lição de axiologia: aí onde estão os valores de convivência humana está a sua hierarquia.

O amor à pátria

O patriotismo, amor à pátria, ao solo natal, corresponde a um sentimento nobilíssimo e, portanto, deve ser cultivado com todo o nosso empenho e todo o nosso coração. Ele não exclui, porém, o amor ao próximo e mais amplamente ainda o amor a todas as criaturas vivas, à obra e à alegria da criação, aos animais e plantas. Patriotismo e amor ao próximo não são mutuamente excludentes; modos de relacionamento incompatíveis com nossas circunstâncias, formas de vida inconciliáveis entre si – são apenas diversos no seu modo de manifestação. Se o patriotismo servir como pretexto para encastelamento das pessoas nas fronteiras nacionais, negando *ipso facto* os deveres humanitários que nos impõe a convivência internacional, se degradará num individualismo nacional, mesquinho e insensível às dificuldades e necessidades do nosso próximo. Estranha motivação: só porque o estrangeiro transcende as fronteiras nacionais, nasceu e vive noutro país, nos é indiferente. Por isso, agride a nossa sensibilidade a presunção – que não raro atinge o deboche – com que certos repórteres brasileiros, a maioria, entrevistam personalidades ou simplesmente estrangeiros, sobretudo na área dos esportes. Parece que nós, os brasileiros, diante de outros homens, somos uns privilegiados, seres superiores, milagres da natureza. Quanta presunção irresponsável! Esse comportamento tanto tem de presunçoso quanto de repulsivo à nossa sensibilidade. Não passa de um mísero e alienado preconceito de superioridade. Deveríamos nos relacionar com nossos vizinhos – e mesmo com os que habitam terras mais distantes – com respeito e reverência. Essa sim é atitude de dignidade. Por isso, ensinava Gandhi, não sem razão cognominado "A Grande Alma" (Mahatma): "Para mim, o patriotismo é a mesma coisa que a humanidade" (*Lettres à L'Ashram*, p.177). Essa lição não nega o patriotismo, mas afirma a necessidade de nos inserirmos numa fraternidade universal.

O amor a Deus

O amor, no plano religioso, culmina com os mandamentos da lei de Deus. Há uma clara hierarquização desses mandamentos. À indagação: "- Mestre, qual é o maior mandamento da lei?", Jesus responde: "- Amarás o senhor teu Deus de todo o teu coração, de toda a tua alma e de todo o teu entendimento. Esse é o maior e o primeiro mandamento". Na ordem hierárquica, conforme o Divino Mestre ensinava, segue-se o amor ao próximo: "- Amarás o teu próximo como a ti mesmo" (Mateus, 22, 36 – 39).

Esse é um nível de amor a que tem acesso o homem contemporâneo. Há outro, porém, a que não nos foi dado historicamente vivenciar, retrocedendo no tempo. É o exemplo de Cristo, que deu a vida pelo amor à humanidade e para resgatar os pecados do homem. Fomos resgatados por um magno preço. Como o amor é transcendência diante de todas as formas de individualismo, o amor ao Deus encarnado e seu incomparável exemplo nos é possível. O seu acesso não nos é interdito, porém franqueado. E mais: é o primeiro mandamento na ordem hierárquica dos valores religiosos. Ama a

Deus – ensina Jean Guitton – é um apelo vertical. Ama ao próximo, horizontal (*Ce que Je Crois*, pp. 52-53) Como seriam possíveis tais considerações sem uma clara hierarquização dos níveis de amor humano? Confirma-se, assim, a tese central deste ensaio: o amor não é um sentimento uniforme, mas hierarquizado segundo uma axiologia da convivência humana nas relações sociais e religiosas.

9. Intuição e criatividade juvenil na ciência

A intuição explode na mente do estudioso como uma zona de claro-escuro, ou seja, como um súbito e inesperado *insight* parcialmente claro e parcialmente escuro. À luz bruxuleante da intuição, tem-se de repente a noção, algo vaga e imprecisa, mas fecunda, que um conhecimento preestabelecido – até então geralmente aceito e indisputado – não está acertado e que se impõe, no universo da ciência, uma hipótese teórica nova (o claro da intuição). Não, porém, o conhecimento preciso e amadurecido da nova hipótese de conhecimento (o escuro da intuição, que não pode, com suas próprias forças, ofertá-lo). Tem-se, portanto, com a vênia dessa linguagem metafórica, que a intuição é, no pensamento humano, algo a caminho – não um ponto terminal. Mas sem os primeiros passos dados pela intuição, o conhecimento humano não descobre novos pontos de vista sobre o universo. Isso só é, no entanto, possível pela maturação do pensamento ao longo de algum tempo.

Sem a intuição nenhum conhecimento novo e inovador se manifesta na vida da ciência. Porém, é impossível à ciência da psicologia explicar, no seu nascedouro, a intuição. Se tivéssemos conhecimento, via intuição criadora, do processo de criação das hipóteses científicas, seríamos potencialmente oniscientes.

Há outros limites na demarcação conceitual de intuição criadora, isto é, da criatividade expressa pelas grandes manifestações do espírito humano. É que a criatividade, mesmo no seu grau mais elevado, que é produto da genialidade, se manifesta na juventude do estudioso. Perdida a juventude, a criatividade se retrai e cessa, num afastamento definitivo, sem retorno. Isso vale tanto para a ciência e a filosofia, quanto para a música e as artes em geral. Pois que é um condicionamento biológico, uma saga da espécie humana.

Encontramos, no pensamento de Einstein, vários tópicos com a intuição correta até de fatos e fenômenos indemonstráveis. Ele admitiu a possibilidade de um governo mundial, numa intuição antecipatória do fenômeno da globalização, incipiente no tempo em que Einstein escreveu. Não poderia ter sido demonstrado esse fenômeno (e até hoje não o pode). Sequer a sua viabilidade tendencial era passível da mínima corroboração experimental, à luz dos fatos sociais, ou seja, relações internacionais até então regidas pelo autismo político da soberania.

Sustentamos ser a criatividade um produto da intuição, que se manifesta de regra na juventude e fornecemos exemplos dessa circunscrição do ato criador (v. neste livro o ensaio *A nostalgia da inteligência*). Pois bem: inspiro-me aqui em análogo entendimento mantido por Einstein, em 1906, quando a teoria da relatividade restrita (velocidade-limite da luz) já estava publicada nos *Annalen der Physik*. Ele contrapôs a mentalidade revolucionária dos jovens ao caráter estacionário e estéril da maturidade (*Lettres a Maurice Souvine*, p. 5). Em 1915, Einstein expressou algo que corresponde implicitamente ao reconhecimento da criatividade juvenil manifestada pela intuição, referindo-se a Mach, outro grande físico: "Ele não chegou a formular a teoria da relatividade porque faltou à sua mente o frescor da juventude". Mach tinha 45 anos ao escrever a *História da Mecânica* (v. *Isaias Golgher, O Universo Físico e Humano de Albert Einstein*, pp. 151 e 165).

Porém, Einstein nunca formulou expressamente a tese de que a criatividade estava no geral associada à juventude. Permaneceu no claro-escuro dessa intuição. Seu texto mais explícito está na transcrição do livro de Dennis Overbye, *Einstein Apaixonado*, p. 48: "Uma pessoa encontra coisas verdadeiramente novas somente na juventude". Vê-se como o seu pensamento convergia para esta conclusão fundamental: a juventude é a idade da criatividade.

Curiosamente, Einstein, ele próprio, é exemplo da fecundidade dessa explicação etológica da vida do espírito. Ele publicou, em 1905, a Teoria da Relatividade Restrita, (velocidade da luz), quando tinha apenas 26 anos e a Teoria da Relatividade Geral em 1915 (gravitação), aos 36 anos. A partir daí a fonte da criatividade secou e o deus da inspiração se calou. Einstein passou o resto da vida, sem lograr êxito, tentando construir uma *teoria do campo unificado*, que abrangesse as suas duas outras teorias sobre a velocidade limite da luz (Relatividade Restrita) e gravitação (Relatividade Geral). Era a frustração de seu pensamento grandioso, tão grandioso que muitos físicos consideravam essa teoria um ideal impossível de ser alcançado. Permito-me neste ensaio uma paródia de Rilke: serem difíceis é razão adicional para que as coisas sejam feitas. Como tudo converge para a unidade (sabemo-lo desde os pré-socráticos) é bem possível que o caminho de Einstein estivesse correto ao pretender unificar, numa teoria abrangente, isto é, de maior conteúdo de explicação, as teorias ousadas e grandiosas que fizeram a sua fama.

É compreensível a rejeição obstinada dessa explicação das limitações cronológicas da intuição criadora. Porque muitas pessoas, ao tomarem conhecimento delas, já ultrapassaram a fase-limite da criatividade. E se recusam, pois, a admitir, em manifestação de inconformismo, que esta lhe está doravante vedada.

Porém, na natureza humana, o tempo é fator que tudo governa: há, no início de nossa vida, um período de impregnação, em que, na primeira infância, aprendemos a língua materna. Para a aprendizagem de línguas, o homem maduro é menos apto que um bebê. Com o passar do tempo, perde-se no geral a capacidade e rapidez da aprendizagem espontânea da língua natal. Ela não nos abandona de todo, mas é exercitada com dificuldade, contrastando com a espontaneidade da aprendizagem do idioma da infância. Depois, há a idade da criação, que está atrelada à juventude do artista e do estudioso. Não é possível, no entanto, imprimir uma determinação cronológica e precisa da idade da criação. Pode-se afirmar apenas algo relativamente vago: ela nos abandona em torno dos quarenta anos – até aí a juventude da inteligência. As exceções a essa regra existem. São, porém, muito raras. Não devemos gastar nossas forças tentando submeter à inútil precisão aquilo que é insubmisso a qualquer demarcação temporal precisa: a idade de início e fim da capacidade de criação. O que sabemos a respeito desse condicionamento biológico já é, porém, suficiente para a prática de uma pedagogia elevada que estimula a criatividade de jovens e não a automutilação das faculdades juvenis da inteligência e sua capacidade de desvendar os segredos do universo. É um pecado contra a inteligência bloquear, em salas de aula, a criatividade dos jovens, pretextando aguardar a maturidade biológica. Até sob ponto de vista prático, essa atitude é inadmissível: se podemos obter desde a juventude progressos para o conhecimento humano, por que retardá-los?

10. Sobre o conhecimento e a ignorância

Para José Roberto Vieira

O conhecimento é para o homem uma incomparável alegria e – com licença da metáfora – uma terrível maldição. Alegria porque, pelo conhecimento, o homem se apropria das belezas naturais do mundo que o cerca – o seu "estar no mundo" (*in der Welt sein* heideggeriano). E se extasia diante das leis que regem o funcionamento dos fenômenos físicos, cosmológicos e biológicos a que ele tem acesso pela ciência. Maldição porque é imputada ao conhecimento essa dura lição de humildade: "Quanto mais conheceres, mais desconhecerás". Assim enunciada, essa afirmação na aparência provocativa e paradoxal implica por isso mesmo a demonstração dos seus fundamentos.

Pelo conhecimento, amplia-se o universo da nossa ignorância, que é assim um universo em expansão. Quanto mais sabemos, mais temos consciência da amplitude do que desconhecemos e, quanto menos sabemos, menos desconhecemos. O mundo do homem inculto é um mundo pequeno. Menor, pois o âmbito do que ele não sabe. O campo de conhecimento do homem culto condiciona o campo vastíssimo de sua ignorância e reciprocamente o campo da ignorância do homem inculto é limitado pelo pouco do que ele sabe; pela superficialidade e ingenuidade do seu conhecimento. As fontes do conhecimento e da ignorância não são assim coextensivas.

Um erudito sociólogo, jurista ou psicólogo, sabe pouco – quase nada conhece – dos campos da física, cosmologia, biologia, química etc. Ele tem ciência e consciência da existência desses amplíssimos campos por ele desconhecidos, inexplorados pelo seu saber. Avalia quão amplo é o universo do seu desconhecimento – esse vastíssimo âmbito remanescente do nosso limitado conhecimento. Por isso, o não-saber de um homem culto é um douto desconhecer. Um pedreiro pode desconhecer a arte de pintar residências, mas sua consciência de ignorância se limita a esse ou outro qualquer desconhecimento acanhado. Não tem consciência que desconhece física relativista ou física quântica, biologia molecular, filosofia etc. Este é para ele um universo interdito. É o desconhecimento de um homem ignorante. Assim como ele pouco sabe, pouco desconhece.

A linguagem instaura um mundo

Surpreendente paradoxo está, portanto, no desenvolvimento do espírito humano. Se os limites do nosso mundo são os limites da nossa linguagem, num campo mais originário está o pensamento, que se expressa em linguagem formalizada.

Retome-se, para esclarecê-la ainda mais, a tese central desse ensaio.

A capacidade de pensar de um homem inculto é muito limitada. Por isso o seu mundo é pequeno. A sua linguagem é inexpressiva. Mesmo se economicamente rico, o seu é um mundo pobre, comparado, por exemplo, com o mundo de um grande gênio. A extensão do mundo depende da visão do mundo. Assim sendo, a consciência de sua ignorância, como resíduo do que ele sabe, é também muito pequena. Quanto mais sabemos, mais ignoramos. É esta uma consequência inexorável da correlação conceitual entre linguagem e realidade: a linguagem instauradora de um mundo. Daí o paradoxo do conhecimento. Para quem muito sabe, o campo da sua ignorância é um universo em expansão. Quanto mais se estuda, mais se expande a nossa ignorância. É uma ignorância douta – o saber do que não se sabe – no estilo socrático. Recorde-se a uma bela lição: "Quanto mais o nosso conhecimento se expande, mais nossa ignorância se mostra", (John F. Kennedy, *"Uma visão de Paz"*, Zahar, Rio, 2007, p. 198).

Nada existe aí onde faltam palavras, como nos ensinaram Wittgenstein e Stefan George. Por essa via, o campo do desconhecimento é encoberto pelo próprio conhecimento ("sobre isso nada sabemos"). Pelas palavras, a linguagem instaura um mundo. Mas a linguagem pressupõe conhecimento do que e sobre o que a palavra fala. Sem a percepção desse relacionamento entre língua e realidade, a linguagem não eclodiria no campo do conhecimento. Aqui cabe lembrar, sem receio de sermos acusados de idealismo, a máxima famosa de Berkeley: "*esse est percepi*" (ser é perceber). Onde não há percepção prévia não existe linguagem e onde inexiste linguagem não se dá o mundo do conhecimento e, portanto, não se instaura o universo da nossa ignorância.

O fascínio do desconhecido

A ignorância dos eruditos, como advertia Kant, é uma "douta ignorância" - belo paradoxo. Não há identidade entre a ignorância no mundo pequeno de um ignorante e o universo da douta ignorância. O homem inculto não se coloca problemas de física ou metafísica. Porque ele pouco sabe, pouco ou quase nunca se apercebe da parcimônia do que desconhece. Essa inadvertência é fonte de estagnação no seu crescimento e aprimoramento espiritual. Paradoxalmente seria desejável que o homem inculto transpusesse as barreiras do seu pequeno mundo desconhecido, ingressando no universo da douta ignorância. Mas este lhe é inacessível. Somente se penetra nesse universo do desconhecido pela via do conhecido (o saber do homem douto). Resta, no entanto a lição: a ciência do campo que se desconhece é a estrada real para ingressar no campo do conhecimento. Porque todo conhecimento se inicia pelo fascinante desafio que lhe impõe o desconhecido. Surpreendentes relações entretecem conhecimento e ignorância. Como o conhecimento é limitado, inexiste conhecimento sem a contrapartida da ignorância e tampouco existe ignorância que não seja vinculada ao que se conhece. Destarte, a ignorância dos homens incultos é diferente da ignorância dos doutos. Em decorrência da relatividade do nosso conhecimento, o desconhecimento é em si incontornável. Consoante o estigma edênico da tentação pela serpente ("serás como deuses"), o homem nunca terá acesso ao conhecimento divino, que é absoluto e ilimitado – ou divino não seria. Assim como o conhecimento humano é relativo e limitado ou humano não seria. O conhecimento do homem ensina-lhe essa lição de humildade: ao conhecimento é vedada a ciência universal, oculta pelo desconhecimento.

A douta ignorância: saber do que não se sabe

Toda manifestação de desconhecimento (ignorância), no mundo da cultura, é hierarquizada. Existe ignorância que não tem consciência de si própria e dos seus limites. Sua característica principal é a inadvertência. É a ignorância dos ingênuos. Ignorância inteiramente diversa é aquela do filósofo, do cientista e do homem culto que Emanuel Kant nomeia ironicamente como "ignorante do gênero douto". Esta ignorância não se opõe apenas ao saber acumulativo e estéril, mas também ao saber amadurecido e consolidado que às vezes – não sempre, porém – se associa à criatividade do sábio. Em tais pessoas é dado o conhecimento dos seus próprios limites, ou seja, saber onde acaba o conhecimento e começa o desconhecido. Acrescenta Kant sobre a douta ignorância: "Assim, o não saber (*Nichtwissen)* de Sócrates era uma ignorância louvável, propriamente expressa um saber de não saber" – deliciosa expressão (*in Manual de Lógica Geral,* ed. bilíngue, pp.91-93).

Pedagogia da douta ignorância

Uma "viagem de descoberta" (Hegel) é uma aventura de argonautas, navegando no mar das próprias limitações do conhecimento rumo ao desconhecido. Uma emocionante experiência intelectual, produto do esforço para vencer o homem as suas próprias limitações de conhecimento. Mas os gênios – os isolados iluminados – penetram, com as descobertas científicas, a região do desconhecido pelo comum dos homens.

Chegados a esse ponto, somos tentados pela interrogação fundada no dualismo útil/inútil. Para que serve distinguir os campos da ignorância dos homens cultos e incultos? Qual a utilidade de esclarecer a distinção entre o não-conhecimento de um homem culto e o do ignorante? E poderíamos ousar uma resposta desafiadora: "para nada". Mas o conhecimento, se eticamente direcionado, serve a si mesmo e à humanidade. A advertência da distinção entre os campos especializados do nosso conhecimento e o universo de nossa ignorância não é a mais inútil das inutilidades. O seu é um destino nobre. Sua utilidade é posta a descoberto quando se considere que a douta ignorância nos ensina a não sermos pretensiosos ou, o que é o mesmo, nos ministra uma lição de humildade. E, na ética das relações humanas, o saber do que não se sabe tem assim uma função social importantíssima: ensinar a humildade ao homem.

Manifesta-se, sob esse aspecto, a utilidade (pragmática) da consciência das nossas limitações de conhecimento. Sua função pedagógica inclui-se dentre as mais úteis das utilidades. Não sendo oniscientes, temos, com maiores razões (argumento *a fortiori*), o dever de sermos humildes. Se fôssemos oniscientes teríamos conhecimento infalível do certo e do errado (na ordem epistemológica) e do bem e do mal (na ordem ética). A falibilidade do conhecimento humano implica a necessidade do seu controle experimental pela ciência (testes cruciais). É inconclusiva a mera avaliação subjetivista e, pois, limitada da conduta ética sobre o que concretamente constitui o bem e o mal. Nesse campo, as ideologias têm às vezes caráter nefasto. Recorde-se o holocausto na 2ª guerra mundial.

As limitações do saber humano se manifestam no domínio da especulação científica, e na ordem da filosofia, particularmente pela teoria do conhecimento (epistemologia). Uma conduta honrada se inclui, entretanto, na ordem prática – não nesse âmbito especulativo.

A ética se move, toda ela, no campo do conhecido nas relações de conduta humana (sabemos como devemos comportar-nos). Na origem da técnica está o conhecimento humano. A fissão nuclear (bomba atômica) somente se colocou, como um problema ético gravíssimo, a partir da ciência nuclear e do domínio da técnica de destruição do homem pelo homem, dela derivada.

O saber humilde – saber dos próprios limites – induz e conduz a uma aprovação social admirada. Mas a arrogância do saber pretensioso (pretenso saber que tudo se sabe – ou quase tudo) suscita a crítica e a reprovação, às vezes indignada.

Para que se avalie a necessidade de um controle social da eticidade da conduta humana, é pertinente esse exercício de imaginação: se tivéssemos conhecimento universal no domínio da ética, teríamos o saber absoluto do bem e do mal, na ordem dos dados culturais disponíveis pela espécie humana. Simplesmente não o temos. E ainda assim não haveria vinculação alguma da conduta humana ao conhecimento universal do bem e do mal, na ordem prática. Uma coisa seria (a) o conhecimento universal das fronteiras do bem e do mal, outra – muito diferente – (b) pautar a conduta humana concreta pelos padrões éticos universalmente aceitos como válidos. Porque essa conduta persistiria, inobstante a universalidade do conhecimento, contingente e limitada na sua concretude existencial. Prodígio da imaginação. Ela permite alcançar uma dimensão de eticidade universal que, nessa hipótese ora explorada, só a imaginação consegue. Não podemos vivenciar essa experiência mental na sua universalidade. Ela não pode obviamente ser procedida em testes laboratoriais, tão caros, p. ex., à física experimental em contraposição à física teórica. Porém, fornece-nos, por contraponto à conduta existencial e concreta, subsídio valioso. Viabiliza a compreensão das relações entre a relatividade do conhecimento, o universo do desconhecido e a ética nas relações humanas. Devemos, sob esse aspecto, render ação de graças ao desconhecido e, portanto, ao erro na formulação das hipóteses científicas – uma aproximação da verdade. Abençoados sejam desconhecimento e erro. Pela identificação do erro, a verdade encontra caminho para manifestar-se em toda a sua beleza. Pois a verdade é no fundo uma categoria estética.

11. Ensaio de uma ontologia da dignidade

Firme nos dualismos epistemológicos, Kelsen elaborou uma distinção entre diversos: (a) normas de conduta *moral*, objeto de conhecimento, e (b) ética, disciplina vertida para o conhecimento dessas normas. Consequência mais importante dessa distinção consiste em que a moral é constituída por normas sociais *(Moralnormen als soziale Normen: Kelsen, Reine Rechtslehre, 2ºed., Franz Deuticke, Wien,* 1976, p.60). Sob ponto de vista da teoria da linguagem ou semiótica, a moral é integrada pela linguagem-objeto do conhecimento e a ética pela metalinguagem que descreve o conteúdo do significado dessas normas. Essa distinção contribui para esclarecer e determinar campos diversos de conhecimento, a saber: normas morais e doutrina ética. Mas é meramente estipulativa e tem escassa pertinência ao campo de abrangência conceitual deste ensaio. Que se ocupa (c) das vinculações do comportamento humano a valores universais, com abstração quer de sua disciplina pelas normas sociais de conduta (convivência social), quer do conhecimento doutrinário que sobre elas se inclina. Assim, nele é empregada indiferentemente a terminologia “moral” ou “ética”, a depender tão só das exigências de estética formal na exposição da matéria. Trata-se do esboço de uma ontologia dos valores da conduta humana. Normas de conduta moral, como as que nele estão adiante relacionadas, são mencionadas para clarificar o campo expositivo.

Assentados esses pontos de advertência, passemos ao mérito propriamente dito da exposição.

Hierarquização dos valores éticos e disparidades sociais

Os valores éticos que comandam a conduta humana são hierarquizados no sentido de que uns condicionam a validade dos outros. Dá-se uma relação de lógica material entre os conteúdos de significação de valor fundante, o mais universal e genérico e o de valor nele fundado, particular e específico. Assim, na escala hierárquica, o bem é o fim supremo da ética, seu protovalor, porque dele derivam os demais valores éticos, como a lealdade, altruísmo, caridade, misericórdia, generosidade etc. Esses valores na conduta estão legitimados pela aceitação da nossa consciência, porque somos todos, desde o nascimento, vocacionados para o bem. E o estão também por normas éticas sociais de origem difusa. Ao bem corresponde, como antivalor e seu antípoda, o mal. A dignidade é assim, um valor ético específico, compreendida no valor universal do bem e contraposta a seu antivalor – a indignidade. Essa contraposição é necessária, porque todo valor é bipolar. A uma valia corresponde sempre, no polo oposto da relação, uma desvalia. A ética dos valores implica também uma disjunção excludente: ou o comportamento humano tem validade ética ou não a tem. Mas a conduta ética comporta graduação: é mais elevada ou menos elevada, conforme as circunstâncias.

A questão da acessibilidade ao bem é, no entanto, diversa da vocação genética igualitariamente repartida entre todos os seres humanos para a sua prática. Quem suporta condições extremas de pobreza é mais fácil presa da tentação para o mal. Em comparação com as classes abastadas, quem nasce e mora numa favela ou palafita está mais predisposto à violência e à criminalidade. Condutas antissociais têm a pobreza como fator, quando não determinante, ao menos estimulante. Os indigentes são pré-excluídos da sua integração numa sociedade sadia. A rigor, não são marginais em sentido pejorativo, associado à prática de ilicitude ética, porém marginalizados pela exclusão social a que estão submetidos. Pessoas a quem foram negados os bens sociais, como a educação e a assistência médica, ou seja, o acesso aos serviços educacionais e de saúde, públicos e privados. Mas os ricos também praticam atos antiéticos e até criminais. As injunções da conduta ética devida não discriminam entre classes sociais.

Enquanto essas desigualdades não forem erradicadas, pela inclusão social dos pobres em níveis significativos, será antiético – e, pois, inaceitável – sequer discutir-se a pena de morte. Mas, em qualquer circunstância, a aplicação dessa medida extrema é incompatível com uma desobediência civil não-violenta, como a que foi praticada na Índia sob o domínio inglês. Não-violência é um método para coibir qualquer ilícito ou discriminação social, largamente utilizada por Gandhi e seus adeptos.

A dignidade como livre manifestação de vontade individual

Se a natureza selecionasse arbitrariamente as pessoas cujo comportamento revestiria de dignidade, por um decreto do destino, descaberia até censurar a conduta humana indigna. Porque esta decorreria de um determinismo (estado de sujeição à indignidade) para o qual, certos seres humanos, com exclusão de outros, teriam sido previamente selecionados, numa programação genética vinculativa. Essa é uma ressalva de capital importância, porque, se a conduta indigna fosse ontogeneticamente programada pela natureza humana, acabaria por amesquinhar-se a própria conduta digna. A decência não é, porém, nunca, dissociada do livre arbítrio. A opção pela dignidade decorre de ato da vontade humana. Do contrário não haveria mérito algum em serem alguns homens – e não outros – virtuosos.

Teve razão John B. Watson, estudioso de psicologia comportamental, quando dizia, na década de 20, que, ao nascer, somos páginas em branco. Não a teve, porém, quando, dessa premissa, concluiu: o ambiente determina tudo (cf. Robert Hare, entrevista à revista "Veja", 1º.04.2009, p. 20). Onde se abre um espaço tão desmesurado para o determinismo da vontade, fecha-se o acesso à sua autonomia e ao livre arbítrio. E, portanto, à vida ética.

A dignidade é como uma estrela polar a guiar os homens em direção à virtude. O comportamento digno corresponde fundamentalmente aos caminhos do bem. Contudo, nem todos conseguem trilhar esses caminhos. Os descaminhos são sempre insinuantes e persistentes, quer tenhamos ou não consciência dessas vicissitudes da vida ética. Até porque a avaliação da conduta devida depende, em não pequena medida, do estágio evolutivo da capacidade psíquica individual, variável em função da idade. É dizer: do desenvolvimento da personalidade. Problema de consciência e toda consciência é autoconsciência, consciência de si (Hegel).

Por isso a sabedoria imemorial ensina que, na juventude, tem-se a propensão para incendiário e, reversamente, na velhice, é atribuído ao homem o dever de atuar como bombeiro, apagar o fogo das paixões em conflito. Nesse aspecto, o comportamento mais equilibrado na vida humana é, de regra, apanágio da maturidade e aprimorado na velhice. Não por outro motivo, no cristianismo, o pecado não é um mal irreversível – mas objeto do perdão humano ou da misericórdia divina. O ponto mais alto dessa misericórdia é o perdão dos que não sabem o que fazem, como preconizou o Cristo.

A dignidade na instituição familiar

A família é uma instituição social que deve programar e estimular os seus membros – pais e filhos – à prática da dignidade. Porque é na idade mais tenra que os filhos serão impregnados dos exemplos de virtude dos pais. Entretanto, essa dependência da família não pré-exclui o livre arbítrio, constituindo reversamente uma situação indutora do exercício da dignidade, mesmo em situações adversas. Se a pessoa se originar de uma família cujas condições éticas são precárias, pode rebelar-se contra a falta de caráter dos pais, e assumir o seu próprio caminho da virtude. Em suma: optar pela decência no comportamento. Não há obstáculos irremovíveis para a superação de descaminhos individuais. Surpreendentemente pessoas jovens, tidas como irrecuperáveis, são resgatadas por programas sociais para a sua integração na sociedade.

É no choque entre os valores da juventude e (segundo os filhos) os antivalores paternos, que se instala o conflito de gerações. Mas pode ocorrer que os pais estejam a guiar sem êxito os filhos pelos caminhos da virtude. Não há monopólio de virtude nas classes e instituições sociais.

Inaplicabilidade dos métodos de pesquisa científica à dignidade

Em si mesma, a dignidade está inserta na intimidade da consciência de cada um de nós, a governar o comportamento humano em concordância com pautas éticas. Decerto os atos intencionais da consciência podem ser objeto de conhecimento científico, como o da psicologia experimental. Mas a conduta ética não é um objeto externo à consciência, nem passível de apreensão conceitual. Só as normas morais de comportamento – cuja origem é difusa na sociedade – podem ser objeto de conceituação que lhes determine o conteúdo. Não assim a conduta ética, governada pela indeterminação conceitual. Porque o comportamento digno não pode ser esgotantemente descrito em proposições que sobre ele recaiam como seu objeto de descrição/explicação. Não há como esgotar conceitualmente o campo da enunciação específica das características de certas condutas dignas – justiça, piedade, independência, verdade, modéstia, bondade, coragem, temperança, clemência. Restará sempre um campo inexplorado desses atributos. Esse campo remanescente é inesgotável. Assim sendo, mostra-se inútil insistir na enunciação dos atributos da dignidade. Corresponde ela a um conjunto potencialmente infinito dos atributos da conduta digna. Impossível, por isso mesmo, uma síntese enunciativa da dignidade humana.

Por outro lado, é logicamente impossível sintetizar-se o que se desconhece ou se omite (condutas éticas não identificadas). Esse campo estará necessariamente desconsiderado, ou seja, omitido, na enunciação. Mas esse campo remanescente está longe de ser indisputado, suscitando ao contrário, acesas controvérsias. Alguns exemplos o esclarecem nesse terreno pleno de indagações. É preferível sempre suportar a injustiça, ao invés de praticá-la, se situações excepcionais impõem o ato injusto? Para apressar o fim de uma guerra deve-se sacrificar em holocausto populações inteiras? A defesa da paz será sempre ato de dignidade exigível aos governantes dos povos nas relações interestatais? Será ela o valor inafastável nessas relações ou deve ser descartada em certas circunstâncias? É preferível a beligerância, quando se trata de uma agressão estrangeira? É possível a prática de atos dignos, mas subservientes a uma causa socialmente injusta?

Porque corresponde, na sua prática, a uma virtualidade inesgotável, a conduta digna não pode ser apreendida pela intuição ou pelo conceito. É insubmissa a proposições gerais, a partir das quais se desdobrariam, por implicação, hipóteses menos gerais, deduzidas dessas proposições gerais. Nela não há hora e vez para o método de pesquisa hipotético-dedutivo. As condutas existenciais e concretas são materialmente finitas na diversidade com que se manifestam na vida social (generalidade numérica). Porém se abstrairmos a sua concretude, teremos que, na sua invariância formal – o serem em si mesmas objeto de regras de comportamento –, manifesta-se a sua essência. Formalmente, a conduta ética é inesgotável, manifestou-se ontem, no passado, manifesta-se hoje, no presente e manifestar-se-á amanhã, no futuro. Logo a conduta ética humana é potencialmente ilimitada, nesse sentido. Dir-se-á entretanto que, dessa ilimitação do campo de manifestação das condutas, não decorre a impossibilidade de conceituá-las. Decerto as leis físicas, recaindo embora sobre conjuntos ilimitados de fenômenos, não encontram nessa ilimitação obstáculo à sua conceituação formal (causalidade, na física relativista, probabilidade, na física quântica).

Mas as leis físicas revelam uniformidade que não existe nos modos diversos de manifestação da conduta digna, caracterizados por sua heterogeneidade. Ali o universal uniforme, nas leis físicas, aqui o universal, desuniforme e multiforme na conduta ética. E ademais a dignidade da conduta comporta graduação, que inexiste nos fenômenos físicos. A água entra em ebulição a cem graus centígrados, os corpos no vácuo caem com a mesma velocidade etc. Não há aí espaço para a graduação qualitativa do fenômeno.

Melhor sorte não socorre o método indutivo. A indução é impotente para, a partir dos enunciados éticos, sacar uma conclusão probabilística. Operar com outras características da conduta digna, não elencadas na definição. Da afirmação de que a conduta digna envolve a caridade, lealdade e altruísmo, não é possível, no estreito plano lógico, sacar conclusão indutiva para definição de outras condutas não inclusas na enunciação. A misericórdia, a generosidade e a piedade estão inclusas no âmbito do ético – ou o transcendem? Por maiores que sejam os indícios e mesmo evidências, no campo psicológico, de interpor-se uma resposta afirmativa, ela não estará, ainda assim, condicionada pela enunciação que a omitiu. Descabem, nesse âmbito, juízos sintéticos *a priori*. Será então necessária uma demonstração autônoma de novos atributos, porém igualmente incompleta, precisamente porque o conjunto das condutas dignas é potencialmente infinito (envolve todas as condutas passadas, presentes e futuras). E essa uma notável característica que decorre da autonomia do mundo ético.

Ademais, se fosse possível a enunciação de todos os predicados específicos da dignidade, seria essa enunciação, diante da conceituação geral, extraída com base nela, meramente tautológica. Não acrescentaria nenhum conhecimento novo, mas repetiria conhecimento já adquirido. A conceituação seria assim uma repetição enunciativa (enunciação específica e enunciação geral).

A dignidade não é um objeto de conhecimento, como o enunciado de uma hipótese científica é vertido sobre fenômenos naturais. Ela não é conceitualmente apreensível pelo método das definições. Uma definição da dignidade pré-excluirá certos atributos da conduta digna, além dos que são atribuídos pela própria definição. Ela não é, no sentido das ciências positivas, cognoscível, quer pelos que a praticam, quer, muito menos, pelos que orientam as suas ações pela indignidade.

Pretender esgotantemente definir a dignidade é uma arrogância da razão, um delírio de presunção, provocado pela inobservância dos limites do racional.

Todo problema de conceituação na ética é simultaneamente problema prático. Se a dignidade não é cognoscível pelo conceito, como praticá-la? E mais ainda: como determinar e caracterizar a sua prática? Sua identidade e sua diferença da conduta indigna? Quando nos é cobrado o esclarecimento dessas questões, de que supomos saber a sua resposta, constatamos frustrados que pouco, quase nada, sabemos a respeito.

As razões do coração e a investida dos dualismos

Sob o aspecto da conduta individual, a dignidade se sujeita a um tribunal muito mais eminente do que o foro demonstrativo das razões lógicas – a consciência humana. Ela é experimentada, ou seja, corroborada ou não, pela "legalidade" do nosso coração, este outro nome metafórico do amor ao próximo. É o coração que indica as razões éticas da nossa conduta, contrapondo-se ao frio terreno da lógica argumentativa. Por isso, ensina Pascal, com razão, que o coração tem razões que a própria razão desconhece. O sentimento da conduta ética devida é, nesses termos, inerente à condição humana. Que é uma conduta digna? É aquela que recebe aprovação da nossa consciência. Por isso o dualismo jurídico tradicional ensina que a moral atua no campo "interno" da consciência, enquanto o direito rege-se por regras que lhe são "externas", munidas da coação social generalizada, ou seja, as sanções jurídicas.

Essa oposição entre o "foro externo" e o "foro interno", na avaliação do comportamento ético, cede à tentação dualista, a inclinação pelas grandes dicotomias tradicionais. A sanção dita "externa" – a desaprovação social da conduta – é metáfora que significa não aceitação generalizada do que é socialmente aceito como o bem, o justo. Contrapõe-se à sanção dita «interna», isto é, a desaprovação subjetiva, na intimidade da consciência, da conduta adotada em oposição aos valores éticos. Objetivismo e subjetivismo são explicações parciais da conduta ética. Mesmo se verdadeiras, essas explicações dualistas não exprimem a verdade toda: são, portanto, meias-verdades.

Normas disciplinadoras da moralidade das condutas humanas

É, apesar disso, possível avaliar se a conduta atende às exigências da moral por qualquer uma dessas vias. Pela banda objetiva, recorrer a normas de comportamento que fornecem a medida da avaliação de uma conduta, conforme aceita ou não pela sociedade. Tais normas éticas expressam-se por preceitos como «Não matarás», «Deves evitar a crueldade», «Deves praticar a misericórdia», «Deves adotar conduta digna» e, a suprema injunção moral na ordem hierárquica: «Deves praticar o bem». Essas normas objetivas assumem a forma de comandos. Mas podem ser reformuladas como preceitos hipotético-condicionais: "Se podes ajudar o próximo, então deves fazê-lo"; "Se queres agir eticamente, então deves praticar o bem", "Se queres praticar o bem, então não deves matar" etc. Tanto a instituição da conduta ética, quanto a sanção de sua inobservância, são provenientes de fontes difusas na sociedade nacional e internacional; assentadas na tradição imemorial e originadas do sentimento do justo, conatural à espécie humana. A reprovação social não é sanção ética igual à desaprovação pela consciência individual. Porque são distintos os seus âmbitos de aplicabilidade. Essa não é uma distinção de essência, senão de âmbito pessoal de aplicabilidade da sanção ética (geral/individual). Normas éticas são, assim, correlacionadas com a desaprovação da consciência individual, na hipótese de sua inobservância. Em si mesma, a sociedade é uma abstração conceitual. Só a conduta humana é individual e concreta.

Vivência da consciência moral

As vivências pessoais da consciência moral não podem ser logicamente explicadas, mas apenas constatadas. É o império da indeterminação conceitual. Há que recorrer então à metáfora e até ao paradoxo. Decerto é insuficiente, no plano lógico, a metáfora das razões do coração para avaliar a dignidade ou indignidade do comportamento dos homens. Mas o sentimento do justo e injusto (sentimento do bem e do mal), antes de sua normatividade social, brota de nossa consciência, sua sensibilidade moral. Não é produto do raciocínio demonstrativo. Porque este raciocínio é, como visto, precário para demonstrar a dignidade. A explicação do ato humano digno pela vivência do justo é a única possível ao entendimento humano. A nossa sensibilidade se rebela aí contra a lógica material. Assim, os caminhos do coração são os únicos que possibilitam controlar a aceitação ou rejeição ética da conduta humana. Cabe-lhes indicar as vias de controle psíquico dos comportamentos concretos. E, com o perdão do paradoxo: essa legitimação ou ilegitimação do comportamento pelo sentimento ético é a melhor possível, porque inexistem outras vias.

Só aquele que tem dignidade, como pauta de ação individual, consegue identificar a dignidade alheia e enaltecê-la. Digno é o comportamento que merece ser enaltecido: "É realmente uma coisa grandiosa uma alma que é capaz de entender a outra", proclamou – clarividente – Santa Teresa d'Ávila.

Os desprovidos de caráter não conseguem admirar a dignidade alheia. O máximo que logram é – pelo desdém inconsequente e irresponsável – caracterizar os atos dignos como alienados, produto de luta quixotesca contra moinhos de vento. Intenta-se assim um esforço de desvalorização desse valor elevado para ficar em paz com a própria consciência infeliz, atormentada pela desaprovação íntima da conduta.

Diz-se da pessoa que pratica a dignidade que ela é *fidedigna.* Bela palavra derivada do latim *fide-dignus* (digno de fé). Porque o comportamento da pessoa digna é incompatível com a inautenticidade e a mentira. Por isso a louvação da fidedignidade é ato de comunhão espiritual entre consciências individuais. O modo mais generoso da adesão do espírito humano àquilo que deve ser louvado. Mestre de dignidade é quem adota um comportamento exemplar e, com isso, suscita a admiração das pessoas que o têm como exemplo e modelo. Um encantamento para o espírito altruísta e generoso.

12. Dois modos opostos de insurgência: resistência civil e beligerância

No plano político, será o resultado da luta armada a medida de todas as coisas? A guerrilha é sempre legitimada como prática de atuação nesse campo? E a resistência civil não violenta – como se caracteriza e quais os seus limites de atuação em oposição dialética aos métodos violentos de ação política? São esses os questionamentos centrais deste ensaio sobre a ética da atuação política no ato insurrecional.

Exaltação da violência na ação política

Ernesto "Che" Guevara afirmou certa feita, sem demonstração, que o guerrilheiro era o escalão mais elevado da espécie humana. Essa perspectiva de avaliação dos comportamentos humanos coloca a guerrilha no topo da hierarquia ética. Assim, a luta armada, como via de acesso ao poder, é não só legitimada, mas enaltecida como o instrumento mais nobre. Fidel Castro, o condutor vitorioso da revolução cubana, liderou suas tropas armadas, compostas basicamente de militantes e camponeses, até a conquista do poder. Nesse plano ético de abordagem, Fidel considerou ser um dever para com a pátria utilizar meios violentos de ação política como a guerrilha, mediante, entre outros recursos, confronto armado, sabotagem[4], destruição de vias de comunicação e transporte[5], como pontes, colocação de minas em subsolo[6]. Até o sequestro de pessoas, foi consumado por seu irmão e companheiro de guerrilha Raul Castro, em mais de uma oportunidade.

4. "A sabotagem é uma das armas inapreciáveis dos povos que lutam em forma guerrilheira" ("Che" Guevara, *La Guerra de Guerrillas*, p.115).

5. Acentua "Che" Guevara sobre a eficácia da guerrilha, que as explosões de minas nos caminhos e a destruição de pontes são fatores de muita importância a ter em conta. (op. cit., p. 40).

6. "Os terrenos minados constituem um grave perigo para o inimigo, podem minar-se grandes extensões que explodem de uma só vez sepultando até centenas de homens" ("Che" Guevara, op. cit., p. 37).

Do plano ético ao plano pragmático da ação política

O fundamento dessas posições extremadas acaba por deslocar-se (a) do plano ético ("É dever do revolucionário empregar meios violentos contra a tirania") para (b) o plano pragmático. Abstraído o aspecto ético, insinua-se problema de eficácia ("É necessário empregar a luta armada para obtenção de fins político-sociais elevados"). Assim, a violência política é encarada como um bem em si mesmo, um acalentado ideal ético: "Acredito na luta armada como a única solução para os povos que lutam para libertar-se e sou consequente com minhas crenças" ("Che" Guevara). As considerações éticas, contudo, não estavam pré-excluídas de todo na metodologia da violência. Esta pautou-se por alguns aspectos dignos de enaltecimento, a conviverem, p. ex., com o inflexível rigor de certas punições sumárias pelos rebeldes como a aplicação informal da pena de morte, desde os tempos iniciais da guerrilha. E nisso ela nada tem que mereça ser enaltecido. Recordem-se as consequências inaceitáveis dessa metodologia violenta: se os pobres camponeses auxiliassem a guerrilha, ou meramente se suspeitasse disso, eram sumariamente executados pelo exército de Fulgêncio Batista; se, ao contrário, auxiliassem as tropas do exército, eram sumariamente executados pelos rebeldes. E não é convincente a desculpa de Fidel para legitimar esse procedimento: segundo ele, foram pouquíssimos os casos de fuzilamento na guerrilha cubana. Essa é uma circunstância atenuante; não, porém, excludente da responsabilidade. Essa ressalva supõe o direito de dispor da vida humana, o que se nega. Porque, nem mesmo quem põe a vida, no âmbito das relações familiares, dela dispõe. O assassinato de filhos pelos pais é um crime hediondo. Tudo isso está a indicar que são coisas inteiramente diversas e inconfundíveis (i) o problema ético na conduta humana e (ii) o problema pragmático da sua eficácia. Porém a dimensão ética funciona logicamente como um *prius* a condicionar e avaliar a conduta eficaz. Até porque a ética estabelece os limites de aceitação da eficácia. Misturar ética com eficácia é escamotear o problema desse inter-relacionamento, sem resolvê-lo ("Se é eficaz então, está eticamente legitimado"). Sob o ponto de vista ético, o guerrilheiro revolucionário pode até estar legitimado, se guardados certos limites de atuação, para coibir excessos. Porém, no campo ético, jamais ele poderá sobrepor-se e contrapor-se vantajosamente à metodologia de não-violência.

A violência nas relações internacionais: guerra e paz

A violência pode alçar-se às relações interestatais, cujo grau mais exacerbado é a guerra. Nesse tópico se interpõe o problema da guerra justa. Para um adepto consequente de não-violência, não há guerra justa – no máximo guerra necessária. Debalde buscar-se expressão mais autocontraditória do que "fogo amigo", aquele que se dirige por equívoco contra os próprios aliados. Para que nos convençamos da inaceitabilidade ética da guerra, basta recordar-se, na guerra de 1939 a 1945, o holocausto dos judeus e a destruição, pelo bombardeio nuclear, das cidades japonesas de Hiroshima e Nagasaki. Como justificar esta destruição genocida? Apressar o fim da guerra pela demonstração de força bélica? Poupar vidas humanas pelo sacrifício da vida de muitos adversários? Tudo isso é censurável como justificação da metodologia política violenta e põe a descoberto a inaceitabilidade ética do estado de beligerância. Corresponde, o recurso à luta armada, a um estágio ainda não evoluído no âmbito das relações entre os povos. Nesse campo, a integração regional (União Europeia, Mercosul) tem um papel relevantíssimo a exercer para assegurar o império da paz entre as nações. As economias nacionais podem atingir um tal grau de integração interestatal, que inviabilize as guerras tradicionais.

Características e níveis diversos de violência política

Esse plano de eficácia é traiçoeiro: pleno de armadilhas conceituais. Não há como comparar, p. ex., a violência exacerbada da polícia e do exército de Batista em Cuba com a conduta geral dos ingleses na campanha de libertação da Índia ("resistência civil" indiana). Salvo uma ou outra exceção, como aconteceu com o massacre de civis indefesos, encurralados numa praça, e sob as ordens do General Dyer, não adotou domínio inglês da Índia os mesmos níveis de violência do regime cubano. E não se deve comparar coisas heterogêneas à luz de um mesmo critério de comparação (violência/ não-violência). A Índia é um imenso país, Cuba, um pequeno país sob a forma geográfica de um jacaré (*caimán*). As diversidades de castas, as rígidas práticas religiosas milenares e outros fatores culturais indianos não mantinham nenhuma analogia com o regime presidencialista que governa a sociedade cubana. E a Inglaterra é um país tradicionalista, sujeito ao regime monárquico que, em maior ou menor medida, todos conhecemos. As condições de luta na Índia eram muito diferentes das condições de insurgência cubanas. Mas como foi diferente a revolução cubana das "quarteladas" que infelicitaram países da América do Sul no século XX! Dir-se-á que ela se caracterizou como uma revolução romântica. Esse o motivo pelo qual recebeu tanta adesão popular entre os cubanos.

Não há, porém como demonstrar que a violência política é o único método de acesso ao poder, mesmo em circunstâncias extremas de dominação autoritária dos povos (ditaduras). Sob a perspectiva de eficácia, é indispensável recorrermos às lições de Gandhi, o profeta da não-violência. Consideradas a extensão territorial da Índia, sua diversidade e complexidade regionais, a façanha libertadora de Gandhi e seus adeptos pacíficos foi muito superior à de Fidel e seus guerrilheiros da Serra Maestra. Não há, porém atalho para decidir qual das duas metodologias (violência/ não-violência) é mais eficaz. Fidel certa feita afirmou: "Nós somos o primeiro caso de uma grande revolução num país pequeno". Dizer que luta armada é a única via eficaz para derrubar um tirano não passa, entretanto de um exagero indemonstrado. No Brasil, a luta armada não teve eficácia alguma para derrubar o regime militar autoritário de 1964. Consequentemente, exemplos ora corroboram, ora infirmam a tese da eficácia superior da metodologia da violência sobre os métodos não-violentos, ou seja, sua predominância sobre o pacifismo militante. Deveras: ora a metodologia violenta mostrou-se eficaz, ora ineficaz. A ciência política demonstra que esse método nem sempre encontrou corroboração. Muitas vezes ele foi reversamente infirmado por exemplos históricos concretos.

Não-violência como alternativa à violência no plano político

No plano ético, abstraído, portanto, o escorregadio plano pragmático, é muito superior a conduta dos adeptos da não-violência em comparação a dos partidários da violência institucional. Não-violência não é, consoante exposto, ineficaz, em qualquer hipótese. A sua eficácia contraria, aliás, o postulado da unidade – o único meio eficaz – da metodologia de violência política. Impossível demonstrar a tese do monopólio da metodologia violenta de ação política. A violência é utilizada como simples pretexto, embora fundada em razões políticas relevantes.

Com elevado senso de dignidade, "Che" Guevara recomendava aos seus filhos: "Sejam sempre capazes de sentir no fundo do seu coração qualquer injustiça cometida contra qualquer um em qualquer parte do mundo. É a qualidade mais linda de um revolucionário." Nesta, como em outras circunstâncias, a atitude de "Che" Guevara diante das injustiças não deixa dúvida sobre a ética rigorosa de suas concepções políticas. É conhecida a sua pedagogia nesse sentido: "Há que endurecer, sem jamais perder a ternura". Porém é um evidente exagero exaltar "Che" Guevara como "o mais completo ser humano de nossa época", como proclamou Jean Paul Sartre.

Em várias circunstâncias, ele endureceu perdendo a ternura, ao contrário do que preconizara. Sirvam de exemplo os fuzilamentos em julgamentos sumários na fortaleza militar "La Cabaña", que ele comandava. Não se nega o caráter hediondo de muitos crimes praticados pela polícia e exército no período pré-revolucionário em Cuba. Porém a sua punição sumária não teve nada a ver com os métodos da *satyagraha*. Métodos esses que Guevara considerava passivos e assim criticava: "Na América Latina, a resistência passiva não serve, a nossa tem que ser ativa". Aqui o dualismo ativo-passivo, como todo dualismo, desserve à verdade. A resistência alinhada de

Gandhi nada tinha de pura passividade. Foi ao contrário um imenso esforço da mobilização de massas. Um idealista prático tinha como dever a atividade política de contraposição aos interesses imperialistas ingleses na Índia. Nenhuma passividade nesse comportamento pregado e adotado pela resistência civil não-violenta.

Violência versus não-violência política

O êxito eventual da metodologia política violenta não pré-exclui o problema ético de seu confronto com a adoção de meios não violentos para lograr-se os mesmos objetivos. Mas, é *a priori* a metodologia da violência encarada – em certas correntes de opinião – como um elevado ideal ético e até, como visto, o mais elevado dos comportamentos. A depender tão só das formas como é exercida, a violência reveste um código de honra, caracterizado por condutas tais como: não abandonar os feridos em campos de batalha; respeitar a dignidade física e moral do inimigo capturado[7]; jamais utilizar a tortura como meio de obter confissões etc.

Não questiono o caráter altruístico da guerrilha cubana. Até porque me fascina o que nela descubro de romântico: a luta heroica nas selvas, em condições numéricas de armamentos adversas e inferiorizadas em potência de fogo[8], a aversão dos comandantes a qualquer forma de privilégio diante das tropas, inclusive alimentar[9]; as preocupações com a saúde dos comandados, o cuidado exemplar com os feridos e doentes; a

---

7. "Parte fundamental da tática guerrilheira é o trato a todos os seus homens da zona. É importante, do mesmo modo, o trato dado ao inimigo, a norma a seguir deve ser uma implacabilidade absoluta na hora do ataque, uma implacabilidade absoluta com todos os elementos desprezíveis que se dediquem à delação e ao assassinato e uma clemência a mais absoluta possível com os soldados que vão a combater cumprindo, ou acreditando cumprir, seu dever militar" ("Che" Guevara, op. cit., p. 30).

8. É de "Che" Guevara essa observação no geral desapercebida: não se deve considerar a guerrilha numericamente inferior ao exército contra o qual combate, porque a guerrilha é a vanguarda combatente de uma luta do povo e sua força radica então na massa da população (op. cit., pp. 15 e 16).

9. "Um dos problemas fundamentais desta tropa, na qual desde o último homem até o chefe devem receber o mesmo trato, é a alimentação" (op. cit., p. 68).

execução de programas gradativos de promoção social e melhoria da qualidade de vida dos camponeses, sobretudo pela distribuição de terras, à proporção que avançavam, rumo à vitória final, as tropas rebeldes. Conviveram esses atos, porém com o monopólio da violência alinhada para a obtenção de objetivos sociais (a tomada do poder pelos rebeldes) – seu aspecto negativo. Há casos documentados da execução sumária de camponeses, acusados de traição à guerrilha.

Eficácia da metodologia de não-violência da ação política

Gandhi, o maior dos seus adeptos, repudiava fosse não-violência caracterizada como ineficaz. Do contrário, a metodologia não-violenta não teria contribuído decisivamente para a libertação da Índia do domínio inglês: "Não sou um visionário. Considero-me um idealista pragmático" (cf. *As palavras de Gandhi*, p. 51, *Lettres à l'âshram*, p. 136). Mas a questão que persiste é saber se, diante de ditaduras insensíveis a violações de direitos individuais, como a que originou a revolução cubana, poderiam ainda assim ser eficazes, para combatê-las, os métodos não-violentos de ação política. E até mesmo cabe questionar-se os graus respectivos da eficácia: qual das duas metodologias é a mais indicada? A esse questionamento, fornece o próprio Gandhi a sua resposta: "A força gerada pela não-violência é infinitamente maior do que a força de todas as armas inventadas pela engenhosidade humana" (*As palavras de Gandhi* cit. p. 55).

O método de não-violência corresponde, para os seus adeptos, a uma desobediência civil ativa, que nunca se propunha, e menos ainda admitia, criar malefícios para os seus adversários.

O plano ético superior da não violência política

Para nomeá-la, Gandhi cunhou a bela expressão *satyagraha*, que etimologicamente significa: a firmeza na verdade[10].

10. "A verdade (*satya*) implica amor, a Firmeza (*agraha*) cria e, portanto, serve para a força. Comecei por isso a chamar o movimento indiano de *satyagraha*: ou seja, a força que nasce da verdade e do amor ou não-violência..." (*As Palavras de Gandhi, p.46*).

A metodologia não-violenta qualifica-se, essa sim, como a virtude ético-política suprema. É incompatível com a covardia. Também a bravura é praticada numa disputa violenta (guerra, guerrilha). Na revolução cubana, os rebeldes, "barbudos" da Sierra Maestra não hesitavam em destruir a vida ou a propriedade inimigas com armas de ataque ou defesa. Não seria essa atitude possível sem, quando menos, desprezo ao supremo chefe contra o qual se voltara a rebelião armada e menosprezo pelas tropas do exército oficial, caracterizadas como inimigas. Vigorou, na metodologia da violência, a oposição dialética: amigo (os companheiros de armas) e inimigo (o exército, que deve ser destruído).

Coerentemente um adepto de não-violência pode objetar-lhe, no plano ético estrito, que não basta a motivação nobre para legitimação da violência. Os fins não justificam os meios. Não-violência começa e termina por uma revolução psicológica: em hipótese alguma se deve lesionar – e menos ainda eliminar – um adversário político. Nas emboscadas por ele armadas, o exército rebelde cubano costumava visar e atirar sempre nos primeiros homens das colunas adversárias, sua vanguarda, como expediente de intimidação. Assim instalaram-se o pânico e a indisciplina nas hostes adversárias. Ninguém no exército queria assumir a vanguarda das suas colunas[11]. Os extremos se tocam. Em contexto diverso, uma grande Santa da Igreja Católica, Teresa D'Ávila, que lutou durante toda a sua vida, para fundar conventos e pela afirmação de fé religiosa, tem uma frase lapidar que lembra remotamente esse efeito de intimidação: "Quando o porta-bandeira deixa cair a bandeira das mãos, a batalha está perdida".

11. "Caso a coluna guerrilheira seja demasiado débil e a coluna invasora demasiado forte, a ação se centrará sobre a vanguarda. Há que ter uma predileção especial por esta, qualquer que seja o resultado a que se quer chegar, pois depois que se golpeou algumas vezes sobre e se difundiu entre os soldados a notícia da morte quase constante dos ocupantes dos primeiros lugares, a recusa a ocupá-los provoca até verdadeiros motins" ("Che" Guevara, op. cit., p. 61-62).

Foi eficaz esse expediente rebelde? Sem dúvida, que sim, mas esse expediente nada tinha a ver com algo que lembrasse o método não-violento da *satyagraha*. Quando os ingleses estavam enfraquecidos, como aconteceu devido a uma greve dos ferroviários brancos, Gandhi ordenou a paralisação temporária do seu movimento. Não se devia, segundo ele, atacar adversários enfraquecidos por uma circunstância adversa. Na análise dessas posições políticas antagônicas não se deve, porém, incorrer no vício lógico do maniqueísmo: nem todo o bem está na prática da *satyagraha*, pois houve desvios dela, como as manifestações de violência indiana, que provocaram os célebres jejuns em protesto de Gandhi. E a atuação dos rebeldes cubanos não foi de todo desprovida de admiráveis demonstrações éticas, sobretudo a coragem diante de situações adversas e perigosas. Dessa coragem "Che" Guevara legou um exemplo dificilmente superável. Chegou a ser advertido por Fidel para que não se expusesse a riscos desnecessários. É surpreendente – parece um milagre – que ele tenha sobrevivido à guerrilha cubana. Foi o representante maior do lado romântico dessa guerrilha.

13. O fluir das coisas no tempo e a metamorfose da semente

> "Nunca dês um nome a um rio: sempre é outro rio a passar. Nada jamais continua, tudo vai recomeçar!" (Mario Quintana, *Para viver com Poesia*, 2007, p. 77).

Como ensinava Heráclito de Éfeso, tudo flui *(panta rei)*. Ele é o filósofo da mutação (vir a ser). O ser dos entes implica, na sua identidade e diferença (o que eles são e o que não são) o fluir no tempo e no espaço, mudança estrutural de si mesmo. Não há, porém, como conceituar, na sua universalidade, essa fluência, que arrasta em sua inflexível continuidade, todos os entes. Por isso há que recorrer à linguagem figurada. Nada melhor para descrever esse fenômeno de mutação. A imagem do rio, cujas águas estão sempre em movimento é recorrente nos fragmentos de Heráclito:

> "Banhamo-nos e não nos banhamos nas águas do mesmo rio (fragm. do fragm. 12). "Descemos e não descemos as águas do mesmo rio" (fragm. do fragm. 49, a).

O sentido mais importante desses fragmentos é, porém, esse: a imagem do rio visa salientar a mutabilidade em cada uma das coisas que circundam a existência humana: tudo está em perpétuo devir. Não passamos duas vezes pelo mesmo rio.

Nos tempos modernos, essa imagem do rio foi retomada por Guimarães Rosa, que às vezes escreve como se estivesse em estado de graça, salientou-o Walnice Nogueira Galvão, no seu *Mitológica Rosiana*, p. 37). Um desses casos está no belíssimo conto sob o título *A Terceira Margem do Rio, in Primeiras Histórias*. Ali ele teceu a síntese perfeita "...o rio-rio-rio, o rio pondo perpétuo". E a fluência do rio, na narrativa do conto, é assim descrita, como uma circunstância que envolve o humano: "...água que não para, de longas beiras: e eu, rio abaixo, rio a fora, rio adentro – o rio". A enunciação é quase onomatopeica: como que se ouve nela o borbulhar e o rumor fluente das águas do rio.

Essa contínua mutação implica, no mundo vegetal, "o eterno retorno do mesmo" (Nietzsche). A árvore está, toda ela, contida na semente, que se destina a germinar em suprema doação de si mesma – essa a sua generosa oblação. A semente é o objeto do ato de semear o terreno destinado à semeadura. Assim considerada, e porque a supera, a planta opõe-se à semente, numa identidade de opostos (não de contrapostos). Dá-se entre ambas uma *discórdia*, na sua oposição recíproca, buscando cada uma manter a sua individualidade, enquanto não a sobrepuja, sob o reinado da mudança, e a *concórdia*, que irá unificá-las na síntese superior, que é a planta. Porque está na sua origem, a semente condiciona todo o desenvolvimento vegetal futuro. Dela decorrerá uma árvore de grandes proporções ou uma rastejante e frágil forração, que mal adere ao solo donde brota, e pouco se desenvolve, numa recusa teimosa à verticalidade; obstinada autolimitação ornamental. A semente contém em si a grandeza de uma árvore, magnífica no seu porte majestoso e no seu reinado de beleza sobre as multiformes espécies do mundo vegetal. Convivendo com elas numa soberana harmonia.

A semente é para a planta pura virtualidade. Está imersa num processo sem fim de vir a ser. Abriga a aptidão congênita para, ao brotar, transformar-se noutro ente, i. é, a planta. Mas esse eterno processo de mutação envolve um fenômeno de *metamorfose*. Paradoxalmente a semente, ao transformar-se num vegetal, assume uma identidade com o que ela é (condição para o seu germinar) e o que ela não é (vegetal que ela originou).

A semente meramente armazenada perde com o tempo sua capacidade germinativa. Essa perda é uma forma de morte vegetal. Que pode decorrer também do plantio em solo infértil. Como nos ensina o Divino Mestre, só perecendo ela frutifica: "Em verdade, em verdade vos digo, se o grão de trigo que cai na terra não morre, ele continua só um grão de trigo: mas se ele morre, então produz muito fruto" (*Evangelho segundo São João*, 12, 24).

A perda da capacidade germinativa é para a semente a morte vegetal. A semente plantada em solo fértil também pode morrer, mas sua morte consiste sempre na transformação numa forma nova. A metamorfose vegetal dá-se com o perecer da semente, cumprindo-se e encerrando-se a sua função vital. A sua vida é um viver "em" e "para" doação de si mesma. Mas essa supressão envolve uma conservação: na semente está em potência o vegetal por ela gerado. É do seu poder germinativo que se originam e brotam os vegetais, na sua característica diversidade ôntica.

Tudo conflui para a unidade. Há um paralelismo oculto entre o germinar da semente, no mundo natural e o germinar das ideias, no mundo cultural. Esses dois fenômenos acabam por identificar-se em sua força expansiva. Um é a metáfora perfeita do outro. Essa distinção entre o natural e o cultural somente serve assim para, sob esses aspectos, unificá-los: "distinguir para unir", como preconizou Jacques Maritain.

Como reflexo de sua riqueza conceitual, o termo semente exprime e abriga várias significações. É, no idioma português, plurissignificativo. Semente é o grão donde provém a germinação e o desenvolvimento ulterior das plantas terrestres e aquáticas. É a substância seminal, fecundante dos animais fêmeas, viabilizando a reprodução das espécies. Sementeira é a terra onde se cultivam sementes de plantas ornamentais ou de exploração agrícola. Semental é atributo do que procede da semente e de sua aptidão para reproduzir-se. Semear é, assim, plantar, disseminar, propagar. Em sentido metafórico, os seminários científicos são semeaduras de ideias. O semeador semeia palavras – como nos ensina o *Evangelho de São Marcos (4,15)*. O seminário é ocasião propícia à meditação e recolhimento, para a fundação e aprofundamento do pensamento humano. Se nele se retrair a meditação em profundidade, será esse ato de inautenticidade uma perda do momento adequado, a oportunidade para o pensamento em comum. E uma traição à vida do espírito. Por isso, ALFREDO BECKER assumiu uma posição radicalmente crítica sobre os congressos e as conferências: "Os congressos e as conferências são um teatro cujos personagens desempenham o seu papel de papel para expectadores que fingem compreender e gostar daquilo" (*Carnaval Tributário,* 1989, Saraiva, S.P., p. 36).

Nos tempos modernos, José Martí, herói nacional de Cuba, cunhou esse belo aforismo: "Toda glória do mundo cabe num grão de milho".

Se toda glória do mundo se concentra num grão de milho, onde situar a efêmera glória do homem? Ninguém melhor do que Rui Barbosa o ensinou: "Só há uma glória verdadeiramente digna desse nome – a de ser bom". Essa é a elevada pedagogia e a ética que a inspiram. Nenhum lugar para fúteis vaidades. Para a administração de sua própria glória. Para as corporações de elogios mútuos. Para insinuar-se a presunção de brilho, decorrente tão só de altas investiduras em cargos públicos.

Nas relações sexuais humanas, sem o sêmen (palavra da mesma raiz etmológica de semente) não poderia ser assegurada a continuidade do gênero humano. À semelhança do mundo vegetal, reina no campo das relações inter-humanas efeito de diversidade. Não há igualdade substancial entre os humanos. Esses se manifestam, em sua individualidade, sob diversos aspectos. Porque são desiguais e não por outro motivo, são necessárias normas sociais, incluindo normas jurídicas, que formalmente os equiparem. Não havendo, pois, igualdade de aptidões entre os homens, o sêmen condiciona o nascimento de gênios do conhecimento científico. E nas artes determina a produção da beleza, que é a verdade da obra de arte. Na origem, está sempre a semente. Mas o sêmen condiciona também a existência futura de um criminoso insensível à dignidade da vida humana. Essa opção pela ilicitude moral somente se instaura por uma decisão da vontade humana. É problema ético e, pois, corresponde, essa ilicitude, a violações do dever de adequar o comportamento humano à prática do bem. Manifesta-se assim na vida social, onde "viver é conviver" (Icilio Vanni).

14. O cérebro humano e a trajetória do espírito em suas manifestações concretas

(Dedicado a Ives Gandra da Silva Martins)

Este ensaio resulta de um esforço para dizer as coisas claramente sobre tema dificílimo: o cérebro como a morada do pensamento humano, em sua expansão e ascensão na história. Em sentido subjetivo, o espírito, na trajetória para a sua realização concreta, começa por encastelar-se na consciência individual, isto é, na intimidade psíquica de uma pessoa qualquer. No início, é o pensamento individual. Que corresponde a uma função cerebral. Pensamos com o cérebro e não outro qualquer órgão do corpo humano. Descartes, a partir da subjetividade do *cogito ergo* sum (penso, logo existo), construiu o seu sistema de filosofia. O homem é, para ele, uma coisa pensante (*res cogitans*). Sob esse aspecto individual, o eu tem um significado empírico e antropológico (psicológico). Revela-se em todas as nossas percepções como o produto da atividade cerebral. O eu, abrigado na subjetividade individual, reconhece-se como um ser pensante. Tem consciência de si mesmo, e consciência de ser para os outros, projetando-se então além da individualidade. É dizer: transcendendo-a.

No cérebro humano originou-se a história cultural da humanidade – sua evolução. No cérebro humano iniciou-se a ininterrupta epopeia do espírito; o percurso cultural da razão (*logos, nous, ratio, Vernunft*) em direção à concretude e aos bens da cultura. A evolução cultural e da humanidade é um produto do esforço investigatório da razão. Mas as próprias realizações concretas do homem são depositárias dessa origem que as condiciona – a racionalidade. Na sua origem, estão no cérebro humano, idealmente concebidas, essas realizações concretas (como as cidades e a civilização em geral). Brasília é um exemplo expressivo de débito da cultura à sua origem na consciência individual de alguém. No início, ela estava toda no cérebro de um só homem, que a concebeu com visão de estadista – o Presidente Juscelino Kubitscheck de Oliveira. Tal é o poder das ideias e da imaginação criadora. O material deriva do espiritual – e isso é espantoso. E o espiritual deriva do material – o cérebro -, algo mais espantoso ainda. Como ensina Jacques Monod, pode-se afirmar hoje que a evolução do homem, desde seus mais distantes ancestrais comuns, ocorre antes de tudo sob o desenvolvimento progressivo na caixa craniana, consequentemente no cérebro (*Le Hasard et la Necessité*, p. 167).

Investida do reducionismo materialista

Pretende-se que "o exterior expressa o interior", decerto uma forma dualista vaga. Esse enunciado vale tanto quanto afirmar, em proposição conversa, que "o interior expressa o exterior", reduzindo-se assim a vida do espírito a uma função exclusivamente cerebral. O cérebro (interior do corpo humano) expressaria o exterior (o espírito), nas suas manifestações abstratas e na sua efetividade. Esse dualismo, sobre impreciso e mesmo equivocado, em qualquer um dos termos em que se expresse, não está muito distanciado de um reducionismo embrutecido, que faz do homem um macaco sem alma, no qual tiveram êxito os acasos das mutações biológicas (Jacques Maritain, *Cristianismo e Democracia*, 4ª ed., p. 67). Os desacertos sobre a função cerebral são devidos à sua incomparável riqueza. Um desses equívocos: o exterior é uma coisa, o crânio. Consoante pretendeu a velha frenologia, a efetividade do homem residia num osso, a sua caixa craniana: abjuração total da razão, fazer passar um osso como a efetividade da consciência, adverte Paulo Meneses (*Para Ler a Fenomenologia do Espírito*, 2ª ed., p. 95). Essas concepções reducionistas são resíduos de épocas superadas na história do espírito. Apenas é cabível delas extrair a consciência e a intuição do posto privilegiado que o cérebro ocupa em nosso organismo.

O cruzamento dessa dialética interior/exterior, em termos conversíveis entre si, preserva a unidade do seu significado nas proposições que a expressam por intermédio de metáfora espacial. Nestas proposições o interior é permutável com o exterior em recíproca e conversível relação de interdependência. Consequência mais surpreendente desse relacionamento interproposicional é que o mais íntimo do nosso espírito (imanência da função cerebral) é paradoxalmente depositário do mais elevado: a sua transcendência até a percepção – embora relativa e limitada – do Absoluto Divino. A inteligência espiritual é na experiência mística, o nível mais alto de transcendência. Essas sumárias considerações são inspiradas em Henrique Cláudio de Lima Vaz, o grande filósofo brasileiro, no seu livro *Experiência Mística e Filosofia na Tradição Ocidental* (pp. 18 e 19).

Em que sentido é estudado o ego transcendental neste trabalho

Mas o eu não corresponde apenas a esse ego empírico. Precisamente porque a consciência transcende o ego individual, tornou-se possível falar-se de "ego transcendental". Este, não existe, porém, como uma coisa-em-si. Tem sentido objetivo, analógico, não-idêntico ao eu individual. Caracteriza-se, pois, em analogia com o eu no sentido psicológico. Transcendental a quê? – eis a indagação pertinente: em que sentido é transcendental o ego?

Que o "transcendental" aposto ao "ego", é um simples prefixo, uma coisa de significação indeterminada, vazia de conteúdo, é característica não despercebida a Kant (cf. Howard Caygill, *Dicionário Kant*, p.133). Esse elevadíssimo grau de indeterminação possibilita caracterizá-lo como uma subjetividade sequer passível de apreensão conceitual, mas que pode ser caracterizada, embora de modo algo vago, em analogia com o eu individual. É semelhante, não idêntico, ao eu individual. Por isso, dele cabe afirmar que representa uma subjetividade difusa na vida social. O cogito transcendental envolve o mundo em sua totalidade, inclusive o eu psicológico (cf. J.F. Lyotard, *A Fenomenologia*, p. 30).

Em decorrência de tal indeterminação, poder-se-ia objetar que o ego transcendental deveria ser descartado na análise dos atos intencionais. No entanto, a apreensão da realidade extramental (objetiva) se dá não em relação a um sujeito individual do conhecimento, mas pela correlação entre o eu empírico (antropológico), sua consciência de si mesmo, e o ego transcendental, a consciência do outro – pessoas e coisas. Isto é, uma síntese entre sujeito e objeto. Não se deve então desconsiderar o papel do ego transcendental na análise da intencionalidade dos atos da consciência (toda consciência é consciência de algo). Essa correlação é, pois, necessária para a efetividade da ideia de razão, presente na apreensão dos fenômenos naturais e culturais.

A análise intencional, tão cara à Fenomenologia, descobre na relação entre sujeito e objeto uma correlação mais original, que supera a relação dualista entre o interior e o exterior, porque é na própria correlação de um com o outro que opera a separação entre o interior e o exterior. Na vivência da consciência situam-se, segundo a fórmula que Husserl retoma de Empédocles, os *risomata panton*, as raízes de todas as coisas (cf. André Dartigues, *O que é a Fenomenologia?*, p. 22). Por isso, a própria natureza só se manifesta no saber humano em correlação com a consciência individual. Ela é perpassada pela mente humana, que a utiliza no conhecimento abstrato e na tecnologia concreta – dominação planetária da técnica.

Ingressamos no mundo da informática. A ciência moderna é uma tecnociência, expansão tecnológica de que são exemplos a telemática, a robótica e a engenharia genética, (v. Luis Alberto Gomes de Souza, *in Saber Filosófica, História e Transcendência*, João A. Mac Dowell, org., p. 346).

O ego transcendental: superação do subjetivismo individual

Diz-se que o ego transcendental é o agente da verdade, expressando-se em juízos e proposições, atribuindo-se-lhe a cognição do mundo. Isso, porém, não é tudo, nem é suficientemente claro. Cabe insistir que o homem é um animal racional e a razão, faculdade fundamental do juízo, distingue o homem dos animais irracionais.

Na vida social, o espírito, em sentido objetivo, transcende a subjetividade individual (o ego concreto, chamemo-lo assim), para espraiar-se no que os filósofos nomeiam metaforicamente como sendo "o espírito de um povo", (Savigny), mais amplamente, "o espírito objetivo" (Hegel) ou o "ego transcendental" (Kant). O espírito de um povo é o sujeito sem subjetividade individual ou, o que é o mesmo, revestido de uma subjetividade difusa na vida social; campo de eleição da razão na aventura cultural da humanidade. Campo exploratório do saber, e que se conhece e supera a si mesmo, pelas suas manifestações intersubjetivas. É um patrimônio da humanidade. Todos nós temos os resultados dessa difusão do espírito ao nosso dispor. A realidade como um todo e nas suas partes constituintes é, assim, manifestação de racionalidade. Mas o real não se reduz, apenas, em sua racionalidade, ao que é efetivamente produzido pelo homem, porque envolve não só a cultura, mas também a natureza e tudo que existe, inclusive os entes de razão, como o centauro, metade homem, metade cavalo, Netuno, o deus do mar, uma górgona, um grifo etc. A mitologia tem, na idealidade que a concebe, a sua própria realidade.

Essa relação biunívoca de correspondência entre realidade e racionalidade, Hegel a faz remontar a Platão. A fórmula é algo modificada em Hegel: *Was vernunftig ist, das ist und das wirklich ist, das ist vernunftig* e, assim, mais adequadamente, traduzida: "O que é racional é real-efetivo e o real-efetivo é racional". Significa isto que o racional está no íntimo da realidade, impregnado de razão, que o estrutura e faz significativo (cf. Paulo Meneses, *Hegel & a Fenomenologia do Espírito*, p. 7: id., *Abordagens Hegelianas*, PP. 15, 92 e segs.). Não é fácil a tradução dessa fórmula famosa. Bernard Bourgeois, (*La Pensée Politique de Hegel*, p. 92), propõe uma formulação mais simples: "O que é racional é efetivo, o que é efetivo é racional" (*Ce qui est rationel est effectif, ce qui est effectif est rationel).*

Aos bens da cultura, como a religião, a ciência, a arte e a filosofia, embora com limitações devidas a múltiplos e variados fatores, podem ter acesso todos os povos cultos e reflexamente toda a humanidade. O exemplo da transmissibilidade dos bens culturais, fornecido por Konrad Lorenz, remonta a um passado distante na evolução da humanidade, mas é ao mesmo tempo, pertinente e esclarecedor sobre a transmissibilidade, pela herança espiritual, dos bens de cultura: "A partir do momento em que, na pré-história, um homem descobriu o arco e a flecha, não somente seus descendentes, mas igualmente toda a sua tribo e talvez mesmo a humanidade inteira possuíram essas armas" (*L'Envers du Miroir*, p. 233). Os bens culturais correspondem a manifestações da razão humana na história. São, nesse sentido, transindividuais e supraindividuais. E mais ainda: os bens materiais, na sua concretude irredutível, como as grandes realizações tecnológicas, originadas da apropriação e dominação da natureza pelo homem, são testemunhos da razão humana que os concebeu.

Tudo isso é manifestação ou produto do ego transcendental que supera, conservando-o, porém (*aufhebt*), o saber do ego individual. Por isso os viadutos e pontes, avenidas, ruas etc. costumam, em atos originados de reconhecimento – nem sempre legítimos – receber o nome de algum notável, p. ex., Viaduto Fulano, Ponte Sicrano, em suma: um vulto que se destacou. O social em sua concretude transcendental aponta assim para o imanente individual de onde proveio, e vice-versa.

No início, insiste-se, porque esta reiteração mostra-se necessária, é o pensamento individual marco-zero nas diferentes formas de aculturação humana, ou seja, de adaptação do homem ao meio-ambiente.

A função cerebral na vida do espírito

É aí que reside o milagre do cérebro humano. Uma caixa craniana de reduzidas proporções contém potencialmente em si, como uma condição *sine qua non*, a compreensibilidade de todo o universo. Que é inteligível, no seu todo e em suas partes, em ciências como a cosmologia e física. Poder originário da imaginação e intuição criadoras, manifestado concretamente nas grandes realizações culturais da humanidade, no progresso do conhecimento humano objetivo.

Esse privilégio só o cérebro, como fiel depositário, guarda e resguarda com o vocacional para a concretude da realização de todas as formas de cultura. Não constituem nenhum obstáculo, para tanto, as reduzidas dimensões cerebrais, nem mesmo as suas proporções, que não se destacam, no confronto dele, o cérebro com outros órgãos do corpo humano. Sob esse aspecto, o infinitamente grande (o universo) se contém no finitamente pequeno, porque o cérebro é depositário da capacidade de produção de todos os bens da cultura. É efetivamente um milagre da criação. E, para o homem, um mistério.

A hipótese evolucionária como teoria biológica naturalista

É equivocado, porém, pretender que a obra da criação, como oriunda de dogmas religiosos, e a teoria darwiniana da evolução das espécies, se contradigam. É razoável supor que a criação seja o ponto de partida para a evolução das espécies animais, inclusive o homem. Se for abstraída a criação do homem (perspectiva religiosa), a evolução – seleção natural das espécies – estará contaminada por um incontornável regresso ao infinito: o movente sem um primeiro motor, um encadeamento de causas sem uma causa originária. Atribuir o fenômeno humano a um acaso, como insistem alguns biólogos, é demitir-se do pensar. Encastelar-se na hipótese arbitrária de uma reação química que gerou a vida, na "sopa" terrestre originária (cosmogonia).

Na epopeia do cérebro, o espírito assume a sua trajetória, em marco inicial ou ponto de partida lógico, não ontológico, pela formulação de teorias voltadas para a compreensibilidade do real. Essas teorias surgem em decorrência de uma função cerebral pois o conhecimento científico manifesta-se nelas. Se a teoria é uma descrição do real, será difícil negar-se caráter científico ao darwinismo. As teorias científicas partem da intuição criadora, ou seja, súbita "iluminação" de um problema na mente de um estudioso. Característica presente em hipóteses científicas, como sucedeu com a teoria de Darwin sobre a evolução e seleção natural das espécies. Houve, porém, quem lhe negasse caráter científico, como Karl Popper. Para este, o darwinismo é um programa metafísico de pesquisa (cf., *Autobiografia Intelectual*, pp. 177, 180, 181). Se assim o fora, o evolucionismo seria *a priori* não-falseável, o que inviabiliziaria de antemão as sucessivas tentativas de sua refutação, todas malogradas. Insuscetibilidades a testes falseadores é característica fundamental das proposições metafísicas. A descoberta de uma espécie animal imutável no tempo seria, p. ex., a refutação do evolucionismo em enunciado particular (protocolar). Mas, esse falseamento jamais ocorreu em concreto, inobstante o darwinismo não se mostrar imune à refutação. É dizê-lo não-metafísico.

Os princípios fundamentais do darwinismo não postulam solução, antes deixam em aberto uma questão inicial irresolvida, porque a solução já transcende os limites com que o evolucionismo foi concebido: qual é o ponto alfa da evolução do homem e das espécies animais e vegetais? Como evoluiu o homem na sua primeira infância onto – e filogenética? Esse problema a evolução não o resolve. Porque inexiste evolução onde não há alteração de algo preexistente, pré-formado. Por esse e não outro motivo, a hipótese evolucionista ocupa-se principalmente de modificações de órgãos dos animais e vegetais. As suas espécies não são eternas e imutáveis. Reversamente, mutabilidade (evolução) é a sua "lei".

Faz-se assim necessário explicar, fora do âmbito evolucionista, como se originaram o homem, animais e plantas. É esse problema que o relato da criação, no campo da religião e, pois, extracientífico, pretende resolver. Só há evolução a partir de algo preexistente, que posteriormente evolui, p. ex., o homem já criado. A causalidade natural originária é um grande enigma na obra da criação, se desconsiderada a revelação religiosa.

A teoria darwiniana é um grande *insight* na biologia. Nasceu de hipóteses (evolução/seleção natural). Essas hipóteses determinam o que devemos observar, e quais os limites de observação dos fatos a ela pertinentes. A teoria científica decide, ela mesmo, o que devemos observar, como nos ensinou Einstein. A hipótese científica não nasce da mera observação indutiva dos fatos observáveis. É produto originário da imaginação criadora. Por isso, as hipóteses descritivas e explicativas dos fatos naturais não têm, sob esse aspecto lógico, antecedentes na vida do espírito. Não será por outro motivo que Thomas Huxley manifestou grande espanto quando leu *A Origem das Espécies* ("Que grande estupidez não ter pensado nisso!").

A interpretação literal da criação na Bíblia (Gênesis), sempre atuou como um obstáculo à serenidade de apreciação do darwinismo. Ora, criação bíblica e darwinismo naturalista são fenômenos situados em campos distintos: revelação religiosa e ciência. Sem embargo, tentou-se conciliar criação e evolucionismo, supondo que pré-historicamente tivessem ocorrido criações sucessivas (e não um ponto estanque na criação). A Bíblia mencionaria apenas uma dessas criações. (cf. *A Origem das Espécies*, de Charles Darwin, 1982, introdução de Richard Leakey, p. 14, nota).

Não há razão alguma em supor que o relato da criação na Bíblia tenha caráter excludente de qualquer interpretação alternativa ao lume da própria revelação religiosa ou de algo até então desconhecido no campo próprio da ciência. Inobstante o dogma da criação, sua origem divina, no princípio é o enigma do universo, e da criação do homem. Esse enigma a Bíblia não pretende solucioná-lo, mas apenas revelá-lo como um acontecimento temporal e concreto na proto-história da humanidade.

15. A educação para a liberdade

Dedicado a José Roberto Vieira

Reduzida à sua expressão mais simples, a educação é uma técnica de preservação da liberdade, sua efetividade individual, ou de educação a rigor não se tratará. A liberdade tem na educação um duplo papel: (i) é necessária como o conteúdo do que se ensina e (ii) como atributo e garantia do ato de ensinar. A liberdade não é um fim em si mesma, porém um meio para assegurar outros valores na vida em sociedade, como a justiça, a solidariedade, o altruísmo e – por que não? – o amor do próximo. Com a clarividência e simplicidade de gênio, Einstein acentua a felicidade do trabalho e aprendizado: "É tarefa essencial do professor despertar a alegria de trabalhar e conhecer" *(Como Vejo o Mundo,* 8ª ed., p. 31).

A criatividade individual como objetivo da educação

É missão do educador é preservar a liberdade do educando em todas as formas legítimas de sua manifestação. Quando uma deturpação da educação suprime a protoforma de liberdade do homem, que é a liberdade de iniciativa, aniquilando a sua criatividade teórica ou artística, transforma-se, em maior ou menor medida, num instrumento de desvio da formação individual ou até mesmo em fator de opressão social. Se a instituição educacional, por suas práticas educativas destorcidas, inviabilizar a criatividade individual, não será sequer digna desse nome. Encarada como um direito humano fundamental e inalienável, deve-se estimular de todos os modos possíveis, a criatividade, na ciência como nas artes. Porque a criatividade é a manifestação mais nobre do conhecimento. Porém, na convivência humana, não se deve optar pela valorização do superficial. Educação para a liberdade é, sob esse aspecto, educação para a criatividade em todas as formas de sua manifestação e aprofundamento.

Sem justiça nas relações sociais não há espaço, porém, para a liberdade e a criatividade. Sob esse prisma, o crime que se comete contra os marginalizados da sociedade civil fica escancarado. Porque as pessoas confinadas em imensas favelas urbanas estão submetidas às formas mais injustas de discriminação social, vedado o seu acesso aos bens da cultura. Estão como que condenados, por um decreto inexorável do destino, à segregação social. A forma mais violenta e intolerável do império da injustiça. E este é apenas um exemplo. Uma sociedade que convive com essas formas de discriminação social não deve autonomear-se cristã. Nada mais alheio ao espírito do cristianismo.

A educação não deve reduzir-se ao culto do sucesso social

A educação leiga ou religiosa deve inspirar-se na dignidade efetiva do humano. Inconfundível com o culto generalizado – e tão generalizado quanto alienado – do sucesso social pelo sucesso em si ou pela idolatria do poder político em todas as suas formas. Essa conduta social é governada pelos motivos mais fúteis e superficiais, numa inversão de valores, que alcança as raias do desvalor erigido paradoxalmente em valor supremo. A exposição à mídia, ferozmente disputada, não encontra limites, contanto que a pessoa seja promovida a níveis mais altos na hierarquia social. Estará, só por isso, legitimada. Por essa via, uma das mais eficazes de que se vale o culto da superficialidade, o domínio público sobrepõe-se ao domínio privado. E a vida privada decai em desprestígio e retração. O culto do sucesso social manifesta-se em prejuízo da autenticidade, que deve nortear a vida privada. Mas a exposição de certas pessoas na vida pública é buscada e centrada sofregamente no sucesso social. Critério que decide sobre a sua importância. Inobstante tudo isso, a expressão "ética do sucesso" é autocontraditória, isto é, uma contradição em termos. Porque o nosso comportamento deve sempre pautar-se pela dignidade, e por ela estar condicionado, mesmo com a desaprovação da opinião pública. O único juiz para tanto é a nossa consciência, e seu veredicto é inapelável. Em termos mais simples: devemos estar sempre condicionados pela dignidade. É esta uma questão de princípio. E sobre os princípios não se deve transigir.

Deve ser ensinada tolerância ao educando

A educação para a liberdade nos ensina também o exercício de tolerância para com as diferenças de raça, crença (inclusive religiosa), convicção política, científica, manifestação artística ou filosófica. Deve igualmente ser livre o exercício de qualquer trabalho intelectual ou manual, desde que socialmente útil e revestido de dignidade e que o trabalhador esteja para tanto habilitado. Essas liberdades devem ser invioláveis na vida social. Radicalmente proibida, sob severas sanções, a prática do racismo e a discriminação contra as minorias, primeiro estágio na consolidação de abomináveis tiranias. Vedadas assim estarão todas as formas de discriminação contra os direitos e garantias individuais. Numa sociedade sadia, porém, esses direitos impõem a contrapartida dos deveres sociais obscurecidos pelo individualismo, que abstrata e concretamente nos governa. Nessas condições não deve encontrar abrigo nenhum atentado contra a liberdade da educação. O dirigismo estatal, decidindo sobre o que será ou não livre na vida do espírito, é fermento da tirania.

A expressão "educação para a liberdade" soa e ressoa quase como um pleonasmo. A aprendizagem de técnicas violentas de vivência e convivência social não nos fornece a característica, o princípio da identidade da educação, mas o seu oposto, a diferença, isto é, simples treinamento, que se afirma pela sua agressividade. Essa violência, porém, nas grandes concentrações urbanas, atinge níveis superlativos e incontroláveis. São exemplos dessas práticas violentas os atentados terroristas suicidas ("homens-bomba") contra populações civis indefesas, vitimando inclusive crianças. É o terrorismo político associado ao radicalismo religioso e o maniqueísmo cultural na vida dos povos. Como, evitá-los? Não devemos desesperar da metodologia da não-violência. Sejamos, pois, otimistas: há decerto vários caminhos para tanto. Nenhum, porém, que represente manifestação e – menos ainda – consagração da metodologia de retaliação ou mesmo violência preventiva na ação política repressiva. (Este estudo não é, entretanto, um ensaio de pesquisa das medidas que poderão ser adotadas contra o terrorismo nacional e internacional). Não pode, o problema da violência urbana, ser solucionado por políticos de plantão na idolatria pusilânime do brilho público. A conduta que representa atitude sadia está reservada aos estadistas autênticos, não a políticos de plantão, apenas ávidos do poder.

Ineficácia das armas convencionais na metodologia da violência

Será claramente ineficaz para a preservação do poder político, qualquer medida inspirada pela metodologia da violência, que corresponda ao uso de armas convencionais, ou seja, tradicionais. Elas se revelaram impotentes, inobstante o poderio militar de certos países. Os exércitos nacionais não podem, ou radicalmente não devem atuar numa guerra civil, com os meios de luta convencionais e os instrumentos tecnológicos de extermínio indiscriminado de populações civis (homens, mulheres e crianças). Acaso as grandes potências econômicas deverão combater o terrorismo com a utilização de bombas nucleares? Ou lograrão sucesso nesse intento, navios de guerra, utilizando tecnologia militar sofisticada, mas inaplicável fora das guerras convencionais, porque ela somente se efetiva em batalhas navais ou artes correlatas, como o bombardeio de posições inimigas, a partir do mar? Poderá a aviação exterminar um foco de resistência sem exterminar os amotinados, e sem as severas condenações éticas da opinião pública mundial? Lembrai-vos da destruição de Hiroshima e

Nagasaki, de triste memória. Uma recordação que não se apaga na consciência das pessoas justas.

A tecnologia militar sofisticada sempre se mostrou ineficaz e mesmo totalmente impotente para enfrentar conflitos não-convencionais. Um exemplo histórico notável: o domínio inglês na Índia revelou-se impotente para coibir a resistência civil não-violenta de indianos desarmados. Atuando sob a inspiração e liderança de Gandhi, um político que – santo – se tornou mártir da libertação do seu país. A resistência civil não-violenta foi a grande vitoriosa e maior responsável pela libertação da Índia. Pois o armamento bélico não sabe como eficazmente opor-se ao desarmamento individual e à recusa obstinada de fazer mal ao adversário.

Já se vê, de todo o nebuloso campo de violência política, quando se pretenda superá-lo e excluí-lo, que a educação para a liberdade, atacando as causas de discriminação social em sua origem, inclusive a intolerância religiosa, geradora do terrorismo, é a alternativa de que dispõem os amigos da democracia para a instauração da paz entre os homens. Esta não deve envolver passivamente o sacrifício de pessoas inocentes – gratuito, indiscriminado, generalizado e, pois, inaceitável, sob qualquer pretexto.

Desgraçadamente, porém, a que ponto extremo de degradação social se chegou: até crianças são vitimadas em atentados violentos e indiscriminados contra populações civis. Pessoas que dedicaram toda sua vida à causa da paz entre as nações, são assassinados, como o foi o diplomata brasileiro Sérgio Vieira de Mello, no pleno exercício de funções humanitárias. Esse atentado insano se perpetrou contra a sede da ONU em Bagdá. "Pelos seus efeitos conhecereis os atos humanos". Esse resultado não poderia ser, no caso concreto, mais nefasto, demonstrando pela oposição irada que provocou, a insensatez congênita das "guerras preventivas". Essa prevenção, no caso do Iraque, voltou-se contra os que a adotaram como metodologia de ação política interestatal. A história nos ensina que nenhum povo suporta passiva e indefinidamente a ocupação do seu território por um invasor estrangeiro.

16. Sobre a ideologia e metafísica da liberdade

Dedicado a Ives Gandra da Silva Martins

No fundo, como geralmente enunciada e reivindicada na sua manipulação pelo discurso político demagógico e por uma pedagogia superficial, a liberdade é um ente meramente retórico. Não a reveste um âmbito conceitual determinado. É dizê-lo demarcado. Essa demarcação de âmbito somente se efetiva, para a liberdade, em normas positivas de convivência social, sejam morais ou jurídicas. Como se manifesta, dentro e fora dos campos ético e jurídico, a liberdade? Não se trata de responder à indagação sobre o que é a liberdade, sua essência, mas esclarecer como ela se dá a conhecer em seus diferentes aspectos.

A liberdade como categoria psicológica

Numa visão psicológica, consideram-se livres as condutas cuja motivação pré-exclui o determinismo da vontade. É a velha polêmica entre liberdade e determinismo. Não se deve, porém, reduzir a liberdade – dada a complexidade de sua caracterização – à mera categoria psicológica, resultante de atos motivados, cambiantes segundo as diversificadas inclinações individuais, os diferentes temperamentos das pessoas ou ideologias políticas e crenças religiosas discordantes, quando não conflitantes. Contudo, há uma predisposição psicológica (*habitus*) para viver em liberdade. O problema da liberdade não se circunscreve, porém à motivação psicológica. É impossível, nesse campo, determinar a consistência conceitual da liberdade. Porque ela resulta da relação entre o que é material no corpo humano e o imaterial, inteligência do homem (seu espírito). Porém, é inviável a determinação da liberdade, em sua composição ontológica, porque essa relação é, no sentido mais profundo, um mistério. Situa-se numa região incognoscível pela razão e seus métodos de apreensão do real. Recorde-se a lição de Heidegger: no mundo há mais coisas para serem ditas, que explicadas.

Num belo ensaio (*Ordem e desordem*), o Prof. Tercio Sampaio Ferraz Junior ensina que a relação entre matéria e inteligência, sua união, implica uma autonomia de escolha que é um mistério tão profundo quanto, para física, a união de corpúsculo e onda nas micropartículas. "Assim os graus de probabilidade e de seus cálculos, embora diferentes num e noutro, são excluídos do âmbito da ciência; fazem do mundo, sem diferença, um único e grande mistério. De um lado, o mistério da origem cósmica, de outro, o mistério da liberdade". Acrescenta o prof. paulista, com base em lições de Goffredo da Silva Telles: se o direito tem algo a ver com a liberdade, as suas raízes são enterradas no coração humano (art. cit., *in fine*).

O possível e o impossível na ciência

A ciência é assim permeada pela emoção. Inexiste conhecimento científico voltado para o seu objeto com fria, cética e ascética atitude de neutralidade epistemológica. Os aspectos éticos que o saber científico envolve, no fundamental, poderiam ser assim sintetizados: deve-se colocar a ciência a serviço do bem-estar da humanidade. Ela não deve ser reduzida à condição de escrava do conhecimento tecnológico. Os desastres ecológicos das usinas atômicas (Chernobyl, na Rússia e Fukushima, no Japão) fornecem ao homem, com o seu dramático exemplo, uma lição de humildade e prudência pelos efeitos nefastos de sua submissão incondicional à dominação planetária da técnica. O magno desafio é então, para o homem, construir técnicas e saberes tecnológicos que não sejam incompatíveis com a harmonia da natureza, porque agressivos ao meio ambiente. Assim deveria comportar-se, sempre, uma ciência experimental da natureza. O pior e o mais dramático exemplo dos efeitos nocivos de atos humanos livres, porque poderiam ter sido evitados, foi a destruição das cidades de Hiroshima e Nagasaki, no Japão por bombas atômicas que tristemente marcaram o início da era nuclear experimental.

A liberdade no campo da moral

Para a moral, a liberdade somente pode ser considerada, numa caracterização positiva, se e enquanto corresponde ao conteúdo de certas normas costumeiras socialmente aceitas e aplicadas. A noção de liberdade ética, sob esse aspecto, implica duas dimensões: a primeira, determina o que é possível eticamente fazer-se (conteúdo de normas éticas autorizativas); a segunda estabelece a limitação dessa liberdade (conteúdo de normas éticas proibitivas ou obrigacionais). Nesse sentido estrito, a liberdade consiste no agir conforme normas éticas que ora autorizam, ora obrigam, ora proíbem determinadas condutas. Demarcam-se, assim, os campos da conduta ética ou excludentemente antiética. A liberdade é, sob esse aspecto, um valor relacional: relação entre a conduta autorizada e, pois, livre, e condutas obrigatórias ou proibidas, consequentemente contrapostas ao livre arbítrio. Assim o é, também, porque, sendo relacional, todo valor contrapõe-se a seu antivalor, como a liberdade ao determinismo.

Quando a ética abre espaço para – além de descrição de suas normas – considerações zetéticas (questionamentos) sobre os imperativos e considerações morais; sobre a oposição fundamental e abismo entre ser e dever-ser éticos etc., pretende-se que já aí ingressou-se no campo de u'a metaética. O que necessariamente supõe metalinguagem incumbida de enfrentar esses e outros problemas fundamentais, em sobreposição à ética positiva. Se é metaética, é metalinguagem.

Recentemente, expandiu-se uma nova disciplina no âmbito das ações morais dos homens: a bioética. Pode assim ser, em síntese, definida a bioética: estudo do comportamento humano, no âmbito das ciências da vida e da saúde, à luz de valores e princípios morais (cf. Stephen Holland, *Bioética – Enfoque Filosófico*, Loyola, SP, 2008, p. 12). Um dos exemplos mais expressivos da abordagem bioética é a utilização, para fins médicos, de células-tronco. Desnecessário ser profeta para prever o seu desenvolvimento futuro e expansão da bioética.

Direitos e deveres jurídicos conexos à liberdade

Para o direito, valem considerações análogas: nem todos os sistemas jurídicos contemplam a liberdade como valor imanente, não transcendente, pois, à ordenação jurídico-positiva. Só com esses limites e condicionamentos, podem ser havidas como livres as condutas disciplinadas por normas que as preservem. Assim havida, a liberdade é um direito constitucional fundamental. Porém não se afasta da verdade o velho aforismo: "Somos escravos da lei para poder sermos livres". A liberdade se retrai, entretanto, no âmbito das tiranias políticas. Persiste aí, famoso aforismo de Rousseau, no *Contrato Social:* "L'homme est né libre, et partout il est dans les fers" ("O homem nasceu livre e em todo lugar ele está acorrentado"). Sob esse aspecto juspositivo, a liberdade não é um valor absoluto, independente dos efeitos benéficos ou maléficos que a sua prática possa acarretar à vida em sociedade. Em si, a caracterização da liberdade abstrai esses efeitos sociais positivos ou negativos. Mas a liberdade não é indiferente à sua eficácia social: importa questionar se dela resultam dias fastos ou nefastos para a vida em sociedade. A liberdade não deve assim ser degradada pela sua manipulação como pretexto para atos liberticidas. Sob essa perspectiva, a liberdade não é insuscetível de controle social. Não há liberdade sem a contrapartida da responsabilidade de quem a exerce.

Na vida em sociedade, a liberdade havida como um direito, implica a sua contraposição aos deveres sociais. A liberdade de alguém deve coexistir com a liberdade de outras pessoas que integram o espaço social. Consequentemente, a noção de liberdade implica tanto (i) a ideia de uma prerrogativa, um poder fazer, ou seja, a conduta livre, como (ii) uma limitação da conduta humana. Não é dado ao homem, exceto nos casos de ilicitude grave (crimes), suprimir a liberdade alheia sob pretexto de preservar a sua liberdade própria. Só assim, o homem é fundamentalmente livre, no sentido de não estar escravizado em sua conduta. Ser livre não é, porém, em tais condições, uma essência ou uma substância, mas um atributo e prerrogativa que pode ou não estar presente na vida das pessoas. Nem todos os povos estão submetidos à liberdade irrestrita, quer em decorrência de restrições intraestatais, quer de limitações interestatais, como ocorre nas colônias e nos protetorados. A liberdade brota e germina nas sociedades democráticas (abertas), mas está, quase sempre, à mercê de seus inimigos. Como antivalor, negação da liberdade, a servidão pode insinuar-se historicamente nas sociedades abertas, o que não raro acontece.

Se as leis jurídicas forem justas, agir de acordo com elas não é submeter-se a um determinismo escravocrata, mas uma condição *sine qua non* para o exercício da liberdade. Porque a liberdade política implica a submissão à lei (paradoxo da liberdade).

Também no âmbito jurídico, a liberdade é um valor relacional: estar autorizada uma conduta implica a prevalência de uma margem de liberdade, em contraposição às condutas obrigatórias e proibidas. Fora desses âmbitos, ético e jurídico já de si contaminados por elevado grau de indeterminação conceitual, a liberdade pode receber outros tantos e múltiplos sentidos, porque é impossível atribuir-lhe um sentido determinado. Dito noutros termos: a unidade de significação não é característica da liberdade.

A liberdade como problema metafísico

A liberdade é, sob outro prisma de análise, uma categoria metafísica. Impossível a sua determinação conceitual com os recursos da ciência.

A liberdade é um genuíno problema metafísico porque, do ângulo extrajurídico e extramoral, não pode estar ela submetida a controle experimental. O que em nada subtrai dignidade à sua abordagem como um mistério – quase insondável – para a antropologia filosófica. Nessa abordagem, entretanto, os limites do que é possível afirmar sobre a liberdade prevalecem sobre a possibilidade de sua caracterização metafísica, extraexperimental. Uma arrogância da razão pretende manipular a liberdade em prol de posições ideológicas variáveis no espaço-tempo. Condutas que são havidas por alguns como apanágio de seres livres, representam para outros a negação da liberdade, os grilhões de atos humanos. Daí o caráter retórico e ideológico das discussões sobre a liberdade. Nesse campo, a opinião reina sobre tudo o mais. Quantos atentados não foram perpetrados contra a liberdade em nome de sua preservação? Quantos atos liberticidas não pretenderam legitimar-se sob pretexto de prevenção da supressão da liberdade?

Limites para a caracterização da liberdade

A ciência sempre se ressentiu de um certo desconforto diante dos limites da razão. Por isso, o problema da demarcação do objeto das ciências especializadas é relegado a um plano secundário de abordagem, quando não simplesmente ignorado ou desconsiderado. Daí os preconceitos tradicionais contra a metafísica que, entre outros aspectos (p. ex., o ser dos entes), estuda os limites da razão.

Nada obstante, é possível estabelecer um confinamento rigoroso de campos entre ciências experimentais e metafísica, com base nos ensinamentos de Karl Popper. As proposições científicas são testáveis em experimentos cruciais, como na física experimental. A falseabilidade é a característica comum delas. Não assim para as proposições metafísicas, insuscetíveis de comprovação experimental.

Numa redução indevida de complexidades, já se sustentou que, não sendo as proposições metafísicas testáveis, falta-lhes sentido. Para adeptos do Círculo de Viena, as proposições metafísicas são pseudoproposições sem significado.

Não há melhor exemplo para refutar essa posição e oposição antimetafísicas que a proposição metafísico-teológica: "Deus existe". Ela não é carente de significado: é, ao contrário, perfeitamente significativa. Só que, dado o seu caráter arquimetafísico, é impossível testá-la experimentalmente. O mesmo vale para a sua contraposição: "Deus não existe". Somente é possível assumir uma ou outra dessas asserções como dogmas de fé. A afirmação ou negação da existência de Deus nada têm a ver com as ciências positivas. Porém não lhes falta significatividade. Nem uma, nem outra, são pseudoproposições. Sustentar o contrário é atentar contra a racionalidade humana, porque a desvia do seu leito próprio. O que é estranho à ciência não é pseudociência – é metacientífico.

Tampouco se deve incorrer noutra indevida redução de complexidades: ou seja, reduzir toda a filosofia à metafísica. Há outros saberes que cabem plenamente no âmbito dos estudos filosóficos, tais como a epistemologia, a lógica, a antropologia filosófica, a estética e muitos outros. A filosofia – disse-o certa feita Heidegger, em momento de inspiração – é a investigação extraordinária das coisas extraordinárias. Não tem, portanto, objeto – característica restrita às ciências especializadas.

Caracterização ontológica da liberdade: livre arbítrio e determinismo

Numa consideração ontológica, pretende-se caracterizar o ser da liberdade: será ela uma coisa-em-si, de inspiração kantiana? Essa caracterização é, porém, um intento metafísico. Insuscetível pois de controle experimental. Frustrado e frustrante esse intento porque a liberdade não é sequer um fenômeno que, por isso mesmo, se manifeste com clareza, à luz da razão. Não é a liberdade demarcada e delimitada como um conceito *a priori* extraído da razão pura.

A disputa entre liberdade e determinismo é contaminada pelo radicalismo de posições antagônicas: ou a conduta humana é radicalmente livre ou radicalmente determinada pelas suas motivações. Contudo, não é bem assim.

O exemplo mais radical das injunções do determinismo seria fornecido, na cosmologia, pela causalidade universal. E, no entanto,... Pode-se afirmar, com igual legitimidade lógica, (a) tanto que os eclipses do Sol e da Lua são determinadas pelas leis de causalidade universal, quanto (b) sustentar que os astros são livres para realizar os seus movimentos orbitais e a expansão do universo. Não há assim determinismo cósmico em contrapartida da livre realização das leis do universo. Aliás, a causalidade universal, tão cara à física relativista (macrofísica), está sendo abalada pela física das partículas atômicas e subatômicas (microfísica), que é, esta última, probabilitária, não aceitando o caráter inexorável e invariável de fenômenos constatáveis em escala microscópica (micropartículas). É o campo de eleição da física quântica, onde brotou o princípio da indeterminação ou incerteza (Werner Heisenberg).

Na opção entre liberdade e determinismo, afastado o maniqueísmo das posições irredutíveis, tudo depende de uma decisão estipulativa, no sentido de que a explicação de leis universais postula uma convenção linguística. Também aí a linguagem cria a realidade. É, nesse sentido, doadora de sentido: oferta significação ao real. Nada no real existe onde faltam palavras que o descrevam. Assim sendo, também a conduta humana é determinada pelos motivos e fins que a inspiram, mas é simultaneamente livre para consumar-se segundo as leis psicológicas que regem a motivação dos atos humanos. Decerto essa motivação psicológica está submetida à necessidade. Mas a sua observância ou inobservância, em maior ou menor escala, é livre.

Incompletude congênita da caracterização da liberdade

Não há, nem pode haver, consenso na caracterização da liberdade. São apontadas, para descrevê-la analiticamente, numerosos atributos, diversificados entre si, como se fossem aspectos parciais na manifestação de um fenômeno mais amplo. A liberdade é caracterizada pelas suas pretensas notas essenciais: a) autodeterminação (autonomia), b) livre escolha (livre arbítrio), c) ato voluntário, d) espontaneidade, e) indeterminação, f) ausência de interferência, g) liberação "frente a" e "para" algo, h) realização de uma necessidade. Chega-se a intentar uma classificação inexaustiva das liberdades, sua divisão em classes distintas, a saber: a) liberdade na vida privada e pública, b) liberdade na vida social, concebida esta, primariamente como autonomia ou independência, c) liberdade de ação, d) liberdade de manifestação do pensamento (palavras, ideias), e) liberdade ética (José Ferrater Mora, *Diccionario de Filosofia*, tomo 3, verbete: *libertad*).

Sequer ao âmbito religioso escapa o problema da liberdade: "A liberdade religiosa é fundamental e deve ser preservada em qualquer circunstância, mesmo contra os chefes religiosos que desejam impor os dogmas de seu credo aos não-crentes" (Fábio Konder Comparato, *Ética*, Companhia das Letras, SP, 2006, p. 535).

Essa amplitude incontrolada de perspectivas na sua abordagem, por si só, demonstra que é impossível aplicar à liberdade o método de redução das complexidades, p. ex., partir do conhecido para o desconhecido; do particular para o universal, em generalizações e aproximações sucessivas.

A pessoa humana tende, naturalmente, para uma finalidade-síntese da sua existência, que pode resumir-se numa palavra venerável: felicidade. Pois bem: o homem não tende para os seus fins do mesmo modo que os fenômenos naturais tendem para fins físicos e cosmológicos: a harmonia preestabelecida no universo, de Leibniz. Caracterizam o ser humano os atos submetidos à necessidade psicológica. Mas a observância ou inobservância dessa necessidade é, em maior ou menor medida, livre. O fim não é, porém, no âmbito dos fenômenos físicos, meta a ser alcançada, algo que se busca, ainda inatingido, mas o condicionamento de suas manifestações às leis que os regem. Numa análise profunda do universo, tudo se torna lei, como nos ensina Rilke (*Cartas a um Jovem Poeta*).

17. Sobre o erro, o paradoxo, a ética da ciência e a infidelidade ao pensamento

(Dedicado a André Folloni, em agradecimento)

Se admitimos o erro como contingência inevitável no conhecimento humano, teremos consciência de que não há maior infidelidade ao pensamento do que o esforço obstinado em preservar o que por nós próprios, em erro, foi pensado;

o apego intransigente a nossas próprias razões, equiparável à mera teimosia. Infidelidade ao pensamento em manifestação de fidelidade (apego) a um pensador só é um paradoxo na aparência superficial. Um desvio e até degradação do pensamento fiel não deixa de expressar, em sentido meramente psicológico, algo de fidelidade, a preocupação do cientista no afã de manutenção da ciência preestabelecida. É este um fenômeno de distorção do pensamento, que se manifesta geralmente em atos de preservação da ciência "normal". Um outro nome da fidelidade atribuído – em concessão conceitual à ambiguidade – àquilo que, todavia, não merece a rigor esse nome de batismo. Os extremos (fidelidade/infidelidade) se tocam aí: a perseverança obstinada no erro é geralmente havida como fidelidade ao pensar. Nada mais cômodo, porém do que a adesão ao pensamento uniforme generalizado, mesmo em equívoco. Nada exige menos esforço de quem se contenta com superficialidades e/ou repetições de teorias preestabelecidas. É o império da comodidade. A metáfora nietzschiana, para caracterizá-lo é no particular impiedosa, mas perfeita: "instinto de rebanho": aforismos 116 e 296 de *A Gaia ciência* (*Die froehlich Wissenschaft*). Este é um outro nomear da "satelitização da inteligência", a atitude de gravitar em torno do pensamento alheio, objeto de ensaio meu, publicado neste livro. A insistência nesse espírito de rebanho, é, não raro, teimosia confundida com fidelidade (Nietzsche, *A Gaia Ciência*, aforismo 229: "*Teimosia e fidelidade* – Por teimosia ele se apega a uma coisa que para ele se tornou clara – mas chama a isso "fidelidade").

Em defesa da autonomia do pensamento, Nietzsche é tão radical, quanto intolerante: "Como? Tu procuras? Queres te decuplicar? Te centuplicar? Tu procuras aderentes? – Procures zeros!" (*in Crepúsculo dos deuses*).

A rejeição imemorial dos paradoxos – sobretudo na lógica – é responsável por eventuais críticas a fórmulas alternativas em proposições havidas pejorativamente como paradoxais e contraditórias, apenas porque não se mostram redutoras da complexidade do real. Frases provocativas, como (i) há fidelidade ao pensamento no pensar de alguém infiel à ciência preestabelecida e (ii) há infidelidade no pensamento fiel ao estágio científico alcançado até então (autonomia criativa de hipóteses científicas inovadoras ou mesmo revolucionárias). Essas proposições alternativas instigam a nossa meditação e o esforço do seu aprofundamento. Quando muito, essas fórmulas contemplam, nos exemplos utilizados, semiparadoxos. Note-se que elas não são entre si conversíveis, ou seja, redutíveis uma à outra. São diversamente irredutíveis entre si a proposições alternativas "ou... ou..." com idêntico significado. A fidelidade no sentido da insistência em meu próprio pensar (teimosia), se este já foi conclusivamente refutado, em argumentação demonstrativa ou teste experimental, é uma infidelidade mascarada ao pensamento, um obstáculo ao desenvolvimento da ciência. A rigor, uma atitude antiética. A infidelidade ao meu pensar, ou ao pensar alheio, ambos em equívoco, não é infidelidade senão em sentido impróprio e impreciso. Não é sequer correto chamar-se essa atitude de infidelidade. A emergência e injunção de uma teoria revolucionária é um outro modo de manifestação de fidelidade em sua submissão a algo espiritualmente mais elevado: a autonomia do pensamento. Por isso, ensinou Nietzsche, em fórmula lapidar: "Se queres seguir-me, não me sigas". Nietzsche é mestre insuperado na formulação de paradoxos admiravelmente inspirados. Veja-se mais esse outro: "Torne-se aquilo que você é" (*A Gaia ciência*, aforismo 270). E finalmente esse outro, análogo, no *Ecce homo*: "como tornar-se o que se é".

Para apropriar-nos do pensamento de Nietzsche, é preciso separar nele o joio do trigo e considerá-lo até mesmo um pensador além do bem e do mal. Num de seus livros fundamentais, *Assim falava Zaratustra* (*Also sprach Zarathustra*), localizamos, já no subtítulo, mais um paradoxo: *Um livro para todos e para ninguém* (*Ein Buch fur Alle und Keinen*). Ao lume da sintaxe lógica: se um livro é para todos, é para alguém; se é para alguém, não é para ninguém (?). Nada melhor que o paradoxo desnuda as limitações da lógica material.

Neste livro, eu próprio, recorro, sem pudor de coerência lógica, a uma proposição paradoxal para responder à pergunta: "Para que serve a Filosofia?"... A Filosofia não serve para nada e serve para tudo" (*v.* o ensaio III – *Filosofia e Ciência, in Novos ensaios*, p. 161 da 3ª edição).

Muito antes dela, ocorreu-me outra consigna paradoxal: "Em ciência, só o provisório é definitivo". A razão desse aforismo é a seguinte: as proposições científicas valem se e enquanto não falseadas por uma proposta teórica melhor, i. é, revestida de conteúdo conceitual mais abrangente e que, diante da teoria substituída, não revista maior margem de erro. Na estrada real dessa provisoriedade congênita, caminha a ciência em sua marcha ascendente, na busca de saberes novos. Portanto, nada em ciência, exceto a construção provisória, é definitivo. Assim sendo, conviver serenamente com o erro é dever ético do autêntico cientista. Mas é sobretudo dever ético seu procurar identificá-lo.

Outro pensamento meu se insinua – fortuito, como sempre. "Nada mais útil do que o exercício, de uma doce e ociosa inutilidade." É um desdobramento da consigna "ócio com dignidade". Explicação? Para que? Seria inútil a resposta. Concedo, todavia, um exemplo: ócio é necessário à restauração das energias do pensador para enfrentar as duras refregas do pensamento.

Manoel de Barros, o poeta pantaneiro, não teve pejo em intitular uma de suas obras *Livro sobre nada*. Nenhum outro título despertaria melhor a nossa curiosidade sobre o "conteúdo" desse livro. Se algum conteúdo o reveste, mesmo que nele se falasse exclusivamente sobre o nada – que não é o caso – recair-se-ia em contradição e antítese com o título dessa obra, i. é, antinomia na própria linguagem poética. Com a simples formulação linguística, o nada se converteria *ipso facto* em alguma coisa: quando menos, o signo linguístico que o expressa. Dito mais claramente: é impossível escrever sobre nada (!).

Porém, é mais que desarrazoada, uma insensatez e mesmo uma ingenuidade, a pretensão de submeter o ato poético à fria lógica material. Ao assumir a temática do nada, o poeta amplia o universo das palavras em sua relação estética com as coisas.

Se descubro um erro no meu pensamento, cumpre-me tentar descartá-lo. Sob esse aspecto – rejeição de argumentos *ad hoc* – ética e epistemologia são disciplinas convergentes e complementares. Caminham inspiradas pela metodologia da complexidade e não pela tradicional redução de complexidades: enclausuramento "autista" em si mesmas das disciplinas especializadas. O intento de salvar uma teoria falseada é o mesmo que injustificadamente opor-se ao progresso da ciência. Este não é só um problema científico; é também um problema ético. A questão ética oculta nesse problema é posta a descoberto por um pensador paranaense, André Folloni.

O receio e consequente rejeição de paradoxos, sobretudo na lógica material, é responsável pela desconfiança diante de fórmulas alternativas, tais como: a fidelidade ao pensador pode confundir-se com infidelidade ao pensamento e a infidelidade ao preestabelecido reveste fidelidade a inovações científicas. Uma variante da infidelidade ao pensamento é a persistência arraigada na defesa de nossas próprias razões. Note-se que essas fórmulas não são dentre si conversíveis: a fidelidade ao meu pensar – somente porque é meu – envolve vaidade e, portanto, infidelidade dissimulada ao pensamento. A "infidelidade" ao meu pensar ou ao pensar alheio (não crer em crenças teóricas) é uma fidelidade à autonomia do pensamento. A autonomia é o modo mais elevado de exercício do pensamento. Será uma arrogância da razão lógica contrapor-se a paradoxos timbrados pela sua incomparável beleza poética, como este de Fernando Pessoa: "O mito é o nada que é tudo".

Reconhecer o papel histórico de uma doutrina é honrar a tradição teórica cristalizada e da qual somos herdeiros e depositários, a rigor sem méritos próprios. Isso, porém nada tem de servidão e imobilismo intelectuais diante do que, antes de nós, foi pensado. É louvável reverência ao passado, ditada pela ética da ciência, como denunciou – com rara penetração – André Folloni. O passado é o que fica do que passou. É prognóstico do futuro.

A mera insistência em manter, a qualquer custo racional, em desperdício da razão, nossas próprias opiniões, nada tem de amor à sabedoria. Se estivermos conscientes do erro, a persistência e insistência nas posições assumidas em equívoco será manifestação de amor-próprio ferido, expresso em seu modo eticamente menos aceitável e que mais deve ser repudiado – a vaidade. Quem assim procede já se demitiu do *status* de cientista ou mesmo de amador da ciência – sem o saber. Seu motor é o mero intuito – às vezes muito bem dissimulado – de imunizar à refutação um pensamento conclusivamente superado. Esse ideal pobre é a eficácia típica da argumentação *ad hoc*. O esforço de imunização à crítica falseadora é a sua característica essencial. Porque, quem erra não brilha, o erro é execrado e o brilho, idolatrado. Converte-se assim a fulguração do estudioso, no palco das manifestações culturais, em supremo valor na vida do espírito. A subversão de todos os valores. Sobretudo a devastação da modéstia pessoal. Daí a autoproclamação despudorada das próprias virtudes – característica de autores ávidos pelo sucesso inescrupuloso. Aliás é esse o caminho mais fácil e direto para o reconhecimento social dos méritos excelsos de alguém. É só superar a barreira do pudor que a modéstia do estudioso deveria impor. Sua virtude mais encantadora é assim sacrificada, no altar do sucesso social. Palco de eleição da superficialidade.

Nada mais infiel ao pensamento do que a “adoração” – quase idolatria – de falsos valores que enfermam uma sociedade, como o culto incondicional ao êxito social, econômico ou político de alguém; objeto de admiração generalizada e até de inveja, em contrapartida ao desprestígio e desprezo pelo pensar alheio. A consagração social dos ídolos destacados nos esportes pelo seu desempenho, decerto admirável, corresponde a uma indiferença generalizada pelo esforço e perseverança solitários de um pensador anônimo e isolado no seu gabinete de trabalho, a produzir em devaneio de pensador acordado – quem sabe, inspirado pela chama de uma vela? (Bachelard) – grandes realizações do espírito humano. Uma geração não basta para o reconhecimento do gênio. A sedimentação do reconhecimento generalizado do talento excepcional de um pensador só virá a ocorrer no futuro – a contemporaneidade do gênio. É tarefa para outras gerações. Heitor Villa Lobos afirmava compor suas músicas como quem escreve cartas para o futuro. "Considero minhas obras como cartas que escrevi à posteridade, sem esperar resposta". E como tinha razão esse mestre de pedagogia musical! Exemplos semelhantes poderiam multiplicar-se. Os girassóis de Van Gogh, pisoteados e escarnecidos pelos seus contemporâneos, como todas as suas telas, hoje atingem valores de arrematação estratosféricos nos leilões de obras de arte. Só acessíveis, os seus quadros, a pessoas muito ricas. "Mensagem" o pequeno-grande livro de Fernando Pessoa inclui um dos poemas mais belos da língua portuguesa: "Mar português". Entretanto, essa obra de exaltação cívica e patriótica ímpar só mereceu dos seus contemporâneos um prêmio de consolação em concurso, decisão a rigor nada surpreendente. Porque surpreendente mesmo seria o reconhecimento prematuro do gênio pelos seus contemporâneos. Tantos, tantos outros exemplos seriam invocáveis, se isso fosse necessário.

18. Invenção da palavra (a epopeia de Guimarães Rosa)

Devemos começar com a referência a duas atitudes diametralmente opostas diante da criação literária: a) louvação entusiástica de méritos; b) hostilidade radical. Um dos grandes poetas pernambucanos, Carlos Pena Filho, prematuramente "adormecido" (Hölderlin), eleito da morte precoce (Rilke), escreveu admirável soneto que expressa um apreço emocionado e incontido por *L'albatros*, tema de belíssimo poema do francês Charles Baudelaire. Vejamos e ouçamos na íntegra o soneto de Pena, que manifestou como que um temor quase reverencial de se aproximar da obra poética de Baudelaire:

"A Charles Baudelaire

Carlos também

embora sem
flores nem aves,
vinho nem naves,

eu te remeto
este soneto
para saberes,
se acaso o leres

que existe alguém
no mundo, cem
anos após

que não vaiou
e nem magoou
teu albatroz".

Guimarães Rosa, o ficcionista dos Campos Gerais, retratista do sertão mineiro, seu meio ambiente, homens, animais e costumes sociais, é entusiasticamente celebrado por outro grande poeta, também pernambucano:

"Rosa dos seus e dos outros,

Rosa de intensa poesia
De fino olor sem segundo;
Rosa do rio e da rua,

Rosa da gente e do mundo
Rosa do sertão profundo!
(Manuel Bandeira)

O reconhecimento dos méritos excepcionais de Guimarães Rosa é praticamente unânime. Outro grande poeta, este mineiro, Carlos Drummond de Andrade, o confirma:

> "*Um chamado João*
>
> João era fabulista?
>
> Fabuloso?
>
> Fábula?
>
> Sertão rústico disparado
>
> No exílio da linguagem comum?
>
> ....
>
> João era tudo?
>
> Tudo escondido, florindo?
>
> Como flor é flor, mesmo não semeada?
>
> ....
>
> Ficamos sem saber o que era João e se João
>
> Existiu de se pegar" (21.11.67)

Walnice Galvão, no seu ensaio, *Mitológica Rosiana*, Ática, SP, 1978, não destoa; dá sobre *Rosa* esse testemunho:

> "Às vezes Guimarães Rosa escreve como quem está em estado de graça; "A Terceira margem do rio" é um desses casos" (p. 37).

Na sua obra *Bodenlo – uma autobiografia filosófica*, Annablume, SP, 2007, Vilém Flusser oferece várias manifestações de sua opinião sobre a importância de Rosa, diante de quem tinha necessidade de uma distância respeitosa que impõe a presença da grandeza (p. 129). Para Flusser, o mundo de Rosa era incrivelmente rico (p. 130). O ensaio de Flusser é uma rememoração pensante de Rosa (p. 131).

Conclui, com esta bela síntese do mundo rosiano do mito:

> "E são estas as veredas roseanas. Viagens em busca de meta. E é este o interior brasileiro roseano, o território da salvação humana, "utopia", portanto não encontrável em mapa" (p. 133).

Em sentido e atitude crítica diametralmente opostos, exceção que confirma a regra, Vinicius de Moraes, também poeta muito justamente celebrado, perdeu excelente oportunidade de ficar calado quando, com irreverência de mau gosto, zombou e desdenhou da obra de Guimarães Rosa. Testemunha seu biógrafo José Castelo o preconceito de Vinicius diante da obra de Rosa, de quem ele definitivamente não gostava. Nas palavras do próprio Vinicius: "Ele quer ser o Joyce brasileiro" – invectivou. "Isso não é escrever" (*in Vinicius de Moraes, o poeta da paixão. Uma biografia*, 2ª ed., Companhia das Letras, 1994, p. 13). Aí Vinicius pretendeu psicanalisar Rosa. Vinicius, aliás, tinha incontrolada tendência para a irreverência e o sarcasmo. Vinícius nunca escapou do preconceito, quando se aproximou da obra de Guimarães Rosa. Consta que teria dito, com destempero verbal, que não trocava um minuto com Cyro Monteiro (cantor) por um dia inteiro com Guimarães Rosa (cf. Ruy Castro, *A onda que se ergueu no mar*, Companhia das Letras, S.P., 2001, p. 145). Sua ironia chega a ser desrespeitosa.

Este outro tópico, porém, evidencia que os extremos se tocam. Críticas que Vinícius faz a Guimarães Rosa se voltam contra ele:

> "Sua correspondência se parece muito com aquela escrita, por exemplo, por um Guimarães Rosa; expressa menos uma necessidade vital de comunicação e mais um jogo de estilo e autodefesa. Nas cartas, Vinicius não consegue esconder seu egocentrismo exacerbado e seu o temperamento algo pernóstico" (*in Querido poeta. Correspondência de Vinicius de Moraes,* Ruy Castro, org., Companhia das Letras, SP, 2003, p. 81).

A fama, como nos ensinou Rilke, é realmente a soma de mal-entendidos em torno de uma pessoa.

Aplica-se à irreverência destemperada de Vinícius a ponderação de Wittgenstein: "Sobre aquilo que não é possível falar, é preferível calar". Não soube identificar Vinicius a grandeza que é ostensiva na obra de Guimarães Rosa. Este escreveu imenso romance-epopeia *Grande sertão: veredas* e nele reescreveu o idioma português utilizando o imaginoso recurso – aliás tão imaginoso quanto inusitado – de recortar as situações e pessoas envolvidas no entrecho dessa notável obra, falando pela boca de um "jagunço", Riobaldo Tartarana, apelido-sobrenome que significa etimologicamente "lagarta de fogo".

Estou relendo o *Grande sertão: veredas*, (10ª ed., José Olympio Editora, Rio, 1976). Relendo? Melhor expressaria o que sinto, diante das lições de insubmissão gramatical e autonomia de um vocabulário surpreendentemente novo que este livro revela – se dissesse: "Estou cursando-o". Guimarães Rosa, com sua obra, é o único exemplo legítimo de imunização *ad hoc* ao erro que conheço. Porque se trata de criação artística, sem compromisso direto portanto com a correção linguística e se expressa em linguajar matuto sertanejo, pela invenção da palavra no ato literário. Como pode errar quem apenas reproduz o falar "errado" do sertanejo? Em Rosa/Riobaldo, a violência léxica é a regra, p. ex., prostituta transforma-se em "prostitutruz" (p. 285), meretriz em "militriz" (p. 397). Mas a gente entende plenamente o sentido dos vocábulos substitutos. O idioma descritivo de Rosa é um "idioleto" – idioma de um só indivíduo.

Que inolvidáveis lições esse livro nos ministra, se tivermos vista e ouvido atentos de discípulos aplicados? A maior delas é a insubmissão às formas idiomáticas que governam a semântica e a sintática gramaticais. Se a submissão às regras linguísticas for exacerbada, inibe a criatividade.

Não estou preconizando a rebelião contra o patrimônio imemorial da língua pátria, mas simplesmente defendo a autonomia estética essencial da obra de arte diante de padrões estáticos da língua. Guimarães Rosa ensinou o caminho para a sua recriação; caminho onde os neologismos têm lugar privilegiado. Atente-se, porém, para a advertência de Paulo Rónai sobre o pretenso excesso de uso dos neologismos em Rosa:

> "Na realidade, o neologismo desempenha nesse estilo (refere-se ao de Rosa, ressalva nossa) papel menor do que se pensa. Inúmeras vezes julga-se surpreender o escritor em flagrante de criação léxica; recorra-se, porém, ao dicionário, lá estará o vocábulo insólito..." (*in* Guimarães Rosa, *Tutaméia*, Nova Fronteira, Rio, 2001, p. 23).

Em todo caso, os neologismos de Rosa, termos não contemplados na ortografia oficial, são muitos e surpreendentes.

De sua leitura, tem-se a impressão de que Guimarães Rosa despreza a ortografia oficial. Liberto assim do imobilismo responsável pela estagnação do império da timidez intelectual e pelo medo de errar. Guimarães Rosa, porque fala pela intermediação de um "jagunço" ignorante, não se sente obrigado, em sua inocência primeva e idílica, a acatar regras gramaticais inflexíveis e insensíveis, que, se tomadas ao pé-da-letra, inibem a criatividade estética. O neologismo é um grande aliado quando não se encontra a palavra certa no vocabulário oficial. E, porque seu uso representa um problema estético, é, no fundo, uma questão de bom gosto. As palavras substitutas, onde o idioma oficial se retrai, e as frases que o substituem se acumulam aos borbotões em *Grande sertão: veredas* têm incrível e surpreendente poder descritivo. Lembram, em sua nostalgia, a rememoração de Manuel Bandeira, no poema "Evocação do Recife":

> "A vida não me chegava pelos jornais nem pelos livros
> Vinha da boca do povo na língua errada do povo
> Língua certa do povo
> Porque ele é que fala gostoso o português do Brasil"

O apego servil às determinações das regras linguísticas vigentes pode resultar em obstrução da criatividade artística e literária. É a eterna tensão dialética entre liberdade de criação e vinculação à gramática e suas leis. A obra de Guimarães Rosa é um exercício de liberação das formas semânticas e sintáticas tradicionais. Essa é a sua incomparável pedagogia. Uma experiência e lição de liberdade. Graças lhe sejam dadas por isso. Amém.

IV - Testemunhos

1. Aliomar Baleeiro: homenagem da Associação Brasileira de Direito Financeiro[12]

Meus caros amigos: sinceramente emocionado, recebo essa delegação, mais que honrosa, do meu amigo Dr. Gilberto de Ulhôa Canto, para dizer algumas palavras sobre a personalidade de Aliomar Baleeiro. É esta a primeira oportunidade que tenho para reverenciar a sua memória. Faço-o, tanto quanto honrado, com uma saudade incontida; um sentimento de saudade irreversível. Há mais de dez anos, eu me iniciava nas lides do direito tributário, em produção científica mais ampla (mais ampla, digo, sem nenhuma pretensão, apenas porque nessa época começava a publicar obras que teriam, por força de sua comercialização, maior divulgação entre os estudiosos). Tinha de Baleeiro apenas a ideia do parlamentar combativo e afirmativo. Aquela que, por sinal, no conhecimento geral, mais parecia marcar o seu temperamento. Não direi que essa era a característica mais importante da sua personalidade, apenas pelo simples fato de que a ela tiveram acesso o grande público e a opinião pública brasileira. Mas sem dúvida ela prevaleceu, e

12. Estas palavras introdutórias foram proferidas em reunião da Associação Brasileira de Direito Financeiro (ABDF), a convite do seu Presidente, Dr. Gilberto de Ulhôa Canto.

acho até curioso que as revistas, os periódicos, os jornais destaquem a personalidade de Aliomar Baleeiro como político – que essa é realmente a que tem maior projeção – e esqueçam, relegando-o a segundo plano, um outro aspecto dos mais expressivos da sua personalidade. Precisamente porque ele era singularmente combativo, e assim sendo marcou com a sua presença a história do Congresso Nacional, é que nós éramos levados a ter diante dele uma posição de timidez.

Quando conheci Baleeiro, eu era o discípulo imaturo, iniciante, inseguro, a pedir a compreensão e a tolerância de uma autoridade consagrada, não pelo argumento da autoridade, mas pela imensa autoridade de seus argumentos. Timidamente, ousei encaminhar-lhe um dos meus trabalhos. A resposta se fez pronta, imediata, generosa, como era do seu próprio temperamento. Então, dizia ele: "Alegra-me, ao começar a envelhecer, ver que alguns moços se dedicam com seriedade ao estudo do direito tributário". Eu creio que nem mesmo o Ministro Baleeiro poderia avaliar o quanto essas palavras iniciais de estímulo significaram para mim, e decerto não sou um caso isolado. Muitos outros, aqui presentes, poderão dar idêntico testemunho: o que Baleeiro como pessoa humana significava, o que ele teve de admirável no convívio familiar; no afeto que devotava à sua esposa, D. Darli; no modo como nos recebia e no calor da sua convivência doméstica. Dizia o professor Rubens Gomes de Sousa, também de saudosíssima memória, que a amizade dele com o Amilcar de Araújo Falcão tinha a espontaneidade das coisas preestabelecidas, estava na natureza das coisas, brotou – como sabia dizê-lo Rubens, naquela sua linguagem admirável – como o sol na madrugada, a chuva nas folhas das árvores e nas pedras do caminho. É ainda Rubens quem o diz – quando nos encontrávamos, era um reencontro, era um reinício, sempre, de todas as nossas conversas anteriormente interrompidas, os nossos contatos retomados, como se não tivessem sido interrompidos. Esse é precisamente o testemunho que posso dar de Aliomar Baleeiro, sempre presente, sempre lúcido, sempre interessado, sempre generoso. Eu não iria destacar aqui, por desnecessário, a sua participação no Congresso Nacional, que todos a conhecem. Ele foi, entre outras coisas, o grande artífice da então denominada discriminação de rendas, melhor dito: distribuição de receitas tributárias, que vigorou durante todo o período de vigência da Constituição de 1946.

Deixou algumas obras memoráveis: entre outras, "Alguns Andaimes da Constituição", o clássico "Limitações Constitucionais ao Poder de Tributar", a sua obra premiada, o "Direito Tributário Brasileiro – Comentários ao Código Tributário Nacional". Não tinha, apesar de tudo, nenhuma preocupação dogmática; nenhuma preocupação de dar a última palavra a respeito de coisa alguma. A sua "Introdução à Ciência das Finanças" é, sem dúvida alguma, um livro modelar e provavelmente não terá paralelo na literatura especializada brasileira. Todavia, ele sabia que aquela era uma via, um caminho, e que poderia haver outros. Outros poderiam vir, ao lado dele ou depois dele. Por isso, modestamente não a denominou "Introdução à Ciência das Finanças", mas apenas "Uma Introdução à Ciência das Finanças". Caberia invocar ainda a figura imorredoura do professor Rubens Gomes de Sousa, quando ele afirmava, no seu prefácio magistral ao livro de Amilcar de Araújo Falcão: "No meio de tantas qualidades, basta uma para marcar um temperamento". E, para nós, que enaltecemos apenas uma dessas qualidades de Baleeiro, sua generosidade, as melhores palavras são efetivamente aquelas que não foram ditas, até mesmo porque não é possível dizê-las. Falem, portanto, o nosso sentimento e a nossa saudade. Agradeço a oportunidade que me deu o Dr. Gilberto de Ulhôa Canto de expressar, em meu nome pessoal e em nome de meus colegas aqui presentes, participantes da Associação Brasileira de Direito Financeiro, a homenagem e reverência à memória imperecível de Aliomar Baleeiro. Ele ensinou muito mais, como diria o padre Antônio Vieira, com a vida e o exemplo, do que com palavras e pensamentos. E, se antigamente se ensinava com palavras e obras, hoje, lamentavelmente, predominam apenas palavras e pensamentos, e por isso não se converte ninguém. Isso jamais poderá afirmar-se da memória de Aliomar Baleeiro.

2. Sobre a concessão do título de Professor Emérito a Lourival Vilanova

O ser infenso a honras e honrarias não ocasiona para mim impedimento de associar-me a essa homenagem e ao rito desta solenidade. A circunstância mostra-se algo insólita: a entidade homenageante, a Universidade Federal de Pernambuco – UFPE, é também ela, homenageada. A formalidade de entrega do título significa a um só tempo oferta e doação. Mas, outorgando-o, a UFPE é com isso mesmo outorgada. Concedendo a honra insigne, é honrada. Que instituição universitária do mundo, com efeito, não se sentiria honrada em incluir no elenco dos que – pelos seus méritos excepcionais – são eméritos, o Professor Lourival Vilanova?

É antes um motivo adicional para estar à vontade o associarme formalmente ao ato de reconhecimento público de que esta solenidade – pela justiça manifesta da outorga – representa um instante de grandeza na vida da instituição universitária.

Os verdadeiros juristas nada mais nada menos são que operários do direito (Carnelutti). Por isso só a dignidade no exercício da sua profissão e a dedicação obstinada podem torná-los não apenas respeitáveis, mas efetivamente respeitados e reconhecidos. Porque ensinam, segundo preconizava o Pe. Vieira, muito mais com a vida e o exemplo do que com meras palavras. Na linguagem agudamente penetrante de Bartolo de Sassoferrato, os apenas juristas não passam de uns tolos. São os juristas convencionais; profissionais de um ofício apenas lucrativo.

Como, porém, falar sobre a vida do jurista, sua missão na sociedade, só com isso enaltecê-lo, se para tanto faltam palavras adequadas e escasseia tempo razoável e comedido?

Socorre-nos, nesse passo, a ponderação do poeta sublime, muito mais atento que os juristas às limitações da nossa linguagem. Ouçamo-lo:

> "As coisas estão longe de ser tão tangíveis e dizíveis quanto se nos pretende fazer crer; a maior parte dos acontecimentos é

inexprimível e ocorre num espaço em que nenhuma palavra jamais pisou" (Rilke).

Com essas ressalvas e essa licença é que me animo a tecer algumas considerações, sumárias – demasiado sumárias – sobre a figura – humana, demasiado humana – do Professor Lourival Vilanova. Pinçando apenas alguns aspectos a serem destacados nela. E sabendo que essa intenção é de realização impossível sem a mutilação de aspectos, ricos e variados, na sua personalidade. Não se trata, pois, de um risco a ser assumido, mas de uma convicção serena da impossibilidade de uma visualização global de toda uma vida no tempo acanhado de uma saudação universitária.

Uma ciência voltada sobre um sistema de linguagem, como a ciência do direito, com muito maior facilidade do que outros saberes, é tomada de assalto pelo palavrório apenas retórico e persuasivo, porque descomprometido com as exigências e os rigores da própria cientificidade. É este por definição o reinado da irresponsabilidade intelectual. O sincretismo metodológico, a indefinição de contornos, o reducionismo epistemológico são apenas formas pelas quais se manifesta esse fenômeno persistente. A obra de Lourival Vilanova é, toda ela, uma reação contra essa tendência nefasta.

O rigor metodológico de Vilanova é, por isso mesmo, porém sem razão, confundido com um certo formalismo. Como se a submissão, a docilidade do jurista à dimensão formal do direito importasse a exclusão de outras investigações acaso pertinentes sobre o jurídico. Há formalismos e formalismos. A óptica exclusivamente formal do direito, e só essa, é censurável. Tanto quanto o seria um positivismo jurídico-filosófico e, pois, reducionista.

A preocupação mais recente de Vilanova inclina-se predominantemente para os estudos de lógica jurídica, como uma província da lógica deôntica. Não se pense, contudo, que essa preocupação importou num descomedido logicismo. Que nos ensina o mestre em memorável lição? São suas palavras:

> "A experiência lógica é parcial. Isola (abstrai) o formal ou estrutural que ostenta o Direito Positivo. Exceder essa investigação para além dos limites importa em *logicismo*, que é uma extrapolação da lógica (logicismo p. ex., na interpretação e na aplicação do direito") (Vilanova, *As Estruturas Lógicas e o Sistema do Direito Positivo*).

Se intentarmos estabelecer uma hierarquia de problemas (e essa hierarquização é cientificamente necessária), o problema mais digno de ser questionado no âmbito da ciência do direito é o da sua demarcação. O que incluir e o que excluir nela, eis a questão das questões.

Da seriedade e profundidade dos estudos da lógica jurídica, que empreendeu o nosso homenageado, decorreram as repercussões de sua obra no exterior. Publicações especializadas na Polônia comentam a sua obra, com a chancela do nome insigne de Kalinowski. O reconhecimento dos seus méritos é, portanto, um dever de justiça, atribuído a nós os seus contemporâneos e discípulos. Por que deixar esse privilégio às gerações futuras? E adiar esse reconhecimento para a posteridade?

Há um aspecto, na obra de Vilanova, que me parece marginalizado, mas que se reveste de transcendental importância. É que representa, toda ela, uma tranquila opção, claramente assumida, pelo qualitativo. Em detrimento do quantitativo, que ainda hoje tanta influência desgraçadamente exerce sobre a avaliação de méritos universitários. Não se percebe bem por que, numa estranha compulsão psicológica, os juristas se maravilham com a vastidão horizontal de certas obras.

Nesse sentido, e sem desconhecer-lhe a importância, penso, contudo, que a obra de Lourival Vilanova se reveste de rigor teórico muito superior à de Pontes de Miranda. Este último ainda definia o direito como um "processo social de adaptação", caracterização do jurídico de cunho acentuadamente sociológico. Para Vilanova, há que distinguir, com Kelsen, a proposição normativa, a norma jurídica que integra um sistema de proposições prescritivas e as proposições doutrinárias, descritivas. Só destas últimas pode-se afirmar-se a verdade ou falsidade. Uma decisão jurisdicional nunca erra, porque é normativa e não cognoscente.

E aqui se insinua incontornavelmente outra consideração. O seu trabalho sobre os "Níveis de linguagem em Kelsen (norma jurídica/proposição jurídica)", é uma recriação do pensamento kelseniano (*in Revista Brasileira de Filosofia*, Instituto Brasileiro de Filosofia, S. Paulo, vol. XXXII, fasc. 125, págs. 3 a 42). Realiza o programa metodológico de Cossio: "ir além de Kelsen sem sair de Kelsen". Além do mais é um dos raros momentos em que Vilanova se volta sobre o pensamento alheio, como que numa opção pela humildade intelectual. Nisso ele tem antecedente ilustre: o Heidegger de *Sein und Zeit* e o dos comentários sobre Rilke, Trakl, Hölderlin, Stefan George e outros poetas. Os pré-socráticos fornecem-lhe o tema e a ocasião para as suas meditações posteriores: para além do pensador, pensar o que nele restou impensado. É o diálogo entre pensadores.

Vilanova soube esperar, como Rilke, no Castelo de Muzot, que a sua produção amadurecesse. Não se deu pressa. Aguardou que as palavras certas e exatas viessem quando elas mesmas, as palavras, quisessem:

> "Um livro nasce como uma árvore nasce, porque o vento leva a semente à terra. Mas antes que a semente se converta em árvore, deve passar muito tempo" (Carnelutti, *Arte del Derecho).*

Constituem a sua produção de maturidade: "*As Estruturas Lógicas e o Sistema do Direito Positivo*", editada em S. Paulo, e o mais recente "*Causalidade e Relação no Direito*". Neste último, editado sobre o patrocínio da OAB-PE, manifesta-se a preocupação dogmática, pelas excursões sobre as províncias jurídicas especializadas: direito constitucional, civil, penal, processual, administrativo etc., revelando um assombroso conhecimento da totalidade do ordenamento jurídico.

Essas obras são, hoje, objeto de seminários destinados à pós-graduação em S. Paulo, sob a liderança dos professores

Paulo de Barros Carvalho, presente a esta solenidade, e Geraldo Ataliba, amigos e discípulos do homenageado.

Quais são as influências maiores sobre a sua obra? Responde-se no próprio prefácio das *Estruturas lógicas*:

> "As influências maiores e mais persistentes que se notam no curso da exposição, estão em Husserl e Kelsen. A Husserl deve o não ressalvar o autor para o positivismo, nada obstante sua dedicação à lógica simbólica onde os pressupostos filosóficos do positivismo atualmente mais se concentram. Influências mais recentes são as de Von Wright, Kalinowski e Garcia Maynez".

Causalidade e Relação no Direito foi escrita parcialmente em Lisboa, sentimentalmente impressionado no reencontro com a gente portuguesa: "de onde em onde exclamamos: eis nós-mesmos". Quem tem e detém sensibilidade tão exacerbada não pode jamais recair no "vazio e estéril formalismo" de certos juristas. Porque na sua personalidade há sempre lugar para a dimensão do humano.

No momento em que os erros resultantes do culto à mediocridade, da irresponsabilidade, da demagogia, da queda da hierarquia e da indisciplina ameaçam tomar de assalto a universidade brasileira, na candente denúncia do Prof. Adonis Carvalho, essa solenidade representa uma afirmação de vitalidade da UFPE, que esperamos não seja isolada, mas que tenha o significado de uma reversão para o qualitativo e a profundidade da investigação científica, numa autêntica comunidade de mestres, alunos e funcionários, unidos em torno de um ideal: a erradicação do império das aparências e a instauração da dignidade universitária.

Os nossos parabéns à UFPE e ao Professor Lourival Vilanova.

(21.01.88)

3. Gilberto de Ulhôa Canto – Um Microtestemunho sobre um Macrojurista

Nos idos de 1955, sob o patrocínio do então Instituto Brasileiro de Direito Financeiro, foi publicada a obra "*Codificação do Direito Tributário*", contendo os textos do anteprojeto e projeto do Código Tributário Nacional (CTN). Essa obra, hoje raríssima, incluía ainda os trabalhos da comissão encarregada de opinar sobre a matéria. Vários anos após, esse livro me veio às mãos e tomei conhecimento desses trabalhos. Ainda não conhecia Gilberto de Ulhôa Canto. Mas fiquei impressionado com a lúcida e equilibrada fundamentação dos seus votos – na maioria vencidos – na comissão. Sem nenhum demérito para os outros membros, a sua argumentação me lembrava a advertência de Marcel Waline: certos votos vencidos são prenúncio das maiorias do futuro. E o que me impressionava não era nenhum argumento de autoridade, senão a autoridade da argumentação: a sua consistência lógica. Posteriormente, travei conhecimento pessoal com ele, e o seu temperamento jovial facilitou a consolidação rápida de nossa amizade. Ele era naturalmente sofisticado na convivência, mas espontâneo na sua simplicidade encantadora. Cordialíssimo nas relações profissionais. Com o falecimento de Baleeiro e Gomes de Sousa, tornou-se o único sobrevivente da trindade responsável pelos "tempos heroicos" do Direito Tributário. Detentor, portanto, do legado de uma tradição venerável. Não se confinou, porém, num saudosismo melancólico. Penso que a sua era uma *Ciência Feliz*. Soube ajustar-se aos novos tempos. Conviveu com o "fato gerador" (Amilcar Falcão), mas também e sem traumas, com a "hipótese-de-incidência" (Geraldo Ataliba). Por isso, era presença obrigatória nos eventos científicos da área tributária. Todos o reverenciavam pelas suas qualidades humanas e intelectuais. Com o seu desaparecimento, seguido logo após pelo de Geraldo Ataliba – ai de nós – os plenários dos congressos não mais serão assim tão plenos. Cadeiras vazias lhes estarão reservadas. E nesses congressos, onde tantas vezes se insinua a necessidade de brilho, subproduto da vaidade dos expositores, era exemplar a sua modéstia, como que a esconder-se por trás das suas palavras. Recordo o que disse de Amilcar Falcão o Prof. Gomes de Sousa, e que se aplica também a Gilberto: "A humildade – a verdadeira humildade intelectual, e não a falsa modéstia, orgulho mal disfarçado – era um dos seus traços marcantes". Essa humildade do pensador nada tem com a outra virtude: a de ousadia intelectual, a aspiração de, pelo pensamento, alçar-se às estrelas e à profundidade abissal a que todo pensador autêntico, como Gilberto, é convocado e arrastado. Resta-nos o dever de fidelidade à sua memória. E a lição ensinada com a vida e o exemplo, palavras e atos, como recomendava o Padre Vieira.

4. Presença de Alfredo Augusto Becker

Desde 1992, ano da morte de Alfredo Augusto Becker, começou a tomar corpo em mim a ideia de publicar parcialmente a nossa correspondência epistolar. Porque ela põe a descoberto a emoção que permeou – enquanto duraram – suas vinculações com o direito tributário e – perenemente – com as circunstâncias de sua vida pessoal. Paulo de Barros Carvalho nos dá testemunho dessa emoção criadora: "Quando indaguei sobre o que sentira ao escrever determinado capítulo da *Teoria geral do direito tributário,* respondeu-me prontamente: "Paulo, escrevi esse livro com tanta emoção que, em alguns momentos, chegava a envergar a pena da caneta". Mas Alfredo era grande demais para confinar-se nos limites de uma especialidade teórica. Acabou repudiando o Direito Tributário, em busca de outros saberes e outros caminhos do pensamento. Um dramático desfecho nas relações entre o pensador e sua obra.

Minha amizade com Alfredo impõe um compromisso de fidelidade à sua memória. Dentro desse espírito, estas linhas constituem uma homenagem em reminiscência: ato de fidelidade; memória de quem as escreve e memorial do que ele escreveu. Em prudente silêncio, exerci até hoje sobre esta correspondência uma guarda pastoral. Orgulhava-me da exclusividade do acesso, com o zelo de um colecionador; colecionador de textos que só a si mesmo diziam respeito. Posteriormente, convenci-me, porém, de que a correspondência deveria, ao menos parcialmente, ser publicada, dada sua importância para a compreensão da obra literária (inédita) de Alfredo e para o aprofundamento dos estudos de sua obra teórica no campo do Direito. Apesar do seu repúdio tardio ao direito tributário – tardio porque sua obra, apesar disso, já estava consagrada – seus estudos jurídicos não mais lhe pertenciam, sequer em vida, porque eram um patrimônio científico comum.

A correspondência epistolar é um gênero privilegiado, porque nela as pessoas não receiam externar seus sentimentos, ao contrário dos seus escritos teóricos, embora a ciência, antes de ser com ela incompatível, se engrandeça com a emoção. Os trabalhos teóricos são, no geral, muito "frios" e "impessoais", como se isso fosse um penhor de qualidade. Uma ciência feliz, como preconizava Lorenz, será, contudo, e desde sempre, permeada pela emoção.

Uma ponderação, contudo: minha preocupação foi de acentuar as virtudes morais e intelectuais de Alfredo, que os textos agora parcialmente transcritos expressam, ocultar-me por trás do que lhe escrevi. Que seu brilho não fosse perturbado pela exposição de minhas próprias ideias. Por isso não transcrevo nenhum texto de carta minha. Sobre essas minhas cartas recaía o véu piedoso do esquecimento.

Como tudo começou

Como Aliomar Baleeiro, Alfredo tinha a fama imerecida de misantropo: difícil no acesso e de trato delicado. Apenas porque recusava os inúmeros convites para participar de Congressos. Essas, porém, eram características que ficavam na superfície do seu temperamento. Porque, ao aprofundar seu conhecimento, a conclusão seria de que a aparente inacessibilidade se transmudaria em calor humano. Tudo era uma questão de empatia. Ele não sabia ocultar suas próprias reservas pessoais. Quando, porém, se convencia da autenticidade da iniciativa do contato – é de dizê-la: desinteressada – sabia cativar as pessoas que o procuravam. O que ele definitivamente não conseguia era contemporizar com seus pontos de vista: abrir mão de princípios, trair sua própria autenticidade. Dir-se-á que, por amor à amizade, era um homem de poucos amigos. Amizade era para ele um compromisso de autenticidade.

Quando da primeira correspondência, que por iniciativa exclusivamente minha lhe enviei, obtive, aos 3-12-1965, a seguinte e estimulante resposta:

> "Gratíssimo por sua carta de 28 de novembro e pelo exemplar do Código Tributário do Estado de Pernambuco. Apreciei muito seu trabalho introdutivo que traz novas luzes para o exame da correção monetária de débitos fiscais para a conceituação de tratamento das isenções fiscais. Entretanto, não me surpreendeu porque o seu trabalho publicado na *Revista de Direito Administrativo* (v. 79, p. 478 ss.) já me havia despertado atenção sobre... seu amor aos livros e juízo crítico de ideias..."

Nesse contato epistolar, não havia ainda uma amizade consolidada. Assim, o tratamento, embora cordialíssimo e sobretudo generoso, é ainda no pronome pessoal "você" e o possessivo "seu" – e não o mais íntimo "tu", o "ti", o "teu" à maneira gaúcha, que ele introduziria nas cartas subsequentes. Curiosamente, ele não me chamava de Souto, como o fazem todos os meus amigos e até familiares, mas simplesmente José, talvez para acentuar que não se dirigia – até porque isso não importava na instauração de uma amizade – a um cultor do Direito, a um detentor de poder político (que aliás nunca tive), mas ao amigo, um simples cidadão – quase a um José-ninguém. "Você é um dos que – dizia-me ele então – acaba de mergulhar no rio da linguagem universal"; "O pensar é uma arte e o escrever o pensamento um artesanato". Será possível caracterizar melhor as relações entre o pensamento e sua expressão escrita? A semente de todo o nosso relacionamento futuro já estava lançada.

Prudente, ele me advertia: "Não pretendo lhe dar conselhos, mas simplesmente transmitir a minha experiência neste assunto." Experiência que, segundo ele próprio, estava resumida nos dois livros fundamentalíssimos de Jean Guitton, *Nouvel art de penser e Le travail intellectuel.* Claro que logo os adquiri e se transformaram eles, também para mim, em livros de cabeceira, referidos aqui e acolá, na minha produção jurídica e extrajurídica.

A pedagogia natural

Em carta de 13-1-1967, Alfredo agradecia a remessa de dois livros imaturos: *Iniciação ao direito financeiro* (aliás, o primeiro livro que escrevi) e A *reforma do sistema tributário nacional* (obra de circunstância, em face do advento da Emenda n° 18 à CF de 1946). E, como sempre, o fez termos generosos e estimulantes:

> "Apreciei-os bastante. É com alegria reconfortante que ouço tua voz participar na conversação do Direito Tributário. Que tua voz continue clara, firme e pura."

Quanto aos livros de Jean Guitton, já mencionados, insistia na necessidade de sua leitura e releitura:

> "Quando aqueles dois livros estiverem fazendo parte do teu plasma sanguíneo avise-me. Naquela ocasião eu te mandarei de presente um terceiro livro de Jean Guitton."

Mas, antes de prosseguir o meu caminho no estudo do direito tributário, deveria assimilar integralmente aqueles livros:

> "Vejo que estudas o Direito Tributário e deverás continuar a estudá-lo objetiva e cientificamente. Antes de prosseguir no estudo do Direito Tributário eu acho indispensável que leias e releias aqueles livros de Jean Guitton."

E a interrogação logo se seguiria: por que e como deveria fazê-lo? Como respondê-la?

> "A leitura desses dois livros deverás fazê-la vagarosamente e continuamente. Enquanto leres, teu cérebro e o teu coração deverão permanecer numa atitude de árvore com ramos e raízes recebendo chuva serena em dia sem vento. Mais tarde, depois

> que aqueles dois livros tiverem chovido e rechovido sobre o teu Ser, volte ao estudo do Direito Tributário."

Essa meditação – dizia ele – me ensinaria a escolher, por mim mesmo, os poucos livros que merecem ser lidos; identificar os autores autênticos; discernir mistificação e ciência; distinguir entre utopia e realidade.

Costumo afirmar, não sem certa pretensão, que sou autodidata em Direito Tributário. Tudo o que aprendi, desde os primeiros passos, fora um produto de minhas próprias forças. Bem examinadas as coisas, não o sou, contudo. Porque, após um período inicial de esforço isolado, passei a apropriar, cada vez mais, o conhecimento dos amigos e a expropriar suas lições; a utilizar os ensinamentos daqueles que participavam comigo da confraria dos estudiosos do Direito Tributário, sobretudo – não exclusivamente, entretanto, o núcleo de especialistas da PUC-São Paulo, a quem tanto deve a renovação dos estudos tributários entre nós. E sobretudo a quem tanto devo.

Todavia, não pode arvorar-se em autodidata na sua formação, quem, como eu, recebeu lição tão memorável, já nos primórdios de sua formação de estudioso; ensinamento que concentra, em pouquíssimas palavras todo o drama das especializações e seus limites, ensinamento verdadeiramente capital e decisivo:

> "Além disso, nunca deves te esquecer que nem só do Direito Tributário vive o homem. Não que ele deva introduzir dentro do Direito Tributário outras ciências e outras verdades, transformando-o num *cocktail* ou numa enciclopédia. Não é isso. O que eu quero dizer é que deverás te relacionar com a tua circunstância (esposa, filhos, parentes, amigos e demais pessoas, animais e coisas) fora da linguagem jurídico-tributária. O teu Ser deverá conservar e desenvolver uma sensibilidade capaz de escutar e entender também as estrelas e as pedras do caminho; e não apenas as leis e os autos de infração. O homem pode viver do Direito Tributário, mas não para o Direito Tributário."

É esse também um exemplo de *pedagogia natural,* que nasceu do diálogo entre mim e o *avvocato* Alfredo, com os mesmos anseios de seriedade científica e abertura intelectual para as nossas circunstâncias do cotidiano. E, fato notável: desconheço qualquer experiência docente na vida de Alfredo. Nada obstante foi ele que me deixou como legado esta, uma das mais preciosas lições que recebi não apenas no âmbito dos estudos especializados do Direito Tributário. A partir daí, a minha visão do Direito jamais seria a mesma: nenhuma especialização vale o esforço de uma vida; nenhuma merece exclusividade na concentração da atenção; não poderá construir sua própria felicidade quem se dedicar apenas à manipulação tecnológica da cabeça de um alfinete: o saber cada vez mais sobre cada vez menos coisas. Viver da especialização – não, entretanto, para ela, era a consigna capital.

O abstrato e concreto

Não era Alfredo, porém, a presa de uma vaidade intelectual vulgar. Sua vaidade – se é que existia – era do tipo moral. Não aceitava os elogios, mesmo sinceros, que tanto merecia. E quando os repudiava, dava motivos:

> "Tua carta de 28 de abril me atribui sabedoria que não possuo. Meu único mérito é não usar máscara e conseguir ver a transparência na máscara dos outros." (carta de 16-5-83)

Nessa mesma carta, ele relembrava um fato curioso:

> "Talvez não te recordes, mas quando estiveste em meu apartamento, havia sobre a mesa de leitura uma abóbora. Ela ainda continua ali. Isto prova que é atual para mim o que escrevi em 1967 sobre a civilização do número".

Nesse estudo inédito, Alfredo nos revela os segredos da longevidade de uma abóbora, imune ao apodrecimento, se colocada sobre mesa de tampo de madeira:

> "Agora, a abóbora está pronta para ser conservada e o apartamento deixou de ser máquina de morar. De súbito, foi acrescido de benfeitorias: varanda, poço, figueira.

> A abóbora habita a casa. A abóbora é muito mais amadurecida do que a gente. Ela é essencialmente feminina e maternal. Quem nunca teve avó em cadeira de balanço não sabe o que é ter abóbora. Nem conversar com ambas."

Essa conversação lembra a de Jacinto de Tormes com o castanheiro, "um conversador sublime", reproduzida por Eça de Queiroz em *A Cidade e as Serras*.

Na sua irredutível concretude, a abóbora se contrapõe à civilização abstrata do número:

> "O progresso, soprando o homem e a mulher, transfigurou-os em número e cifra. Após, disse-lhes: 'Crescei e multiplicai-vos'. E a terra se povoou de zeros."

Mais tarde, desencantado com o Direito, ele afirmaria: entre o Direito e a abóbora eu preferi a abóbora. A contraposição de valores é aí entre o abstrato (o Direito) e o concreto (a abóbora).

Sobre o mundo jurídico e o outro

Mesmo que discordemos dela, não é possível negar a beleza dessa condenação severa, que eclodiu na sua linguagem com incrível economia de vigorosas e metafóricas palavras: "O Direito Natural é um sonho de seminarista". Contudo, o que ele tão severamente atacava era apenas o Direito Natural concebido ao modo moderno: um repertório de princípios absolutos, eternos e imutáveis, a inspirar as soluções do Direito Positivo. Não o Direito Natural originário, concebido ao modo aristotélico, o direito natural de conteúdo mutável; natural apenas porque surgia espontaneamente no interior da *polis*.

O Direito Natural clássico, tão "artificial", portanto, quanto o Direito Positivo, não era alvo dessa crítica, mas de outra:

> "O direito – todo o direito – é artificial. Ele não é um fato oriundo e inscrito da natureza e inscrito no Código genético do animal humano que estaria à espera do investigador (o jurista) para ser descoberto e aplicado."

Todavia, já nessa fase, o desencanto irreversível com o Direito se manifestava. Esse mesmo Direito que tinha feito – muito a contragosto dele – sua glória, com uma só obra, a *Teoria Geral do Direito Tributário*.

Doravante sua concepção do Direito se manifestará em severa crítica:

> "O mundo jurídico é criação abstrata do cérebro humano. As leis são regras de conduta para impor um determinismo artificial nas relações entre os homens. A lei é mecanismo ortopédico. Entretanto, as leis que são fabricadas (por má-fé ou ignorância) em lugar de restituírem o sorriso ao rosto ou devolverem o caminhar às pessoas, elas provocam o esgar da dor e fixam grilhões. As leis, a hermenêutica jurídica, os acórdãos, tudo no mundo jurídico é abstrato e artificial, salvo os efeitos, a dor e a perda da liberdade."

Essa *ruptura* com o jurídico ele não a fundamentou em critérios formalmente lógicos, enunciados ao modo tradicional. Ela representava um desencanto pessoal do jurista que, malgrado tudo, ele era. Somente poderia ele manifestar o jurídico, como tudo em que acreditava, como uma celebração, um encantamento do espírito. Daí o desencanto, anunciado no seu poema, em que o artificialismo do mundo jurídico é apenas um pretexto para celebrar e exaltar a natureza, o mundo dos elementos primordiais, sol e chuva, oxigênio, nuvens, plantas e animais, inclusive o canto de pássaros, vento e calor, o "outro mundo", o mundo extrajurídico, um verdadeiro caleidoscópio de imagens:

> "Há falta de oxigênio e sol dentro do mundo jurídico.
>
> O direito não amanhece.
>
> Não chove.
>
> Dentro do direito não transitam nuvens
>
> e nem sopram ventos.
>
> As entidades do mundo jurídico não têm carne
>
> e nem temperatura.
>
> Jamais foi escutado canto de pássaro

dentro do Código Florestal
ou vislumbrado peixe no Código das Águas.
Da lei brotam artigos, parágrafos, alíneas,
remissões.
Sequer uma flor ou ramo verde."

Obrigação tributária

Tão logo me chegou às mãos a quota de autor do meu livro *Obrigação tributária: Uma Introdução Metodológica*, editado pela Saraiva, e que, numa homenagem ao seu recato, lhe fora dedicado, apressei-me em remeter-lhe um exemplar. A resposta não se fez esperar, em carta de 29-9-84, emocionada como sempre:

> "Teu livro *Obrigação Tributária* – Uma Introdução Metodológica que dedicaste a mim e a carta que o acompanha causaram-me impacto emocional que fez estremecer as minhas mais profundas estruturas. A ressonância desse abalo sísmico ainda perdura."

Todavia, seu desencanto com o Direito Tributário persistia e, mais ainda, seu ceticismo quanto ao destino editorial de obras sérias, descomprometidas por isso mesmo com os modismos do consumo. Esse desencanto tinha a mesma intensidade do que fora dantes por ele manifestado em carta a Antonio Berliri sobre a saga da sua *Teoria Geral do Direito Tributário, de 1963: "Due anni dopo l'edizione era esaurita (ed io... prima)"*. Alfredo antevia a mesma frustração de expectativas para o meu livro:

> "Receio que este teu livro te faça sentir como eu me sentia em 1966, três anos depois da 1° 'edição de minha TGDT."

Mas ele não conseguia, apesar da ruptura (como ele próprio a nomeou) com o Direito Tributário, evitar a avassaladora consagração da sua TGDT. A razão desse fenômeno, ele próprio, sem querer, a manifestou quando escreveu: *"L'uomo pensante è più presente nei suoi scritti che nella sua persona física. L'uomo vive mentre il suo libro farà con che sia amato".* Alfredo é hoje um ausente-presente.

Sobre a apologia do erro: como ela aprofundou as relações entre dois estudiosos

Em carta de 4-6-87, Alfredo me anunciava o recebimento do meu estudo *A apologia do erro,* em termos como sempre calorosos e de uma beleza literária singular; sem reservas, como era de seu estilo, quando gostava das pessoas:

> "Teu estudo já o li duas vezes... A sua cópia xerox está desbotada. Rogo-te que me remetas nova cópia e se possível do teu original datilografado, pois quero reler mais vezes o teu estudo. Teu estudo me fez pensar e sentir tourada, dança e música flamenga."

E logo após o pior: a comunicação, com exemplar serenidade e resignação, da moléstia que deveria vitimá-lo no máximo em cinco anos:

> "Aceitei a certeza da morte dentro do quinquênio e continuarei a ser um homem feliz."

Ainda nessa carta, ele me comunicava também a decisão de fechar seu escritório de advocacia, por mim visitado em Porto Alegre, quando de um congresso de direito municipal, onde desfilaram vaidades mal administradas, que me entediaram a ponto de não mais conseguir permanecer no plenário. Daí a decisão de, como um antídoto de autenticidade, procurá-lo. Passamos então – eu e a minha esposa – horas inesquecíveis, em sua casa. As mesquinharias do congresso inteiramente esquecidas. Em tais condições, era para mim uma honra que ele, ao desfazer-se de sua biblioteca jurídica, tivesse preservado apenas duas obras: a TGDT e o meu *Obrigação tributária: Uma Introdução Metodológica*:

> "Em janeiro de 1986, fechei o escritório de advocacia: deixei de advogar. Para minha residência trouxe só dois livros jurídicos: A TGDT por mim redigida e o livro '*Obrigação tributária – uma introdução metodológica*' por ti escrito e cuja edição foi a mim dedicada."

Seus livros de Direito realmente passaram à posse do seu e meu amigo Antônio Corrêa Meyer. Na minha última visita ao seu apartamento, eles não mais estavam na biblioteca.

Conhecedor do meu interesse pela obra de Heidegger, ele tomou a iniciativa de enviar-me, junto com carta de 18-12-90, resenha de então recente biografia desse pensador, publicada no *L'Express* n° 2056, de 7-12-90. Sempre preocupado em não faltar à amizade. Como se tivesse algum dever moral de ajudar as minhas pesquisas heideggerianas e das quais ele tinha conhecimento, acompanhando-as com solidário interesse. Mesmo quando discretamente lhes opunha alguma reserva, devida provavelmente à vinculação de Heidegger com o nacional-socialismo. Eu, porém, considerava que se devia distinguir entre a obra e a vida do pensador, mesmo que para identificar-lhes as recíprocas implicações.

Em visita, mais uma vez, à sua residência, conversando sobre dificuldades e mesmo isolamento na minha convivência intelectual com os juristas de minhas relações, lhe confidenciei, não sei se pretensiosamente (isso é algo que não me cabe avaliar), uma certa amargura com os descaminhos dos meus estudos teóricos. Não conseguia entender porque certas coisas que havia dito sem maior pretensão obtiveram insuspeitada ressonância; enquanto que, sobre outras, muito mais relevantes, recaía o silêncio. Não que eu cobrasse qualquer forma de reconhecimento. Parecia-me, entretanto, que algumas tomadas de posição doutrinária pessoais deveriam ser consideradas pela doutrina. E dizia-lhe, num estilo de conversação que decerto o agradava: aceito que sejam os meus pontos de vista inteiramente refutados e até me alegraria com isso, pois a constatação do erro é um caminho para a aproximação da verdade. O que até hoje e em definitivo não aceito é ser uma contribuição, p. ex., a do lançamento como ato e procedimento, superando o maniqueísmo doutrinário imperante (ou ato ou excludentemente procedimento) inteiramente ignorada, como se ela não existisse e não estivesse colocada à disposição da crítica crucial, que jamais foi intentada. Melhor exemplo não poderia haver dessa "conspiração do silêncio": o que se seguiu à publicação do meu *Obrigação Tributária: Uma Introdução Metodológica*. Ainda há quem pretenda não sejam obrigações, no sentido próprio, as obrigações acessórias do CTN. Como se nada em contrário dessa opinião tivesse sido escrito.

A reação epistolar não se fez esperar. Aos 31-1-93, bem-humorado, ele me retrucava:

> "Grato pela Autobiografia intelectual de Karl Popper e sua bibliografia. Ontem iniciei sua leitura. O que ele diz sobre as discussões decorrentes dos significados das palavras em substituição aos fatos reais me fez sorrir. Encontrei velho amigo que também se reconhece isolado e perplexo com a reação dos demais. A percepção das coisas que para os seus olhos de inteligência é natural e simples, para os demais é tão incompreensível que a coisa se torna inexistente, impossibilitando até o exercício da crítica."

Essa carta me causou admiração por dois motivos principais. Primeiro, porque ele, com tão "verde" leitura de Popper, conseguira lhe apreender pensamento capital, o que denunciava as eternas discussões (de que infelizmente é tão fértil a ciência jurídica) sobre as palavras e seus significados, em substituição a problemas reais. Um dia era muito pouco para que ele "amadurecesse" as implicações dessa crítica fundamental. E não obstante ele o conseguiu. Segundo, porque ele retomava espontaneamente um queixume meu e me reconfortava. Tinha a arte sutil de escutar. Escuta atenta e vigilante. Escuta de quem leva a sério o pensamento alheio. Nele, a audição era um sentido privilegiado. Os que estão impregnados do individualismo moderno só conseguem escutar as próprias razões, num "diálogo" de surdos. O brilho não era em Alfredo o produto de um projeto de afirmação pessoal, mas a simples consequência do seu talento. Um ato de elementar justiça: Geraldo Ataliba sempre proclamou de público sua admiração pelo autor da TGDT. Disso dou o meu testemunho.

Por isso é que eu lamentava tê-lo visitado muito pouco. A distância entre Recife e Porto Alegre era um obstáculo difícil. E ele não realizou nunca viagem ao Recife, embora sempre que conversávamos (geralmente por telefone), eu o incentivasse. Tudo ficou em projeto.

Diálogo sobre o claro e o obscuro

Aos 25-9-87, em nova carta, ele, que era tão seletivo no diálogo, só o admitindo com as pessoas em que acreditava e de quem gostava, retorna à minha presença:

> "Tua carta de 18-7 me fez um grande bem e tudo aquilo que eu te desejaria dizer em resposta encontra-se no diálogo *Theétète*, que constitui a primeira parte do livro '*Le Clair et l'Obscur*' do Jean Guitton que te ofereço anexo. Este diálogo faz parte integrante desta carta e somos nós que conversamos."

Sem o pedantismo da erudição subjetivista, Alfredo magistralmente exercitava como poucos, muito poucos, a arte humana, demasiado humana, da comunicação dialética. Pelo diálogo, ele desvelava espontaneamente sua grandeza de inteligência e caráter. O recato era o seu timbre. Poucos, muito poucos, conheci que levassem tão a fundo a nobreza do caráter e que demonstrassem tanta coerência na sustentação de posições assumidas, sem recuar até o fim. Um exemplo de renúncia às glórias do mundo, para ficar apenas com a coerência nas ideias.

Finalizava agradecendo a remessa do livro do Prof. Lourival Vilanova "excelente" – que eu lhe remetera.

Prenúncio do Carnaval Tributário

Decerto me surpreendeu o título dessa obra, que expressa, também ela, o desencanto de Alfredo com o jurídico. Este título – algo bombástico – está longe, contudo, de corresponder ao conteúdo do livro. Sou, todavia, suspeito para proclamar e enaltecer os méritos dessa obra na sua heterodoxia expositiva. Editada em 1989, ela inclui a seguinte advertência no prefácio: "O presente livro não trata somente do Direito Tributário. Aliás, este constitui a sua menor parte. Aqui, o leitor ingressa num mundo jurídico onde encontrará advogados e juízes, legisladores e governantes, sem máscaras e sem fantasias."

O motivo de minha suspeição: em 21-9-87, Alfredo me anunciou estar escrevendo novo livro:

> "Envio-te quatro capítulos do livro que estou escrevendo. Um deles é dedicado a ti. Teu capítulo será editado dentro da ordem dos capítulos que te mando."

Em carta de 10-5-89, Alfredo me agradecia a remessa do estudo A *educação para o brilho e* me encaminhava o estudo dele sobre tema excitant*e, Matéria e energia física do pensamento.* E ao mesmo tempo me dava notícia dos trabalhos de impressão (revisão de erros tipográficos) do seu *Carnaval tributário:* "Em meados de junho estará nas livrarias. Eu receberei alguns exemplares da Saraiva. Imediatamente te mandarei."

Aquele capítulo viria a ser o nono da obra. Por isso, o exemplar que nos remetera tem a seguinte dedicatória:

> "Para Teresa e José que habitam o nº 9 desta rua."

Ali está reproduzido, com surpreendente capacidade de memorização e incrível fidelidade, diálogo que efetivamente mantivemos em sua residência, a respeito das dificuldades, minha e da minha esposa, para adquirir a casa onde até hoje residimos na rua Ferreira Lopes, 282. Ninguém descreveu com tanta sensibilidade poética, a minha própria circunstância do cotidiano: "Pouco a pouco, os dedos do homem passaram a cuidar de samambaias e avencas em lugar dos artigos e parágrafos. Aprendeu a fazer amizade com as árvores do jardim e com elas conversar por telepatia. E enquanto ele não retorna à casa, as suas três cachorras ficam sempre atentas para poderem conhecer – de longe – o ruído e o ritmo dos seus passos."

O nascimento de Maria Isabel

Deixo propositadamente para o fim este item. De tudo o que ele me escreveu o que mais me tocou foi a carta de 13-6-86, em resposta à minha comunicação do nascimento de minha filha Maria Isabel. Uma obra-prima de sensibilidade.

Sempre que a releio, ela me reforça a convicção de que foi escrita de um fôlego, como uma centelha da inteligência, sem preocupação literária alguma. Apenas para expressar solidária alegria. Creio até que, se assim tão espontânea não fora, ele não poderia sequer tê-la escrito:

> "Aqui no Sul é inverno. Frio. Vento que se infiltra pelas janelas. Neblina e umidade e chuva e chuva. Minha filha Helena (que reside em São Paulo) está comigo e Vera. Fala-nos de sua viagem a Paris... De súbito, batem à porta, Helena recebe o telegrama e nos diz sorrindo:
>
> - Nasceu Maria Isabel, filha daquele casal pernambucano que esteve almoçando aqui nesta mesa: amigo do qual tu gostas tanto e que também te quer muito.
>
> E então a tua filha Maria Isabel (que chegou de viagem muito mais distante que Paris) passa a ter existência dentro de minha casa pelo sopro da voz de minha filha Helena. E a presença de tua Maria Isabel acende a lareira, afugenta o inverno, antecipa a primavera."

Relutei muito em dar publicidade a este texto. A minha decisão de publicá-lo se deve, porém, à consideração de que não seria justo que página tão bela não fosse dada a conhecimento geral. Seria um secreto egoísmo preservá-la só para mim. Depois, o que teve decisiva importância para a decisão: ele sempre expôs os seus sentimentos sem envergonhar-se deles; com justificado orgulho do tipo moral – e nisso ele foi um mestre. Um mestre de dignidade.

Por que então deveria eu ocultar os meus próprios sentimentos e a emoção que esse texto me proporciona? Se a sua família ler ou reler esses textos terá motivo para orgulhar-se deles. Alfredo não era um teórico convencional. Era um poeta dos maiores que conheci. E esse é outro aspecto do seu talento que o público desconhece.

Alfredo Augusto Becker era, em suma, um contemporâneo do futuro. Suas posições pessoais não poderiam, por isso mesmo, ser inteiramente compreendidas pelos que fizeram as luzes opacas do seu tempo. "Por que os poetas em tempo indigente?", perguntava Hölderlin. Esse questionamento não o incomodava, ele que era, como se afirmava, um "colecionador de silêncios" e que, se tivesse mantido comigo mais esse diálogo, decerto responderia, não com uma afirmação, mas com uma súplica, nesses seus versos inéditos:

> "Não...
>
> Não me leias agora;
>
> Deixa para fazê-lo num lugar
>
> Onde houver grilos e tempo
>
> e tempo para escutá-los..."

5. Geraldo Ataliba: mestre de dignidade

Conheci-o no Recife, em 1972. Eu havia publicado um artigo sobre "O fato gerador do ICM e os estabelecimentos autônomos", na *Revista de Direito Administrativo*, vol. 103. Esse artigo não passava de uma adaptação doutrinária de decisão minha na primeira instância administrativa da Secretaria da Fazenda estadual. Decidi, para que os fundamentos jurídicos dessa decisão – que tinha sido inescrupulosa e injustamente atacada – fossem submetidos a um tribunal imparcial: a comunidade dos estudiosos do Direito Tributário. São surpreendentes os caminhos do destino: foi em virtude dessa decisão, a qual me provocou inicialmente tantos dissabores, que conheci Ataliba. Ela teve, assim, por linhas tortas, decisiva importância para o desdobramento de minha vida profissional. É um produto do acaso, mas, para as pessoas religiosas, o acaso é um outro nome da intercessão de Deus.

Ataliba tinha lido o artigo e se entusiasmou com a sua fundamentação. Um pormenor relevantíssimo: num país em que os estudiosos disputam, sem a menor cerimônia, a prioridade das formulações científicas, ele reconhecia expressamente que eu me antecipara em escrever e publicar doutrina que ele, antes de mim, ensinava oralmente em salas de aula. Não disputou a primazia da construção teórica, mas para logo abriu mão dela. Não era até então seu amigo – sequer o conhecia. Mas isso foi o bastante para o início de uma grande amizade, seu primeiro impulso. A convite dele, formulado por escrito antes mesmo de conhecer-me, participei, em dezembro daquele ano, do Curso de Especialização em Direito Tributário da PUC, na pós-graduação, dando a aula de encerramento e, com imensa insegurança psicológica e inquietação intelectual, participando dos debates. Nessa mesma oportunidade, conheci Rubens Gomes de Sousa, que esteve presente ao seminário num início de tarde de um sábado inesquecível. Uma grande honra para mim. Foi Ataliba quem nos apresentou um ao outro. A primeira impressão, de sofisticação e distância, em nada correspondente ao arquétipo que, na imaginação, eu dele construíra, não foi a que ficou. Longe disso, ela logo se esfumou. Rubens não se confirmou um pedante. Seu caráter era marcado pela modéstia e simplicidade exemplares e até timidez – daí a sua reserva. E passei a reverenciá-lo, graças a um conhecimento que me fora propiciado pela intermediação amiga de Ataliba. Data dessa época também a minha amizade por Paulo de Barros Carvalho, que me acolheu em suas circunstâncias, pessoais e familiares, com uma edificante dedicação e comovedora simpatia. Ainda hoje recordo com saudade o entusiasmo dos nossos primeiros contatos. Eram intermináveis as nossas conversas sobre Direito Tributário. Posteriormente, Paulo daria a mesma acolhida a Alberto Xavier e tantos outros quantos dele precisassem. A Faculdade de Direito da PUC-SP era então um caldeirão em efervescência. Uma revolução na dogmática do Direito Tributário partia da rua Monte Alegre. Até hoje, ainda participo, como convidado, dos Cursos de Especialização em Direito Tributário. Até hoje, ainda ressoam, em minha lembrança, o ruído e o ritmo dos meus próprios passos nas imediações da Faculdade de Direito, me preparando psicologicamente para enfrentar o plenário, antes que nela penetrasse. Quantas vezes visitei a capela sóbria e recatada que ali existe.

Foi nessa etapa que tomei conhecimento de uma ruptura teórica fundamental, cujo mérito deve ser creditado originariamente a Ataliba: a valorização do quadro constitucional da tributação. A reverência e fidelidade à CF eram marcantes características do seu caráter: às vezes parecia que, para ele, o ordenamento tributário estancava nela. Para além da CF, nenhuma investigação científica digna de apreço – era decerto a sua consigna. E a fez prevalecer com sua autoridade intelectual e sua autenticidade de estudioso.

Era impressionante a nossa comunhão de pontos de vista em torno do fundamental. Ele gostava de testemunhá-la no recato de nossas conversas. O que nos unia era mais importante do que os pontos de divergência teórica. Costumava, com a generosidade de sempre, enaltecer a minha contribuição para a doutrina da lei complementar. Convidei-o, por isso, a prefaciar o meu livro *A Lei Complementar Tributária* (1975). Escrevi uma resenha bibliográfica sobre o seu consagrado "*Hipótese de Incidência Tributária*", logo incorporado a esse livro, por iniciativa exclusivamente sua, "à guisa de prefácio" (1975), porque, a bem da verdade, não era originariamente um prefácio – mas era como se o fora. Quem o leu sabe que a minha resenha faz justiça à importância do livro.

Muito mais tarde, a sua intransigência com princípios se renovava pela defesa das nossas instituições constitucionais. Para ele, o descomedimento das reformas precoces da CF de 1988 era um ato de lesa-pátria. Nenhuma instituição constitucional poderia consolidar-se e crescer no respeito da nacionalidade sem a ação benfazeja do tempo. E isso seria impossível se a todo dia estivéssemos a alterar a CF. Geraldo Ataliba era um "homem-rocha", na metáfora feliz do Professor Roque Carrazza, alguém que não abria mão de seus princípios – e essa era sua principal questão de princípio. Por isso, noutra feita, dei testemunho emocionado sobre o seu livro *República e Constituição*: "Trata-se de obra escrita com uma quase incontida ira contra as distorções do jurídico, ira nascida do amor pela autêntica juridicidade. É, quase diria, um breviário cívico. Convida ao repensar urgente das grandes categorias constitucionais. E nisso reside a sua principal virtude" (*in Estado de São Paulo* de 01.12.85).

A capacidade de, imediatamente após conhecer alguém, instaurar uma amizade para sempre era característica peculiar sua. Ninguém melhor e com mais funda sensibilidade que o nosso amigo comum, o Ministro Carlos Velloso, o pressentiu e o anteviu, como nos dá testemunho o emocionado necrológico que escreveu, sob o título, "Geraldo Ataliba, publicista maior", publicado na *Folha de São Paulo* aos 19.11.95, consequentemente apenas 4 dias após o falecimento de Ataliba e ainda sob o impacto emocional desse acontecimento nefasto. Recorda que foi esperá-lo em 1969 no Aeroporto de Belo Horizonte, e ainda não o conhecia. Esperava encontrar um velho e na sua frente se apresentou um jovem: "'O senhor é, por acaso, o professor Geraldo Ataliba?', indaguei. A resposta veio firme: 'Por acaso, não, por obra do velho professor Ataliba Nogueira'. Meia hora depois, parecíamos amigos de infância. Éramos jovens. Vinte e sete anos se passaram. A amizade cresceu e se fortaleceu no respeito mútuo, na admiração que sempre nutri pelo jurista e, sobretudo, pelo homem sumamente ético, pelo homem de bem".

Tudo em sua memória me evoca, nostálgico, um passado já distante e feliz. "Éramos jovens" – quanta evocação nessa pequena frase.

A pedido de Ataliba e logo após conhecê-lo, fui portador de um convite oficial dele a Alfredo Becker, que visitei em Porto Alegre, para que participasse, como expositor, dos Cursos de Especialização que estavam abalando os alicerces da construção tradicional do Direito Tributário. Avesso a essas atividades, Becker polidamente recusou o convite. Mas o nosso breve convívio inicial instaurou uma grande amizade entre nós, que durou até o seu desaparecimento, em 1992. Creio que Becker jamais teve pleno conhecimento dos inúmeros testemunhos de apreço pessoal de Ataliba à sua obra. Que jamais demonstrou a menor mágoa pela sua recusa a integrar-se na revolução espiritual da Escola Paulista do Direito Tributário. Nada lhe cobrava em troca – nem mesmo o reconhecimento.

Certa feita, Rilke referiu-se aos eleitos da morte precoce. Aos 15 de novembro de 1995, dia da Proclamação da

República, Ataliba, tão moço ainda, no vigor dos seus 59 anos, nos deixou para sempre. Ele, o paladino do ideal republicano, sobre o qual tanto escrevera, como que escolhera essa data para a despedida definitiva. Hoje resta a mágoa sem remédio de tê-lo perdido, como estimaria dizer o nosso Rubens Gomes de Sousa. Hoje, em cada congresso de que participamos, amigos, discípulos e admiradores, há sempre uma cadeira vazia que lhe está reservada e jamais será ocupada. Com ele se encerrou também o ciclo mais expressivo de minha vida profissional. As minhas circunstâncias pessoais jamais serão as mesmas. Mas retorno aqui e acolá àquela década de 70, revisitando pela nostalgia as circunstâncias que nela vivi tão intensamente com um grupo de então jovens mestres, todos reunidos em torno da sua liderança. A história pode repetir-se, mas as circunstâncias vividas, não!

6. Luiz Delgado ou a fidelidade ao pensamento

Você já ouviu falar dele, amigo leitor? É possível que sim, é possível que não, claro. Porém não é impossível que uma resposta negativa venha a predominar. O papel de Luiz Delgado na cultura nacional persiste em estado de ocultação. Luiz Delgado viveu na província a sua vida toda – e dela jamais se afastou. O seu semianonimato foi, portanto, livremente assumido em fidelidade à sua Olinda, que tanto honrou, Mas o espírito de província ama ocultar os seus filhos mais ilustres. Por isso não admira se você ainda não tomou conhecimento desse vulto notável das letras nacionais.

A revisitação da origem e suas circunstâncias

A hermenêutica histórica resgata o conhecimento de uma época em que toda a inteligência pernambucana, e não apenas a Faculdade de Direito do Recife, estava contaminada pelo vírus da erudição. Esse é o caldo de cultura da época. Somente se cobrava dos estudiosos manifestações eruditas, sob o governo implacável do saber meramente acumulativo. Como se o saber resultasse de mera façanha intelectual. E essa acumulação fosse uma corrida de obstáculos. Luiz Delgado não era um acumulador estéril de conhecimentos. Mas a ele não faltavam conhecimentos e o hábito do pensar. Na sua casa em Santa Teresa, Olinda, instalou uma oficina do pensar em profundidade. A época que Luiz Delgado viveu e lecionou, o seu tempo histórico, sobretudo a primeira metade do século XX, era uma cidadela da superficialidade no campo do conhecimento, com as clássicas e honrosas exceções. Aníbal Bruno, Torquato de Castro, Everardo Luna, Lourival Vilanova e Luiz Delgado foram algumas dessas exceções. Mas, nenhum deles é reconhecido até hoje pelo acanhado espírito de província.

Ao saber acumulativo não importa a destinação social do conhecimento, mas a demonstração de força intelectual. Em tais circunstâncias, o brilho intelectual recatado de Luiz Delgado apenas incomodava. Mas ele não arredou pé, manteve-se fiel ao seu destino, com uma coerência admirável. Tinha a receita da modéstia. Ele era só um varão ilustre, mas, sobretudo um homem modesto. Qual a receita de um homem modesto, meu caro leitor? Ele é maior do que pensa que é. Assim a sua modéstia aliava-se à ocultação do seu talento, pelas próprias circunstâncias em que estava imerso.

A modéstia de Luiz Delgado, porém não conseguia ocultar um raro pensador. Biógrafo notável, a sua obra total persiste, ela própria, à espera de um biógrafo seu, à sua altura. O Prof. José Rafael de Meneses deu o bom exemplo e os primeiros passos, ao estudar o filosofar em Luiz Delgado. Tivesse Luiz Delgado vivido fora de Olinda, nos grandes centros do Sul do País, certamente o seu destino seria outro. Mas ele obstinadamente permaneceu na Olinda de sua impregnação, assim como Luis da Câmara Cascudo permaneceu fiel a Natal. Ambos perderam em divulgação de méritos, mas ganharam em felicidade e autenticidade. Pagaram um alto preço pela decisão de irradiar da província os seus ensinamentos e as suas obras. Luiz Delgado, sobre modesto, era também talentoso e, além de talentoso, fiel ao seu berço. Esse é o primeiro traço marcante do seu caráter – a fidelidade à província, que era o seu modo de expressar a fidelidade ao seu pensamento – o segundo traço de sua personalidade. O Sul do País, com as suas pujantes e retumbantes manifestações eruditas de então, não o seduzia. Jamais Luiz Delgado abandonaria a sua província, já que estava movido pelo amor que lhe dedicou ao longo de sua vida. Dizia-se então à boca larga: "Delgado jamais abandonará Olinda", cidade a que devotou um amor que se converteu numa quase ascese. Recusou todos os convites para ensinar no Sul do País. Para ele, a província não significava uma imposição aborrecida das circunstâncias, mas a opção pela afirmação e reafirmação de sua fidelidade às origens. Nela permaneceu então ao longo de toda a sua vida.

Essa atitude de fidelidade à terra natal está expressa no seu belíssimo "Soneto Olindense" (1968). Ouçamo-lo, como no recolhimento monástico de uma prece:

> "Nunca deixei o canto pequenino".
> Onde nasci. Fui dócil e fiel.
> Não procurei ao longe outro destino,
> outro nome, outro feito, outro laurel.
>
> As estrelas do tempo de menino
> marcham comigo. Em rútilo tropel,
> vêm brilhar sobre mim quando declino,
> consolar-me no fim do meu papel.
>
> Para o seio da terra assim querida,
> começo a dar os passos da descida,
> a integrar-me sem bulha, no que é meu.
>
> E cobrirá meu túmulo o céu claro
> sob cujo azul de bênção e de amparo
> o coração floriu e feneceu."

Conheci Luiz Delgado por volta do ano de 1952, quando ingressei na Faculdade de Direito do Recife. Mas era como se já o houvesse conhecido antes, porque meu Pai costumava me confidenciar a admiração que nutria por ele, revelando-me a importância social do seu papel de pensador e homem de fé. Por isso mesmo, aprendi a admirá-lo antes de conhecê-lo pessoalmente. O meu encontro com Luiz Delgado, ele na qualidade de professor e eu, na de aluno, pareceu-me muito mais um reencontro, tal o modo como eram para mim familiares o seu temperamento e as suas ideias.

Devo a Luiz Delgado, até hoje, algum interesse pela obra de Jacques Maritain. Infelizmente, devido às exigências pragmáticas da vida profissional, esse interesse nunca seria convertido num estudo aprofundado da obra toda desse filósofo francês.

Não é fácil discorrer sobre a importância da Luiz Delgado no cenário cultural de Pernambuco, durante toda uma vida. Poeta – e admirável poeta – ensaísta, biógrafo, historiador e jornalista e, ainda, membro da Academia Pernambucana de Letras. Todavia, não obstante os seus méritos, o traço marcante da sua personalidade é o testemunho de fé, o que lhe deu "régua e compasso". Católico praticante (é possível ser católico sem praticar o catolicismo?) e fervoroso, a sua convivência e intimidade com os valores do Cristianismo nos forneciam um exemplo edificante de coerência. Hoje, na altura da minha vida e das convicções religiosas em que me encontro, esse testemunho fora muito mais importante ainda do que o seu magistério leigo. Natural que Jackson de Figueiredo e Alceu Amoroso Lima estivessem no centro de suas atenções.

A revista trimestral *Humanidades*, da Universidade de Brasília, vol. II, nº 5, publicou na íntegra uma carta de Jackson de Figueiredo ao então agnóstico Alceu Amoroso Lima, depois convertido ao Catolicismo, vindo a tornar-se destacado líder católico. É carta de um iluminado, que sabia a importância de sua missão: lutar pela conversão de uma grande alma. Era o que lhe interessava. Não a crítica literária. Para que o leitor tenha uma ideia do altíssimo nível dela, basta que se reproduza um pequeno trecho dessa correspondência. Alceu indaga a Jackson: "A hipótese religiosa pode ser hoje uma hipótese científica? Será essa indagação uma ingenuidade etc.?" E Jackson responde ao descrente Alceu, com a sinceridade que caracterizava a ambos: "A meu ver, é. Não há hipótese religiosa – há afirmações, uma certa, todas as demais erradas, mais-ou-menos. O que pode haver é hipótese científica no domínio religioso, assim no terreno histórico, como no de cada ciência que se relacionou com este ou aquele aspecto da fé. E tal fato em nada altera a Religião positiva". (rev. e vol. Cits., p. 130).

O prof. José Rafael de Meneses, no seu profundo estudo sobre Luiz Delgado, acentua, com razão, o papel que posteriormente, no laicato católico, Alceu assumiria: "Nem Joaquim Nabuco, nem Rui Barbosa, ainda quando se declarando católicos, poderiam ser imaginados em operações apostólicas como as que Tristão assumirá logo após a morte de Jackson (*O filosofar em Luiz Delgado*, 1978, p. 42).

Essas eram, no fundamental, as circunstâncias que vivenciou Luiz Delgado ao tempo do seu fecundo magistério e de consolidação da sua obra de privilegiado escritor.

Delgado antes de Delgado

Ao publicar o seu "Cartas a um Jovem Poeta e a Canção do Amor e Morte do Porta-Estandarte Cristóvão Rilke", vivenciou Rilke, já na sua juventude, um grande sucesso editorial. Essa obra contém conselhos a um iniciante na arte poética, permeados de sensibilidade, sobretudo emoção estética. Porém esse livro, obra de juventude, não atingira ainda a dimensão de excepcional e mística profundidade do "Elegias de Duíno e Sonetos a Orfeu", produção poética da maturidade e verdadeira obra-prima do poeta angélico. Diz-se por isso, alguém o disse, que as "Cartas a um jovem Poeta..." eram Rilke antes de Rilke, obra como que preparatória da sua magnífica produção poética posterior.

Outro exemplo, este, pernambucano. A poética de Joaquim Cardozo, na sua fase anterior ao *Trivium* (1952-1970), já nos fornece uma antevisão da visão que só iria manifestar-se naquele trípitico glorioso (*Prelúdio e elogio de uma despedida, Visão do último trem subindo ao céu, Canto da serra dos órgãos*). Nesses poemas, Cardozo assume a dimensão dos grandes poetas europeus, como Rilke e Hölderlin).

Pois bem: ao debruçar-me sobre a produção literária de Luiz Delgado, em sua evolução, não resisto à tentação de uma analogia e um paralelismo. Obras suas como "Direito Natural e Direito Positivo" (1930), "O Aspecto Social nas Questões Financeiras" (1936) e sobre "Autarquias: Função Social e Aspectos Jurídicos" (1940), se bem que até hoje possam ser lidos com enriquecimento teórico do leitor, não são ainda tão marcantes do pensamento do seu autor, quanto a sua produção de maturidade. Eram o Delgado antes do Delgado. Este último só viria a caracterizar-se, dentre outros ensaios e conferências, com o seu estudo biográfico "Rui Barbosa – Tentativa de Compreensão e de Síntese", prêmio da Academia Brasileira de Letras (1945) e sua conferência sobre a restauração pernambucana, proferida em 21.01.1954. Essa conferência representou um ponto alto, se não o mais alto, das comemorações dos fastos mais decisivos na história da nossa nacionalidade. Recordo-a como quem assiste um bom filme de cinema. Tanto mais retornamos a ele, como no texto de Delgado, mais aspectos e até então inapercebidos descobrimos, velados pelo seu rico conteúdo multiforme. Era a obra do pensador coroando o esforço do pensamento; a hermenêutica histórica no seu sentido mais autêntico – um gesto de dócil fidelidade ao passado. Diante da importância desses ensaios, este meu estudo não passa de uma tosca tentativa de compreensão e de síntese do papel cultural de Luiz Delgado, (apropriando o subtítulo de seu luminoso estudo sobre Rui Barbosa). Diversamente dos seus pares, na Faculdade de Direito do Recife, Luiz Delgado não se confinou no estudo e exploração conceitual do jurídico, mas a sua inquietação intelectual o levou a explorar outros caminhos, o extrajurídico, onde sempre brilhou. E desconfio que esse caminho era o de sua preferência.

Como historiador, Delgado tinha rara e aguda consciência da necessidade de uma hermenêutica social e política do fato histórico. Assim, esse fato era descrito à luz de uma concepção do social e político, com notável penetração de análise. Jamais o fato histórico bruto, em sua pura facticidade – o fato-evento. Da maturação do seu pensamento, Delgado daria uma demonstração das mais importantes, com essa sua conferência, proferida no Teatro Santa Isabel, sobre a restauração pernambucana, na ocasião do seu tricentenário e suas comemorações. Era o Delgado da plena maturidade intelectual. Essa conferência, a que compareci, ainda muito jovem, deixou-me impressionado com o poder de exposição do orador e sua capacidade de análise dos fatos históricos. Saí do velho teatro em estado de graça. Delgado tinha a sapiência que ousava ser simples, nunca simplório. Não pretendia impressionar ninguém – mas apenas incumbir-se de um encargo cívico. Uma pequena obra-prima de análise histórica. O holandês não era para Delgado, como não era para Câmara Cascudo, um tema, dentre outros, mas uma presença no Nordeste do Brasil:

> "Neste 1945 o Holandês não é, para mim um assunto, mas uma presença. Conquistou e dirigiu a região brasileira em que nasci e vivo, a mais amada e conhecida" (Cascudo, *Geografia do Brasil Holandês*, Livraria José Olympio Editora, 1956, p. 13).

Nada melhor, para excitar o nosso apetite de leitura, do que a transcrição colhida ao acaso, do seguinte trecho da mencionada conferência de Delgado, como um aperitivo intelectual:

> "Desde então, defrontavam-se duas forças desiguais: uma nacionalidade criada pelos colonizadores portugueses, e uma empresa, intentada pelos negociantes da Holanda. Não tenhamos receio do lirismo, no momento em que precisamente nos faz falta o surto lírico, a iluminação poética: aqui se defrontaram naqueles tempos uma alma e um negócio. E só um poeta poderia celebrar devidamente o sangue que aqui se derramou e a vitória que aqui se colheu".

Só o espírito de um iluminado poderia descobrir e identificar vinculação entre o fato histórico e o fato poético. Reclamar para o histórico a iluminação do poético. Jamais um historiador convencional conseguiria alçar-se a tal altura, na hermenêutica da nossa história colonial. Rendamo-lhe graças por esse legado que ele nos ofertou. Delgado está a merecer uma edição da sua obra completa. Dever ético de que se vêm demitindo as nossas instituições universitárias. Essa deplorável omissão é cúmplice da conspiração do silêncio em torno da vida e obra do pensador pernambucano.

O ensaio sobre Rui Barbosa

Essa obra não é uma simples biografia, o relato de uma cronologia. Publicada pela Livraria José Olympio Editora, esse ensaio é, sem dúvida, ao lado do estudo de João Mangabeira, um dos trabalhos fundamentais sobre o publicista baiano. Não se trata, porém, de apenas repensar o que Rui Barbosa escreveu, expondo o seu pensamento em seus rasgos fundamentais. O que me impressiona nele é a sua autonomia de análise. Delgado expõe sempre uma concepção própria, ao lado das lições de Rui. E se encararmos o seu ensaio sobre perspectiva de linguística moderna é uma penetrante metalinguagem (a de Delgado), vertida sobre uma linguagem-objeto (a de Rui). Não para apenas esclarecê-la. Não para repeti-la com outras palavras. O seu caminho é outro – o pensamento de Delgado sempre testa a sua referibilidade ao mestre baiano. Não há exagero na afirmação que, uma análise mais refinada, descobriria nele dois estudos esparsos: 1º) o sobre Rui, como objeto de análise, 2º) o de Delgado, exposição do seu próprio pensamento e suas ideias, antes de debruçar-se sobre a obra de Rui.

Se não fosse uma violência temática, os tópicos em que Delgado expõe o seu próprio pensamento (e o faz sempre), poderiam ser destacados, emancipando-se como uma monografia à parte. Inconfundível com os textos por ele selecionados na obra de Rui Barbosa. Quando, porém, Delgado se debruça sobre o pensamento de Rui Barbosa, o faz tocando com o dedo o ponto certo, o aspecto mais digno de ser destacado, como se vê nesse texto do publicista baiano:

> "Ensinei com a doutrina e o exemplo, mas ainda mais com o exemplo, que com a doutrina, o culto e a prática da legalidade, as normas e o uso da resistência constitucional, o desprezo e horror da opressão, o valor e a eficiência da justiça, o amor e o exercício da liberdade". (*apud* Delgado, op. cit., p. 56).

Revisitação histórica

Este meu ensaio não versa sobre a bibliografia integral de Luiz Delgado, isto é, não intenta analisar toda a sua produção literária. Não deve, no entanto, passar desapercebido o seu livro de plena maturidade: *Gestos e Vozes de Pernambuco,* 1ª ed., 1970, 2ª ed., 2008. Duas características principais timbram esse estudo: equilíbrio e profundidade. A respeito dele, Barbosa Lima Sobrinho escreveu essa síntese definitiva na apresentação da 2ª edição: "O livro de Luiz Delgado é, sem dúvida, um livro meditado e denso, um livro em profundidade".

Os gestos e as vozes de Pernambuco, sua terra natal, são revisitados na sua época histórica própria, um passado que é prognóstico do futuro. Porém o que mais surpreende e encanta, na sua leitura: o autor não tem nenhuma preocupação com interpretações modernas de fatos históricos ocorridos em épocas passadas. É como um eco distante no registro desses acontecimentos políticos e literários. Sob essa perspectiva, são analisados em retrospecto, os autores de obras pernambucanas (suas vozes), muitas vezes integrados na sua história política e irredentista (seus gestos). O ensaio pratica, como que instintivamente, a hermenêutica histórica dos acontecimentos de que se ocupa. É uma visão retrospectiva de eventos históricos notáveis.

Permita-se o arbitrário de apenas um destaque na rica temática desse ensaio. Luiz Delgado resgata o papel de Jackson de Figueiredo, hoje injustamente esquecido, cuja atividade cultural, com a revista *A Ordem e o Centro Dom Vital*, suscitou em nossas letras e nosso pensamento, um fato novo que era o término tanto do anticatolicismo, reinante em fins do Império, quanto do agnosticismo que vinha dos começos da República (op. cit., p. 335).

Todavia, esse ensaio não foi o último de sua vasta bibliografia. Há dois trabalhos, publicados pela Editora Universitária, Universidade Federal de Pernambuco (UFPE): *Compêndio Elementar de Direito Administrativo Brasileiro* (1ª ed., 1970, 2ª ed., 1975) e o *Quadro Histórico do Direito Brasileiro* (1974).

Considerações finais

Os pernambucanos costumamos às vezes recusar convites para o exercício das mais altas investiduras, considerando a negativa a tais convites um momento apropriado para o exercício da altivez. Assim Luiz Delgado, como Lourival Vilanova, declinaram convites para integrar o Supremo Tribunal Federal. Como essa atitude contrasta com a avidez com que esses cargos e funções públicas, e até outros, são disputados sem as contenções do escrúpulo ético mais elementar.

No seu ensaio sobre Luiz Delgado, melhor: sobre o seu filosofar, o Prof. José Rafael de Menezes lembra emotivo a hora em que a Faculdade de Direito dele se despediu pela oração do Professor Lourival Vilanova, que realçou a vocação e a realização jurídica do mestre recém-falecido. A palavra de Luiz Delgado, nas Congregações e Conselhos, era decisiva porque refletia, enquanto os outros falavam (op. cit., p. 32).

Finalmente, permito-me um registro de ordem pessoal. Em 1967, o Professor Luiz Delgado foi convidado pelo então Governador Nilo Coelho para integrar a Comissão designada pelo ato nº 2293 para elaborar Anteprojeto de Constituição de Pernambuco. Era a obra do Codificador coroando a obra do jurista. Todavia, esse acontecimento na vida de Luiz Delgado, dadas as circunstâncias que envolveram a elaboração dos trabalhos de adaptação da Constituição de Pernambuco à Constituição Federal de 1967, ainda é pouco conhecido.

Como participante dessa comissão, posso, entretanto, dar testemunho de que, naquela oportunidade, o Prof. Luiz Delgado demonstrou um conhecimento seguro, meditado e sereno, dos magnos problemas constitucionais. Sabia manter a tranquilidade e conservar a ponderação nos momentos mais difíceis. Do seu equilíbrio na Comissão Constitucional, podemos dar testemunho, todos os seus integrantes.

Reverenciamos, com o mais profundo respeito, a memória desse homem que tanto nos enriqueceu e edificou com a sua vida e obra exemplares.

7. A pretexto do aniversário da Faculdade de Direito do Recife

I. Introdução

1.1. Eis-nos aqui reunidos para celebrar e comemorar a fundação dos cursos jurídicos no Brasil. Essa celebração e comemoração têm o sentido e o marco de importância que lhes são dados pela circunstância de que tanto o Diário de Pernambuco – o homenageante – quanto a Faculdade de Direito do Recife – a homenageada – são instituições mais que sesquicentenárias, mais que tricinquentenárias. Homenageante e homenageada têm, portanto, sobre si o peso da responsabilidade que decorre de suas vinculações com as mais veneráveis origens da vida social, política e cultural no Recife.

1.2. Fundado em 07 de novembro de 1825, por Antônio José de Miranda Falcão, o Diário se orgulha, com justas razões, de ser o mais antigo jornal em circulação na América Latina. Em 1827, por seu turno, eram instalados os Cursos Jurídicos no Brasil. Junto com a de São Paulo, as mais antigas Faculdades de Direito do Brasil, a do Recife completa agora 160 anos de existência. E é precisamente esse evento que estamos a festejar.

1.3. Pela sua dimensão na ordem temporal e projeções históricas, o "Diário" e a "Faculdade" são as duas das mais importantes instituições culturais de Pernambuco. Impossível celebrar uma sem louvar a outra. E, pelos serviços prestados ao espírito de província, essa comemoração representa ao mesmo tempo um ato de reconhecimento. Esse espírito de província nada tem de acanhado e superficial. Envolve ao contrário um compromisso com o que é grandioso, sobretudo porque, como excelentemente se ensinou e advertiu: "Se queres ser universal descreve a tua província" (Tolstói).

E descrever a nossa província é também celebrar a grandiosidade daquilo que já começou grandioso, as nossas veneráveis origens. O princípio só na aparência corresponde ao primitivo:

> "Ora, tudo o que é grandioso só pode principiar grandiosamente. Pequeno principia somente o que é pequeno, cuja duvidosa grandeza consiste em tudo amesquinhar. Pequeno principia a decadência, a qual também pode chegar a ser grande no sentido da extensão de um total aniquilamento" (Heidegger, *Introdução à Metafísica*, p. 46).

1.4. Se aquelas duas páginas, em frente e verso, naquela segunda-feira, 7 de novembro, aos 311 dias do ano de 1825, como impresso o n° 1 do "Diário", não tivessem em si o fermento de sua vocação para crescer e impor-se ao respeito do País inteiro, essa evolução não teria sido possível. Tratar de temas só na aparência singelos ao nosso ouvido moderno, como compra-e-venda de bens, roubos, perdas, fugas e apreensões de escravos, leilões, viagens, afretamento de embarcações, era ir de encontro às aspirações sociais mais presentes àquela época longínqua. Pouco importa – e essa é uma observação decisiva – o pequeno espaço físico que no jornal se dispunha. O tempo se encarregaria de ampliá-lo até as suas dimensões atuais de um dos maiores jornais do Brasil.

1.5. Esta é, portanto, uma festa que relembra o que, desde as origens, começa grandiosamente. E se de comemoração de grandiosas instituições se trata, essa comemoração exige que nós pensemos. É esta, portanto, uma ocasião e pretexto para a meditação sobre as nossas origens, e o compromisso que delas decorre para com o nosso futuro provincial. Que nada deve ter de provinciano, no sentido pejorativo do termo. Por conseguinte, o pretexto para a celebração do aniversário da "nossa" Faculdade é também a oportunidade para manifestarmos claramente o propósito de, indo ao encontro do nosso passado, selar um compromisso com a construção do nosso futuro.

1.6. Essa festa não deve, portanto, e ao contrário do que sucede com tantas outras, ser pretexto e ocasião para a indigência do pensamento, a fuga diante do pensamento. Essa demissão do esforço de pensar é sempre possível porque:

> "...nada nos obriga a pensar, isto é, a meditar um assunto que concerne a cada um de nós, diretamente e a todo momento, em nosso ser. É porque mesmo um discurso comemorativo não nos garante ainda que uma festa da lembrança seja para nós uma ocasião de pensar" (Heidegger, *ibid*, p. 163).

Sem embargo, toda comemoração, na sua essência uma festa de lembrança, postula um esforço de pensamento. Exige mesmo que nós pensemos sobre o que estamos a comemorar.

1.7. E é esta, a rigor, uma comemoração que celebra o espírito livre e criador. Como, no entanto, inspirados e iluminados por esse horizonte de perspectivas, poderemos, a partir do nosso passado, pensar o nosso futuro?

1.8. Não decerto por meio de apologias sinalagmáticas ou entoando loas convencionais – e mais ainda superficiais – ao esplendor da ciência jurídica. Não decerto afirmando-a uma superciência, acima e superior de todas as outras províncias do conhecimento científico. Não abastecendo a vaidade de certos juristas superficiais. Não, seguramente não, enaltecendo pessoas, porque, como acentua ainda Heidegger:

> "...a presença do mestre na sua obra é a única presença autêntica. Tanto maior é um mestre, mais completamente sua pessoa desaparece atrás de sua obra" (*Serenidade, in Questions, ili*, p. 162).

1.9. Comemoremos, portanto, e impessoalmente, o espírito vivo dos nossos antepassados, a presença-ausente dos nossos ancestrais. O espírito que objetivamente perdura no tempo permeado pelas produções científicas, que tanto engrandecem a nossa Faculdade de Direito.

Não se trata, contudo, de uma simples reconstituição histórica, mas, ao contrário, de um esforço do pensar, a partir do nosso passado, para construir historicamente o nosso futuro; o destino da nossa Região e a salvaguarda das nossas mais eminentes tradições.

1.10. Que esta solenidade comemorativa favoreça, portanto, o pensar meditante, sereno e consolidado, sobre as grandezas, vicissitudes e misérias da vida do Direito entre nós.

II. Porque o pensar indigente sobre o jurídico deve ser evitado

2.1. A indigência do pensar é um fenômeno insinuante, a que a própria meditação sobre o jurídico não está livre. Ao contrário disso, o palavrório superficial e impessoal, o mundo da irresponsabilidade pelo que se afirma, o compromisso com o preestabelecido, o encastelamento doutrinário, as discussões em torno de meras questões de palavras e seus significados predominam e abastecem um consumo rigorosamente submetido às leis econômicas do mercado editorial. Por isso se publicam entre nós tantas obras de oportunidade, quando não de puro oportunismo. E se recomenda a superficialidade como virtude dos livros de iniciação teórica, como os compêndios e introduções doutrinárias.

2.2. Na doutrina jurídica superficial, citações de segunda mão são apresentadas como se de acesso direto aos originais se tratasse. É como se o autor citado fosse não tópica, mas sistematicamente entendido. A mascarar a falta de preocupação e meditação sobre o contexto geral do pensamento do autor, cujo texto isolado é transcrito. A reportagem científica subjuga a investigação em profundidade.

2.3. A tendência para o repetitivo é outro fenômeno identificável em certas manifestações teóricas no âmbito do jurídico, que recusam compromisso com a profundidade de investigação doutrinária e abominam a rebeldia intelectual. Mas essa é apenas uma especificação da ousadia teórica – esse produto mais elevado do inconformismo.

2.4. O estilo rebuscado é, contudo, o instrumento mais eficaz para mascarar a indigência do pensamento, a sua limitação congênita.

2.5. Nada disso estamos nós a celebrar ou louvar, até porque nada há sob esse aspecto que deva ser louvado.

2.6. A ousadia intelectual é uma virtude que nada tem a ver com a modéstia do estudioso. A primeira é uma categoria epistemológica; a segunda, ética.

ÍNDICE REMISSIVO

A

Agravo

– erro respectivo, 1

– pessoal, 51

Amor ao próximo, 45, 234, 237, 245, 246, 247, 264

– deveres, 242

– educação, 52

– ética das relações humanas, 233

– intensidade, 239

– mandamento, 245

– manifestação mais elevada, 245

– prática, 245

Amor familiar, 235

Apologia da fé, 207

Apologia do erro, XI, 1

Ateísmo

– metafísica da negação, 210

Atividade intelectual, 8, 105

– superficialidade teórica, 53

Ato-de-pensar, 22

Audácia intelectual, 3

Autocrítica, 113

B

Burocracia universitária, 162

Busca da verdade, 156

C

Caminho do campo, 30, 38, 41, 42

– heideggeriano, 43

Caminho do coração, IX, XI, 34, 36, 37, 38, 63, 65

– abominação irracional do erro, 36

– busca, 36

– busca desorientada, 35
– busca do ser, 39
– ensinamento capital, 34
– experiência do pensar, 37
– Konrad Lorenz, 62
– lógica, 35
– medo, 35
– razões, 35
Caminho do pensamento, V, XI, 7, 22
– horizontalidade, 7
– superficialidade, 7
– verticalidade, 7
Caminhos da ciência, IX
Capacitação pessoal, 50
Caráter surrealista de certos dogmas, 232
Choque de gerações, 160, 243
– âmbito familiar, 243
Cibernética, 120
Ciência
– conhecimento físico dos fatos empíricos, 208
– estudo interdisciplinar, 9
– hierarquização de problemas, 10
– instrumento de poder, 25
– interpretação das coisas, 9
– intuição e criatividade juvenil, 248
– investigação teórica, 10
– limites da, 151
– técnica moderna, 25
Ciência e dominação, 25
Ciência e Filosofia
– teoria pura kelseniana, 189
Ciência e poder, 23
– curvatura do espaço de EINSTEIN, 24
Ciência e religião
– pontos de partida, 220
Ciência feliz, I, VIII, XI, 28, 32, 323
Ciência jurídica
– doutrina kelseniana, 169
– doutrina hegeliana, 184
Ciência moderna, 18, 24, 27, 104, 283
Civilização tecnológica, 83
Comodismo intelectual, 39
Comunicação
– meios de, 67, 97, 167, 237
Condição humana e a obra de arte, 160
Conhecimento, 19, 251

– acumulativo, 21, 23, 24
– adiáforo, neutro e indiferente, 8
– científico, 9, 10, 24, 98, 156, 205, 209, 210, 212, 220, 221, 279, 286, 353
– condições e limites, 165
– física quântica, 128
– científico objetivo, 10
– do divino e representação, 214
– êxito social, 20
– impessoal, 20
– lógico e poético do divino, 194
– objetivo, 20
– pensar meditante, 21
– sabedoria do senso comum, 21
– saber acumulativo, 20
– subjetivo, 20
Conhecimento e ignorância, 113
Conteúdo de erro, 3
Crença religiosa, 54
Criatividade e juventude, 89
Crítica
– construtiva, 53
– dogmatismo empedernido, 53
– de realizações intelectuais, 53

D

Decisão judicial, 118
– manifestação de vontade, 118
– silogismo jurídico, 118
Degradação do meio ambiente, da fauna e da flora
– questão técnica, 44
Democracia e seus paradoxos, 78
Descaminho do coração, 37
Destino, 4, 55
– características essenciais, 68
– existência humana, 55
– significação originária e derivada, 57
– sorte, 57
Dialética hegeliana, 19, 177
Dignidade da vida espiritual, 115
Direito Tributário, XI, 321, 322, 325, 326, 327, 329, 330, 334, 337, 338, 340

Disseminação e generalização, 197

Divergências sobre os fundamentos da ciência, 173

Domínio da poesia, 15

Doutrina

– cristã, 203

– da lei complementar, 339

– hegeliana, 184

– jurídica superficial, 345

– kelseniana, 169

E

Educação para o brilho, 45, 46, 47, 53, 237, 335

– amor ao próximo, 52

– consequências, 46

– corrida de obstáculos, 52

– dissertações, teses, exposições orais, escritas, 51

– ética pedagógica, 50

– idolatria do sucesso, 49

– medo de errar, 53

– modéstia pessoal, 50

– tradição popular, 51

– vida privada, 46

– vida pública, 46

Elogio da simplicidade, 129

Emoção

– domínio, 8

Empreendimentos pseudo-religiosos mercantilizados, 216

Epistemologia

– significado, 163

– teoria do conhecimento, 164

Era industrial

– trabalho das máquinas, 105

Erro

– conotação pejorativa, 3

– do conhecimento, 135

– extensão conceitual, 1

– generalizado, 1

– inexcusável, 1

– judiciário, 146

– moral, 135, 136

– universalizado, 1

Erudição e sapiência, 116

Escrituras, 144, 148, 219, 221, 223, 229

Escrituras Sagradas, 226

– conhecimento religioso, 226

Estados

– igualdade entre os, 240

Estudos extrajurídicos, V

Ética das relações familiares, 235

Ética religiosa, 225

Expediente contra o erro, 51

Exploração religiosa da crendice popular, 215

F

Fama, 41, 175

Família, 47

– amor recíproco entre pais e filhos, 47

– convivência Humana, 48

– fronteiras políticas arbitrárias, 48

– necessidade de afirmação pessoal por meio da prole, 48

Família autenticamente cristã, 239

Fé e razão, 145

– homicídio, 145

– implicações mútuas, 142

Felicidade, I, V, VIII, 25, 52, 58, 85, 103, 193, 230, 288, 301, 327, 342

– nostalgia da, 102

Fetichismo das pontuações, 50

Filosofia

– da guerra de Hegel, 183

– proposição paradoxal, 191

Filosofia e ciência, 187

Filósofo, 40

– caminhos interiores, 41

Fraternidade humana, 106

Função pública

– nepotismo, 242

Fundamentos racionais da fé, 203

– limites, 216

Furto famélico, 146

G

Genialidade, 120, 123

– como antecipação do futuro, 128

Globalização, 249

H

Hermenêutica histórica, 131

Heroísmo

– nostalgia do, 100

Hierarquização do erro, 1

Honestidade

– caráter universal, 142

I

Ideologia
– definição, 15
Imaginação, 112
Imaginação criadora, 95
Impregnação
– abertura para o humano, 73
– amor à natureza, 70
– comunidade doméstica, 73
– fidelidade à infância, 69
– formação do caráter, 72
– inverificabilidade, 74
– irreversibilidade, 71
– novos rumos para a educação, 76
– significado, 68
Incognoscibilidade, 198
Indigência do pensamento, 22, 355
Inteligência
– nobreza, 88
Investidura da condição, 144

J

Justiça
– igualdade jurídico-positiva, 188

L

Lei de conservação da vida, 141
Liberdade
– paradoxo, 297
Lições das crises, 140
Limites do conhecimento racional de Deus, 202
Limites entre poesia e prosa, 147
Língua e realidade, 123
Linguagem, 8, 12, 16, 32, 43, 44, 51, 58, 67, 68, 86, 93, 119, 121, 123, 129, 144, 153, 154, 155, 165, 167, 180, 181, 182, 186, 195, 199, 202, 208, 221, 222, 248, 252, 253, 257, 300, 314, 316, 317, 319, 328, 348
– coloquial, 96
– comum, 309
– da ciência, 51
– exotérica, 86
– figurada, 275
– formalizada, 252
– instauradora de um mundo, 253
– jurídico-tributária, 326
– objeto de conhecimento, 257

– poética, 304

– prosaica, 58

– universal, 324

Livre arbítrio/determinismo

– tese e antítese, 172

Lógica

– aplicabilidade de regras ou princípios, 18

– definição, 15

– investigação científica, 15

– isolamento temático, 15

– metodologia, 15

– no sentido estrito, 15

– pensadores gregos primitivos, 18

– princípio da razão suficiente, 19

– princípio de contradução, 18

– proposições deônticas, 18

– proposições ônticas, 18

– teoria formal, 15

Lógica do diálogo

– processo administrativo e judicial, 190

Lógica simbólica, 186

Logos

– significado, 16, 17

M

Mãe-Natureza, 99

Mal denominado amor a si mesmo, 235

Maturação do pensamento, 130

Meditação

– dominada pela emoção, 8

– linguagem de grandes pensadores, 12

Meditação em profundidade, 12

Meio ambiente

– agressão tecnológica, 45

– dominação planetária da técnica, 45

– indústria alimentar motorizada, 45

– técnica do agricultos, 45

– técnica moderna, 45

MERCOSUL, 240

Metalinguagem, 257, 295

Método de redução fenomenológica, 218

Modéstia pessoal, 49

Monólogo e diálogo, 114

N

Natureza, 13

Nostalgia da inteligência, 84, 86, 87, 91

– incapacidade de produzir grandeza, 86

Ousadia intelectual, 11, 13, 322, 355

– virtude teórica, 53

P

País da infância, 58, 89, 96

Paradoxo

– da democracia, 137

– da injustiça, 162

– familiar e o amor ao próximo, 238

Patriotismo, 78, 178, 239, 246, 247

Pecado original, 149

Pedagogia

– hierarquização, 133

Pedagogia familiar, 237, 239

– acesso aos bens da cultura, 240

– educar com exemplo, 240

– ideologia do individualismo, 240

Pensamento

– elogio da autonomia do, 127

Pensamento acumulante, 22

Pensamento calculante, 23, 24, 25

Pensamento lógico, 16

– adequatio intellectus et rei, 16

– proveniência metafísica, 16

– verdade proposicional, 16

Pensamento popperiano, 22

Pensar

– autonomamente, 9

– limitação, 9

– originalidade, 9

Poder das ideias, 134

Poder e saber, 26, 47

– deselitização da vida pública, 26

– ditadura da opinião pública, 27

– enunciados simétricos, 26

Poder político, 82

Poesia e prosa

– busca da verdade e do bem, 156

– indistinção, 155

Política, 138

Política e religião, 122

Política penitenciária expansiva, 147

Políticos, 138

Postura científica, VIII

Precariedade das avaliações humanas, 114

Predomínio da lógica, 9, 15

Primado do método, 27

– sobre a ciência, 27

Profundidade do pensador, 114

Prole, 47

Proposições religiosas (metafísicas) e proposições científicas, 209

Q

Quem é o meu próximo, 241

– dever de solidariedade, 242

R

Racionalidade do homem, 115, 120

Reino animal

– (alterações no) sob a inspiração de Darwin, 152

Relatividade do tempo, 117

Repressão à criminalidade, 147

Riqueza, 19

S

Sabedoria, 10

Saber acumulativo, 21, 254, 342

Saber meditante, 22

Saber sem saber

– paradoxo, 139

Saber tecnológico, 98

Sagrado

– significação do, 54

Satelitização da inteligência, 11, 191

– essência do pensamento, 11

– recusa, 12

Satelitização da Inteligência

– ética intelectual, 14

– insuficiência da fidelidade, 14

– maturidade intelectual, 14

– vigilatura, 14

Satelitização da Inteligência, 7

Sobre o papa e o papado, 231

Sobre os paradoxos, 192

Sociologia da religião, 215

Sucesso pessoal, 49

Superação dos maniqueísmos, 190

T

Tecnocracia, 25

Tecnologia, 9, 25, 28, 31, 283, 291, 292

Teoria da relatividade, 174

– superação da física newtoniana, 166

Testemunho dos grandes homens

– Aristóteles, 33

– Guitton, 33

– Heidegger, 33

– Heráclito, 33

– Kelsen, 33

Tirania da educação para o brilho, 51

Tirania do afeto nas relações familiares, 159

Trabalho das máquinas, 105

Trabalho do homem moderno, 29, 32

– dedicação, 30

– equilíbrio das relações vitais, 29

Trabalho intelectual, 29, 32, 51, 104, 105, 106, 107, 290

– fraternidade humana, 106

Trabalho intelectual medíocre:, 51

Trabalho manual, 104

– ato de martelar, 107

Tribunal da fé, 221

– especulações científicas?, 208

U

União Europeia, 129, 185, 238, 240, 269

V

Valor ético insigne da religião, 231

Verdade e falsidade, 170

Verdade histórica e verdade da revelação divina, 199

Vida eterna após a morte?, 230

Vida privada, 46, 47, 83, 139, 289

– trabalho científico, 175

Vida pública, 26, 46, 47, 79, 83, 238, 242, 289

– comportamentos éticos, 138

Vigília

– dizer poético, 13

Virtudes intelectuais adormecidas

– concepção provinciana da vida do espírito, 11

Vontade, 55

Impressão e acabamento
psi7 | book7
psi7.com.br book7.com.br